Conoce todo sobre Blender

Curso Práctico

Conoce todo sobre Blender

Curso Práctico

Marcos Lidon Mañas

La ley prohíbe fotocopiar este libro

Conoce todo sobre Blender. Curso práctico
© Marcos Lidon Mañas
© De la edición: Ra-Ma 2017
© De la edición: ABG Colecciones 2020

MARCAS COMERCIALES. Las designaciones utilizadas por las empresas para distinguir sus productos (hardware, software, sistemas operativos, etc.) suelen ser marcas registradas. RA-MA ha intentado a lo largo de este libro distinguir las marcas comerciales de los términos descriptivos, siguiendo el estilo que utiliza el fabricante, sin intención de infringir la marca y solo en beneficio del propietario de la misma. Los datos de los ejemplos y pantallas son ficticios a no ser que se especifique lo contrario.

RA-MA es marca comercial registrada.

Se ha puesto el máximo empeño en ofrecer al lector una información completa y precisa. Sin embargo, RA-MA Editorial no asume ninguna responsabilidad derivada de su uso ni tampoco de cualquier violación de patentes ni otros derechos de terceras partes que pudieran ocurrir. Esta publicación tiene por objeto proporcionar unos conocimientos precisos y acreditados sobre el tema tratado. Su venta no supone para el editor ninguna forma de asistencia legal, administrativa o de ningún otro tipo. En caso de precisarse asesoría legal u otra forma de ayuda experta, deben buscarse los servicios de un profesional competente.

Reservados todos los derechos de publicación en cualquier idioma.

Según lo dispuesto en el Código Penal vigente, ninguna parte de este libro puede ser reproducida, grabada en sistema de almacenamiento o transmitida en forma alguna ni por cualquier procedimiento, ya sea electrónico, mecánico, reprográfico, magnético o cualquier otro sin autorización previa y por escrito de RA-MA; su contenido está protegido por la ley vigente, que establece penas de prisión y/o multas a quienes, intencionadamente, reprodujeren o plagiaren, en todo o en parte, una obra literaria, artística o científica.

Editado por:
RA-MA Editorial
Madrid, España
Código para acceder al contenido en línea: 9788499647128

Colección American Book Group - Informática y Computación - Volumen 12.
ISBN No. 978-168-165-837-7
Biblioteca del Congreso de los Estados Unidos de América: Número de control 2019935031
www.americanbookgroup.com/publishing.php

Maquetación: Antonio García Tomé
Diseño de portada: Antonio García Tomé
Arte: Kjpargeter / Freepik

*A mi mujer Natalia por ser mi luz
en momentos de oscuridad.*

ÍNDICE

CAPÍTULO 1. INTRODUCCIÓN A BLENDER 13
   1.1   INTRODUCCIÓN 14
          1.1.1   La historia de Blender 14
          1.1.2   Blender y licencia GPL o GNU 16
          1.1.3   La comunidad de Blender 16
   1.2   INSTALACIÓN 17
          1.2.1   Descarga y ejecución 17
          1.2.2   Requerimientos del sistema 17
   1.3   LA INTERFAZ 18
          1.3.1   El teclado y el ratón 19
          1.3.2   Entender la interfaz 20
          1.3.3   Las ventanas 21
          1.3.4   Interfaz por defecto 29
          1.3.5   Botones y controladores 36
          1.3.6   Navegar por el espacio 3D 38
          1.3.7   Funciones Básicas 43
   1.4   PROYECTO CAPÍTULO 46
          1.4.1   Conociendo Blender 46

CAPÍTULO 2. MODO OBJETO 49
   2.1   CREACIÓN DE OBJETOS 49
          2.1.1   Como crear objetos 49
          2.1.2   Tipos de objetos 50
          2.1.3   Renombrar objetos 51
          2.1.4   Parámetros de los objetos 52
   2.2   SELECCIONAR EN MODO OBJETOS 53
          2.2.1   Selección simple y múltiple 53
          2.2.2   Herramientas de selección 55
          2.2.3   Eliminar objetos 57

2.3 LAS TRANSFORMACIONES EN OBJETOS 57
    2.3.1 Tipos de transformación 57
    2.3.2 Los botones de transformación 58
    2.3.3 Precisión en las transformaciones 60
    2.3.4 Cambiar el sistema de unidades 61
    2.3.5 Los ejes en las transformaciones 62
    2.3.6 Modos de Orientar una transformación 63
2.4 EL ORIGEN Y EL CURSOR 3D 66
    2.4.1 Posicionar el cursor 3D 67
    2.4.2 Realizar transformaciones con el cursor 3D 68
    2.4.3 Cambiar de posición el origen 69
2.5 DUPLICAR OBJETOS 70
    2.5.1 Duplicate y Duplicate Linked 70
    2.5.2 Join 70
    2.5.3 History 72
2.6 CAPAS 72
2.7 MODOS DE SOMBREADO 74
2.8 PROYECTO MODO OBJETO 74
    2.8.1 Creación de un templo 75

CAPÍTULO 3. MODO EDICIÓN 87
3.1 TIPOS DE PRIMITIVAS 87
    3.1.1 Mesh 88
    3.1.2 Curve Surface 88
    3.1.3 Metaballs 89
3.2 MODO EDICIÓN (MESH) 90
    3.2.1 Elementos de un objeto (Mesh) 91
    3.2.2 Selección de elementos 92
    3.2.3 Las normales 97
    3.2.4 Herramientas de modelado 99
3.3 MODELADO EN EL VACÍO 109
    3.3.1 Empezar a modelar en el vacío 110
    3.3.2 Herramienta Snap 110
    3.3.3 Ejemplo de snap 112
3.4 ROTOSCOPIAS 114
    3.4.1 Propiedades de la imagen 116
3.5 PROYECTO MODO EDICIÓN 116
    3.5.1 Creación de un Escenario 117

CAPÍTULO 4. LAS CURVAS 137
4.1 LAS CURVAS 137
    4.1.1 Tipos de curvas 138
    4.1.2 Botón de propiedades de las curvas 139
    4.1.3 Trabajar con curvas 143

4.2	OTRAS OPCIONES CON CURVAS		154
	4.2.1	Extrudir mediante un recorrido	154
	4.2.2	Curva para escalar un recorrido	159
	4.2.3	Convertir curvas Bezier en Superficies Mesh	161
4.3	TEXTOS		163
	4.3.1	Creación de un texto	163
	4.3.2	Propiedades del texto	164
	4.3.3	Alinear y deformar un texto con una curva	165
4.4	PROYECTO CURVAS		169
	4.4.1	Creación de amplificador Marshall	169
	4.4.2	Logotipo de Marshall	180
	4.4.3	Creación de un Jack	183

CAPÍTULO 5. MODELADO DE SUBDIVISIÓN 189

5.1	SUPERFICIE DE SUBDIVISIÓN		189
	5.1.1	Método para subdividir las superficies	190
	5.1.2	Propiedades de Subdivisión Surface	191
	5.1.3	Niveles de Subdivisión	192
	5.1.4	Pliegues y puntas	193
5.2	MODELADO PROPORCIONAL		194
	5.2.1	Como se activa	195
	5.2.2	Combinación de las dos herramientas	198
	5.2.3	Creación de un cojín	198
5.3	MODIFICADORES		202
	5.3.1	Array	203
	5.3.2	Bevel	206
	5.3.3	Boolean	208
	5.3.4	Mirror	209
	5.3.5	Screw	210
	5.3.6	Solidify	211
	5.3.7	Wireframe	213
	5.3.8	Lattice	214
5.4	PROYECTO MODELADO SUBDIVISIÓN		218
	5.4.1	Creación de una guitarra	218
	5.4.2	Conclusión	251

CAPÍTULO 6. ILUMINACIÓN 253

6.1	LUCES EN BLENDER		254
	6.1.1	Tipos de luz	254
	6.1.2	Cómo funciona la luz	257
	6.1.3	Parámetros de la luz en Blender	257
6.2	LAS SOMBRAS EN BLENDER		260
	6.2.1	Opciones de la sombra	261
	6.2.2	Ray Shadow	262

	6.2.3	Buffer Shadow 262
	6.2.4	La forma de las sombras 264
	6.2.5	Spot Shape 264
	6.2.6	Area Shape 264
6.3	CIELO & ATMOSFERA 265
	6.3.1	Sky 265
	6.3.2	Atmosphere 266
	6.3.3	Tabla resumen 267
	6.3.4	Entorno 267
6.4	OPCIONES DE WORLD 268
	6.4.1	Preview 268
	6.4.2	World 269
	6.4.3	Ambient Occlusion 269
	6.4.4	Environment Lighting 271
	6.4.5	Indirect Lighting 272
	6.4.6	Gather 273
	6.4.7	Mist 275
6.5	PROYECTO ILUMINACIÓN 277
	6.5.1	Iluminación de un interior 277

CAPÍTULO 7. MATERIALES 287

7.1 MATERIALES 287
    7.1.1 Concepto básico 288
    7.1.2 Crear y asignar un material 289
    7.1.3 Panel de propiedades 289
    7.1.4 Diffuse 292
    7.1.5 Specular 294
    7.1.6 Shading 296
    7.1.7 Transparency 298
    7.1.8 Mirror 301
    7.1.9 Subsurface Scattering 303
    7.1.10 Strand 304
7.2 MÚLTIPLES MATERIALES EN UN OBJETO 304
7.3 PROYECTO MATERIALES 308
    7.3.1 Creación de materiales para la escena 308
    7.3.2 Abriendo el proyecto 309
    7.3.3 Lámpara 310
    7.3.4 Aplicando los materiales al objeto 314
    7.3.5 Materiales del bolígrafo cristal 318
    7.3.6 El bote de los lápices 322
    7.3.7 El bolígrafo naranja 325
    7.3.8 La goma y el papel 327
    7.3.9 La mesa 329
    7.3.10 La ventana y el cristal 331
    7.3.11 Conclusión 334

CAPÍTULO 8. TEXTURAS 335
8.1 LAS TEXTURAS 335
- 8.1.1 Texturas de Imagen 335
- 8.1.2 Texturas Procedurales 338
- 8.1.3 Panel de texturas 338
- 8.1.4 Propiedades de las texturas 339
- 8.1.5 Grupos de texturas 340
- 8.1.6 Mapping 358
- 8.1.7 Influence 360

8.2 EDITOR DE UV 362
- 8.2.1 Extraer las UV de un objeto 363
- 8.2.2 Tipos de proyecciones avanzadas 365
- 8.2.3 Tipos de proyecciones Básicas 366

8.3 APLICAR UNA TEXTURA 368
- 8.3.1 Pintar una textura 376
- 8.3.2 Texturas de relieve 382
- 8.3.3 Transparencias con Texturas 386

8.4 PROYECTO MATERIALES 388
- 8.4.1 Creación de texturas para la escena 388

CAPÍTULO 9. INTRODUCCIÓN A LA ANIMACIÓN 401
9.1 ANIMACIÓN 401
- 9.1.1 Mover & Animar objetos 402

9.2 ANIMACIÓN KEY FRAME 403
- 9.2.1 Ventana Time line 404
- 9.2.2 Herramientas de la cabecera 405
- 9.2.3 Mover un objeto 407

9.3 OTRAS HERRAMIENTAS 409
- 9.3.1 Grease Pencil 409
- 9.3.2 Dope sheet 411
- 9.3.3 Editor de Curvas 414

9.4 ARMATURE 418
- 9.4.1 Restricciones 419
- 9.4.2 Los huesos 421
- 9.4.3 Los shapes 424

9.5 ANIMAR UN PRODUCTO 429
- 9.5.1 Recorrido de una cámara 429

CAPÍTULO 10. CÁMARAS Y RENDER 443
10.1 CÁMARAS 443
- 10.1.1 Creación 444
- 10.1.2 Manipulación 445
- 10.1.3 Configuración 445

10.2	PROPIEDADES DE RENDER		448
	10.2.1	Render	448
	10.2.2	Dimensions	450
10.3	FREESTYLE		456
	10.3.1	Configurar Freestyle	457
10.4	EL EDITOR DE NODOS		464
	10.4.1	Función de los nodos	465
	10.4.2	Funciones de teclado de Edit Node	466
	10.4.3	Barra de herramientas	467
	10.4.4	Crear nodos	468
10.5	COMPOSITOR DE VIDEO		471
	10.5.1	La interfaz de edición de vídeo	472
10.6	PROYECTO RENDER		477
	10.6.1	Edición de un video	477

MATERIAL ADICIONAL 487

ÍNDICE ALFABÉTICO 489

1

INTRODUCCIÓN A BLENDER

Blender es un programa de creación de contenido 3D, destinado a artistas, programadores y profesionales del sector multimedia bajo licencia *GNU* (*Licencia Pública General*) o *GPL* (*General Public License*). Esta licencia garantiza a los usuarios finales (personas, organizaciones, compañías) la libertad de usar, estudiar, compartir (copiar) y modificar el software con el propósito de declarar que es un software libre y así protegerlo de intentos de apropiación que restrinjan esas libertades a los usuarios.

Actualmente Blender es uno de los programas con mayor número de usuarios en todo el mundo. La comunidad de usuarios es tan grande que existe una gran cantidad de sitios independientes, con diferentes idiomas y especializada en diferentes áreas.

Una comunidad muy importante a tener en cuenta es la Fundación Blender. Aquí podrás ver el desarrollo de nuevos proyectos, descargar el programa en su última versión, discutir en el foro, aprender más sobre Blender y podrás ponerte en contacto con algunos desarrolladores de Blender si lo deseas.

1.1 INTRODUCCIÓN

1.1.1 La historia de Blender

En 1988 **Ton Roosendaal** cofundó el estudio de animación Holandés *NeoGeo*. Esta empresa se convirtió rápidamente en el estudio más grande de animación 3D en Holanda y en una de las más destacadas casas de animación en Europa. **NeoGeo** creó producciones, que fueron premiadas (***European Corporate Video Awards de 1993 y 1995***), para grandes clientes corporativos tales como la compañía multinacional de electrónica Philips. En *NeoGeo*, Ton fue el responsable tanto de la dirección artística como del desarrollo interno del software. Después de una cuidadosa deliberación Ton decidió que la actual herramienta 3D utilizada en el estudio de *NeoGeo* era demasiado vieja y voluminosa para mantener y actualizar y necesitaba ser reescrita desde el principio. En 1995 esta reescritura comenzó y estaba destinado a convertirse en el software de creación 3D que ahora conocemos como Blender. Mientras NeoGeo continuaba refinando y mejorando Blender, Ton se dio cuenta que Blender podría ser utilizado como una herramienta para otros artistas fuera del estudio NeoGeo.

En 1998, Ton decidió crear una nueva compañía llamada ***Not a Number*** (NaN) derivada de NeoGeo para fomentar el mercado y desarrollar Blender. En la base de NaN estaba el deseo de crear y distribuir gratuitamente una suite de creación 3D compacta y multiplataforma. En ese momento, esto fue un concepto revolucionario ya que la mayoría de los programas comerciales de modelado costaban miles de dólares. NaN esperaba conseguir una herramienta de modelado y animación de un nivel profesional al alcance del público en general. El modelo de negocio de NaN consistía en proporcionar productos comerciales y servicios alrededor de Blender. En 1999 NaN asistió a su primera conferencia en el *Siggraph* en un esfuerzo aún mayor para promocionar Blender. La primera convención del *Siggraph* para Blender en 1999 fue un auténtico éxito y provocó un enorme interés tanto de la prensa como de los asistentes a la convención. ¡Blender fue un gran éxito y se confirmó su tremendo potencial!

En alas del gran éxito del Siggraph, a principios del año 2000 NaN consiguió una financiación de 4.5 millones de euros procedente de unos inversores. Este gran aporte de dinero permitió a NaN expandir rápidamente sus operaciones. Pronto NaN alardeó de tener más de 50 empleados trabajando alrededor del mundo intentando mejorar y promocionar Blender. En el verano del 2000, Blender 2.0 fue publicado. Esta versión de Blender integraba un motor de juegos a la suite 3D. Al final del 2000, el número de usuarios registrados en el sitio web de NaN sobrepasó los 250,000.

Desafortunadamente, las ambiciones y oportunidades de NaN no coincidieron con las capacidades de la compañía ni con la realidad del mercado de la época. Este sobredimensionamiento de la empresa condujo a una reestructuración creando una compañía (NaN) más pequeña y con nuevos fondos procedentes de los inversores. Seis meses más tarde, el primer producto comercial de NaN, Blender Publisher fue lanzado. Este producto fue dirigido al emergente mercado de medios interactivos en 3D basados en entornos web. Debido a las decepcionantes ventas y al continuo clima de dificultades económicas, los nuevos inversores decidieron dar por terminadas las actividades de NaN. Esto también incluía parar el desarrollo de Blender.

Si bien existían claramente defectos en la actual versión de Blender, con una arquitectura interna de software complejo, características inacabadas y un GUI no muy común, la magnífica ayuda de la comunidad y los clientes que habían comprado el Blender Publisher en el pasado provocó que Ton no pudiera permitir que Blender desapareciera en el olvido.

Como relanzar una nueva compañía con un equipo suficientemente grande de desarrolladores no era factible, en Marzo de 2002 Ton Roosendaal fundó la organización no lucrativa **Blender Foundation** (Fundación Blender) El primer objetivo de la Fundación Blender fue encontrar una manera de continuar el desarrollo y la promoción de Blender como un proyecto de Código Abierto basado en la comunidad de usuarios. En Julio de 2002, Ton logró obtener de los inversores de NaN un "sí" para que la Fundación Blender llevara a cabo su plan para que Blender fuera código abierto. La campaña de "Liberar a Blender" tenía que obtener 100,000 EUR para que la Fundación pudiese comprar los derechos del código fuente de Blender y los de propiedad intelectual a los inversores de NaN y posteriormente liberar Blender a la comunidad de código abierto. Con un entusiasta grupo de voluntarios, entre los que se encontraban varios exempleados de NaN, fue lanzada la campaña de "Liberar a Blender". Para el deleite y la sorpresa de todo el mundo, la campaña alcanzó el objetivo de 100,000 EUR en tan solo 7 semanas. El domingo 13 de octubre de 2002, Blender fue liberado al mundo bajo los términos de la Licencia Pública General de GNU (GPL). El desarrollo de Blender continúa hasta nuestros días conducido por un equipo de valientes y dedicados voluntarios procedentes de diversas partes del mundo y liderados por el creador de Blender, Ton Roosendaal.

1.1.2 Blender y licencia GPL o GNU

El programa bajo licencia GPL (*General Public License*) puede ser usado por cualquiera, su finalidad es proteger los derechos de los usuarios finales (usar, compartir, estudiar, modificar). Respecto a otros programas que son comerciales usted tiene limitaciones, como por ejemplo la instalación en un número determinado de ordenadores, no puede hacer copias y mucho menos acceder al código fuente. Blender le da la libertad al usuario que otros programas no le permiten.

- Los derechos del usuario bajo licencia GNU (GPL)
- Libertad para usar el programa
- Tener acceso al código y modificarlo.
- Puedes copiar y distribuir el programa.
- En el caso de que realices mejoras en el programa puedes publicarlas.

También tienes algunas responsabilidades, que están diseñadas para proteger tu libertad y la libertad de otros, por lo que si distribuyes un programa GPL:

- Debes proporcionar una copia de la GPL con el programa, así el usuario es consciente de los derechos que le otorga la licencia.

- Debes incluir el código fuente o hacer que esté disponible gratuitamente.

- Si modifica el código y distribuyes una versión modificada, dichas modificaciones deben estar licenciadas bajo la GPL y tienes que facilitar el código fuente modificado. (No puedes usar código GPL como parte de un programa propietario.)

- No puedes licenciar el programa fuera de los términos de la licencia GPL. (No puedes transformar un programa GPL en un producto propietario).

1.1.3 La comunidad de Blender

Si piensas que por ser un programa libre no va a tener el mismo desarrollo que otro programa de pago estás muy equivocado. Una de las características que hace posible Blender es la comunidad de usuarios. Curiosamente se valora mucho la dedicación y el aporte de cada usuario, el ambiente es muy bueno y siempre encuentras a alguien que te hecha una mano, con tus dudas.

En la página web blender.org encontrara todo lo necesario para descargar el programa y buscar toda la información que necesites. También puedes ver trabajos realizados con Blender o pedir ayuda en blenderartist.org.

Estas dos páginas son las principales pero Blender va más allá de estos dos sitios web, porque los usuarios de todo el mundo han creado blogs, foros y sitios web en distintos países y distintos idiomas.

Esta gran comunidad le puede abrir puertas en todo el mundo y quien sabe puedes llegar a conocer gente que de otra manera te hubiera sido imposible.

1.2 INSTALACIÓN

Para la instalación de Blender puedes descargar el programa desde la página web de la fundación ***www.blender.org***. En esta página tienes que acceder al apartado de descargas ***Downloads***.

1.2.1 Descarga y ejecución

Selecciona el sistema operativo que utilizas y pulsa download. Puede encontrar la descarga de la última versión en Windows, Mac OSX, GNU/Linux. En este libro todos los ejercicios y las explicaciones están basados en la versión 2.73 y se trabaja sobre el sistema operativo Windows.

1.2.2 Requerimientos del sistema

Blender usa **OpenGL** para dibujar toda la interfaz. Esto significa que es mejor si se utiliza una tarjeta gráfica que sea compatible con **OpenGL**. Blender se ejecuta en todas las tarjetas **OpenGL-compatibles**, aunque hay algunos problemas con las tarjetas de gráficos integrados (Intel, VIA). Por lo tanto, no se puede garantizar que Blender funcione bien en esos sistemas.

1.2.2.1 HARDWARE MÍNIMO

- De 32 bits de doble núcleo CPU 2 GHz con soporte SSE2.
- 2 GB de RAM
- 24 bits de 1280 x 768
- Ratón o trackpad
- Tarjeta gráfica compatible con OpenGL con 256 MB de RAM.

1.2.2.2 HARDWARE RECOMENDADO

- 64-bit CPU de cuatro núcleos
- 8 GB de RAM
- Pantalla Full HD con 24 bits de color
- Tres botón del ratón
- Tarjeta gráfica compatible con OpenGL, con 1 GB de RAM.

1.2.2.3 HARDWARE ÓPTIMO (GRADO DE PRODUCCIÓN)

- 64 bits de ocho núcleos de CPU
- 16 GB de RAM
- Dos pantallas Full HD con 24 bits de color
- Tres botón del ratón y una tableta gráfica,
- Tarjetas gráficas OpenGL-compatibles duales, de calidad con 3 GB de RAM.

1.3 LA INTERFAZ

Uno de los aspectos que menos gustan a la hora de trabajar con un programa es tener que ir buscando las herramientas que necesitas y no encontrarlas, por eso el objetivo del primer tema es explicar de manera práctica y visual como entender la interfaz de Blender.

Figura 1.1. Pantalla presentación

1.3.1 El teclado y el ratón

Un aspecto muy importante es que para trabajar correctamente tienes que tener la mano izquierda en el teclado y la derecha en el ratón. Si es la primera vez que utiliza un programa de diseño 3D te preguntaras ¿Para qué tengo que poner la mano en el teclado?

La razón es que la interfaz está diseñada especialmente para sacar el mayor rendimiento a la hora de trabajar. Primero hay que dejar claro que se trabaja con ratones de 3 botones o con ruedecilla en el medio y que Blender utiliza muchas combinaciones de teclado y ratón para tener un acceso más rápido a las herramientas.

Para no tener que ir escribiendo toda las teclas y botones, a continuación se especifica las abreviaturas que se van a utilizar en todas las explicaciones del libro.

Los botones del ratón se abrevian de la siguiente manera:

- **BIR** (botón izquierdo del ratón)
- **BDR** (botón derecho del ratón)
- **BCR** (botón central del ratón)

Las combinaciones de teclado se abrevian de la siguiente manera:

- **TECL_G** (cuando es una letra del teclado en concreto , en este caso la "G")
- **SHIFT+C** (cuando pulsamos la tecla Shift y la tecla "C" en este caso no se utiliza la abreviatura TECL)
- **SHIFT+CTRL+D** (cuando pulsamos una combinación de 3 teclas)
- **NUM_5** (cuando nos referimos a los números del teclado numérico). Hay que prestar especial atención que este activado el *NumLock* del teclado.
- **ESC,TAB,F1** (cuando nos referimos a las teclas específicas que tienen todos los teclados)
- **File > Save** (Cuando se le indique una ruta de acceso, es decir pulsar el botón File y acceder a la opción Save)
- Para finalizar las teclas de dirección no se abreviaran sino que se utiliza el nombre completo y en mayúsculas **ARRIBA, ABAJO, IZQUIERDA y DERECHA**.

1.3.2 Entender la interfaz

La interfaz en si es un conjunto de ventanas distribuidas de un modo determinado en donde cada ventana contiene en su interior un apartado del programa con una serie de herramientas destinadas a realizar una función determinada. Es decir que si entiende el funcionamiento de las ventanas habrá conseguido entender cómo se organiza la interfaz de Blender.

Las características de estas ventanas son las siguientes:

- ▼ No se superponen una a otra. Es decir si creas una nueva ventana, esta empujara a las otras para hacerse un lugar en la interfaz.

- ▼ Todas tienen su propia cabecera. Es donde encontrarás las herramientas necesarias para cada objetivo.

- ▼ Una ventana se puede subdividir en tantas como se desee o necesite.

- ▼ Cada ventana puede ofrecer una función distinta.

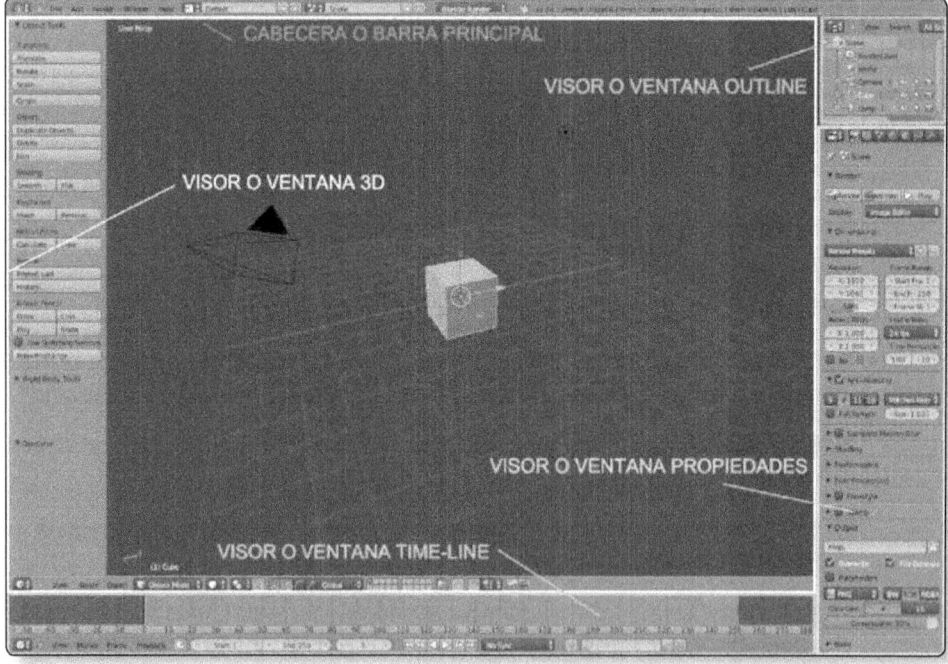

Figura 1.2. Vista general de la interfaz

1.3.3 Las ventanas

Para identificar correctamente las partes de la interfaz se empezara por ver que es una ventana, y a continuación se mostraran los distintos elementos que podemos encontrar en ellas. Las ventana en sí, son un contenedor. Este contenedor tiene barras de herramientas y paneles con multitud de botones.

1.3.3.1 PARTES DE UNA VENTANA

▶ **El área de trabajo:** el área de trabajo es donde el usuario podrá modelar animar y en resumen ver las acciones que vaya realizando. Esta área de trabajo es una ventana llamada visor 3D. Existen muchos tipos de ventanas, que se explicaran más adelante.

Figura 1.3. Vista del área de trabajo

▶ **Los paneles:** en el área de trabajo es muy probable que se encuentre con un panel en ambos lados. Estos paneles muestran herramientas y propiedades que le serán muy útiles a la hora de trabajar. Estos paneles pueden esconderse para garantizar más espacio de trabajo.

Para esconder estos paneles acerque el cursor donde limita con el área de trabajo y arrastre con el **BIR** hacia afuera y desaparecerá dejando le una pequeña pestaña con el símbolo de suma. Si hace clic en el símbolo volverá a reaparecer el panel.

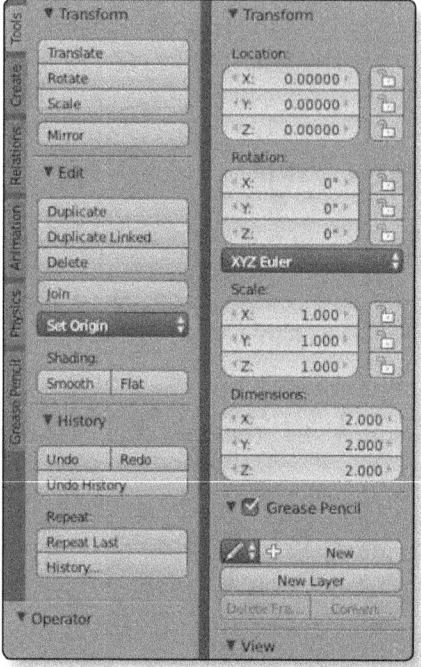

Figura 1.4. Paneles laterales

Otra forma mucho más cómoda y rápida es con las teclas de acceso rápido:

- **Panel izquierdo:** pulsar **TECL_T** para esconder y mostrar el panel.
- **Panel derecho:** pulsar la **TECL_N** para esconder y mostrar el panel.

▼ **El encabezado o barra de herramientas:** la cabecera contiene todas las herramientas que necesitará para realizar el trabajo en función de la ventana en que se encuentre. Hago referencia a según qué ventana porque la cabecera puede variar. Normalmente se muestran en la parte inferior de la ventana, pero en otras es posible que las encuentre en la parte superior.

Figura 1.5. Barras de herramientas o cabeceras

1.3.3.2 TIPOS DE VENTANAS

Ahora que ya puedes identificar partes de una ventana, te resultara más fácil seguir las siguientes indicaciones. Para cambiar el tipo de ventana actual que es el visor 3D tiene que pulsar el primer botón de la barra de herramientas o cabecera de esta ventana.

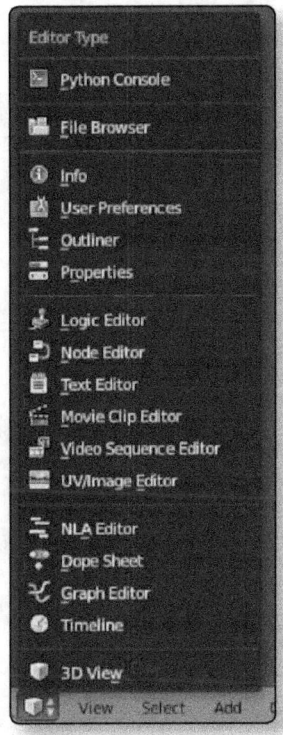

Figura 1.6. Primer botón del encabezado del visor 3D

Se te desplegará un menú con muchas opciones, todas estas opciones son tipos de ventanas que te servirán para realizar distintas tareas.

1.3.3.3 TRABAJAR CON VENTANAS

En esta sección aprenderás cómo subdividir los visores y cómo fusionarlos para que puedas organizar el espacio de manera cómoda y sistemática. También aprenderás a escalar, intercambiar, maximizar y minimizar las ventanas. En un principio puede que cueste realizar alguna de las acciones, pero con la práctica llegará a ser una de tus acciones automatizadas.

1.3.3.3.1 Subdividir ventanas

Primero de todo tienes que identificar en la derecha superior del área de trabajo del visor 3D o en la parte izquierda inferior una forma triangular.

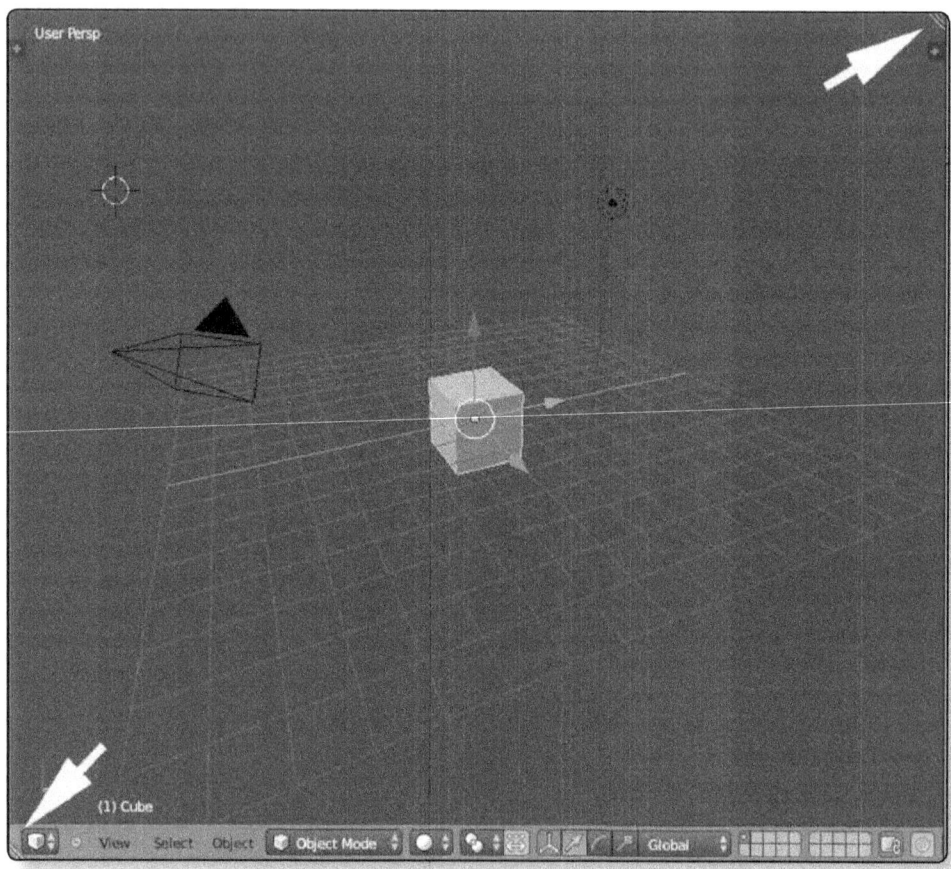

Figura 1.7. Símbolos para subdividir ventanas

Selecciona el símbolo que se encuentra en la parte superior derecha y arrastra hacia la izquierda haciendo clic y manteniendo pulsado el **BIR**. Ahora realiza la misma acción pero esta vez arrastra hacia abajo, como se muestra en la siguiente imagen

Como verá, este proceso es muy sencillo y fácil de realizar. También podría realizar la misma acción arrastrando el símbolo de la parte inferior izquierda del mismo modo que se ha descrito anteriormente. En la siguiente sección se explica el proceso contrario: cómo fusionar las ventanas o visores que hemos creado anteriormente.

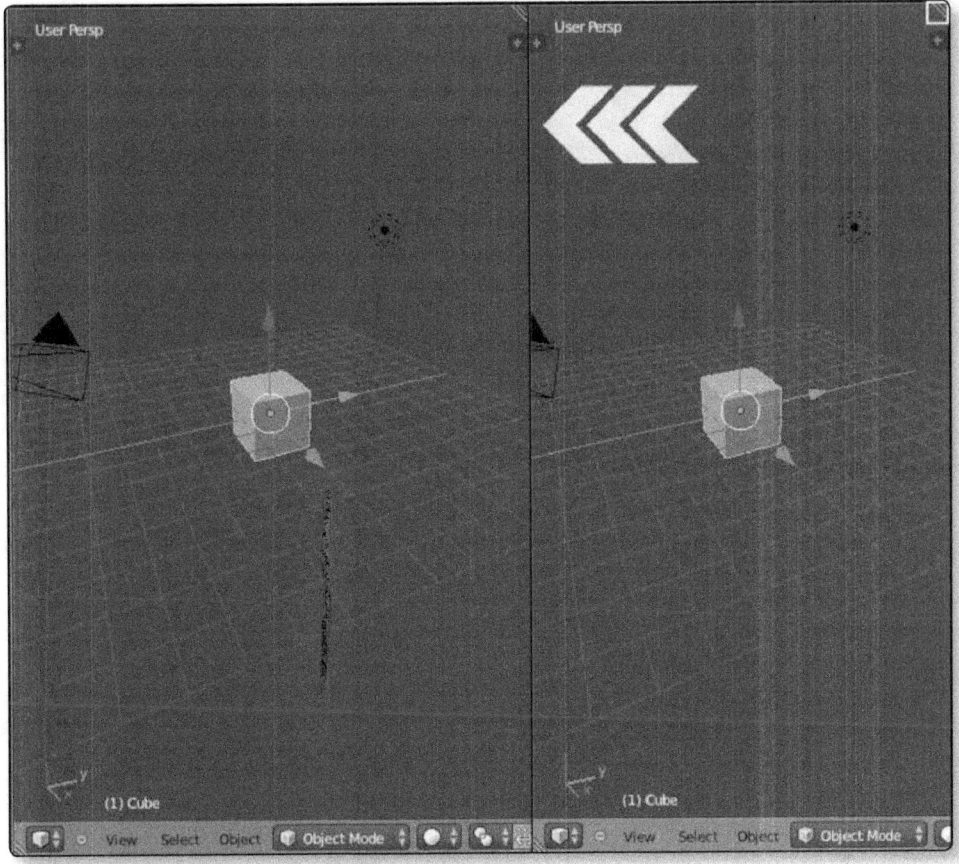

Figura 1.8. Ventana subdividida

1.3.3.3.2 Fusionar ventanas

Selecciona el símbolo que se encuentra en la parte superior derecha de una de las ventanas subdivididas y arrastra hacia arriba haciendo clic con el BIR y manteniéndolo pulsado como se muestra en la imagen. Sin dejar de pulsar el BIR verás que aparece una flecha sombreada de gran tamaño que le muestra la dirección en la que quieres fusionar la ventana.

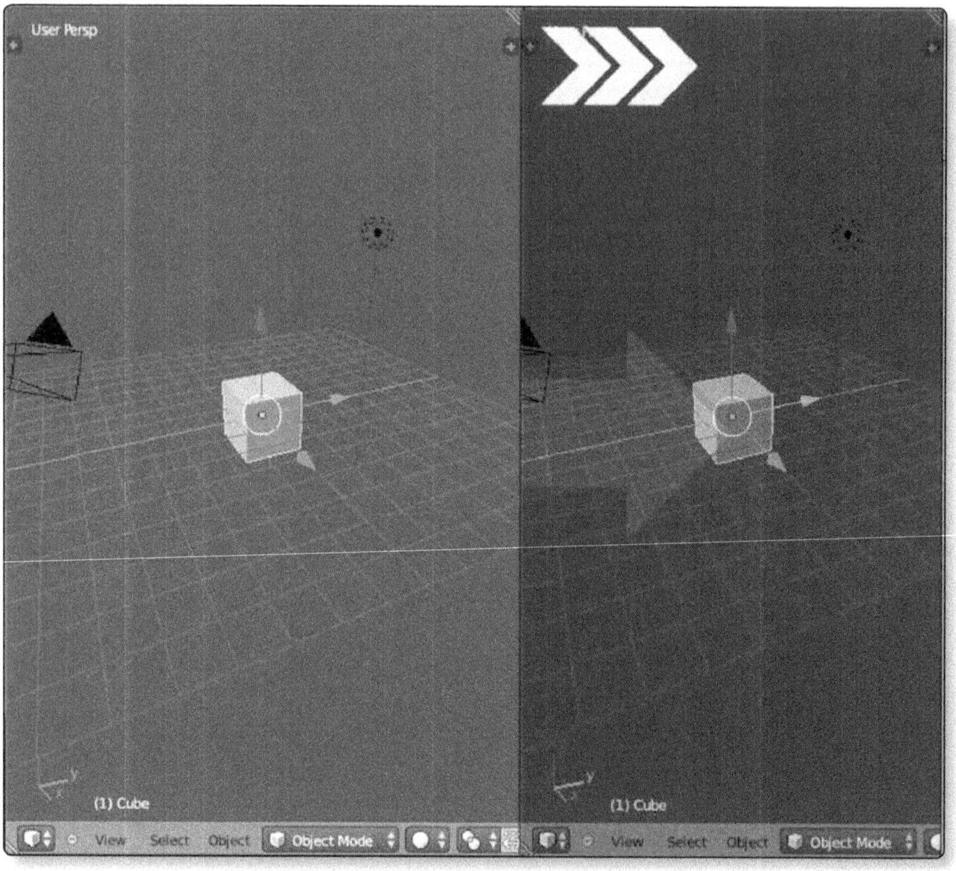

Figura 1.9. Ventana fusionada

1.3.3.3.3 El menú Split Area

Es un menú que te permite realizar las acciones anteriores. Para acceder a este menú acerque el cursor del ratón a una esquina de la ventana, hasta que este cambie de flecha a doble flecha y pulse el BDR. En este menú puede seleccionar las opciones, **Split Area** y **Join Area**. La primera opción te permite subdividir las ventanas y la segunda opción mencionada anteriormente te permite fusionarlas.

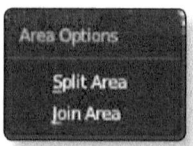

Figura 1.10. Menú Split Area

1.3.3.3.4 Escalar ventanas

Para escalar una ventana deberás acercar el cursor a las líneas divisorias hasta que este cambie de flecha a doble flecha y arrastrar en la dirección que desees manteniendo el pulsando el BIR.

1.3.3.3.5 Maximizar y minimizar ventanas

Cuando tengas cierto número de ventanas y requieras de más espacio para trabajar cómodamente puede maximizar tu ventana. En la cabecera de la ventana accede al menú **View > Toggle Full Screen**. También puedes realizar esta misma acción pulsando **CTRL + ARRIBA**. Cuando quieras volver al estado anterior realiza la misma acción pero pulsando **CTRL + ABAJO**.

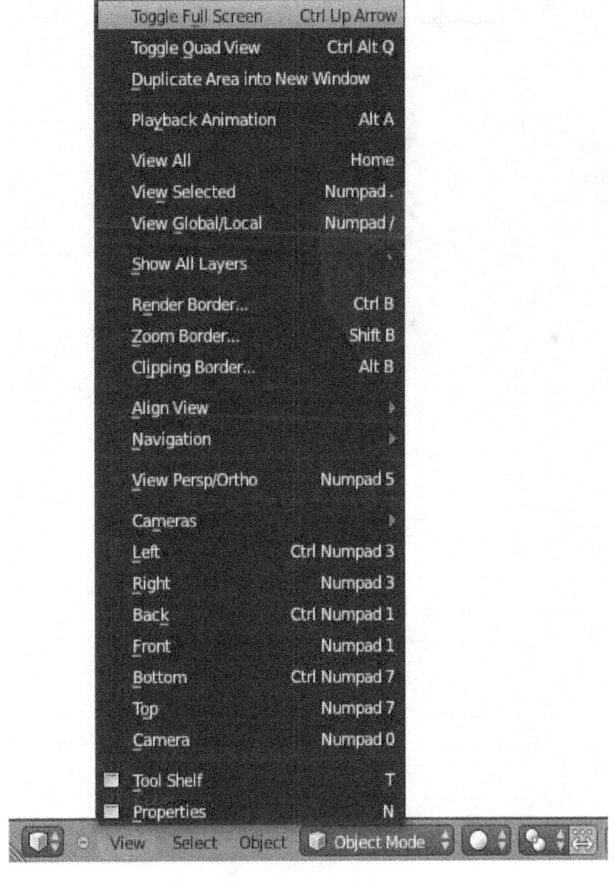

Figura 1.11. Opción en el menú de la cabecera

1.3.3.3.6 Intercambiar ventanas

Siguiendo con el ejemplo anterior solamente tienes que arrastrar el símbolo que utilizabas para subdividir con la siguiente combinación de teclas **CTRL + BIR**. Automáticamente las ventanas se intercambiaran la posición.

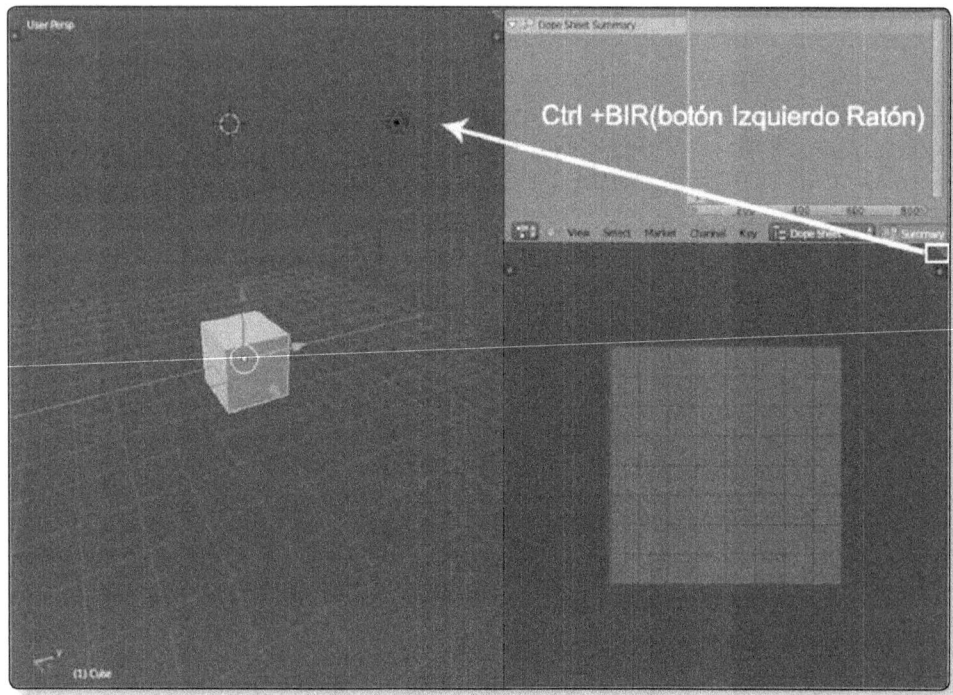

Figura 1.12. Intercambio de ventana

1.3.3.3.7 Ventana flotante

Para crear una ventana flotante accede al menú **View > Duplicate Area Into New Window** de la cabecera de la ventana. Para realizar esta acción mediante combinación de teclas es el mismo procedimiento que cuando intercambiamos ventanas pero pulsando las siguientes combinaciones de teclas **SHIFT + BIR**. Automáticamente surgirá una copia en forma de ventana flotante que te permite trabajar desde fuera de la interfaz.

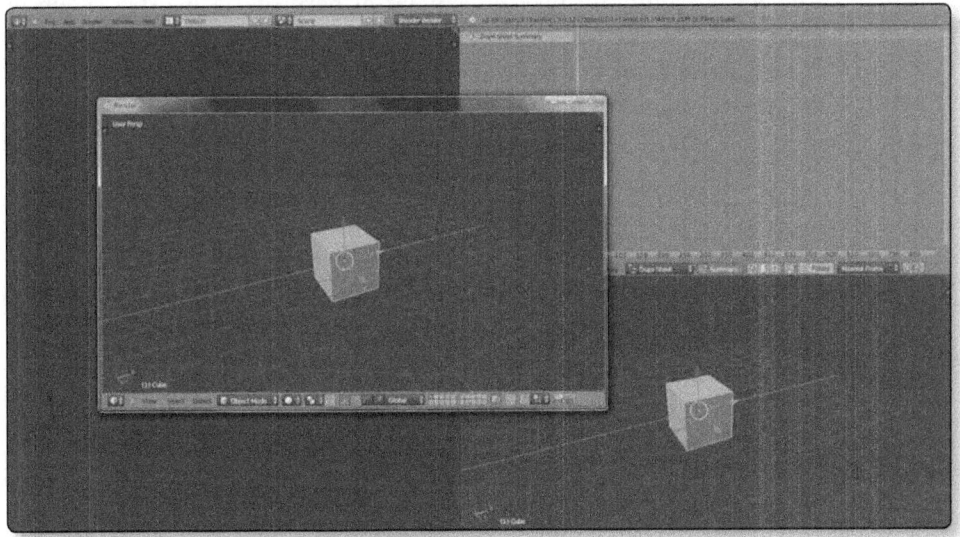

Figura 1.13. Ventana flotante

1.3.4 Interfaz por defecto

Existen menús, paneles, pestañas etc. Para que las siguientes tareas sean más fáciles de explicar a continuación se hace un resumen de los elementos que podemos encontrar en la interfaz por defecto.

1.3.4.1 EL ENCABEZADO PRINCIPAL

Esta barra de herramientas está compuesta por los siguientes elementos:

▶ *Botones menú:* estos botones son los que encontrarás en todos los programas. En esta versión 2.71, solamente tiene File, Render, Window, Help.

Figura 1.14. Menús

▼ *Selector de pantalla:* puedes cambiar el perfil de la interfaz según el trabajo que desees realizar. Por ejemplo si quieres animar un personaje puedes seleccionar la opción **Animation** y la interfaz se distribuirá con las herramientas más adecuadas para animar.

▼ *Selector de escenas:* en Blender es posible tener varias escenas en un mismo archivo. Puedes elegir entre distintas formas para crear nuevas escenas.

▼ *Selector de motor de render:* en Blender tiene tres motores de renderizado. En este libro se explica el funcionamiento de Blender Render y del Cicles render.

Figura 1.15. Opciones de motores de render

▼ *Texto informativo:* el texto que se encuentra a continuación te da información de la versión que está utilizando, el número de vértices, caras y triángulos del objeto que tenga seleccionado. En resumen te da información de la escena.

Figura 1.16. Texto informativo

1.3.4.2 EL OUTLINER

Esta ventana es una de las importantes, porque da información de los objetos que tenemos en la escena y también te permite manipular ciertos aspectos de los objetos. El **outliner** está compuesto por los siguientes elementos a parte de los que se han nombrado anteriormente.

- ▼ *Caja de textos:* esta caja que se encuentra en el encabezado permite hacer una búsqueda de un objeto en concreto.

- ▼ *Selector de filtro:* permite restringir lo que se muestra en la lista inferior. Por defecto está en **All Scenes.**

- ▼ *Botones de restricción:* estos botones activan y desactivan una función. El ojo esconde el objeto de la escena, el cursor hace que el objeto sea seleccionable o no y la cámara de fotos hace que el objeto sea renderizable o no.

- ▼ *Iconos objetos:* los objetos dependiendo de la función que desempeñan se les otorga un icono representativo.

Figura 1.17. Ventana outliner

1.3.4.3 PROPIEDADES

Esta ventana contiene todos los tipos de botones que podemos encontrar en Blender. Este apartado es muy importante porque contiene todas las propiedades que necesitarás para trabajar, como por ejemplo la configuración de materiales, modificadores partículas etc... Para organizar correctamente toda esta información se agrupan en botones representados por un gráfico.

Figura 1.18. Imagen de la barra de propiedades

Cada botón contiene un panel con un conjunto de herramientas o contexto, es decir cuando pulsamos un botón en concreto este nos muestra un panel con todas las propiedades necesarias para trabajar un aspecto en concreto.

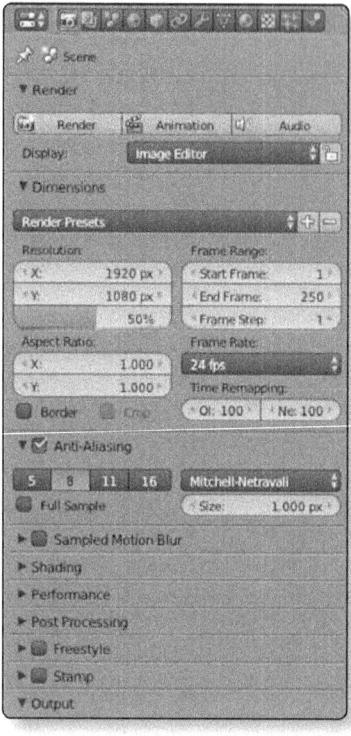

Figura 1.19. El panel del botón objeto

Dentro de estos paneles tenemos distintas secciones agrupadas dentro de una tabla que se pueden extender o colapsar para ganar espacio. También una característica es que podemos cambiar el orden de las tablas arrastrando con el **BIR**.

Un aspecto importante a tener en cuenta es que los botones de propiedades se organizan jerárquicamente como se muestra a continuación:

▼ *Renderizar:* contiene todas la propiedades del renderizado.

  • *Render Layer:* contiene propiedades para organizar el renderizado.

▼ *Escena:* contiene aspectos generales de la escena, como las unidades, la gravedad de la escena etc…

  • *World*: contiene los aspectos necesarios para crear ambientes cómo cambiar el color del cielo, mejorar la iluminación.

- **Objeto:** contiene las propiedades de visualización, transformación, visibilidad, duplicación e información de animación, siempre respecto a los objetos.
  - *Restricciones:* propiedades para controlar aspectos de los objetos.
  - *Modificaciones:* en este apartado disponemos de multitud de operaciones que afectan al objeto de manera no destructiva como alterar la geometría o crear una simetría.
  - *Datos de objetos:* en este apartado se encuentran todos los datos que tienen nuestros objetos.
  - *Materiales: es donde podrás crear materiales.*

Texturas: esta especialmente vinculado al material y nos proporcionará herramientas para añadir detalles a los materiales.

  - *Partículas:* contiene todas la propiedades para crear objetos como pelo, césped o fuegos artificiales.
  - *Físicas:* este apartado contiene propiedades relacionadas con la simulación de telas, campos de fuerza, fluidos, humos etc

Dentro de cada contexto o panel encontraremos muchos tipos de botones o controladores de propiedades.

1.3.4.4 TIMELINE

Esta ventana te permite tener control del tiempo en tus animaciones, también podrás crear fotogramas clave y copiarlos pegarlos etc... Se explicará con más detalle en el capítulo de animación.

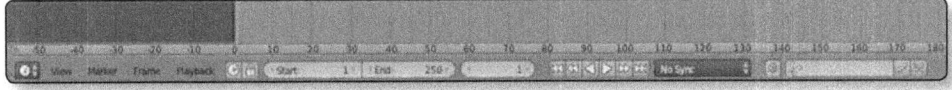

Figura 1.20. La ventana Timeline

1.3.4.5 3DVIEW

Es la ventana que vas a utilizar más. En los próximos capítulos se explicará con más detalle aspectos concretos como el modelado, a continuación se detallan aspectos generales de los paneles izquierdos y derecho de esta ventana.

Panel Izquierdo: este panel contiene las herramientas agrupadas en pestañas para poder crear objetos y modelarlos. Este panel puede variar según el modo en que se trabaja. Por defecto encontramos las siguientes pestañas.

▼ *Tools:* encontrarás herramientas de transformación, duplicar, borrar, el historial, suavizado etc.

▼ *Create:* en esta pestaña podrás crear los distintos objetos de que dispone Blender.

▼ *Relations:* las siguientes herramientas se utilizan para crear grupos o enlazar características entre objetos.

▼ *Animation:* contiene herramientas relacionadas con la animación, se verán en detalle en el capítulo correspondiente.

▼ *Physics:* contiene herramientas relacionadas con aspectos de la física.

▼ *Grease Pencil:* es una herramienta muy útil que te permite dibujar encima de la ventana.

Figura 1.21. Panel Izquierdo

Panel derecho: este panel a diferencia del anterior contiene diversas propiedades que facilitaran la manipulación de objetos en el visor y el aspecto del visor. A diferencia del panel derecho este no varía según el modo en que se trabaje, pero si varía según el tipo de ventana que utilicemos. Por defecto encontraremos las siguientes propiedades:

- ▼ *Transform:* te permiten desplazar, rotar y escalar los objetos que tengas seleccionados en los ejes x, y , z mediante la introducción de valores concretos. También puedes dimensionar el objeto

- ▼ *Grease Pencil:* crea nuevas capas para los dibujos que hagas con esta herramienta, mencionada anteriormente.

- ▼ *View:* te muestra diferentes propiedades de navegación en la ventana o visor.

- ▼ *3D Cursor:* contiene propiedades de posición de este elemento el cursor 3D. Se explicará más adelante este elemento.

- ▼ *Items:* sirve para que pongas nombre al objeto que tengas seleccionado en ese momento.

- ▼ *Display:* contiene propiedades de como se muestran los objetos en la ventana

- ▼ *Shading:* propiedades del sombreado de los objetos

- ▼ *Motion tracking:* propiedades de la cámara.

- ▼ *Background Images:* puedes añadir imágenes como fondo.

- ▼ *Transform Orientations:* te permite seleccionar o añadir que tipo de orientación quieres utilizar para las transformaciones.

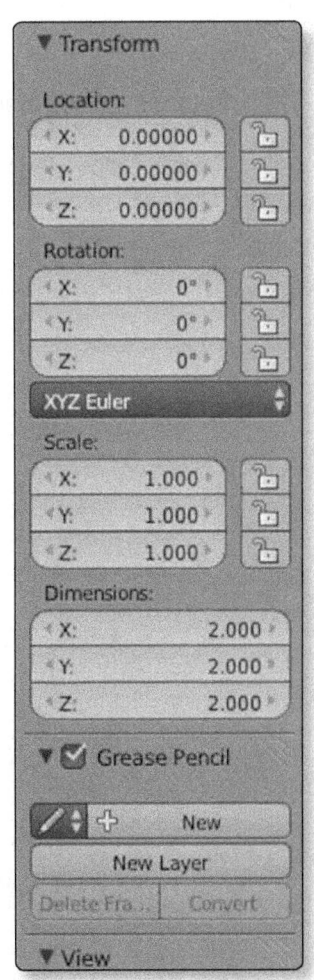

Figura 1.22. Panel derecho

> **ⓘ NOTA**
> No pretendas memorizar ninguna de estas opciones porque la intención es de que tengas una idea general de cómo se organiza la interfaz de Blender por defecto.

1.3.5 Botones y controladores

Los botones y los controladores es un tema que por intuición, suele entenderse sin problema. A continuación se te mostrarán los distintos tipos de controladores que encontrara en Blender.

- ▼ *Botón de operación:* al pulsar un botón de operación este ejecuta la operación.

Figura 1.23. Botón de operación

- ▼ *Botones de conmutación:* son botones que disponen de dos estados activado o desactivado. Cuando están activados se muestran con una marca dentro del cuadro.

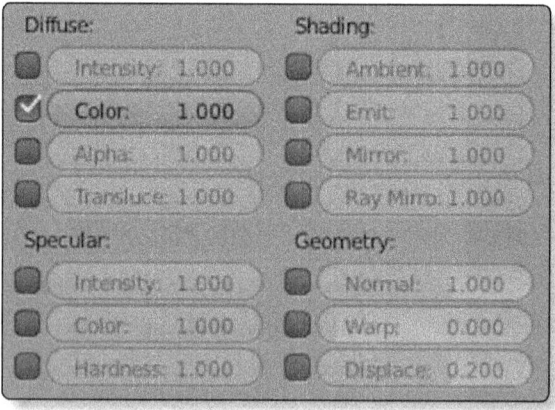

Figura 1.24. Botón de conmutación

▼ **Botones de radio:** es un botón conmutador asociado a otros botones en un mismo contexto. Cuando se activa uno los demás permanecen desactivados.

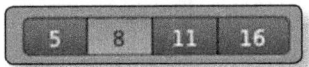

Figura 1.25. Botones de radio

▼ **Botones numéricos:** los controladores que tiene botones numéricos suelen contener en su interior un valor o porcentaje. Para cambiar estos valores puedes utilizar las flechas laterales en el caso de que las halla, arrastrando con el BIR a la izquierda o a la derecha o también puedes hacer clic en el centro del botón pulsando **CTRL+BIR**, para introducir el valor manualmente.

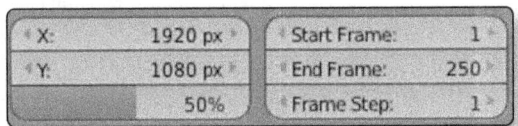

Figura 1.26. Botones numéricos

▼ **Botones de menú:** los botones de menú te muestran un submenú en forma de lista con distintas opciones.

Figura 1.27. Botón menú

▼ **Selector de color:** cuando haga clic con el **BIR** encima de él, aparecerá un panel de diálogo con una muestra de colores donde podrás seleccionar o introducir los valores del color que necesites.

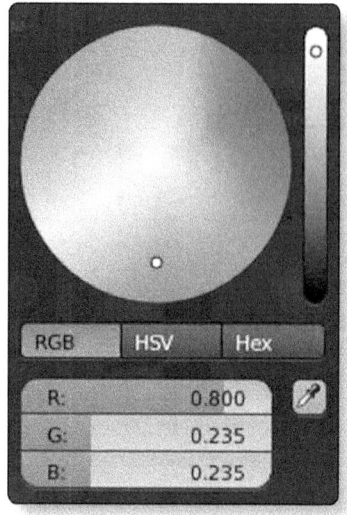

Figura 1.28. Selector de color

▼ *Cuentagotas:* en el selector de color también encontrarás un botón llamado cuentagotas, que te permite copiar el color de un objeto en particular, sin necesidad de introducir ningún valor.

Figura 1.29. Botón cuentagotas

1.3.6 Navegar por el espacio 3D

Principalmente debes de asegurarte de que el cursor del ratón se encuentra dentro del espacio de trabajo del visor 3D. Te puedes mover por todos los ejes de coordenadas de 3 maneras distintas:

▼ *Rotar por el espacio:* mantener pulsado el **BCR** y arrastrar en la dirección que desees. Tendrás la sensación de que estás girando alrededor de los objetos que se encuentran por defecto en el centro de la escena.

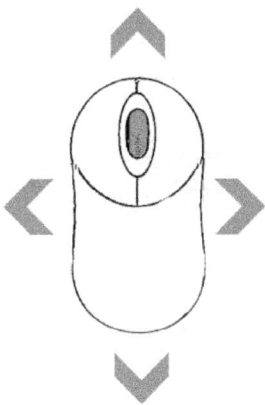

Figura 1.30. Rotar

▼ *Moverse por el espacio:* mantener pulsado el **BCR + SHIFT** y arrastrar en la dirección que desees. Verás cómo el visor se mueve de un lado a otro de manera que siempre se mueve desde un eje determinado.

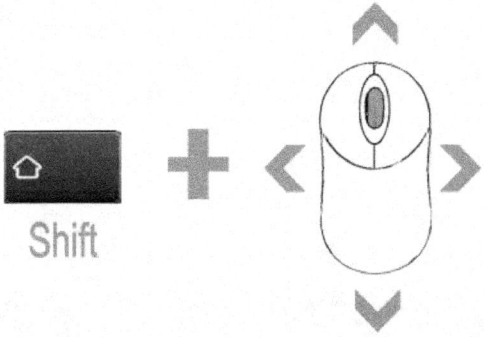

Figura 1.31. Desplazarse

▼ *Zoom:* puedes hacer zoom moviendo la rueda del ratón. Si la mueves hacia adelante el zoom realiza la acción de acercarse y si la rueda la haces girar hacia detrás el zoom realiza la acción de alejarse. También puede utilizar la combinación de teclas Ctrl + BCR (botón central ratón) y arrastrando hacia arriba el zoom te acercará y si arrastras el ratón hacia atrás el zoom le alejará.

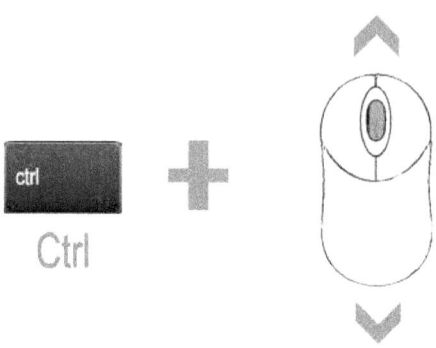

Figura 1.32. Acercarse alejarse

> **ⓘ NOTA**
>
> En ocasiones es posible que sin querer te alejes demasiado de los objetos y te pierdas en la inmensidad del espacio 3D, una forma rápida de volver a situar la vista como estaba es pulsando CTRL + C.

1.3.6.1 PROYECCIÓN PERSPECTIVA Y ORTOGRÁFICA

La perspectiva es el arte de dibujar para recrear la profundidad y la posición relativa de los objetos comunes. En el visor perspectiva, se simula la profundidad y los efectos de reducción de los objetos.

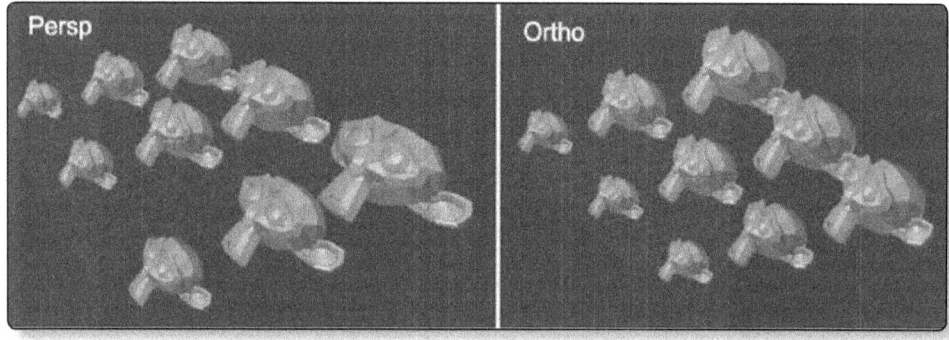

Figura 1.33. Imagen de la Izquierda en modo Perspectiva y en la derecha Ortográfica

La vista ortográfica es un modo de visualización muy utilizado en la industria de la arquitectura porque los objetos se muestran en la misma proporción. Es decir si pusiéramos varios objetos en paralelo al plano de la imagen, tendrían el tamaño real, en proporción forma y configuración. Es una de las vistas más utilizadas para realizar planos en AutoCAD.

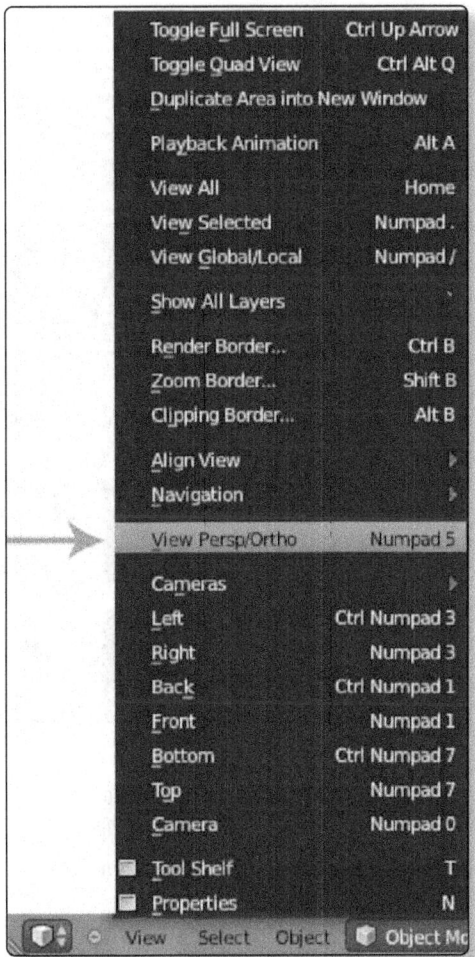

Figura 1.34. Menú con las opciones Persp/Ortho

Para cambiar de proyección perspectiva a Ortográfica puedes acceder al menú **View > View Persp/Ortho**. También puedes pulsar el **NUM_5** del teclado numérico. Realizar la misma acción para volver al anterior.

1.3.6.2 LAS PROYECCIONES DEL TECLADO NUMÉRICO

Una de las opciones que debes tener en cuenta por la rapidez y comodidad, es el cambio de proyección del visor; Frontal, Trasera, Izquierda, Derecha, Superior, Inferior.

Parece complicado pero es muy sencillo. A continuación se te mostrará una imagen de un teclado numérico y qué acciones llevan a cabo cada una.

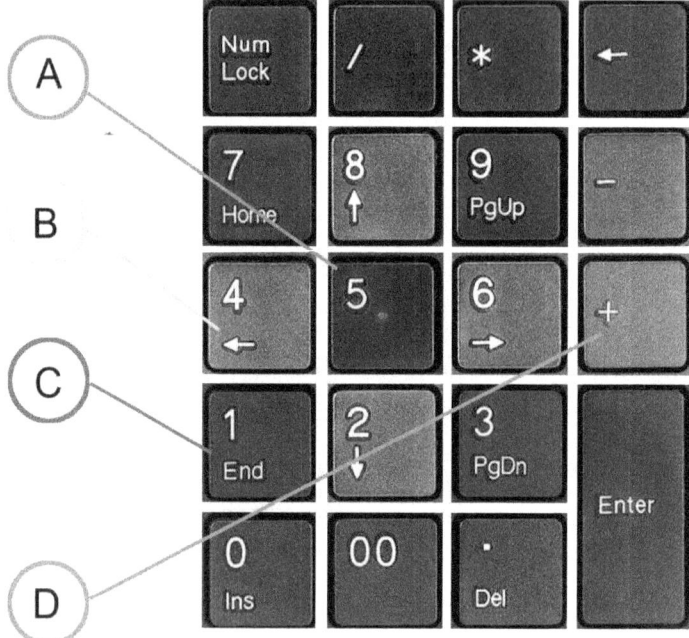

Figura 1.35. Teclado numérico

1. *NUM_5:* permite cambiar de Perspectiva a Ortográfica.

2. Si te fijas verás que debajo de estos números (8, 4, 6, 2) tienen una flecha de dirección, estas teclas realizan la acción de estas flechas de forma que si pulsa el número cuatro verá como el visor se desplaza hacia la izquierda.

    - *NUM_8:* rotación hacia Arriba.
    - *Ctrl + NUM_8:* desplazarse hacia Arriba.
    - *NUM_4:* rotación hacia la Izquierda.

- *Ctrl + NUM_4:* desplazarse hacia la Izquierda.
- *NUM_6:* rotación hacia la Derecha.
- *Ctrl + NUM_6:* desplazarse hacia la Derecha.
- *NUM_2:* rotación hacia abajo.
- *Ctrl + NUM_2:* desplazarse hacia abajo.

3. Estas teclas son las que te proporcionaran una gran ayuda:
   - *NUM_1:* visión Frontal.
   - *Ctrl + NUM_1:* visión Trasera.
   - *NUM_3:* visón Derecha.
   - *Ctrl + NUM_3:* visión Izquierda.
   - *NUM_7:* visión Superior.
   - *Ctrl + NUM_7:* visión Inferior.

4. Las teclas de suma y resta te servirán para hacer zoom en el visor.

1.3.7 Funciones Básicas

Para finalizar necesitarás hacerte con unas funciones básicas para poder empezar a trabajar con Blender.

1.3.7.1 GUARDAR Y CARGAR ARCHIVOS

Blender usa el formato de archivo **.blend** para salvar casi todo: objetos, escenas, texturas e incluso todas tus opciones de la ventana de preferencias del usuario.

▼ *Cargar archivos:* presionando F1 puedes acceder a la ventana de selección de archivos. Para cargar un archivo en el panel de la izquierda puedes seleccionar la carpeta o directorio que desees con BIR y presionando ENTER, o simplemente realiza doble clic en él con el BIR. También puedes arrastrar el archivo de la carpeta directamente a Blender.

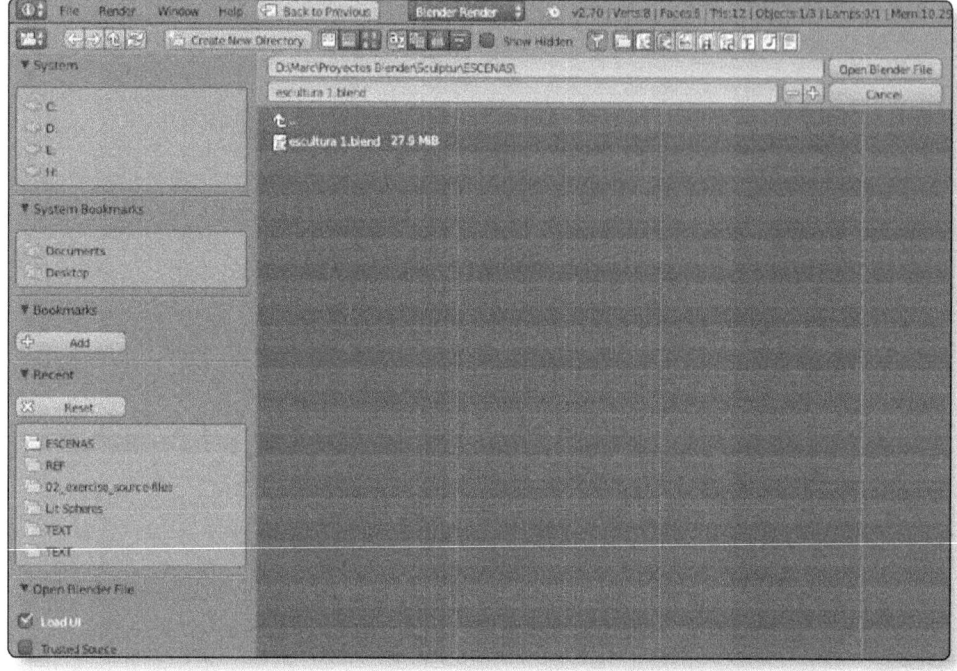

Figura 1.36. Panel para grabar o cargar

▼ *Guardar:* presiona F2, volverás otra vez a la ventana de selección de archivos. Haz clic en la ventana de edición inferior para escribir un nombre de archivo. La extensión **".blend,"** es añadida automáticamente. Después presiona ENTER para guardar el archivo. Si ya existe un archivo con el mismo nombre, el programa te preguntará si deseas substituir el archivo con el mismo nombre tendrás que confirmar en el caso de que quieras guardar con el mismo nombre o renombrar el archivo.

1.3.7.2 HACER UN RENDER

Esta función se explica con más detalle en otros capítulos pero para que puedas ver como se hace, puedes pulsar **F12**, la ventana activa se convierte en una ventana de render. Para volver a la ventana anterior pulse **ESC**.

1.3.7.3 PREFERENCIAS DE USUARIO

Preferencias incluyen detalles de la interfaz del usuario, y propiedades del sistema como el ratón, las fuentes y los lenguajes. Puedes acceder o bien pulsando **CTRL+ALT+U** o bien accediendo a la cabecera principal que encontrará arriba en la interfaz y siguiendo *File > User Preferences*.

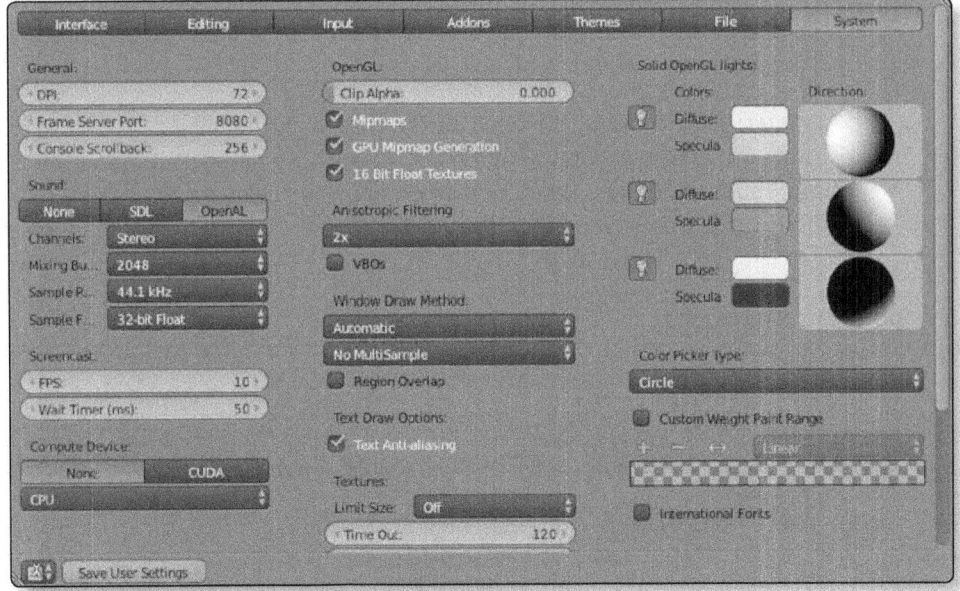

Figura 1.37. Panel para grabar o cargar

- ▼ *Interface:* estas opciones configuran parte de los elementos de la interfaz como el espacio entre las rejas de la ventana 3D, el tamaño del eje de coordenadas.

- ▼ *Editing:* te permite especificar los detalles del funcionamiento de ciertos comandos de edición como por ejemplo aspectos del *Grease Pensil*, cuando te equivoques el número de veces que puede retroceder, aspectos de los fotogramas etc...

- ▼ *Input:* en este apartado encontrarás opciones de cómo debe reaccionar la interfaz a las acciones del usuario, como qué método de rotación debe usarse en las vistas 3D. Si vienes de otro software como *3Dsmax* y *Maya* puedes configurar Blender para que este se comporte como estos programas. (Lo desaconsejo).

- ▼ *Addons:* Un apartado muy interesante, puedes encontrar pequeños programas que te pueden facilitar algunas funciones de Blender. Son aplicaciones que puedes activar o desactivar según te interese. Muchas de estas aplicaciones han sido creadas por usuarios de la comunidad.

- ▼ *Temas:* Blender permite la utilización de Temas para definir colores personalizados para la interfaz. Puedes crear y manejar temas desde aquí.

▼ *File:* puedes configurar Guardar Automáticamente para tener una copia de emergencia en caso de que algo vaya mal. Estos archivos se llamarán Nombre.blend1, Nombre.blend2, etc.

▼ *System:* este apartado dispone de la configuración de los gráficos, la salida de audio y configuración de su sistema respecto el programa. Aquí puedes también configurar el esquema de luces para los modos de dibujado Solido y Sombreado.

1.4 PROYECTO CAPÍTULO

1.4.1 Conociendo Blender

En este capítulo no se va a realizar ningún proyecto en sí, pero sí que se va a proponer una serie de actividades para que puedas practicar lo aprendido hasta ahora. Intenta realizar las actividades sin ver el video, si tiene dificultades mira el video e inténtelo después solo.

▼ Tienes que visitar la página web de *www.blender.org* y descargar el programa en el caso de que no lo hayas hecho todavía.

▼ Instala el programa en tu ordenador y realiza las siguientes actividades.

▼ Manipula las ventanas y aprende a moverte en el espacio 3D utilizando tanto el ratón como el teclado numérico.

▼ Cuando hayas adquirido un poco de soltura y te encuentres cómodo intenta guardar un archivo con una interfaz creada por ti con los tipos de ventana que tú quieras.

> ⓘ **NOTA**
>
> Recuerda que este libro está dirigido no solo a las personas que quieran iniciarse a Blender si no también a las personas que quieran aprender 3D desde cero.

2

MODO OBJETO

En este apartado empezaras a trabajar con Objetos, aprenderás a crear objetos nombrarlos, seleccionarlos y aplicarles transformaciones. En un principio parece que el libro avance despacio pero si sigues pacientemente cada temario posteriormente en temas más avanzados tu avance será rápido y sólido. En otras palabras a mitad del libro se dan por sentados conceptos que se explican ahora y se centrará en aspectos más concretos.

En este tema aprenderás lo siguiente:

- ▼ Crear objetos, seleccionarlos, transformarlos, duplicarlos, posicionarlos.
- ▼ Ponerles nombre a los objetos.
- ▼ Que es el Origen de un objeto.
- ▼ Que es el cursor 3D.
- ▼ Crearás tú primer proyecto con Blender.

2.1 CREACIÓN DE OBJETOS

En este capítulo empezarás a crear objetos y a trabajar con ellos. A continuación se explica cómo se crea un objeto, cómo seleccionarlo, los modos de transformación, cómo trabajar con el cursor 3D y se terminará con la duplicación de objetos.

2.1.1 Cómo crear objetos

Para crear objetos en esta versión accede al panel lateral izquierdo de la ventana 3D y en la pestaña **Create** se te muestra en forma de columna y agrupado por tipos una serie de objetos. Si te has dado cuenta se ha dicho en esta versión, porque en las versión anteriores existía un menú en la cabecera principal o barra de herramientas.

Otra forma de crear objetos es desde el menú flotante **Add** pulsando *SHIFT + A*.

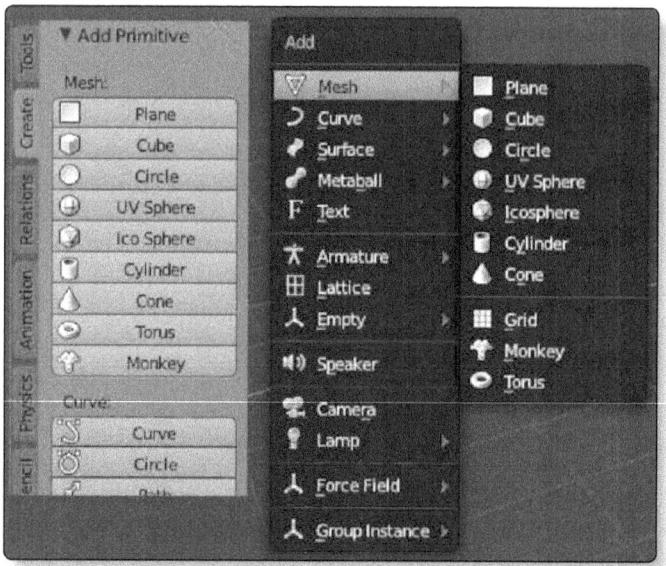

Figura 2.1. Pestaña Create (izquierda), Menu Add (derecha)

2.1.2 Tipos de objetos

Existen distintos grupos de objetos. En Blender están agrupados por superficies (mesh), curvas (curve), lámparas (lamp) y otros. A continuación se muestran algunos de ellos:

▼ *Mesh:* los objetos que proporciona este menú son creados por una superficie poligonal. En la mayoría de casos se utilizaran este tipo de objetos.

▼ *Surface:* estas superficies suelen ser creadas a partir de curvas.

▼ *Curve:* estas curvas se consideran curvas con vértices de control y suelen ser de tipo Bézier y NURBS (Non uniform Rational B-Splines). Si deseas crear recorridos de cámara o para animar un objeto de manera que siga la dirección de una curva, esta es una buena opción. También se pueden modelar superficies si se desea.

▼ **Metaball:** son objetos formados por una función que determina el volumen 3D en el que el objeto esta creado. Se pueden crear formas "Gelatinosas" que por su comportamiento son similares a un líquido, cuando se utilizan dos o más Metaballs.

▼ **Text:** estos objetos crean una representación 2D de una cadena de caracteres.

▼ **Armature:** se utilizan para los modelos de animación 3D con el fin de hacerles diferentes poses y proporcionarles vida.

▼ **Empty:** son objetos nulos o vacíos que son simples nodos de transformación visuales. Estos son útiles para el control de la posición o el movimiento de otros objetos.

▼ **Camera:** es la cámara virtual que se utiliza para determinar y localizar lo que aparece en el render.

▼ **Lamp:** se utilizan para colocar las fuentes de luz en la escena.

▼ **Forces field:** los campos de fuerza se utilizan en las simulaciones físicas.

2.1.3 Renombrar objetos

Para renombrar un objeto podemos utilizar la ventana *outliner* haciendo CTRL + BIR en el centro del nombre del objeto. Al realizar esta acción el nombre se convierte en una caja de texto donde puede escribir.

Figura 2.2. Ventana outliner

Otra forma es desde el apartado Item del panel izquierdo de la ventana 3D.

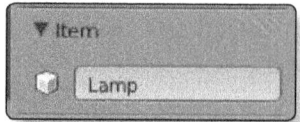

Figura 2.3. Pestaña Item

2.1.4 Parámetros de los objetos

Cuando se crea un nuevo objeto este dispone de varias opciones paramétricas como son el radio o el número de lados por ejemplo. . Para cambiar estos parámetros se debe acceder al panel izquierdo del visor 3D. En la parte inferior aparecen las opciones del objeto.

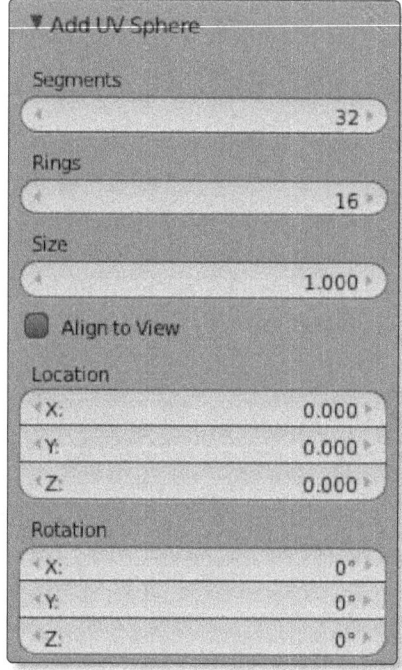

Figura 2.4. Opciones desde el panel izquierdo

Otra forma para cambiar estos parámetros es pulsar **F6** para que aparezca un panel con los parámetros del objeto. ¡Cuidado! en el momento en que se realice algún tipo de transformación al objeto, estas opciones desaparecerán.

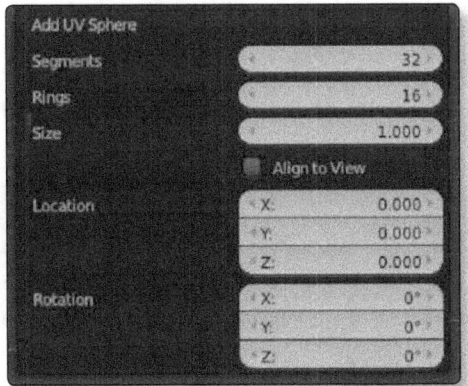

Figura 2.5. Opciones desde el panel flotante

2.2 SELECCIONAR EN MODO OBJETOS

El siguiente apartado explica distintas formas de seleccionar objetos en modo objeto. Se especifica el modo objeto, porque en el próximo capítulo se explica el modo edición.

2.2.1 Selección simple y múltiple

Es imprescindible que se domine esta acción si se quiere trabajar correctamente. Si abre una escena nueva accediendo a la cabecera superior **File > New** y seguidamente pulsando en **Reload Start-Up File**, como se muestra en la siguiente imagen.

Figura 2.6. Reload Start-Up File

Se te mostrará la escena por defecto compuesta por una lámpara una cámara y un cubo.

2.2.1.1 SELECCIÓN SIMPLE

Para seleccionar un objeto haga clic con el BDR encima del objeto. Este se iluminara con un color anaranjado, que quiere decir que está seleccionado. Para deseleccionarlo pulsa el mismo objeto con **SHIFT + BIR**.

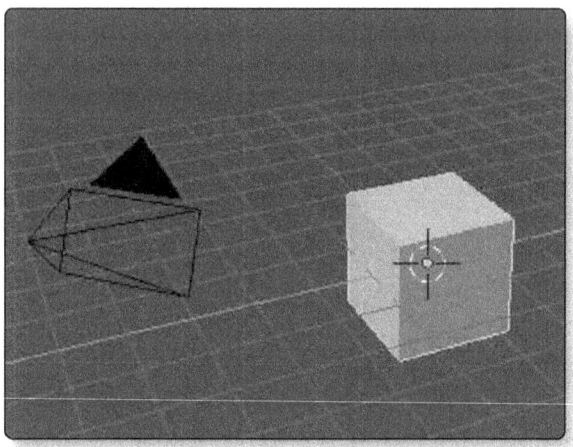

Figura 2.7. Ejemplo de selección simple

2.2.1.2 SELECCIÓN MÚLTIPLE

Para seleccionar varios objetos por ejemplo la cámara y el cubo mantén pulsada la tecla **SHIFT + BDR** encima del otro objeto. El último objeto seleccionado siempre se ilumina con un color naranja más brillante.

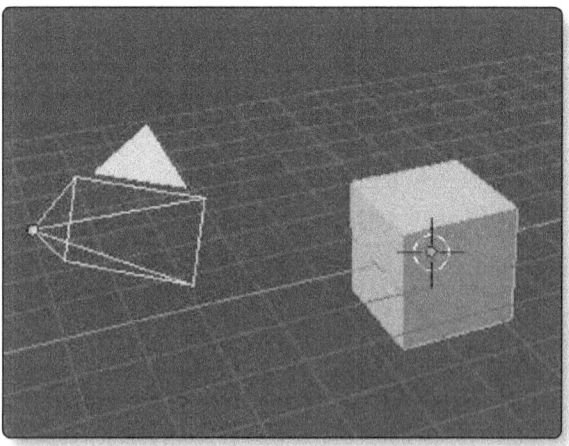

Figura 2.8. Ejemplo de selección múltiple

Para seleccionar todos los objetos a la vez solamente tiene que pulsar la **TECL_A** y todos los objetos de la escena quedarán seleccionados. Para realizar la acción inversa, es decir deseleccionar todos los objetos de la escena vuelva a pulsar la **TECL_A**.

2.2.2 Herramientas de selección.

A parte de la selección simple y la selección múltiple Blender dispone de otras herramientas de selección. Estas herramientas se suelen utilizar más en el modo edición y que en el próximo capítulo se verá en profundidad.

▼ **Circle select:** esta opción simula el efecto de un espray de pintura. El cursor toma una forma de círculo y al pasar por encima de un objeto este queda automáticamente seleccionado. Puedes acceder desde la cabecera de la ventana 3D *Select > Circle Select* o pulsando simplemente la **TECL_C**. Para salir de este modo haz clic con el **BDR** o pulse **ESC**.

Figura 2.9. Menú select y la opción Circle Select

▼ **Border select:** el cursor toma una forma de cruz en donde debes arrastrar con el BIR y seleccionar mediante un recuadro los objetos que desea seleccionar. Puedes acceder a la siguiente acción o bien por el menú *Select > Border Select* de la ventana 3D o pulsando simplemente la **TECL_B**. Para salir de este modo haga clic con el **BDR** o pulse **ESC**.

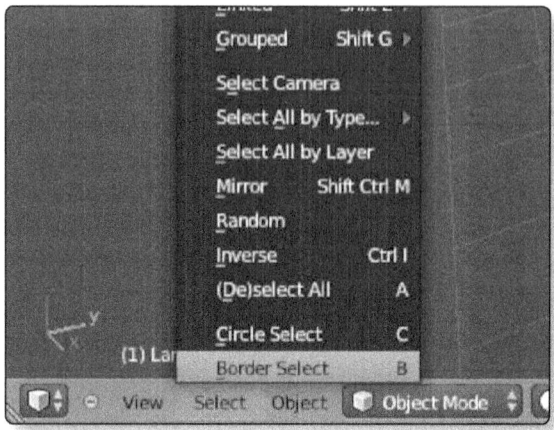

Figura 2.10. Menú select y la opción Border Select

▼ **Seleccionar y Deseleccionar con lazo:** para deseleccionar objetos concretos, es decir si tienes seleccionada la cámara y el cubo y solamente quieres deseleccionar la cámara, puedes utilizar el siguiente método **Ctrl + Shift + BIR** el cursor tomará forma de lazo y solamente tienes que enlazar el objeto a deseleccionar. Este método también sirve para seleccionar pulsando **Ctrl +BIR**.

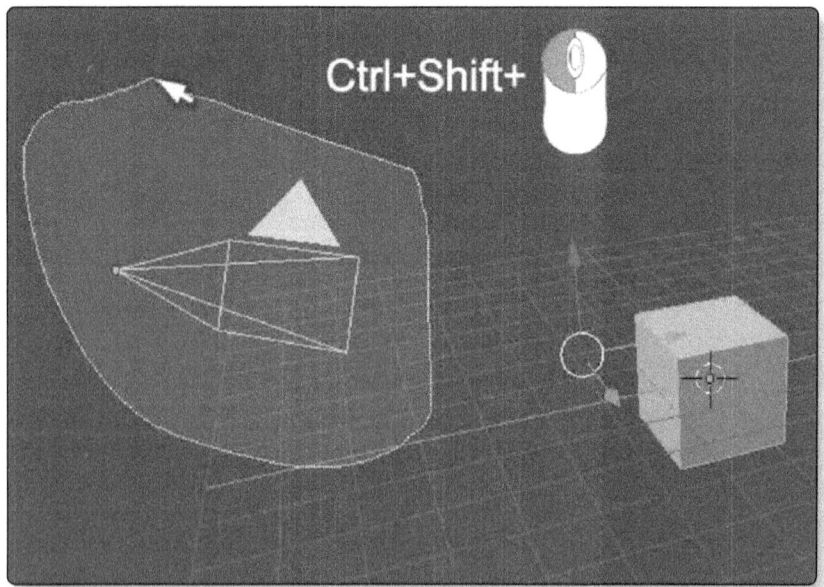

Figura 2.11. Ejemplo de la herramienta lazo

2.2.3 Eliminar objetos

Normalmente los usuarios suelen tener un instinto nato para eliminar objetos sin que nadie le dé explicaciones de cómo hacerlo. En este caso, si seleccionas un objeto y pulsas la tecla suprimir del teclado el programa te preguntará si confirmas eliminar el objeto.

Otra opción sería pulsar la letra **TECL_X** del teclado que realiza la misma función. También puedes seleccionar el objeto y pulsar el botón **Delete** que encontrarás en el panel izquierdo en la pestaña Tools. En todas las opciones el programa te pedirá la confirmación de la acción.

2.3 LAS TRANSFORMACIONES EN OBJETOS

Cuando hablamos de transformación no nos referimos a que el objeto se transforme en otro; el concepto de transformación en 3D hace referencia a tres aspectos: desplazamiento, Rotación y Escalado.

2.3.1 Tipos de transformación

Cada transformación tiene asociado una triada de ejes característico que realizan la función que su nombre indica. A continuación se explicará cada uno por separado.

El panel izquierdo del visor 3D contiene las herramientas de los objetos. En la pestaña **Tools** el primer apartado **Transform**, encontrará las transformaciones que se le pueden aplicar a un objeto;

- ▼ *Translate:* sirve para mover un objeto y su tecla de acceso rápido es **TECL_G**.
- ▼ *Rotate:* sirve para rotar un objeto y su tecla de acceso rápido es **TECL_R**.
- ▼ *Scale:* sirve para escalar un objeto y su tecla de acceso rápido es **TECL_S**.

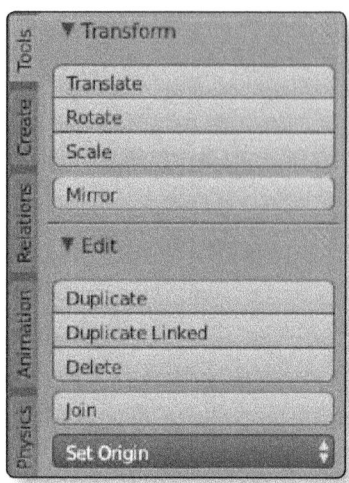

Figura 2.12. Panel con las transformaciones

2.3.2 Los botones de transformación

En la cabecera de la ventana 3D encontraras un botón con un eje de coordenadas. Este botón alberga o contiene los botones de transformación.

2.3.2.1 DESPLAZAR OBJETOS

Esta es la triada de ejes que te servirá para mover un objeto de un lugar a otro. Para activar esta opción tienes que hacer clic en el botón con el símbolo de flecha, hacer clic con el **BIR** y arrastrar en el eje que desees para desplazar el objeto.

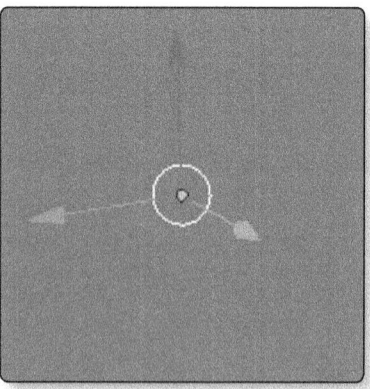

Figura 2.13. Triada de desplazamiento

2.3.2.2 ROTAR OBJETOS

Esta es la triada de ejes que te servirá para rotar un objeto. Para activar esta opción tienes que hacer clic en el botón con el símbolo de arco, hacer clic con el **BIR** y arrastrar en la dirección del eje que desees.

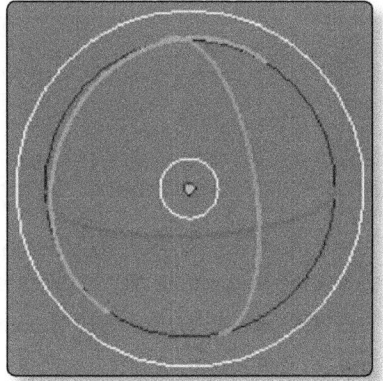

Figura 2.14. Triada de rotación

2.3.2.3 ESCALAR OBJETOS

Esta es la triada de ejes que te servirá para escalar un objeto. Para activar esta opción tienes que hacer clic en el botón con el símbolo de una recta acabada con un cubo, hacer clic con el **BIR** y arrastrar en el eje que desees.

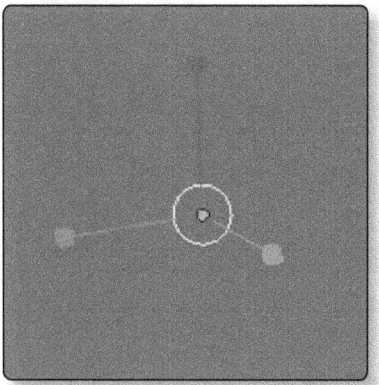

Figura 2.15. Triada de escalado

> **ⓘ NOTA**
> Si te fijas verás que cada eje tiene su propio color. Es muy útil si nunca has tenido contacto con programas 3D. Si en algún momento no sabes que eje debes utilizar por razones que veremos más adelante siempre puedes recurrir a los colores.
> (X= rojo / Y= verde / Z= azul)
> En otros programas de diseño 3D es posible que los ejes de coordenadas estén cambiados o que los colores no coincidan.

2.3.3 Precisión en las transformaciones

Para realizar una rotación perfecta de 90° necesitará utilizar las propiedades del panel lateral derecho, donde se encuentran varias opciones para llevar a cabo transformaciones de desplazamiento, rotación y escalado de precisión. Muy útil para la infoarquitectura.

Para acceder al panel de propiedades pulsa la **TECL_N** o haz clic con el ratón en la crucecita que aparece en el visor 3D siempre que este panel no este desplegado.

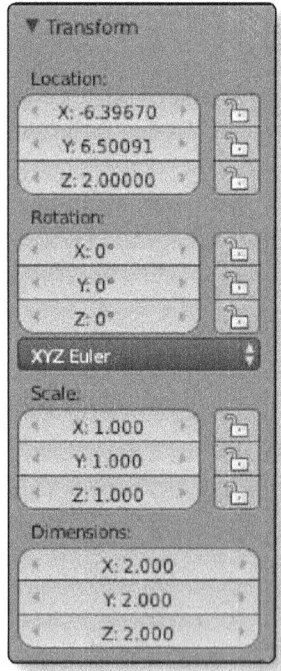

Figura 2.16. Panel de propiedades de la derecha

Estas propiedades están formadas por cajas numéricas donde puedes hacer clic en el interior y poner tu valor numérico, en el eje que te parezca conveniente.

En su lateral observarás que existen unos botones con forma de candado que te permiten en un momento dado bloquear el valor de uno o varios ejes. Para activar y desactivar el botón de candado haz clic encima.

El sistema de unidades por defecto es el de unidades Blender para desplazamiento y escalado y para rotación grados.

2.3.4 Cambiar el sistema de unidades

Si quisieras ser más preciso todavía, puedes cambiar el sistema de unidades de este panel accediendo a la venta de propiedades, haciendo clic en el botón propiedades de escena y en el apartado **Units** seleccionar el sistema que prefieras.

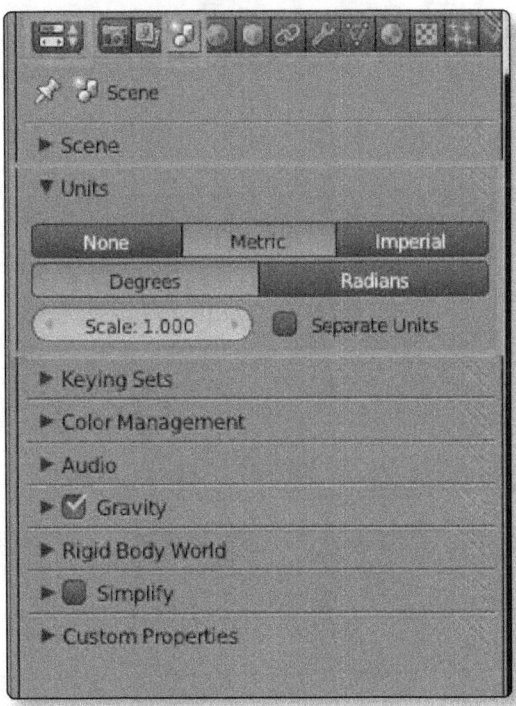

Figura 2.17. Panel de unidades

2.3.5 Los ejes en las transformaciones

Otra forma de desplazar rotar y escalar objetos con precisión pero de manera más intuitiva es con las teclas de acceso rápido.

- ▼ Para entender mejor el mecanismo seleccione el cubo de una escena por defecto y pulse **TECL_G** para desplazar el cubo.

- ▼ Para precisar en qué eje quieres mover el cubo (x, y, z) pulsa **TECL_X** para el eje(x), **TECL_Y** para el eje (y) y por último la **TECL_Z** para el eje (z).

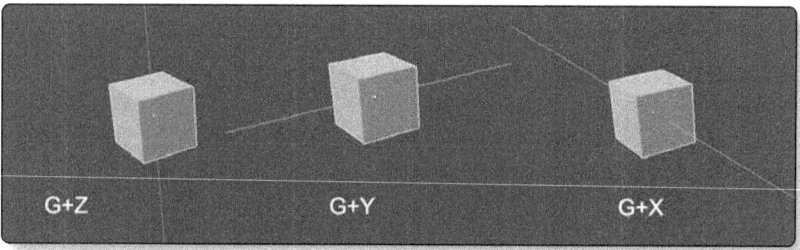

Figura 2.18. Ejemplo desplazar

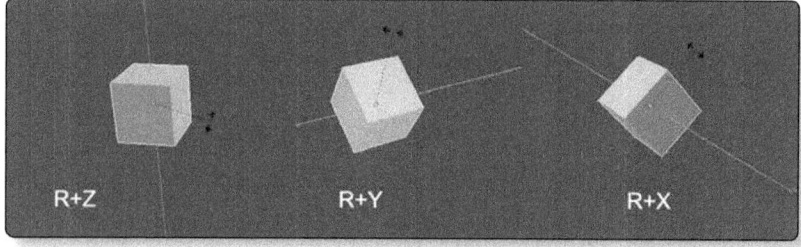

Figura 2.19. Ejemplo rotar

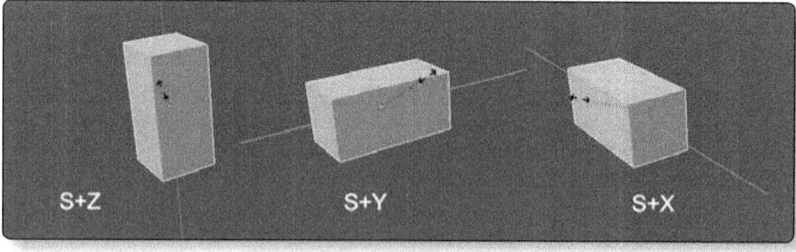

Figura 2.20. Ejemplo escalar

El ejemplo anterior funciona para todas las transformaciones. En el caso de que quisieras trabajar en dos ejes solamente, realiza el siguiente ejemplo.

El objetivo es escalar el cubo sobre los ejes (x, y)

Pulse la **TECL_S** para escalar el cubo y a continuación **SHIFT + Z**, automáticamente se anula el escalado en el eje (z) y solamente podrás escalar en (x, y).

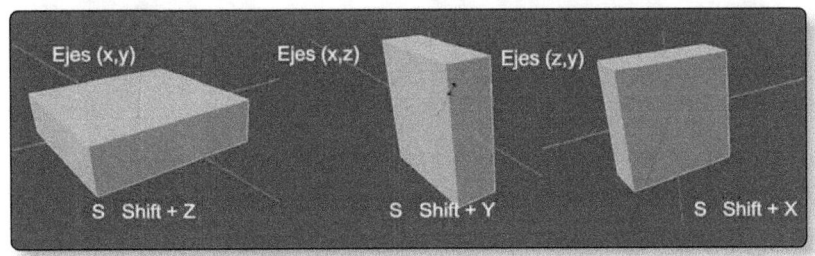

Figura 2.21. Ejemplo transformación Ejes (x,y)

2.3.6 Modos de Orientar una transformación

Otro aspecto a tener en cuenta es de qué manera se pueden orientar las transformaciones, es decir que puedes desplazar un objeto que tenga una rotación de 45° de forma global o local como se muestra en la siguiente imagen:

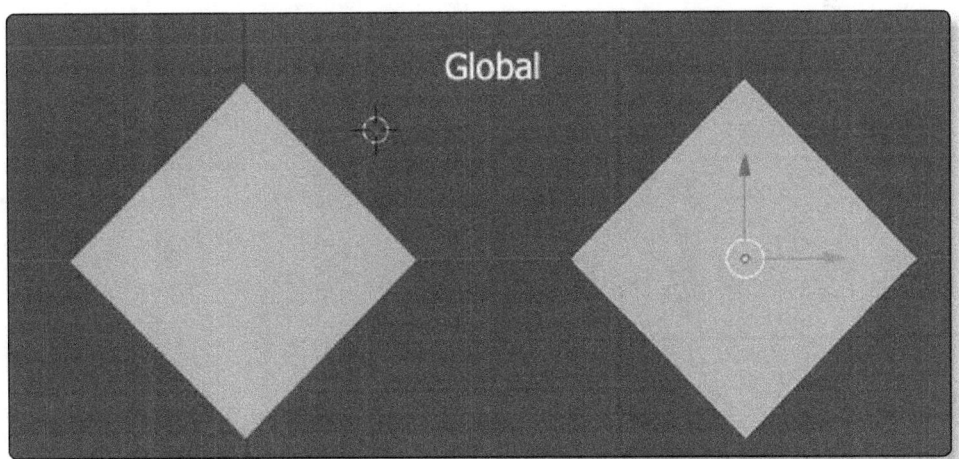

Figura 2.22. Desplazamiento de un cubo en modo Global

En la primera imagen el eje de coordenadas toma de referencia las coordenadas del espacio 3D. En la segunda imagen el eje de coordenadas toma como referencia de coordenadas el objeto. De este modo desplazamos el objeto en el mismo eje X pero con una orientación distinta.

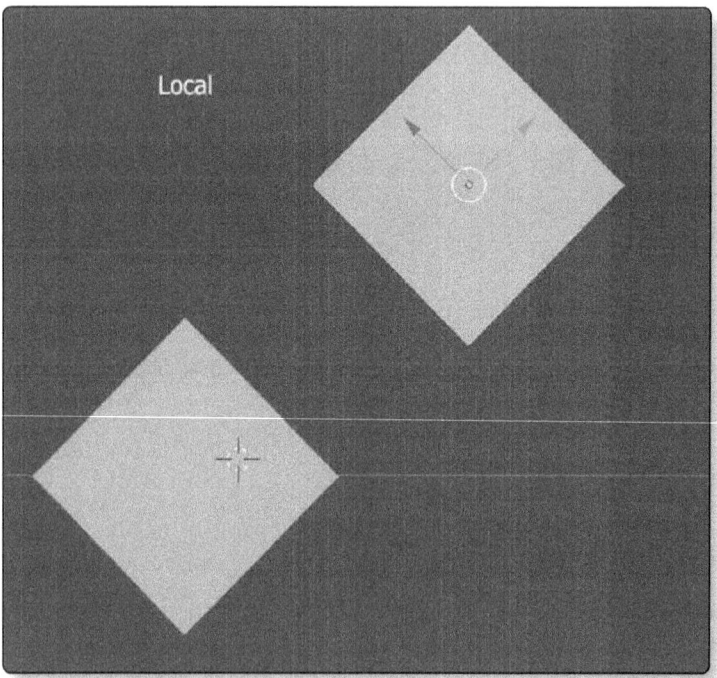

Figura 2.23. Desplazamiento de un cubo en modo Local

Los distintos modos de orientar de que se disponen los encontraremos en la cabecera del visor 3D al lado de los botones de transformación como se muestra en la siguiente imagen:

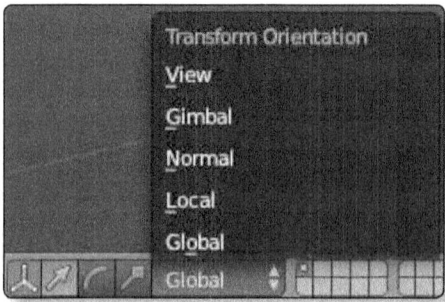

Figura 2.24. Modos de orientar las transformaciones

- ▼ *Global:* los ejes de transformación se orientan de forma que coinciden con los ejes de coordenadas del espacio 3D.
- ▼ *Local:* los ejes de transformación se orientan tomando como referencia el objeto.
- ▼ *Normal:* los ejes de transformación toman como referencia los vectores normales del objeto para orientarse muy útiles en el modo Edición que se tratara más adelante.
- ▼ *Gimbal:* los ejes se comportan como una brújula de barco siempre se mantiene una posición vertical con respecto a uno de los ejes. En otras palabras un conjunto de tres balancines montados juntos, en el que cada uno ofrece un grado independiente.
- ▼ *View:* los ejes toman la orientación que tiene como referencia las vistas de los visores.

2.3.6.1 RESETEAR UNA TRANSFORMACIÓN

Muchas veces utilizara el **CTRL + ALT + Z** para deshacer alguna acción que hemos ejecutado por error. El siguiente comando sirve para resetear los valores del objeto, es decir si tenemos el cubo situado lejos del eje central de coordenadas pulsando **ALT +** (las teclas de transformación **TECL_G (desplazamiento), TECL_R (Rotación), TECL_S (escalado)** el objeto volverá al valor de posición, rotación o escalado por defecto.

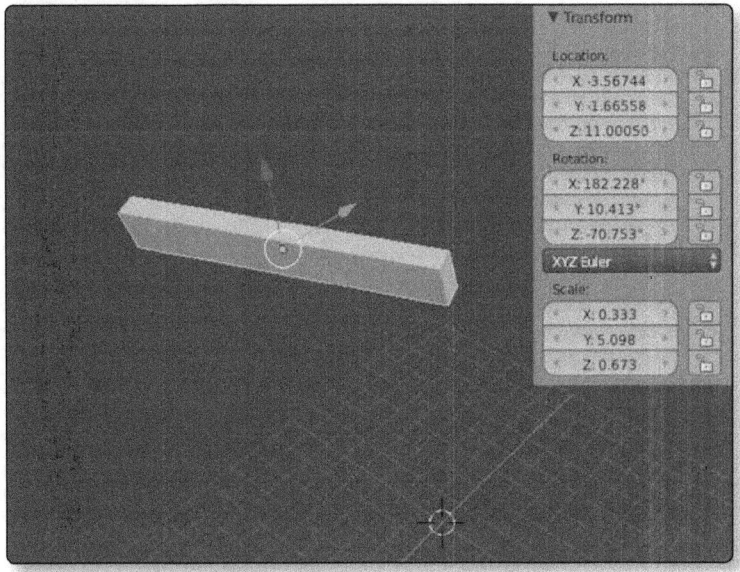

Figura 2.25. Ejemplo escalado de un cubo

Ejemplo: escala, rota y desplaza un cubo como quieras.

- Para posicionar el cubo en los ejes (x = 0, y = 0, z = 0) pulse **ALT + TECL_G**.
- Para rotar el cubo en los ejes (x = 0, y = 0, z = 0) pulse **ALT + TECL_R**.
- Para escalar el cubo en el eje (x = 1, y = 1, z = 1) pulse **ALT + TECL_S**.

2.4 EL ORIGEN Y EL CURSOR 3D

El origen es el centro de gravedad del objeto y te permite escalar y rotar o desplazar con más precisión todavía. En el visor 3D el objeto siempre tiene un punto de color amarillo en el centro por defecto, este punto es la representación de su centro de gravedad. En algunas ocasiones te será más cómodo cambiar el origen en otro lugar para poder trabajar correctamente.

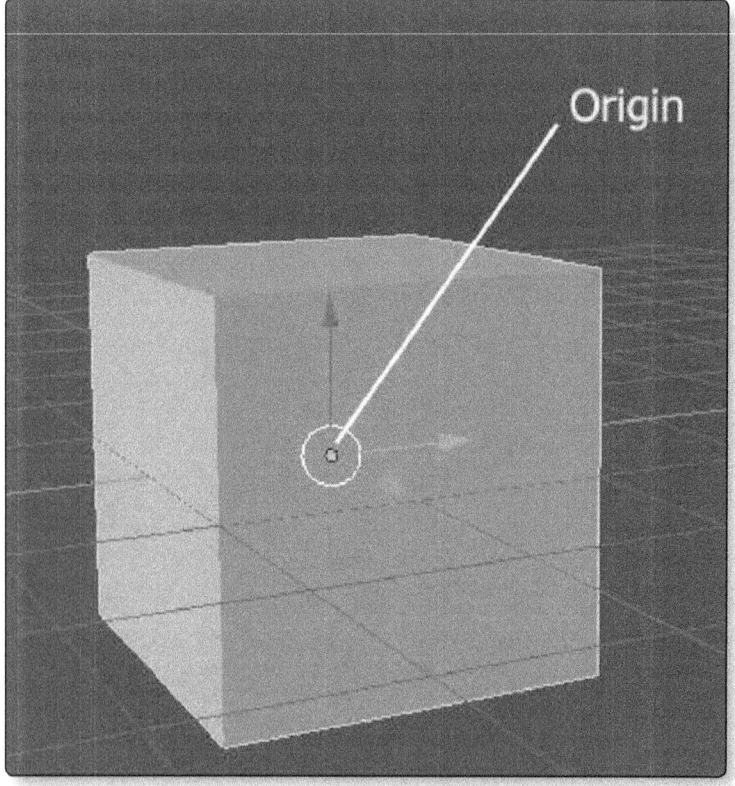

Figura 2.26. El origen de un cubo

No se te habrá pasado por alto que cuando pulsas el botón derecho del ratón en el espacio 3D aparece un cursor. Este cursor es muy útil, te puede ayudar a posicionar el origen, a realizar una transformación desde un punto concreto o crear un nuevo objeto desde donde esté posicionado este cursor.

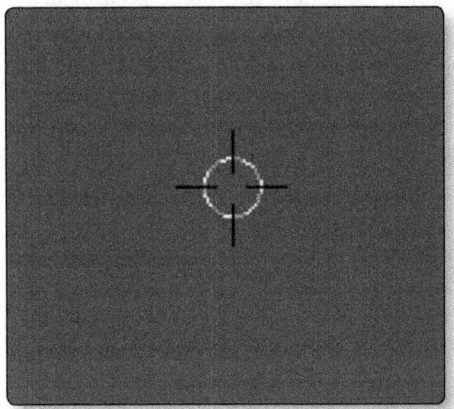

Figura 2.27. El cursor 3D

2.4.1 Posicionar el cursor 3D

Para posicionar el cursor 3D podemos utilizar 2 formas:

▼ Haciendo Clic con el BDR en cualquier punto del espacio 3D.
▼ En el panel de la derecha del visor 3D (si no tienes el panel abierto pulsa la tecla "n") dispones de una sección llamada 3D Cursor con 3 parámetros de posicionamiento en los distintos ejes.

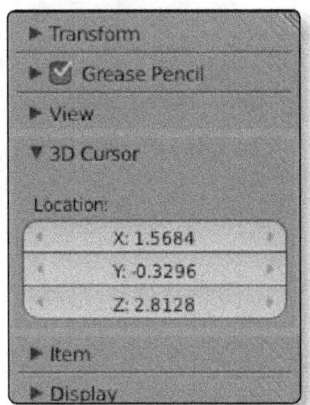

Figura 2.28. El cursor 3D

2.4.2 Realizar transformaciones con el cursor 3D

Para realizar una transformación con el cursor 3D deberás activar primero la herramienta 3D Cursor que encontrara en la cabecera del visor 3D en el botón menú **Pivot Point**. La localización de esta herramienta se muestra en la siguiente imagen.

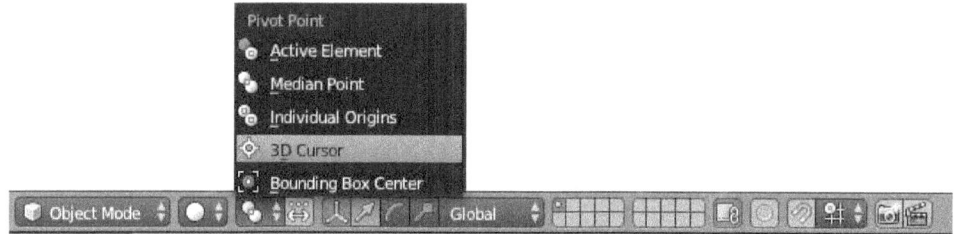

Figura 2.29. Opción 3D cursor

Ahora podrás escalar, rotar o desplazar desde la posición del cursor 3D. Realiza la siguiente prueba: posiciona el cursor 3D donde quieras, selecciona el cubo por defecto que hay en una escena nueva y escala su tamaño. Verás que el escalado toma como punto de referencia el cursor 3D.

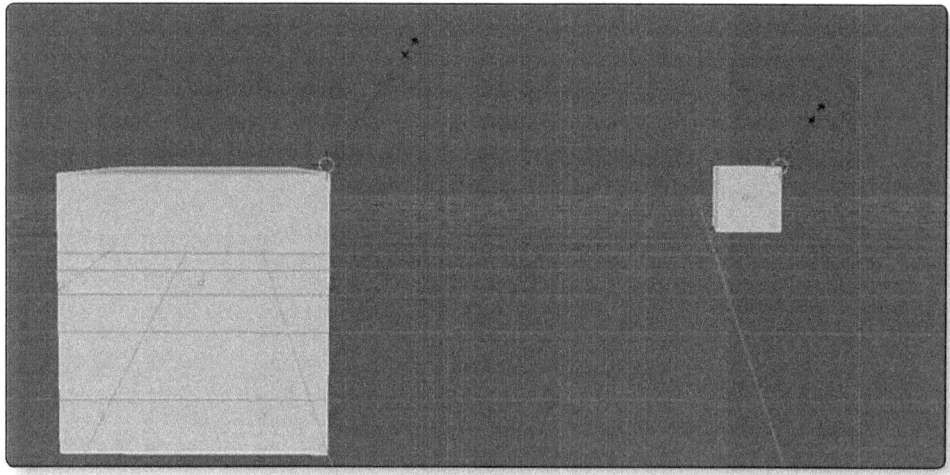

Figura 2.30. Escalado de un cubo

Una vez has terminado con la herramienta, se recomienda desactivarla. Para realizar la desactivación seleccionar la opción **Bounding Box Center** en el mismo menú; esta opción hará que tome de referencia el punto origen.

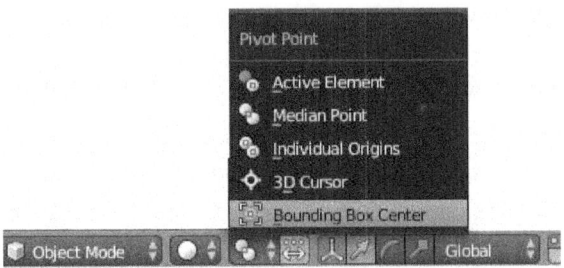

Figura 2.31. Opción Bounding Box Center

2.4.3 Cambiar de posición el origen

Anteriormente se te ha nombrado el origen de los objetos pero no se te han dado instrucciones de qué hacer con ello. Una forma muy fácil es utilizar el cursor 3D con ayuda del panel izquierdo que contienen las herramientas de los objetos. Sigue las siguientes instrucciones para cambiar la posición del origen de un cubo:

Posiciona el cursor 3D en una esquina del cubo (puedes ayudarte utilizando las posiciones de visor o ventana que ya deberías de dominar).

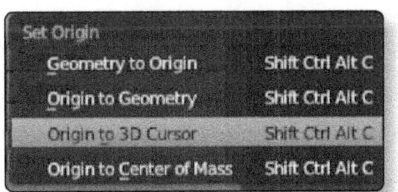

Figura 2.32. Opciones de Origen

Selecciona en el panel izquierdo, *Tools > Set Origin* la opción *Origin to 3D Cursor* o la combinación de teclas **SHIFT+ CTRL+ ALT +C**.

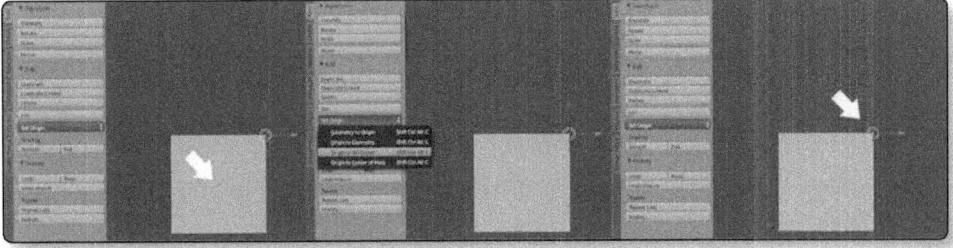

Figura 2.33. Acción de cómo se cambia el origen

2.5 DUPLICAR OBJETOS

El duplicado de objetos es muy sencillo, desde el panel izquierdo en la pestaña *Tools > Edit* encontrarás una dos botones que permiten duplicar.

Selecciona el objeto, pulsa el botón de duplicar y arrastra el cursor del ratón verás cómo se creará una copia independiente del objeto seleccionado.

2.5.1 Duplicate y Duplicate Linked

En esta sección verás que hay dos botones que realizan la misma función duplicar, pero en realidad uno duplica y el otro crea un clon.

▼ *Duplicate:* al utilizar esta herramienta estarás creando un objeto idéntico. Para crear un duplicado de un objeto con las teclas de acceso rápido pulsa **SHIFT+D** y automáticamente crearás una copia independiente.

▼ *Duplicate Linked:* al utilizar esta herramienta estarás creando un clon del objeto, es decir cuando entres en modo edición en el objeto y realices cambios, estos cambios se verán reflejados en el clon creado. Para crear un clon pulsa la combinación de teclas **ALT + D**.

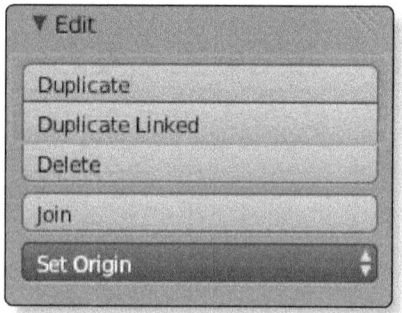

Figura 2.34. Panel con las opciones de duplicado

2.5.2 Join

A veces crearás objetos que están formados por otros objetos y en el momento que quieras moverlos verás que tienes que seleccionarlos todos. Puedes unir varios objetos para que formen parte de un único objeto.

Figura 2.35. Panel con la opción Join

La opción *Join* te permite unir varios objetos seleccionados para que formen solo un objeto. Para realizar esta acción crea varios objetos como una esfera un cubo y un cilindro, posiciónalos escálalos y rótalos como se te muestra en la siguiente imagen.

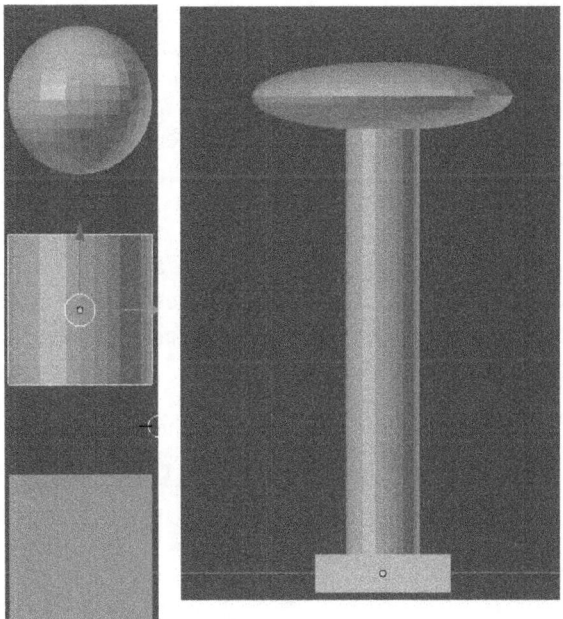

Figura 2.36. Objetos unidos por la herramienta Join

Ahora selecciona los 3 objetos y pulsa el botón Join que encontrarás un botón más abajo del de duplicar objetos. Al realizar esta acción los tres objetos se seleccionan como uno solo. El punto origen será el del último objeto que seleccionaste.

2.5.3 History

Para finalizar el capítulo vas a ver las herramientas de la sección *History*. Esta sección contiene herramientas como llevar una acción anterior *Undo* o una acción posterior *Redo*.

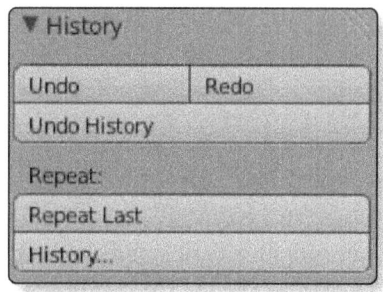

Figura 2.37. Panel de herramienta History

- ▼ *Undo (deshacer):* cuando te equivoques al realizar una acción puede pulsar CTRL+ALT+Z y volverás hacia atrás en el tiempo. Es el botón que se encarga de esta función.

- ▼ *Redo (rehacer):* cuando quieras volver hacia delante puedes pulsar **SHIFT+CTRL+Z**. Es el botón que se encarga de esta función.

- ▼ *Undo History:* te permite seleccionar que acción en concreto quiere deshacer. Cuando a un objeto se le ha aplicado varias acciones como escalar, duplicar y rotar, con esta herramienta puedes deshacer el duplicado sin tener que deshacer la rotación. Puedes realizar esta acción pulsando **CTRL+ALT+Z**.

- ▼ *Repeat Last:* repite la última acción que realizo. Puedes realizar esta acción pulsando **SHIFT+R**.

- ▼ *Repeat History:* repite una acción que hayas realizado anteriormente. Puedes realizar esta acción pulsando **F3**.

2.6 CAPAS

Blender dispone de distintas capas para albergar objetos y poder organizarlos a la hora de trabajar. Para entender mejor el concepto de capa imagina que tienes almacenes y en un almacén guarda las sillas, las mesas y en otro almacén guarda todo lo relacionado con la iluminación, lámparas, bombillas etc.

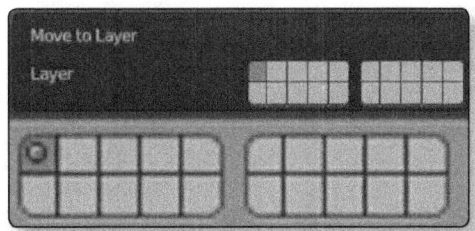

Figura 2.38. Botones de capa

Puedes seleccionar un objeto y desplazarlo en otra capa pulsando **TECL_M** y seleccionando el casillero que desees, automáticamente el objeto desaparecerá de la capa actual.

Para seleccionar varios casilleros y poderlos ver, pulse **SHIFT+BIR** en los casilleros deseados. Estos permanecerán seleccionados. También puedes acceder desde la cabecera del visor 3D a *View > Show All layers.*

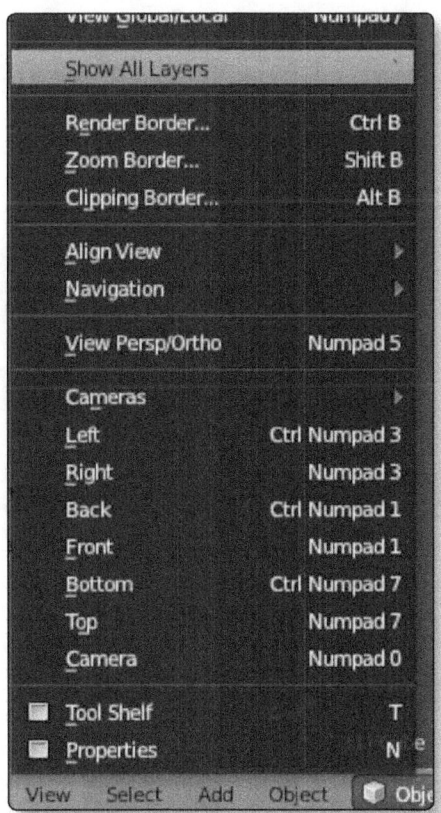

Figura 2.39. Botón menú Show all layers

2.7 MODOS DE SOMBREADO

Esta opción es muy interesante pues te permite visualizar de distintas maneras los objetos del visor. Para realizar esta acción pulsa en el botón *Wiewport Shading* (Visor de sombreado) y a continuación selecciona una de las opciones siguientes:

Figura 2.40. Botón menú Show all layers

PROYECTO PRÁCTICO

2.8 PROYECTO MODO OBJETO

2.8.1 Creación de un templo

Para empezar a tener contacto con las herramientas aprendidas crearemos una escena sencilla donde podrás ver como se trabaja. Es importante realizar estos proyectos porque se introducirán conceptos nuevos que se verán en las próximas lecciones. De esta forma se enlazará toda la información.

> **(i) NOTA**
> Recuerda que este libro está dirigido no solo a las personas que quieran iniciarse a Blender sino también a las personas que quieran aprender 3D desde cero.

2.8.1.1 CREAR UN PROYECTO

Empieza accediendo a *File> Save As* y guarda el archivo en una carpeta del escritorio que se llama ***Pro_Cap_2*** con el nombre de ***Templo.blend***. Esta carpeta la puedes descargar del Cd y guardar el archivo con otro nombre si lo deseas.

2.8.1.1.1 Columna del templo

Empezando con el cubo por defecto abriremos el panel de la derecha del visor 3D para darle las siguientes dimensiones.

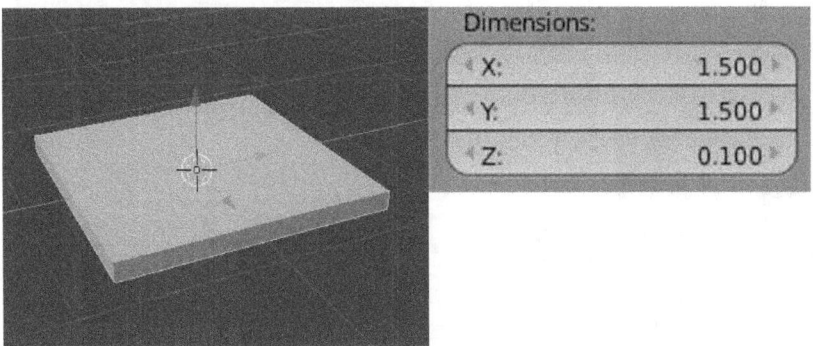

Figura 2.41. Dimensiones del cubo

Ahora crearemos un cilindro accediendo al panel de la izquierda del visor 3D en la pestaña ***Create > Cylinder***. Este cilindro tendrá las siguientes dimensiones.

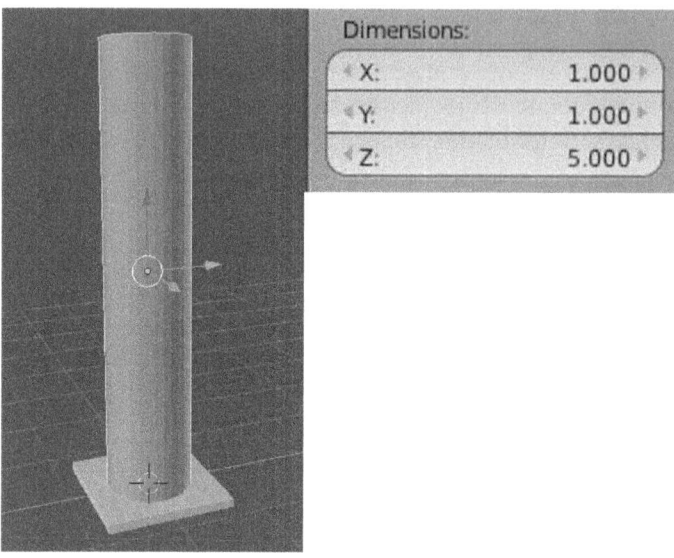

Figura 2.42. Dimensiones del cilindro

Desplaza el cilindro encima del cubo como se muestra en la imagen anterior. Una vez posicionados selecciona ambos objetos y pulse TECL_M para mover los objetos en otra capa.

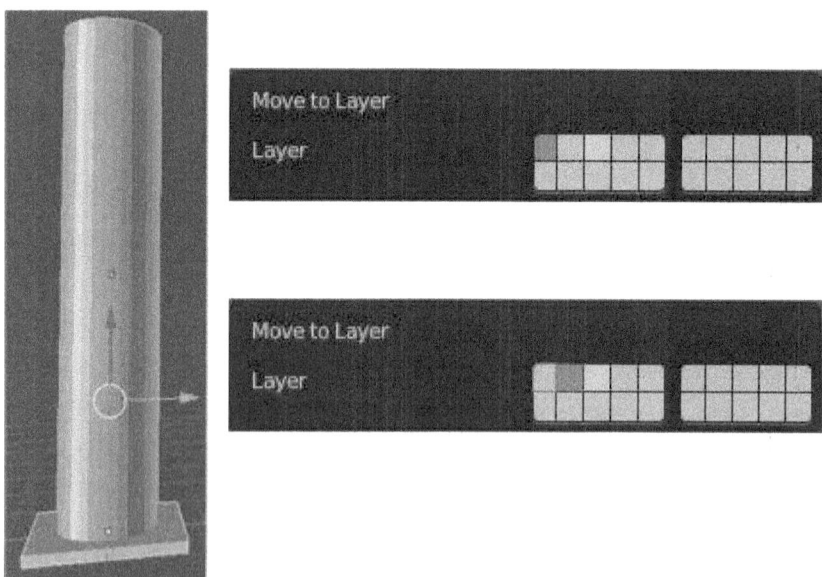

Figura 2.43. Cambiar objetos de capa

2.8.1.1.2 Columna exterior

En la capa 1 crearemos un nuevo cubo con las mismas dimensiones que el anterior y un cilindro con las siguientes dimensiones.

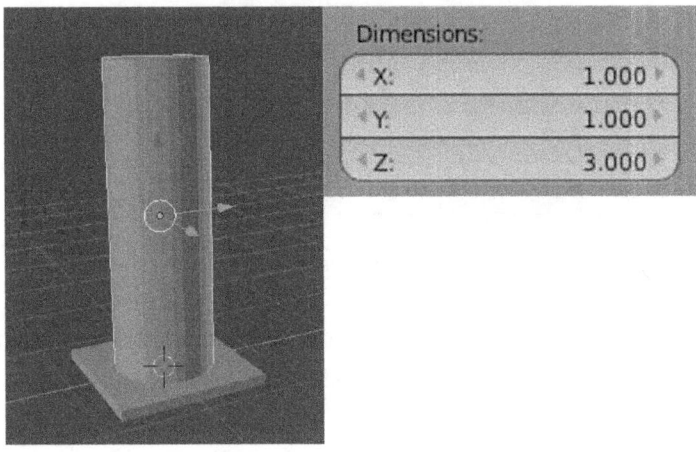

Figura 2.44. Dimensiones de le segundo cilindro

Una vez tenemos completada la columna exterior seleccionamos los dos objetos y pulsamos la opción *Join* del panel de la izquierda en la pestaña *Tools* > *Join* para unirlos como un solo objeto.

Movemos la columna exterior hacia la izquierda, en las opciones de capas pulsamos **SHIFT** y hacemos clic en la capa 2 para visualizar la otra columna.

Figura 2.45. Capas

Seleccionamos los objetos que forman la columna del templo y les aplicamos la herramienta *Join*. A continuación renombramos las columnas en el panel *outliner* la más pequeña con el nombre Pilar exterior y la más grande con el nombre Pilar templo.

Figura 2.46. Panel Outliner

Si quieres puedes mover la columna Pilar exterior a la capa 3 para que no te moleste y el pilar templo en la capa 1 para construir el templo.

2.8.1.1.3 Construir el templo

Seguimos con la creación del suelo del templo. Creamos un cubo con las siguientes dimensiones y lo desplazamos hacia abajo:

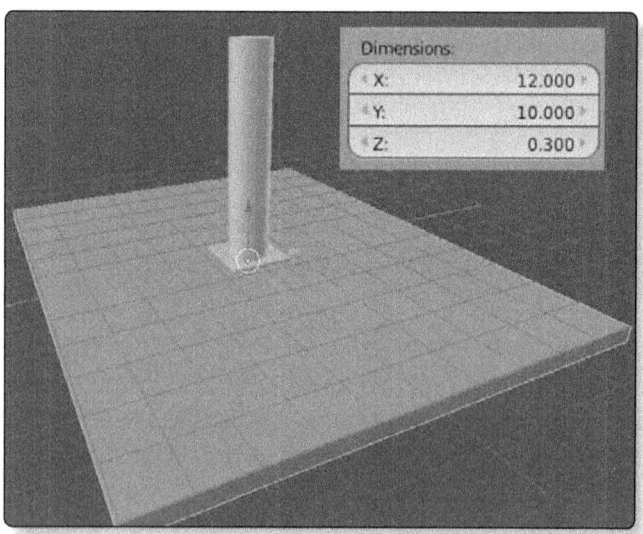

Figura 2.47. Panel Outliner

Duplicamos el suelo con la opción ***Duplicate*** que encontrarás en el panel izquierdo del visor 3D en la pestaña ***Tools > Duplicate.*** Desplazamos el cubo hacia arriba por el eje (Z) y le damos las siguientes dimensiones.

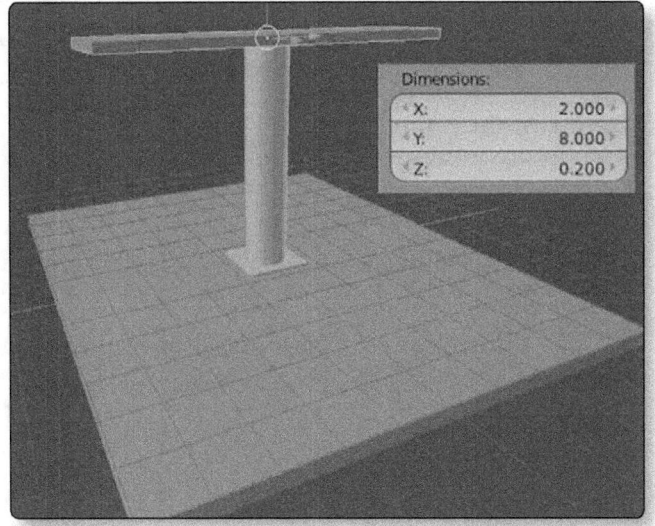

Figura 2.48. Dimensiones del cubo superior

Ahora puedes renombrar el cubo de la base con el nombre de ***suelo templo*** y el cubo superior con el nombre de ***techo templo***.

Seleccionamos la Columba Pilar templo y la desplazamos hacia la izquierda en el eje de las (y). Con la columna seleccionada pulsamos SHIFT+D para duplicar dos veces la columna y desplazarla como se muestra en la imagen.

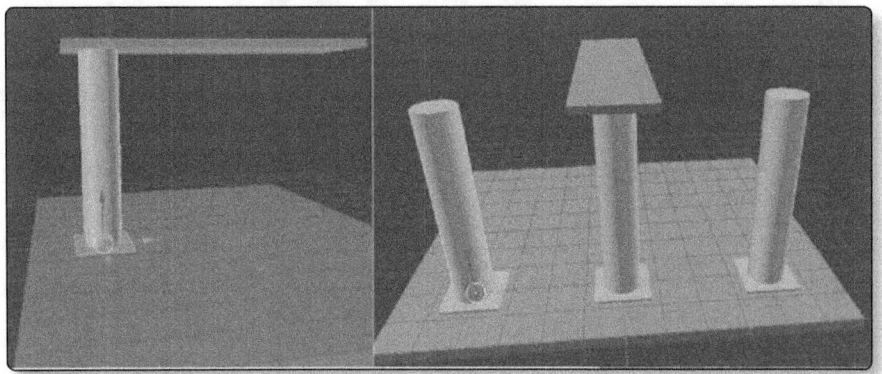

Figura 2.49. Duplicado de la columna

Seleccionamos las tres columnas y duplicamos una vez más de manera que tengamos seis columnas duplicadas colocadas de la siguiente manera.

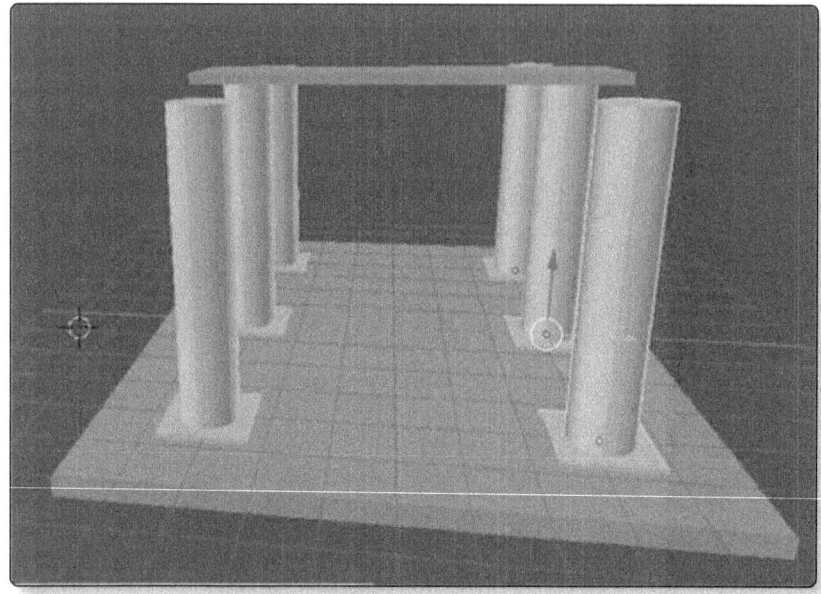

Figura 2.50. Posición de los duplicados

Para crear la parte superior cambiamos la opción del display Solido al de alambre y pulsamos en el teclado numérico el **Num_3** para establecer el visor en *Right Ortho*.

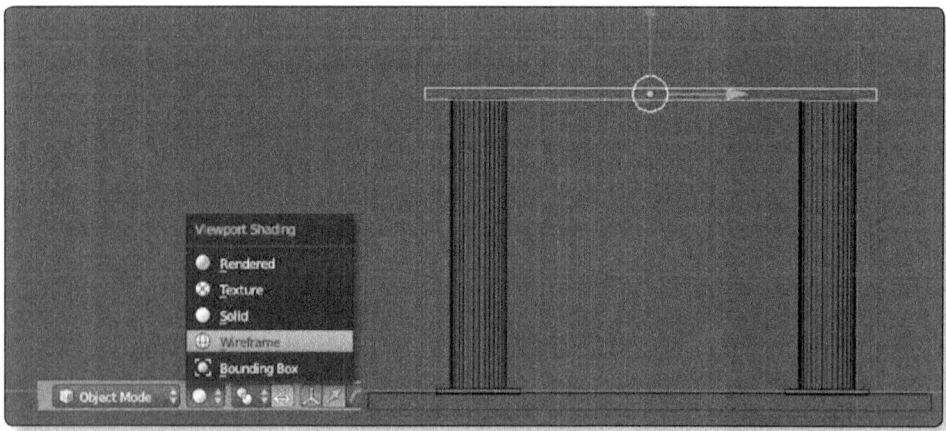

Figura 2.51. Vista Right Wireframe

Duplicamos el cubo del techo y le reubicamos el origen en un extremo para poder rotarlo correctamente.

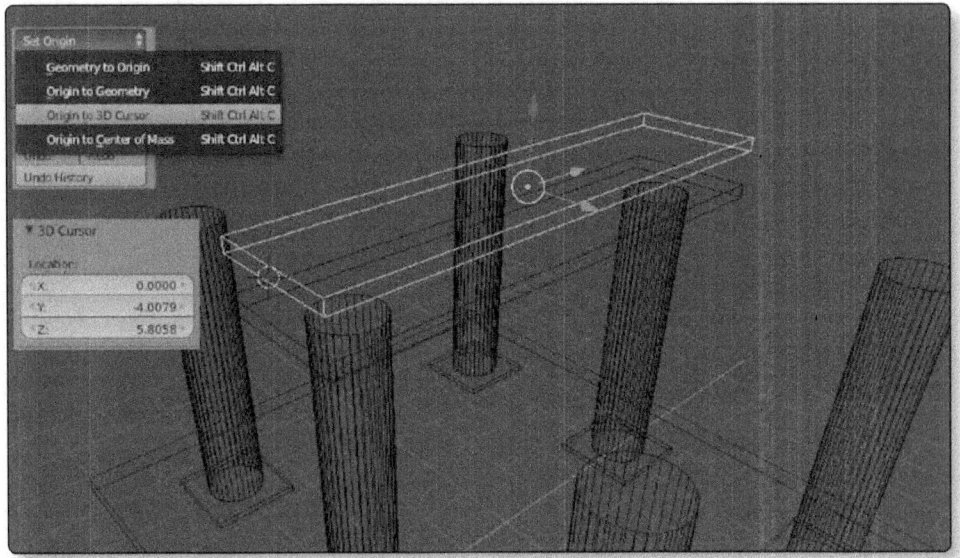

Figura 2.52. Cambio de posición del origen

Ahora cambiamos el valor de dimensión del eje (y) en 4 unidades y posicionamos y rotamos el cubo como se muestra en la siguiente imagen.

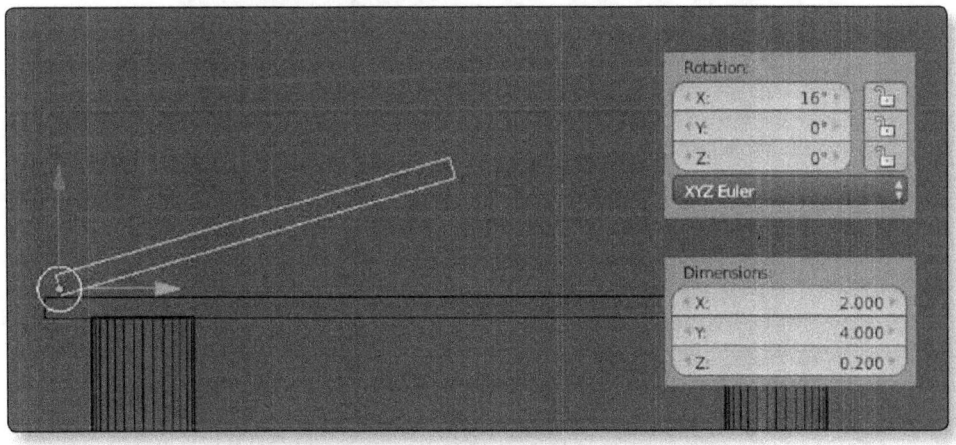

Figura 2.53. Rotación y dimensionado del duplicado

Solo nos queda duplicar la otra parte, rotarla y posicionarla como se muestra en la siguiente imagen.

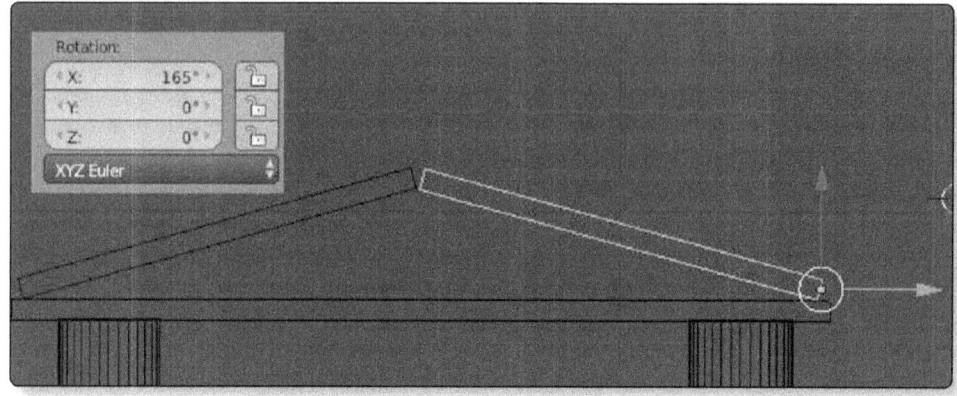

Figura 2.54. Rotación y dimensionado del lado contrario

Para finalizar el techo del templo unimos las tres piezas con la herramienta *Join* duplicamos el nuevo objeto dos veces y posicionamos las copias como se muestra en la siguiente imagen.

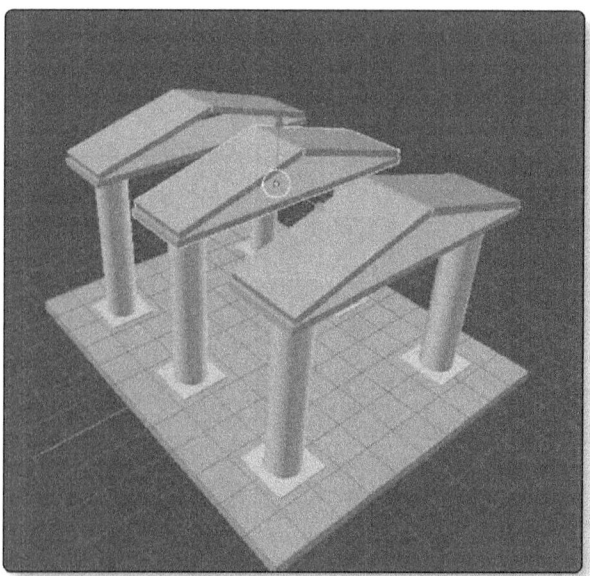

Figura 2.55. Vista final del templo.

2.8.1.1.4 Exterior del Templo

Creamos un cilindro pulsando **SHIFT+ A** y seleccionando la opción *Mesh > Cylinder*. La posicionamos en el centro pulsando **SHIFT+G** y le damos las siguientes dimensiones.

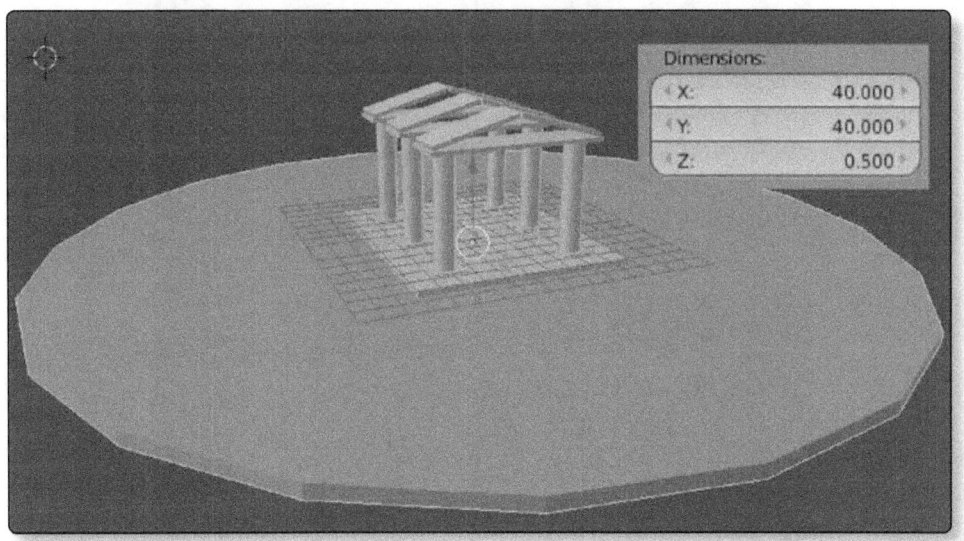

Figura 2.56. Dimensiones del cilindro

Puedes seleccionar todos los objetos del templo unirlos y renombrar con el nombre de Templo.

El siguiente paso es recuperar la columna exterior que tenemos en la capa 3 y volverla a mover a la capa 1.

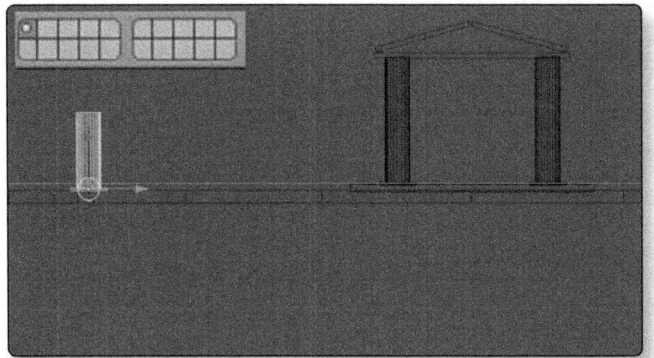

Figura 2.57. Visor en modo wireframe

Para finalizar el proyecto ponemos el visor en la vista Top pulsando en el teclado numérico **Num_7**. Posicionamos la Columba exterior en un extremo.

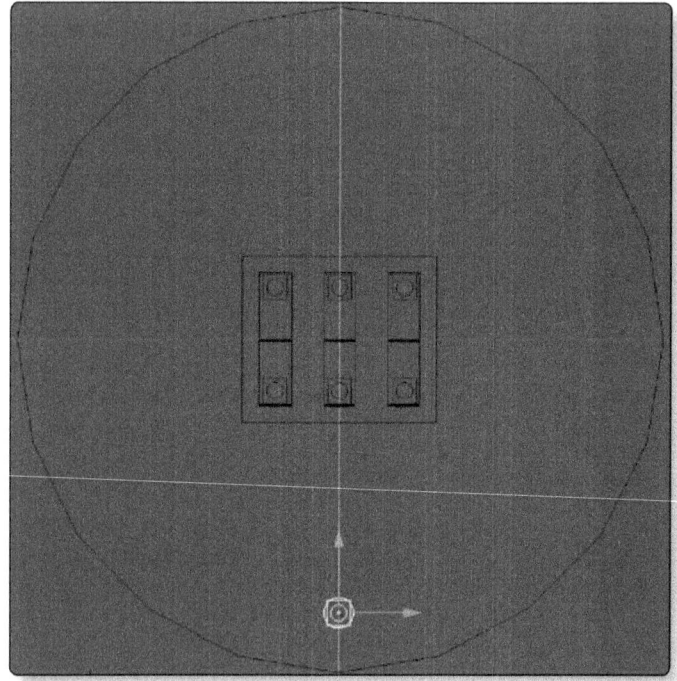

Figura 2.58. Vista top

Vamos a posicionar el cursor 3D en el eje central pulsando **SHIFT+C** y seleccionaremos la opción *3DCursor* del menú *Pivot Point* para que las siguientes transformaciones tomen de punto de referencia el cursor 3D.

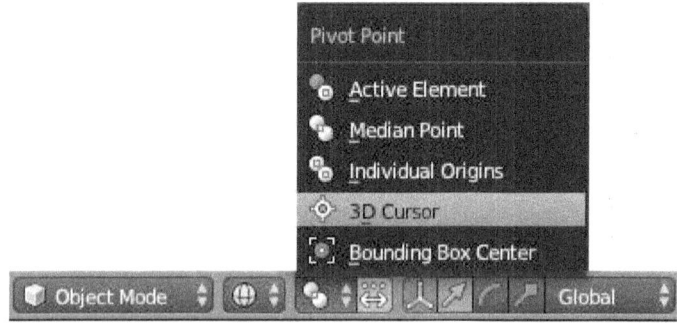

Figura 2.59. Menú pivot point

A continuación realizaremos las siguientes tres acciones seguidas:

▼ Duplicar **SHIFT+D**
▼ Rotar **TECL_R**
▼ Pulsar el **Num_45** (para indicar los grados de rotación)
▼ Pulsar **INTRO**

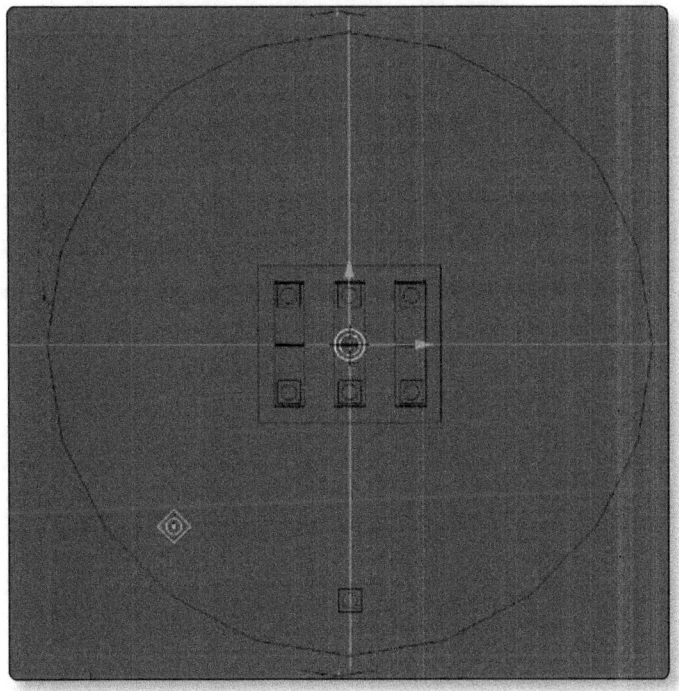

Figura 2.60. Duplicado con rotación de 45 grados

En el panel lateral Izquierdo en la pestaña *Tools* sección *History* encontramos la herramienta *Repeat Last*. Si hemos hecho correctamente la acción anterior, si pulsamos este botón nos creará una copia nueva de la Columna exterior a 45°.

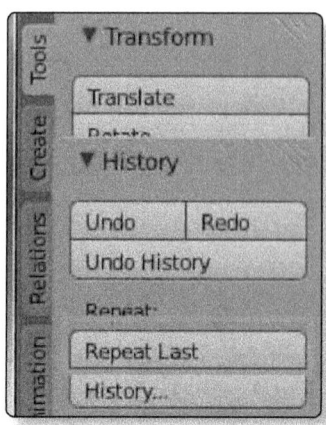

Figura 2.61. Opción Repeat Last

Repite la última acción hasta conseguir que las columnas envuelvan el templo.

Figura 2.62. Imagen final del proyecto 2

3

MODO EDICIÓN

En este apartado empezarás a modelar con malla poligonal, de una forma básica. Entenderás la diferencia entre el modo edición y el modo objeto. En el modo edición vas a identificar sus elementos y aprenderás a trabajar con ellos para posteriormente utilizar las herramientas de modelado poligonal básicas. Al finalizar el capítulo deberás crear un escenario simple.

En este tema aprenderás las siguientes habilidades:

- ▼ Entender el modo edición.
- ▼ Identificar los elementos de un objeto en modo edición.
- ▼ Modelar con herramientas básicas.
- ▼ Modelar en el vacío.
- ▼ Crear un escenario.

3.1 TIPOS DE PRIMITIVAS

Antes de empezar

El modelado es siempre el primer proceso con el que vas a iniciar tu trabajo, seguido del siguiente que es texturizar, animar (o animar y texturizar), iluminar y se terminará con un render.

Para el proceso de modelado muchos maestros utilizan distintas técnicas y se podría dedicar un libro entero para cada una de ellas. En esta sección se explicarán distintas maneras de realizar un modelado, pero quiero que quede claro que existen muchas otras para llegar al mismo resultado.

Antes de modelar un objeto es recomendable tener un dibujo o una fotografía para poder seguir un patrón. También es muy recomendable saber en qué lugar de la escena tiene que ir el objeto, cuanto más cerca este la cámara del objeto más detalle tiene que tener este, de lo contrario si el objeto estará lejos de la cámara, no necesitará un nivel alto detalle.

3.1.1 Mesh

Los objetos *mesh* están formados por un número determinado de polígonos. Estos polígonos están formados por caras. Una cara sencilla sería una superficie plana formada por 3 o más puntos llamados vértices y conectados entre sí por aristas. La mayoría de las veces verás que trabajamos con caras formadas por cuatro vértices.

Los objetos poligonales son los más utilizados porque son más fáciles de renderizar. Se utilizan en la creación de videojuegos y para crear personajes de animación.

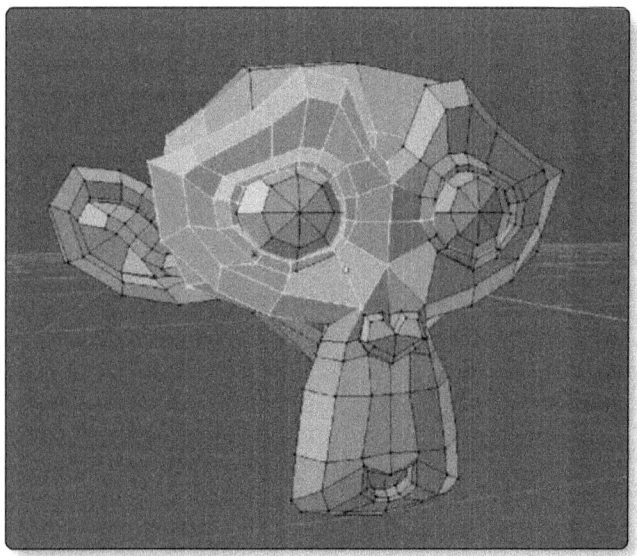

Figura 3.1. Primitiva Mesh

3.1.2 Curve Surface

Estos dos objetos se diferencian de los objetos Mesh por el simple hecho de que están formadas por funciones matemáticas mediante una serie de puntos.

Las curvas y las superficies Nurbs se controlan mediante puntos que hacen la función de vértices y que controlan una porción de polígono en comparación a los objetos Mesh.

Este tipo de objetos se puede utilizar para crear superficies con un detalle suave. Más adelante se verá que podemos conseguir resultados similares con el modelado de subdivisión utilizando objetos poligonales.

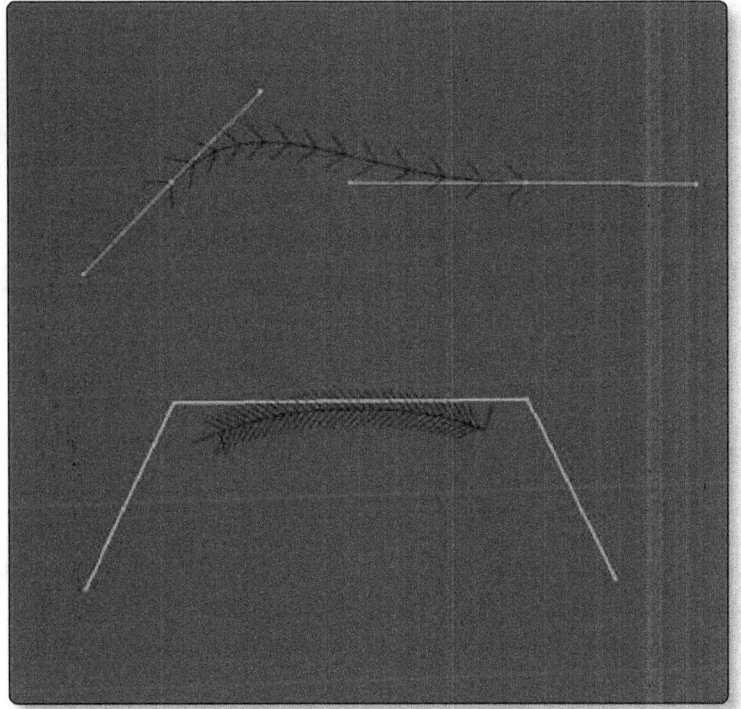

Figura 3.2. Primitiva curve benzier(arriba), primitiva Nurb (abajo)

3.1.3 Metaballs

Las **metaballs** son fórmulas matemáticas que realizan operaciones lógicas unas con otras (a, b), y que pueden ser añadidas o sustraídas una con otra.

Pueden tener varias formas; esferas, tubos, cubos. Puede utilizar las metaballs para crear efectos visuales o para crear una base de un objeto que sirva de guía para el modelado.

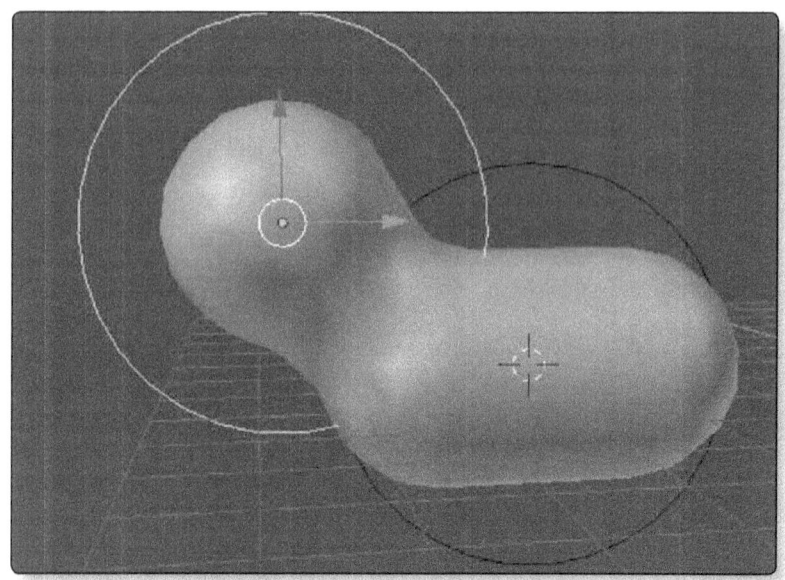

Figura 3.3. Dos primitivas Metaballs

3.2 MODO EDICIÓN (MESH)

Hasta el momento solo se ha trabajado con el objeto en si ahora usted va a trabajar dentro del objeto modificando su geometría. Para acceder al modo edición solamente tienes que seleccionar un objeto **Mesh** y pulsar el botón del menú del visor 3D que hace referencia al modo edición como se muestra en la siguiente imagen.

Figura 3.4. Botón modo edición

Para acceder más rápidamente puedes pulsar el tabulador **TECL_TAB** del teclado para activar o desactivar el modo de edición.

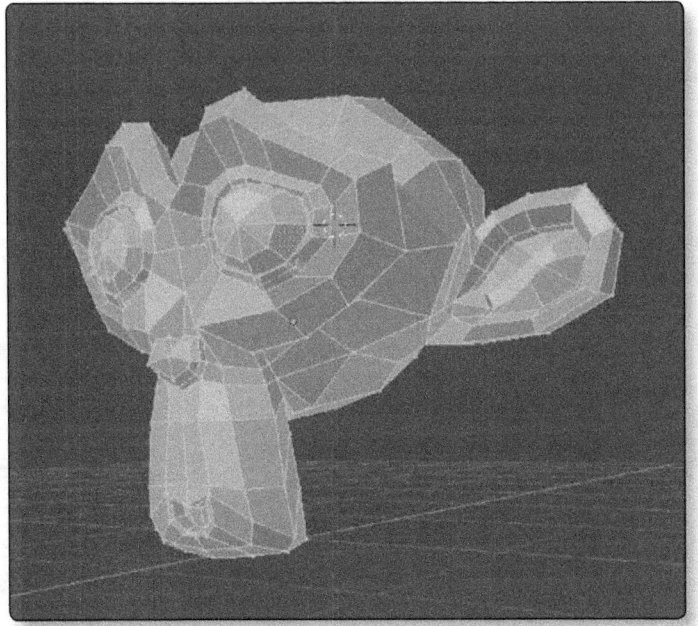

Figura 3.5. Primitiva en modo edición

3.2.1 Elementos de un objeto (Mesh)

Al principio de este apartado se ha comentado que los polígonos estaban formados por vértices, aristas y caras. Estos elementos los podemos activar desde la cabecera del visor:

Figura 3.6. Elementos de un objeto

Siempre que quieras cambiar alguno de estos elemento podrás hacerlo pulsando el botón correspondiente al elemento, pero también puedes acceder desde la siguiente combinación de teclas **CTRL + TAB**. Se te aparecerá un menú flotante en donde puedes seleccionar las caras, las aristas y los vértices.

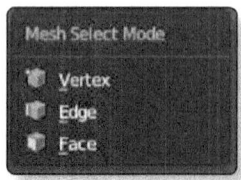

Figura 3.7. Menú flotante

3.2.2 Selección de elementos

Antes de empezar a trabajar con herramientas de modelado hay que saber seleccionar elementos correctamente. En la cabecera hay un menú llamado *Select* con todas las opciones de selección.

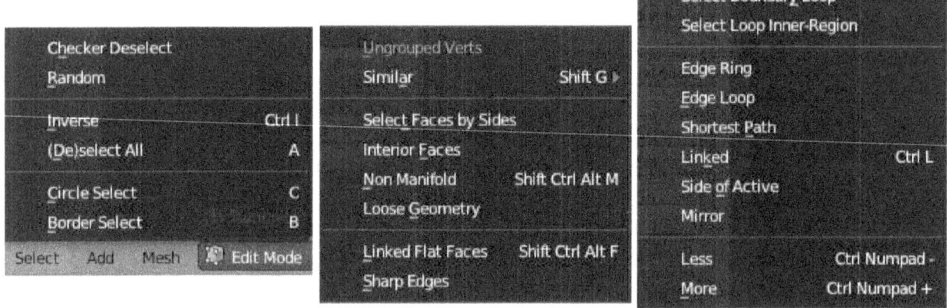

Figura 3.8. Menú Select

Para no entorpecer el aprendizaje, a continuación se te muestra las distintas formas de seleccionar agrupada en vértices, aristas y caras.

Para hacer una selección simple solamente tienes que escoger la opción que desees (vértices, aristas, caras) y pulsar con el BDR. El elemento se volverá de un color naranja.

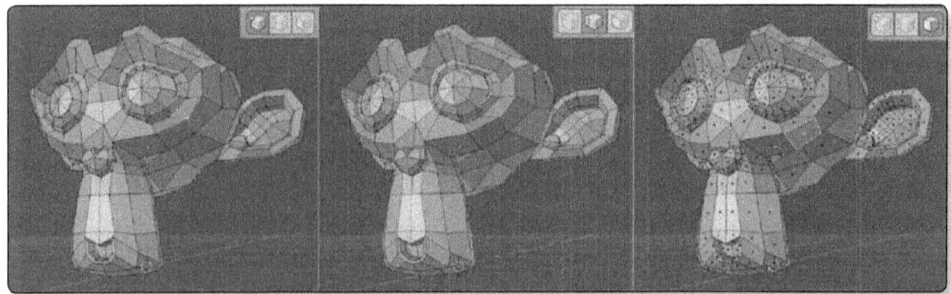

Figura 3.9. Selección de elementos

3.2.2.1 FORMAS DE SELECCIÓN

Existen varias formas de seleccionar elementos, a continuación se explican las formas más utilizadas

- ▼ *Loop:* Ésta acción significa que seleccionará todos los vértices, aristas o polígonos que se encuentren alrededor. Para realizar esta acción pulsa **ALT+BDR** y haz clic entre vértices.

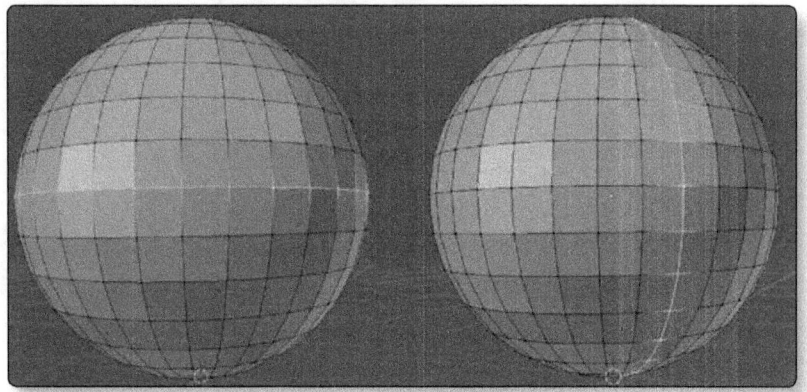

Figura 3.10. Selección Loop

- ▼ *Loop paralelo:* Ésta acción significa que seleccionarás todos los vértices o aristas que se encuentren paralelos alrededor del objeto. Para realizar esta acción pulsa **CTRL+ALT+BDR** y haz clic entre vértices.

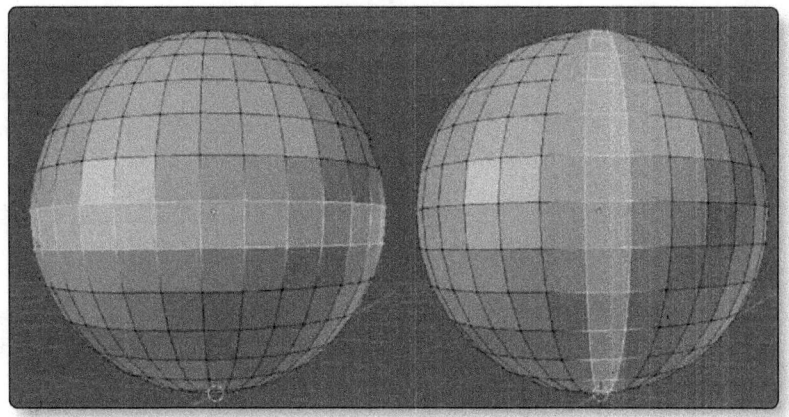

Figura 3.11. Selección Loop paralelo

- ▼ *Lazo:* herramienta muy útil que te permite seleccionar grupos de elementos como si de un lazo se tratara. Para utilizar esta herramienta pulsa **CTRL+BIR** el cursor cambiara a modo lazo y solamente tienes que enlazar el conjunto de elementos que desees.

Para deseleccionar, utiliza la combinación **CTRL + SHIFT+ BIR** y enlaza el conjunto de elementos que desees.

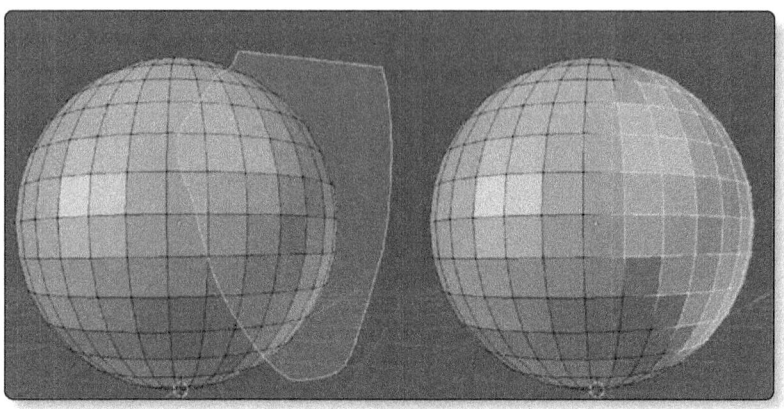

Figura 3.12. Selección Lazo

▼ *Incremento & decremento:* también puedes seleccionar un elemento e incrementar la selección. Es decir si seleccionas una cara en un plano y quieres seleccionar todo lo que tienes alrededor de esa cara pulsa **CTRL+ TECL_+** (El símbolo es el de suma que se encuentra en el teclado numérico). En el caso de que quieras realizar la acción contraria pulsa **CTRL+ TECL_-** (El símbolo es el de resta que se encuentra en el teclado numérico)

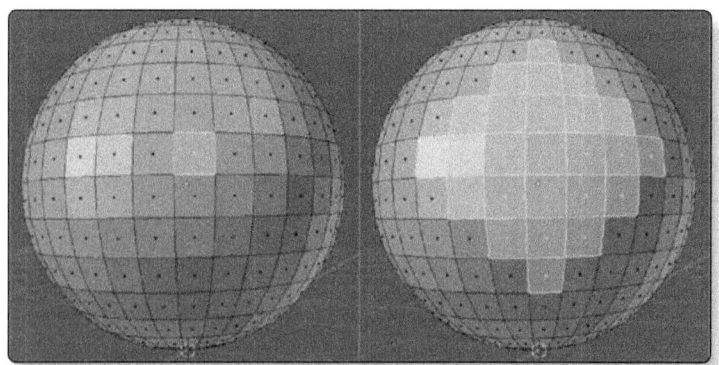

Figura 3.13. Selección incremento decremento

▼ *Determinada:* en el caso de que solamente quieras seleccionar un número determinado de vértices, aristas o caras selecciona el primer elemento con el **BDR** y luego pulsa **CTRL+ BDR** y seleccionas el elemento último. La selección se realizara en ese intervalo, solo funciona si se encuentran en la misma línea de selección.

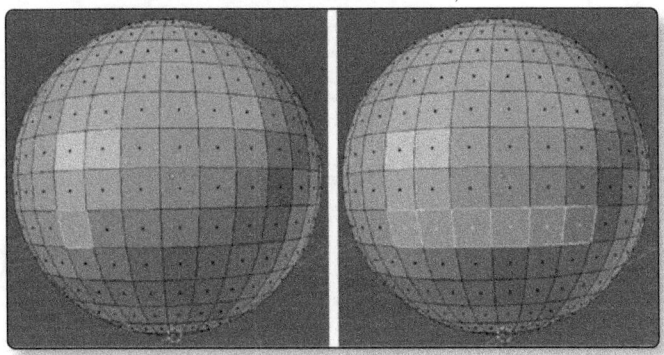

Figura 3.14. Selección determinada

3.2.2.2 SELECCIÓN DE LOS ELEMENTOS DE DETRÁS

Verás que cuando seleccionas elementos del objeto como son los vértices, si utilizas herramientas de selección como el lazo verás que solo selecciona los elementos visibles y en cambio los que se encuentran detrás del objeto no se pueden seleccionar.

Puedes utilizar dos métodos:

▼ *Modo display wireframe:* con este modo verás el objeto en modo alámbrico y podrás seleccionar los elementos de detrás. Puedes acceder pulsando la **TECL_Z**.

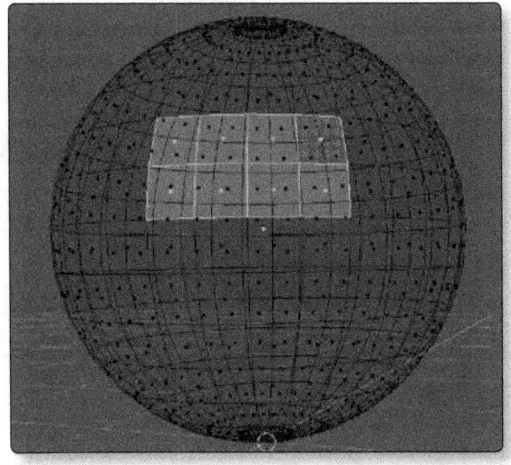

Figura 3.15. Modo wireframe

▼ **Limit selecition:** este botón lo encontrarás en la cabecera de la ventana 3D y te permite ver los elementos de detrás del objeto.

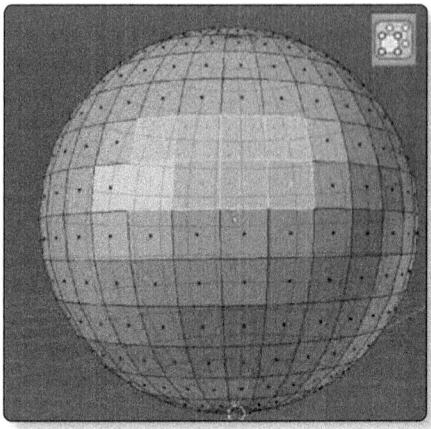

Figura 3.16. Botón limit selection

3.2.2.3 SELECCIÓN DE SUB-OBJETOS

Puede que en algún momento tengas un cubo y una esfera unidos con la herramienta Join que se explicó en el capítulo anterior, con la creación del Templo. Si entras en modo edición y solamente quisieras seleccionar uno de los dos por ejemplo el cubo, solamente tienes que seleccionar un vértice del cubo y pulsar **TECL_L** (siempre manteniendo el cursor encima del objeto) automáticamente se seleccionará todo el cubo.

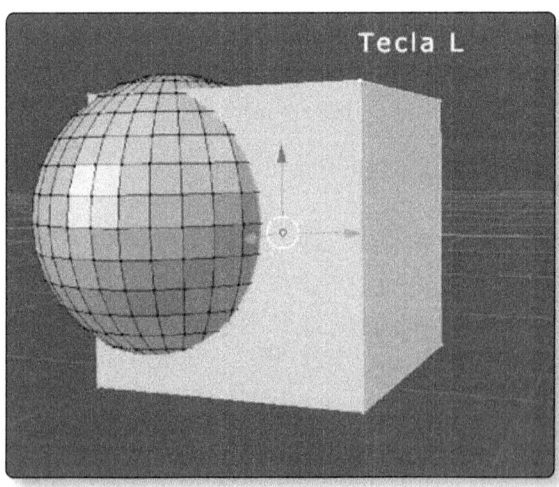

Figura 3.17. Seleccionar un sub-objeto

Otra herramienta que te puede ser muy útil es separar los objetos que tenías unidos. Si ahora que tienes seleccionado el cubo pulsa **TECL_P** se te aparecerá un menú flotante llamado *Separate*, selecciona la opción selección y el objeto pasará a formar parte de un objeto independiente, en otras palabras se separa de la unión que tenía con la esfera

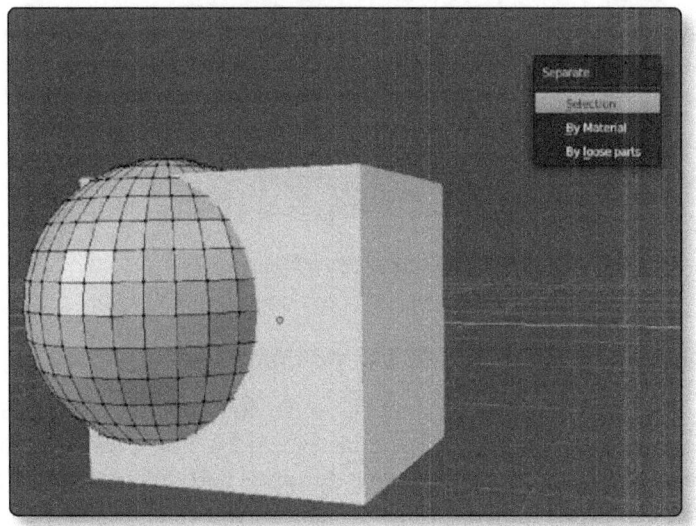

Figura 3.18. Menu separate

3.2.3 Las normales

La normal de una cara poligonal es un vector que indica en qué dirección apunta la cara. Para que lo entiendas mejor crea una esfera, entra en modo edición y selecciona un conjunto de polígonos.

A continuación dirígete al panel lateral derecho de la ventana 3D y seleccionas la pestaña *Mesh Display*. En esta pestaña encontrarás dos secciones una de ellas es *Normals*.

Encontrará dos botones que cuando los activas te mostrarán las normales de las caras y de los vértices, también puedes configurar el tamaño de estos vectores introduciendo un valor. Estos vectores siempre tienen que apuntar hacia afuera del objeto.

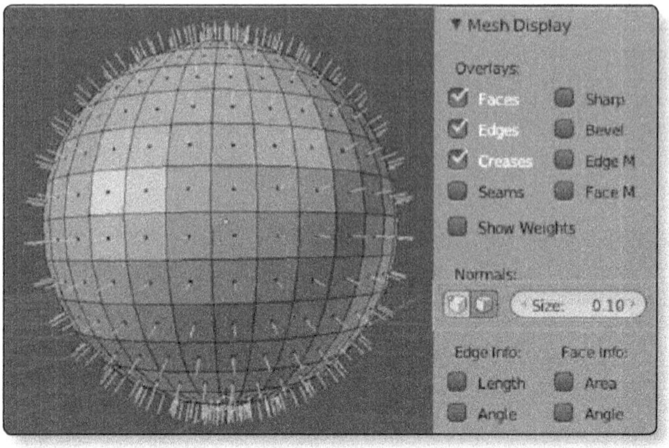

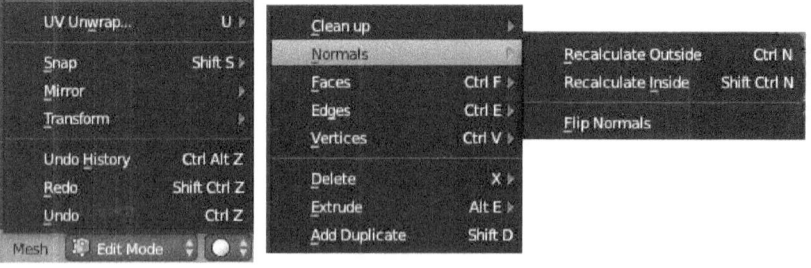

Figura 3.19. Las normales de una esfera

3.2.3.1 CAMBIAR LA DIRECCIÓN DE LAS NORMALES

En ocasiones cuando se modela o se importa algún modelo podemos encontrarnos con que algunas de las caras tienen las normales hacia dentro, para solucionar este problema Blender dispone de varias herramienta. Estas herramientas se encuentran en *Mesh > normals.*

▼ *Recalculate Outside:* seleccione todas las caras del objeto en modo edición y esta acción recalcula todas las caras para que el vector normal apunte hacia afuera del objeto. El acceso rápido **CTRL+N.**

▼ *Recalculate inside:* seleccione todas las caras del objeto en modo edición y esta acción recalcula todas las caras para que el vector normal apunte hacia dentro del objeto. El acceso rápido **SHIFT+CTRL+N**.

▼ *Flip normals:* en el caso de que sean pocas caras puedes utilizar esta herramienta para cambiar de dirección las normales. Esta opción la puedes encontrar en el menú especial pulsando **TECL_W.**

Figura 3.20. Opciones del menú Normal

3.2.4 Herramientas de modelado

Cuando entres en modo edición en el panel izquierdo del visor 3D, pestaña **tolos**, apartado *Mesh Tools* dispones de un conjunto de herramientas generales que se te explican a continuación.

Figura 3.21. Herramientas del Panel Izquierdo en modo edición

3.2.4.1 HERRAMIENTAS BÁSICAS

Estas herramientas son las más habituales a la hora de modelar y se suelen combinar con modificadores que se verán más adelante. A continuación se describen la función que realizan sin entrar en detalle.

Deform

▼ *Slide*: esta herramienta contiene dos funciones una para las aristas y la otra para los vértices. Permite que podamos mover estos elementos siguiendo la dirección de la superficie de manera que esta no sufra ninguna deformación.

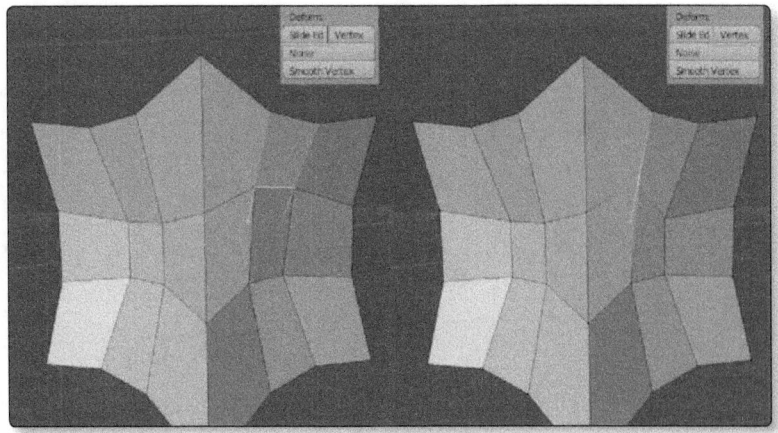

Figura 3.22. Ejemplo de Slide

▼ *Noise:* esta herramienta permite crear ruido a partir de una textura en blanco y negro, es decir que puedes hacer que se deformen de forma irregular.

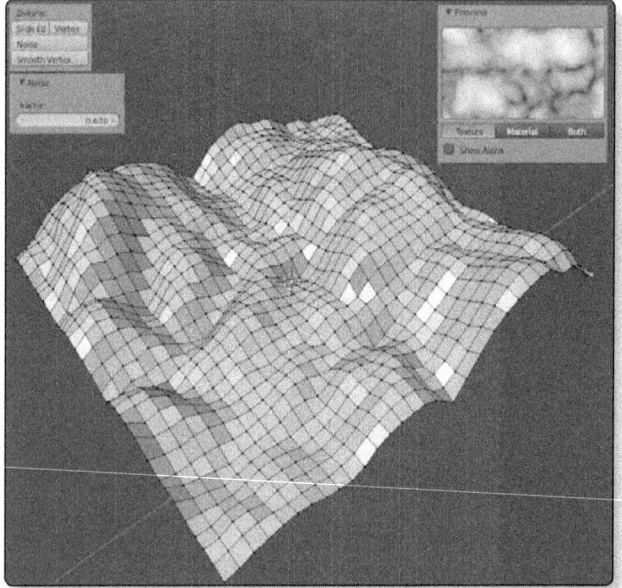

Figura 3.23. Ejemplo de Noise

▼ *Smooth Vertex:* esta herramienta te permite reagrupar de una forma suavizada un grupo de vértices seleccionados. Puedes introducir el valor de suavizado.

Figura 3.24. Ejemplo de Smooth Vertex

Add

▼ *Extrude Region:* esta herramienta crea una proyección del elemento que tengas seleccionado en dirección a un eje determinado. Si tiene varias caras por ejemplo seleccionadas al aplicar esta herramienta crearías una extrusión del conjunto de elementos como grupo.

Figura 3.25. Ejemplo de extrude region

▼ *Extrude Individual:* realiza la misma acción que el anterior pero en el caso de tener seleccionadas varias caras estas se extruden individualmente y no como un solo grupo.

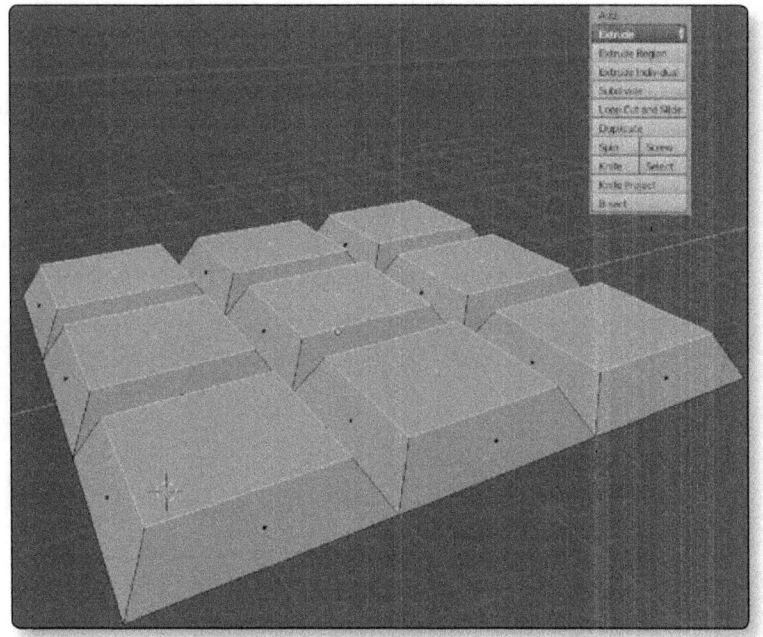

Figura 3.26. Ejemplo de extrude individual

▼ *Subdivide:* esta herramienta permite dividir un elemento seleccionado en varios. Normalmente se subdividen las caras. Si pulsa F6 podrás ver sus propiedades.

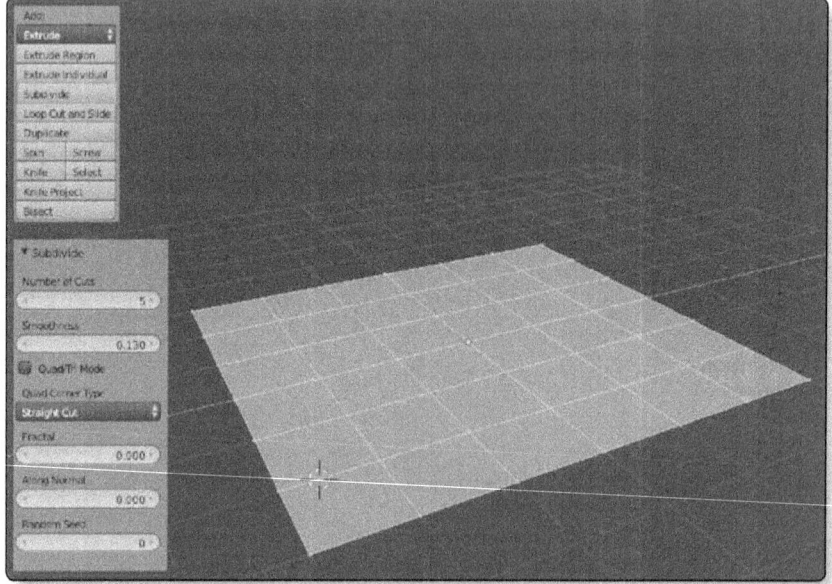

Figura 3.27. Ejemplo de subdivide

▼ *Loop Cut and Slide:* esta herramienta crea un corte alrededor de la superficie. Se te aparecerá una línea de color rosa que te indica donde va a realizarse el corte. Cuando tengas el lugar adecuado haz clic con el BIR, ahora puedes mover la línea divisoria donde creas que es mejor. Si quisieras, con la rueda del ratón puedes aumentar el número de cortes. Para finalizar pulsa una vez más el BIR.

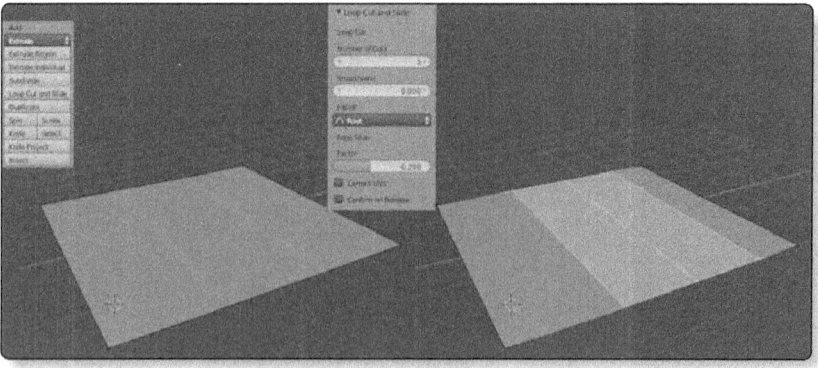

Figura 3.28. Ejemplo de Loop cut y Slide

▼ **Duplicate:** cuando tengas seleccionado algún elemento del objeto (vértices, caras o aristas) esta herramienta te creará una copia.

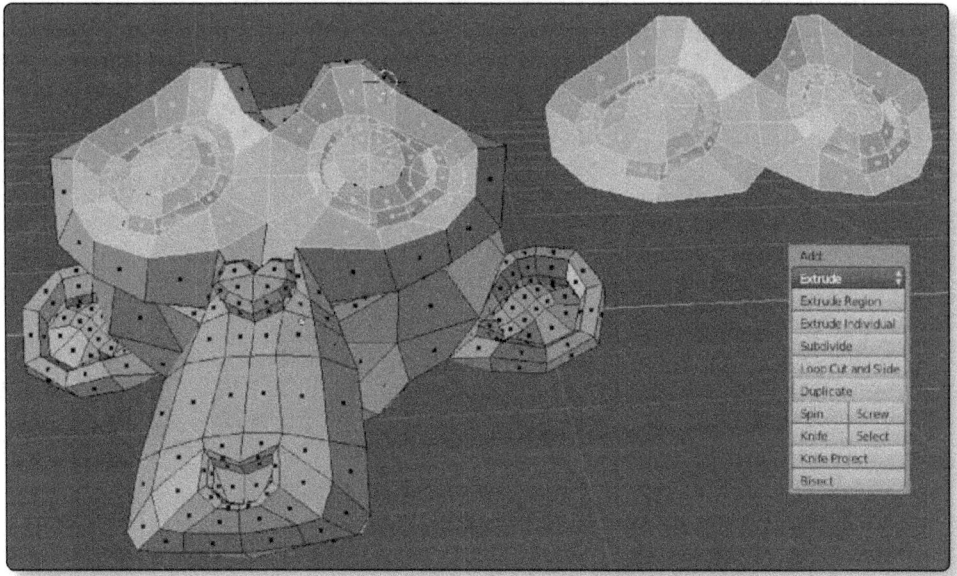

Figura 3.29. Ejemplo de Duplicate

▼ **Spin:** esta herramienta crea mediante un giro una figura a partir de la forma que tenga los elementos seleccionados. Imagínate el alfarero trabajando con barro y creando un jarrón, las manos tienen la forma que quiere darle al barro mientras esta gira. Se suele utilizar en combinación con la vista ortográfica.

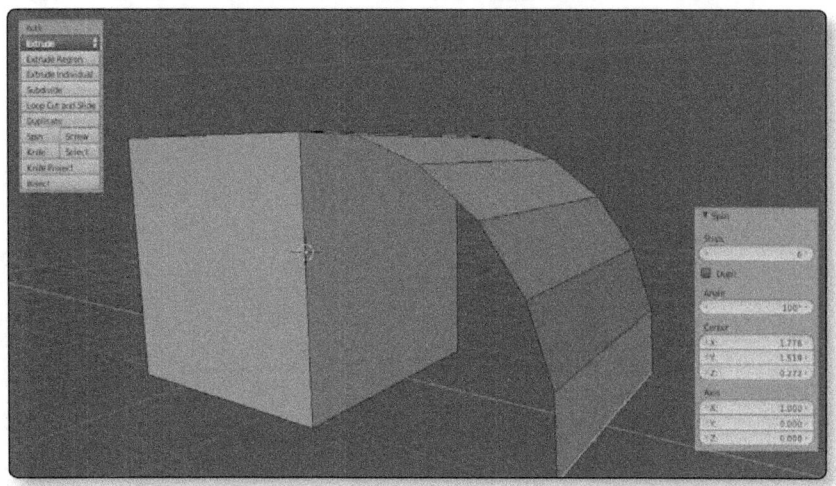

Figura 3.30. Ejemplo de Spin

▼ **Screw:** esta herramienta es similar al anterior, con la diferencia de que al final del giro no coincide con el inicio. En este caso imagínate una serpiente de cascabel enroscada. Las dos herramientas Spin y Screw tienen parámetros en el panel lateral izquierdo, en donde podrás manipular y configurar a tú gusto.

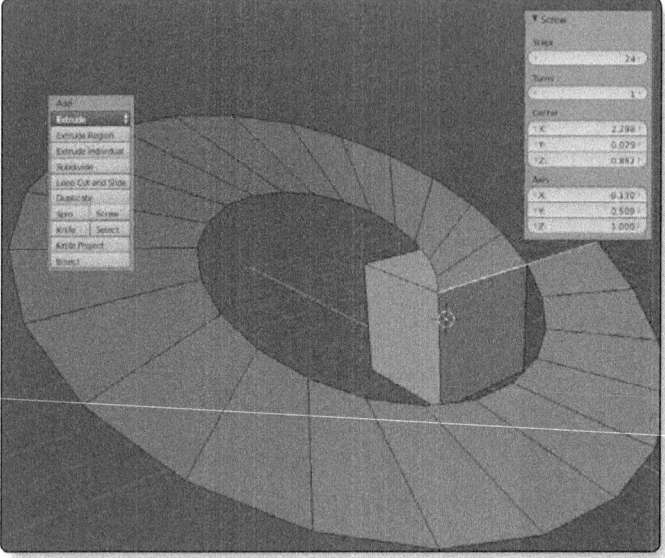

Figura 3.31. Ejemplo de Screw

▼ **Knife:** como su nombre indica en inglés hace la función de cuchillo. Puedes subdividir partes de la malla como si de un cuchillo se tratara haciendo clic con el BIR podrás marcar los cortes, cuando termines pulsa la barra espaciadora del teclado.

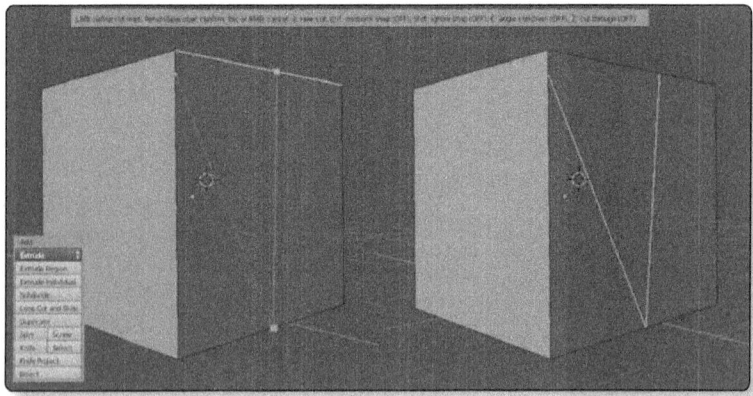

Figura 3.32. Ejemplo de Knife

▼ **Knife select:** hace exactamente la misma función que el anterior pero solo cortará la parte de la malla que tenga seleccionada.

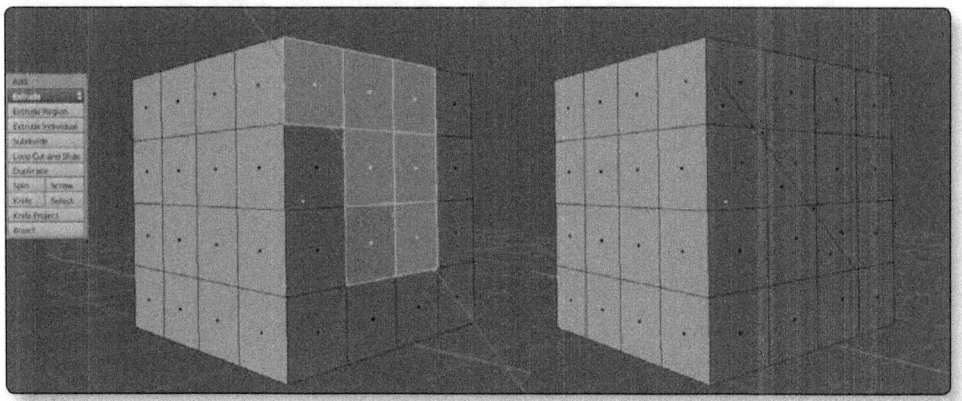

Figura 3.33. Ejemplo de Knife select

▼ **Knife Project:** proyecta un objeto en la superficie y crea un corte con la silueta proyectada.

Figura 3.34. Ejemplo de Knife

▼ **Bisect:** crea un corte en todo el objeto, a diferencia de la herramienta Knife puede cambiar el valor de los parámetros de corte. Esta herramienta proyecta el corte según la vista que tengas en ese momento.

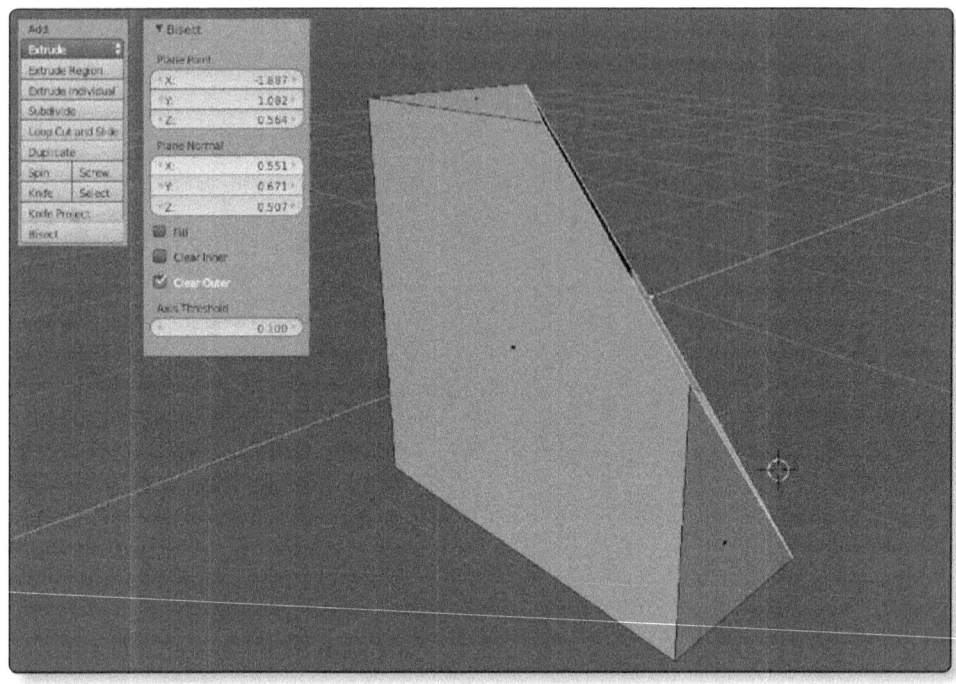

Figura 3.35. Ejemplo de Bisect

Remove

▼ ***Delete:*** esta herramienta permite borrar cualquier tipo de elemento del objeto (vértices, aristas y caras), también te permite disolver estos elementos sin necesidad de eliminar el resto y colapsar aristas.

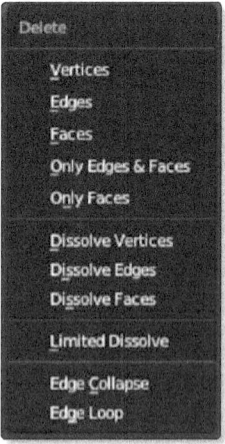

Figura 3.36. Ejemplo de Delete

▼ *Merge:* para unir vértices puedes utilizar esta herramienta de la siguiente manera. Primero selecciona un vértice 1 y luego otro vértice 2 que quieras unir. Esta herramienta dispone de tres formas de unión ;
  - **At center:** el vértice 1 y el vértice 2 se unen en el medio de la distancia que hay entre los dos.
  - **At first :** el vértice 2 se une al vértice 1 en la posición del vértice 1.
  - **At last:** el vértice 1 se une al vértice 2 en la posición del vértice 2.
  - **At cursor:** sitúa el cursor 3D donde desees y los vértices se unirán en esa posición.
  - **Collapse:** cuando tengas muchos vértices puedes unirlos todos en el centro para formar un único vértice.

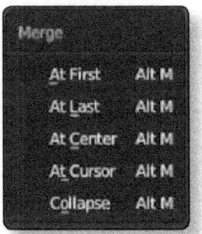

Figura 3.37. Ejemplo de Remove doubles

▼ *Remove Doubles:* en ocasiones podemos tener vértices sueltos que pueden traer problemas en el modelado. Esta herramienta permite borrar los vértices dobles. Para realizar esta acción primero debes de seleccionar los vértices que deseas y pulsar este botón. En la parte inferior del panel izquierdo encontrarás las propiedades una vez hayas accionado esta herramienta.

Figura 3.38. Ejemplo de Remove doubles

3.2.4.2 OTRAS HERRAMIENTAS

En el panel no están todas las herramientas disponibles pero si las suficientes para empezar a modelar. Otras herramientas útiles son las siguientes:

- **Bevel:** esta herramienta permite biselar las esquinas para que queden redondeadas. Puedes acceder desde la cabecera de la ventana 3D dentro de *Mesh> Faces, Vertex o Edges.* Un ejemplo rápido seria seleccionar las aristas de la parte superior de un cubo y acceder a *Mesh> Edges>Bevel* y arrastrar el ratón para que se forme el bisel.

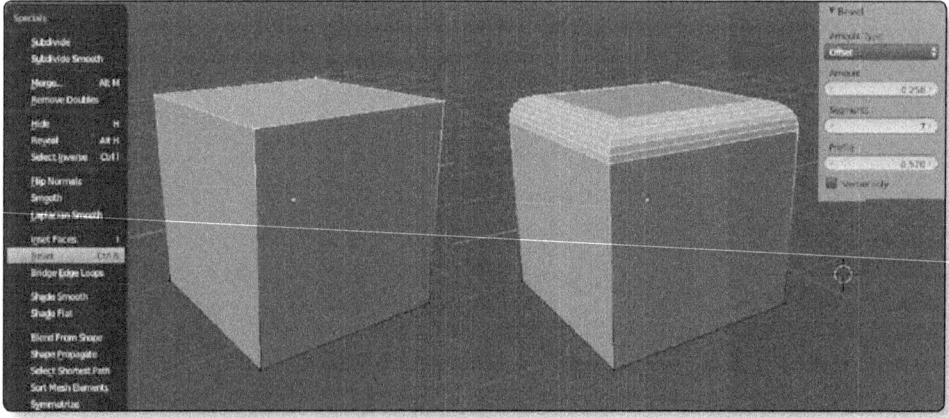

Figura 3.39. Ejemplo de Bevel

- **Inset *faces:*** es parecido a una extrusión pero en este caso cuando seleccionas una cara o conjunto de caras y aplicas esta herramienta se te insertará un conjunto de caras internas en la selección.

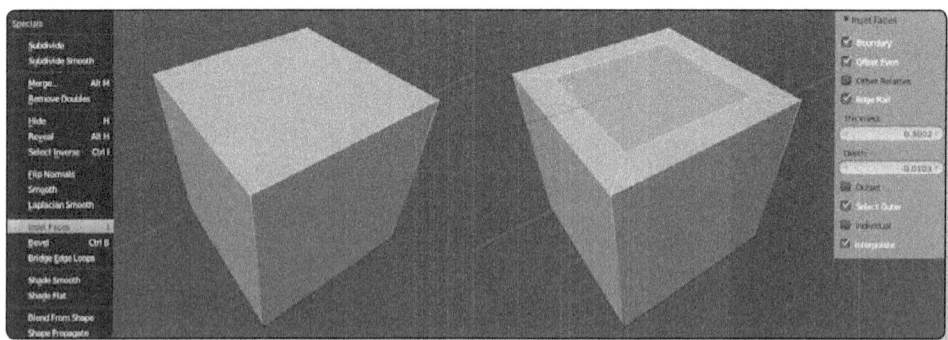

Figura 3.40. Ejemplo de Inset faces

▶ **Make edge/face:** esta herramienta permite crear una cara nueva solamente seleccionando dos aristas paralelas o bien cuatro vértices. Puedes realizar esta acción pulsando la tecla **TECL_F**.

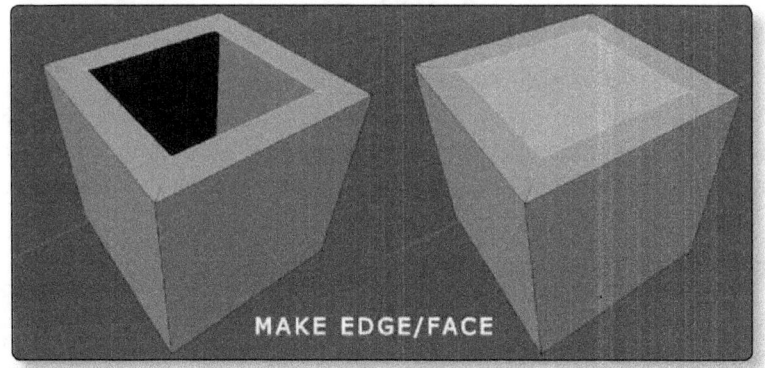

Figura 3.41. Ejemplo de Make edge/face

3.3 MODELADO EN EL VACÍO

Modelar en el vacío se le llama cuando se modela a partir de puntos sin ninguna figura geométrica de inicio. Un ejemplo práctico que te ayudará a entender el concepto es el modelado de una cara. En las imágenes siguientes la figura de la izquierda es un modelado a partir de un cubo *(Model box)* en la figura de la derecha tenemos el modelado en el vacío.

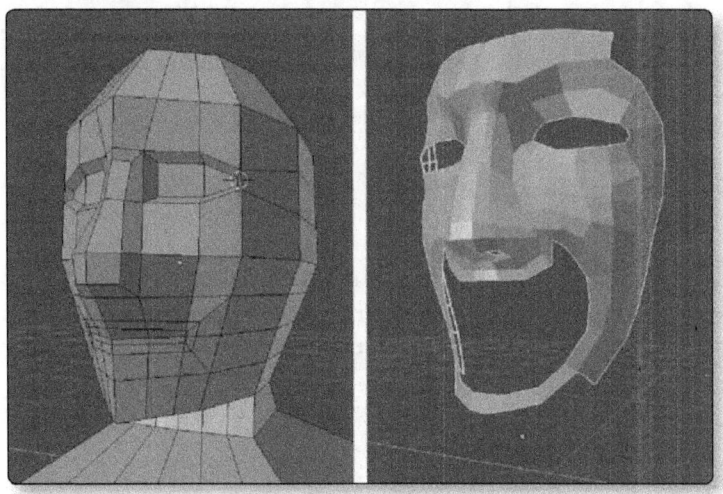

Figura 3.42. Model Box (izquierda) Modelado en el vacío (derecha)

3.3.1 Empezar a modelar en el vacío

Para empezar crea un plano pulsando **SHIFT+A** y seleccione la opción *Mesh>Plane.* Seleccione el plano y pulse **TAB** (*tabulador del teclado*) para acceder al modo edición.

Una vez dentro asegúrate de que estás en modo vértice y deselecciona todos los puntos del plano. A continuación solamente tienes que hacer clic con **CTRL+BDR** en cualquier punto del espacio 3D y crearás un vértice nuevo. Este vértice lo puedes extruir haciendo una figura y luego seleccionando cuatro vértices y pulsando **TECL_F** crearás una cara.

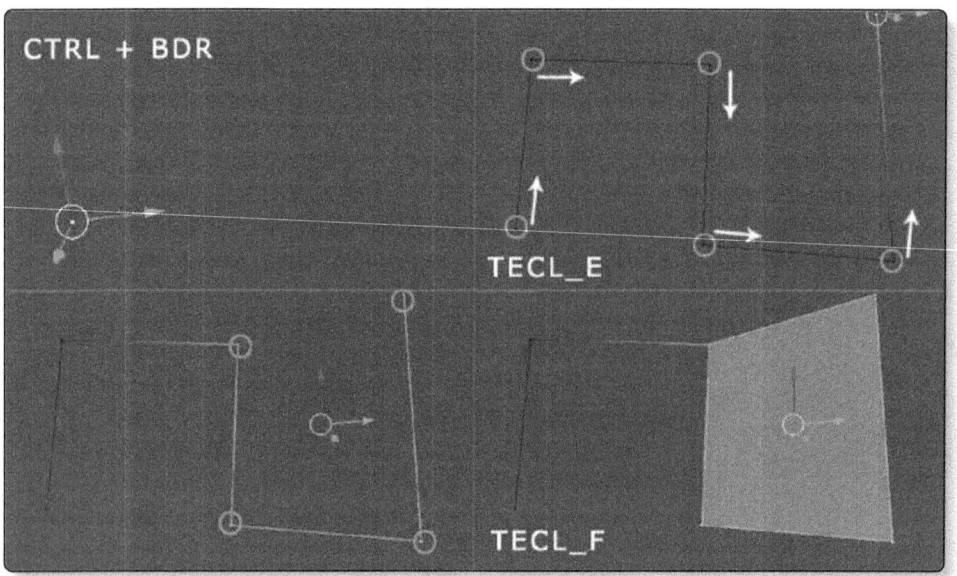

Figura 3.43. Proceso de Modelado en el vacío

3.3.2 Herramienta Snap

Esta herramienta hace la función de imán seleccionas el objeto o elemento del objeto y el modo de atracción. Es decir si selecciona un punto y quiere colocarlo exactamente en la posición que se encuentra de otro punto, esta herramienta lo hace posible.

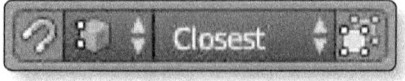

Figura 3.44. Herramienta snap

Haciendo clic encima del imán activa y desactiva esta herramienta. Snap dispones de varias opciones; en target snap y en modo elementos.

▼ **Snap target:** tiene como objetivo determinar la posición final del elemento que seleccione.

- *Closest:* atrae el elemento al objeto más cercano.
- *Center:* mover el centro de transformación actual al punto final.
- *Median:* mover la zona media de la selección al punto final.
- *Active:* mover solamente el elemento activo al punto final.

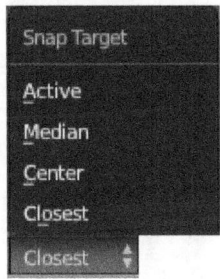

Figura 3.45. Menú snap target

▼ **Snap Element:** tiene como objetivo determinar qué elemento determinará el punto final.

- *Increment:* al mover el elemento lo hará incrementando.
- *Vertex:* el elemento que seleccione será atraído por vértices.
- *Edge:* el elemento que seleccione será atraído por aristas.
- *Face:* el elemento que seleccione será atraído por las caras de un objeto.
- *Volume:* el elemento que seleccione será atraído por el volumen de un objeto.

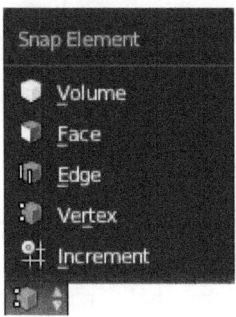

Figura 3.46. Menú snap Element

3.3.3 Ejemplo de snap

En el siguiente ejemplo crearás un objeto que hará la función de superficie con distintos desniveles y otro objeto que tendrá forma de pincho.

Primero crea un plano accede a modo edición y extruda 5 veces como se muestra en la siguiente imagen.

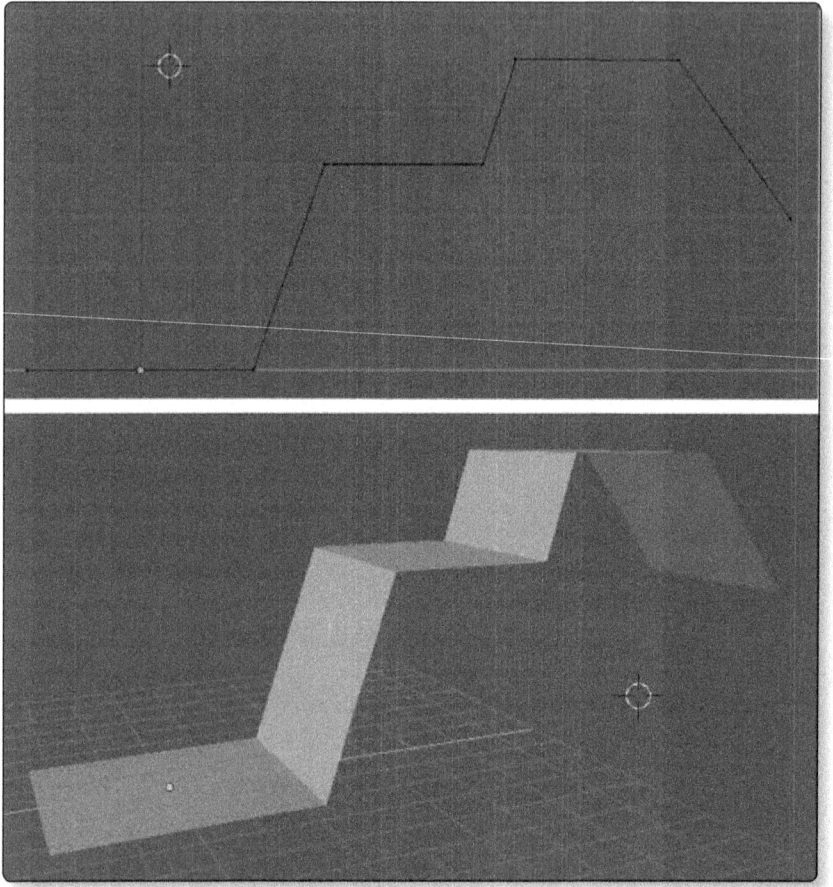

Figura 3.47. Objeto superficie

Sal del modo edición si no lo has hecho todavía y crea un cubo. Selecciona el cubo accede a modo edición y escale la cara superior, de modo que el cubo se parezca a una pirámide. Para finalizar posicionamos su centro de gravedad en la base. Esta última acción puedes realizarla con el cursor 3D. El objeto tiene que tener un aspecto parecido a como se muestra en la siguiente imagen.

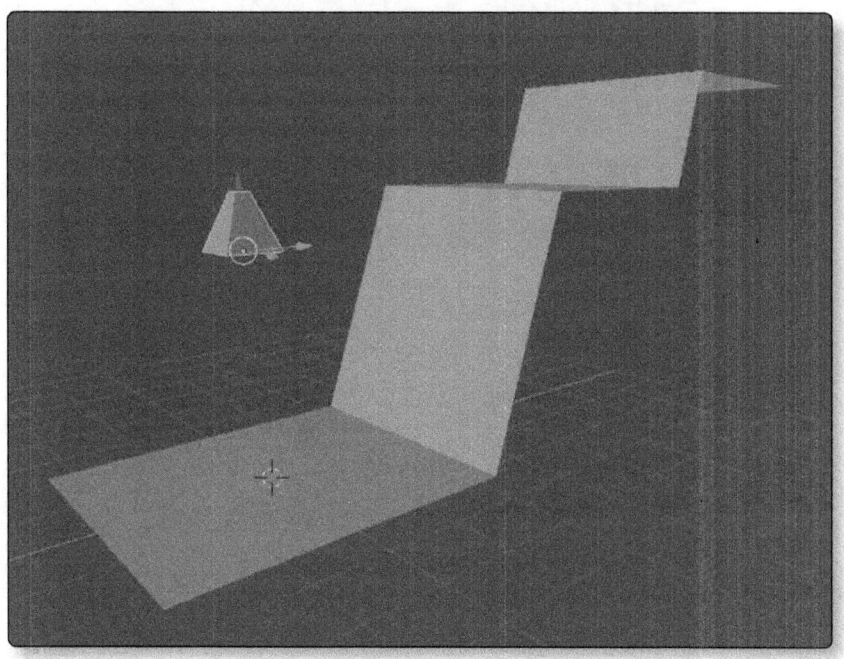

Figura 3.48. Cubo con forma de pirámide con el centro de gravedad en la base

Ahora que ya tienes los elementos seleccione la pirámide en modo objeto, activa la herramienta snap con las siguientes opciones.

▼ *Snap elements*: Face.
▼ *Snap target:* closest.

Al lado derecho del menú Snap target aparecerá un botón que le permite alinear el objeto con la inclinación de la superficie, actívalo. El otro botón que encontrarás proyecta individualmente los elementos en la superficie de otros objetos. Este último no lo actives.

Figura 3.49. Opciones de snap

Ahora si seleccionas la pirámide y pulsas **TECL_G** para moverlo por encima de la superficie este se unirá a la superficie y se adaptará a ella.

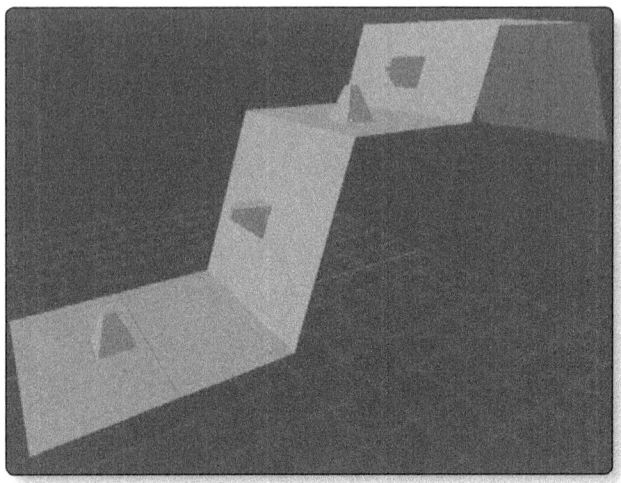

Figura 3.50. Imagen final del ejemplo

3.4 ROTOSCOPIAS

La rotoscopia es una imagen o secuencia de imágenes que se utiliza de referencia. Existen muchas formas de insertar imágenes de referencia, pero en el caso que se explicará a continuación es uno muy sencillo.

Abre una escena nueva, pulsa **SHIFT + A** y selecciona ***Empty > Plain Axes***. Se te aparecerá una pequeña cruz en la que podremos ponerle una imagen.

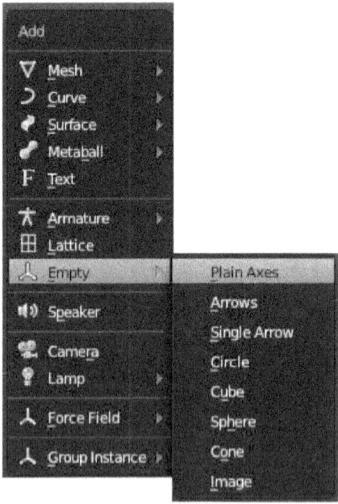

Figura 3.51. Menú para añadir un Plain Axes

Con el **Plain Axes** seleccionado dirígete al panel de propiedades y accede al botón de propiedades de este.

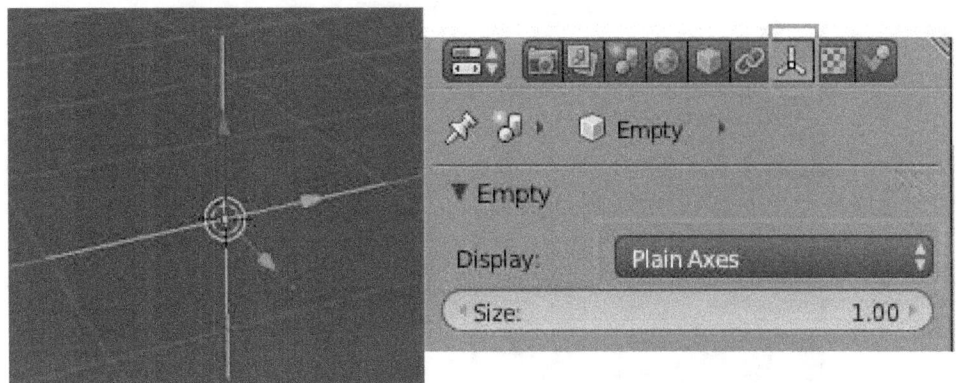

Figura 3.52. Propiedades del Plain Axes

En el menú **Display** selecciona la opción **images** y selecciona cualquier imagen que tenga mediante el buscador de archivos de Blender.

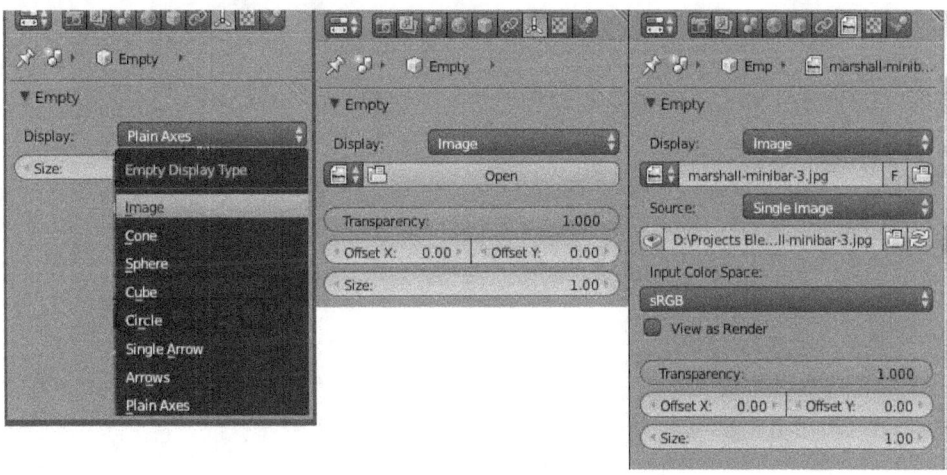

Figura 3.53. Opción image del panel de propiedades Plain Axes

Cuando cargues una imagen podrás moverla como si de un objeto se tratara, así podrás rotarla en el eje que desees (frontal, trasera, izquierda, derecha, vista inferior y superior).

3.4.1 Propiedades de la imagen

Algunas de las propiedades que podemos variar son la transparencia, la posición en los ejes (X,Y) y el tamaño de la imagen.

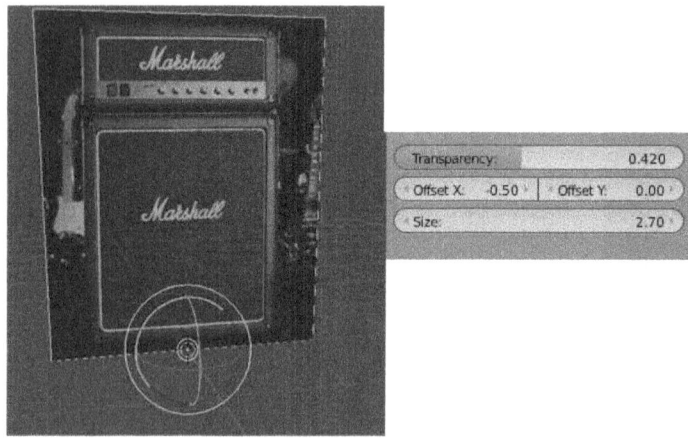

Figura 3.54. Imagen de una rotoscopia

PROYECTO PRÁCTICO

3.5 PROYECTO MODO EDICIÓN

3.5.1 Creación de un Escenario

Para empezar a tener contacto con las herramientas aprendidas crearemos una escena sencilla donde podrás ver cómo se trabaja. Si lo deseas puede visualizar el video que te mostrará todos los pasos a seguir para crear el siguiente proyecto.

Es importante realizar estos proyectos porque se introducirán conceptos nuevos que se verán en las próximas elecciones. De esta forma se enlazará toda la información.

> (i) **NOTA**
> Recuerde que este libro está dirigido no solo a las personas que quieran iniciarse a Blender si no también a las personas que quieran aprender 3D desde cero.

Para que el escenario sea lo más parecido al que se muestra en el video vamos a cambiar las unidades métricas accediendo al *panel de propiedades > botón escena > apartado Units> Metric*.

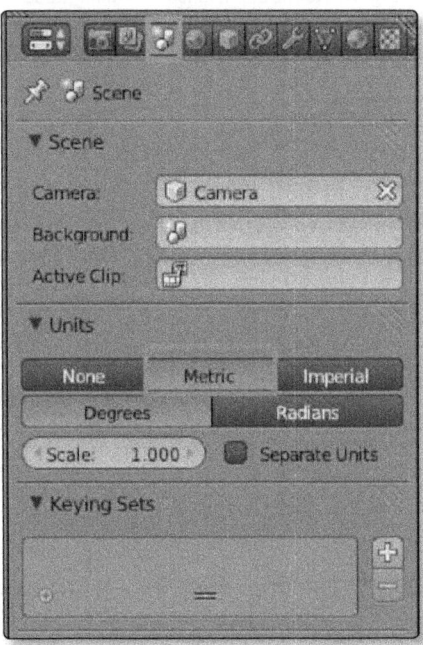

Figura 3.55. Las propiedades de la escena

Al cubo que tenemos por defecto le daremos las siguientes dimensiones (x = 10 m, y = 10 m, z = 3 cm) y le pondremos el nombre de suelo_base.

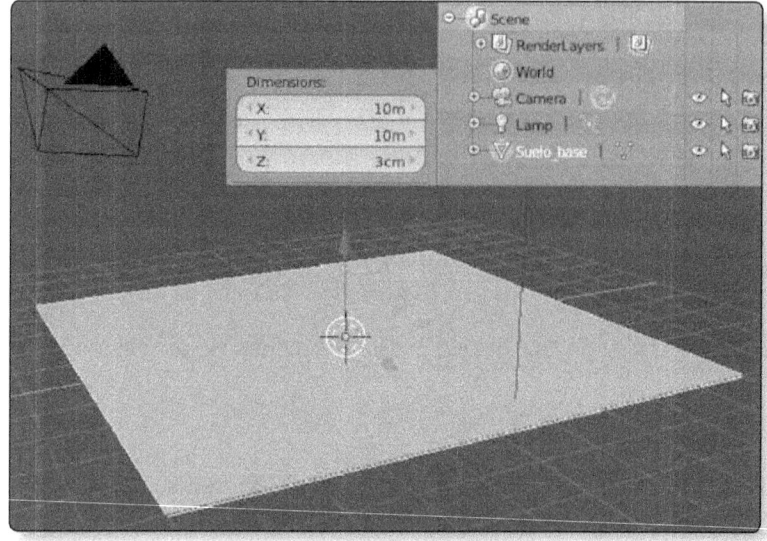

Figura 3.56. Dimensiones del Suelo_base

3.5.1.1 PAREDES

Creamos un nuevo cubo pulsando **SHIFT+A** con los siguientes valores dimensiones (x = 10 m, y = 10 cm, z = 5 m) y le pondremos el nombre de *Pared*. Esta pared la duplicaremos 3 veces pulsando **SHIFT+D** o accediendo a la herramienta *Duplicate* desde el panel Izquierdo *Tools>Duplicate.*

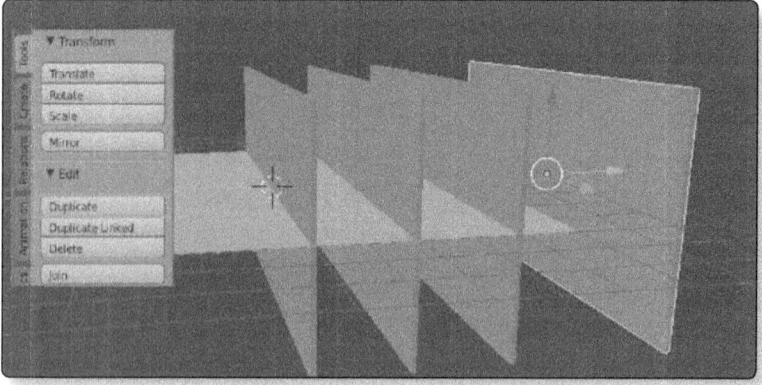

Figura 3.57. Duplicado de las paredes

Para posicionar las paredes activaremos la herramienta snap y escogeremos la opción vertex.

Figura 3.58. Herramienta Snap

Seleccionamos la primera pared y acercamos el cursor en uno de los vértices inferiores de la pared, pulsamos la **TECL_G** para desplazar el objeto y hacemos clic en un vértice del *Suelo_base* para que se posiciones en ese lugar.

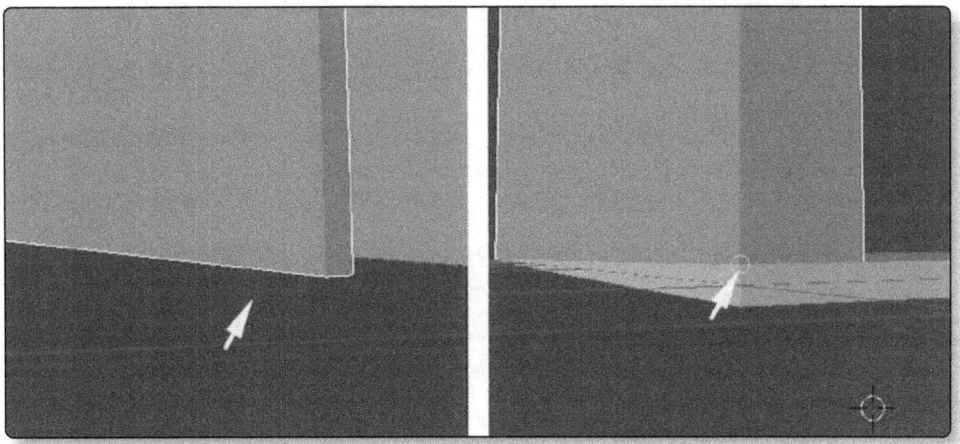

Figura 3.59. Posición de la pared en el Suelo_base

> 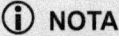 **NOTA**
> Si no se entendiera bien la realización de esta última acción puede verla en el video del proyecto que viene en el DVD.

Rotamos y posicionamos las paredes, hasta que nos quede como en la imagen siguiente.

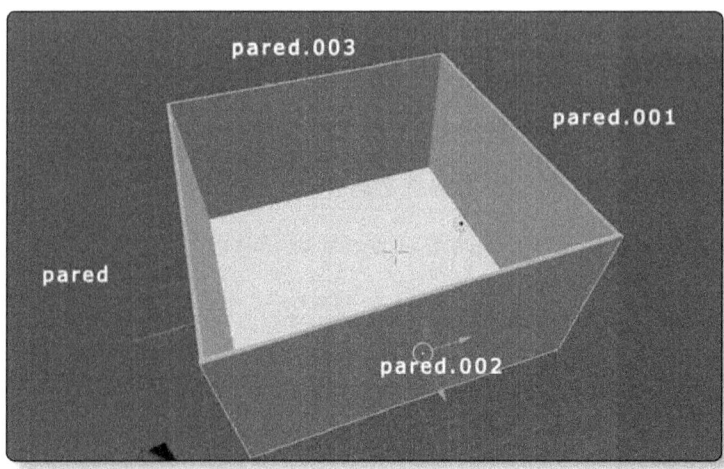

Figura 3.60. Posición de las paredes

Ahora para crear el techo seleccionaremos el *Suelo_base* y lo duplicaremos pulsando **SHIFT+D**, lo desplazaremos correctamente por el eje **(Z)** y le daremos el nombre *Techo*.

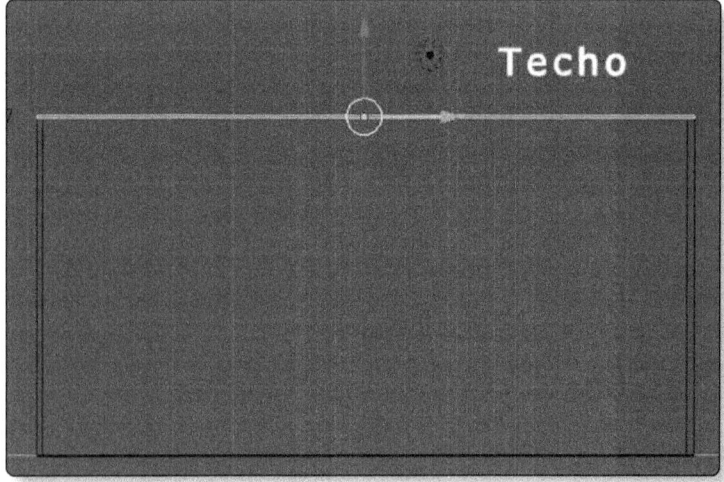

Figura 3.61. Posición del techo

Cuando tengamos las paredes el suelo y el techo, desactivaremos las siguientes opciones el *Outliner*:

▼ *Techo y la Pared.002:* desactivamos la opción visualizar y seleccionar (ojo y flecha)

▼ *Para el resto menos la Pared.003:* desactivamos la opción visualizar (ojo).

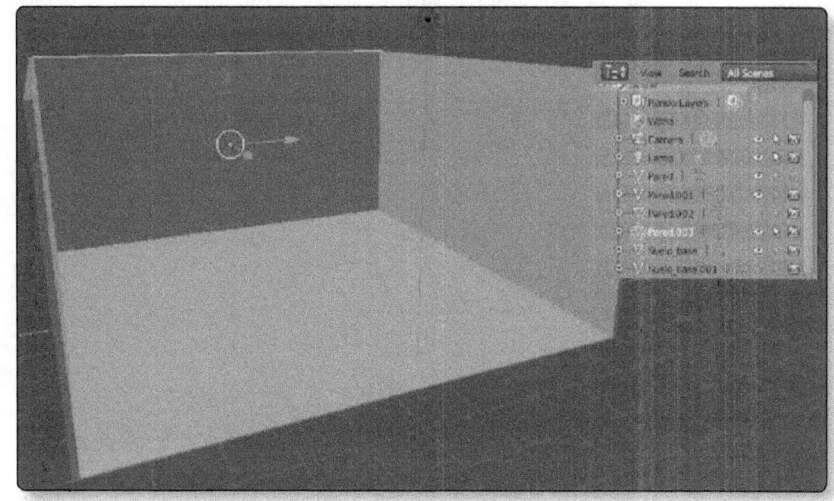

Figura 3.62. Ajustes de visualización en el Outliner

3.5.1.2 CREACIÓN DE VENTANAS

En este escenario crearemos dos ventanales, es decir modelaremos uno y lo duplicaremos.

Primero crearemos un cubo y le daremos el nombre de Ventana. Introduciremos los siguientes valores para el dimensionado: (x = 5cm, y = 4m, z = 3,5 m).

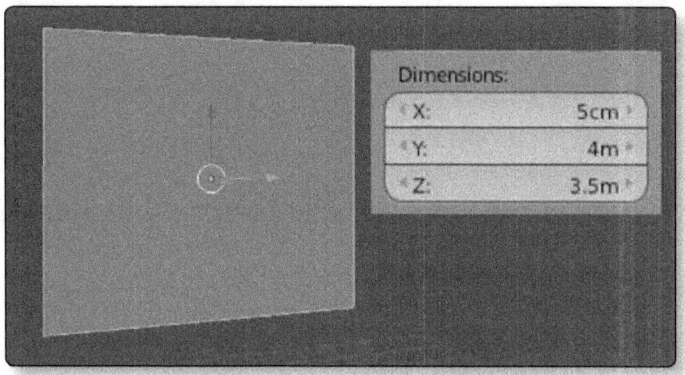

Figura 3.63. Dimensiones de la ventana

Seleccionamos la ventana y entramos en modo edición. Vamos a subdividir la ventana con la herramienta *Loop Cut and Slide* de la siguiente manera. Pulse CTRL+R y mueva la ruedecita del ratón hacia delante hasta crear 6 aristas nuevas en vertical. Volver aplicar la misma herramienta en horizontal pero esta vez en 4 aristas.

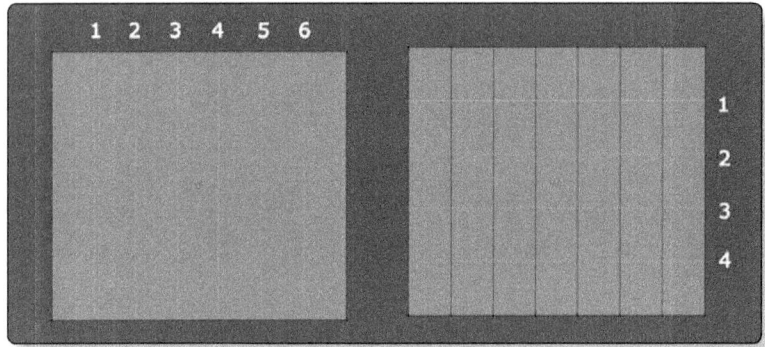

Figura 3.64. Subdivisión de la ventana

Pulsando **ALT+BDR** para hacer un *loop* de selección de las aristas y seguidamente **CTRL+B** y arrastrar para crear un *bevel* como se muestra en la siguiente imagen.

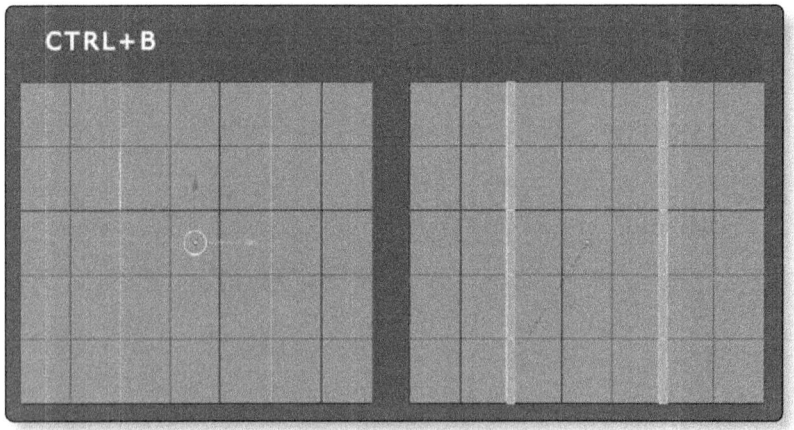

Figura 3.65. Herramienta bevel

Seleccionamos en modo faces las caras que se muestran en la siguiente imagen y aplicamos la herramienta Extrude Individual.

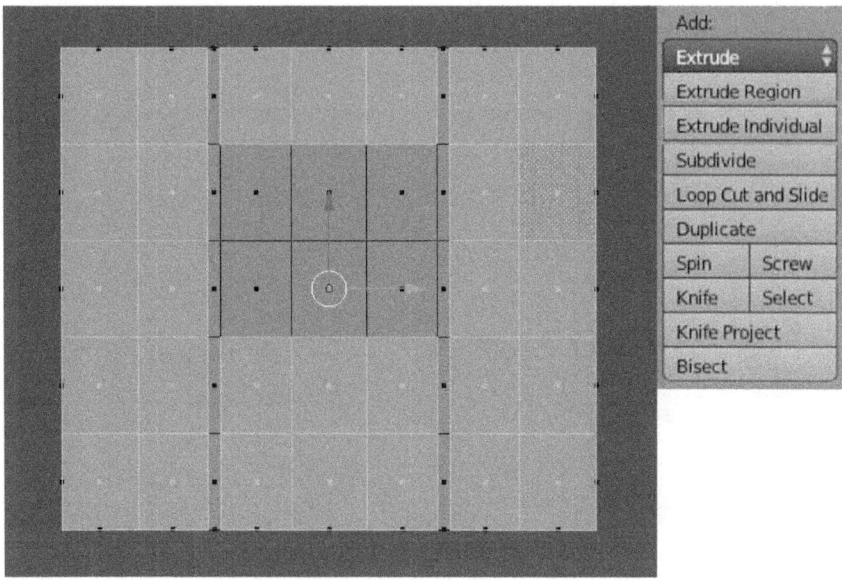

Figura 3.66. Herramienta Extrude Individual

Seguidamente pulsa ESC del teclado y selecciona la opción *Individual Origins* del botón *Pivot Point* que se encuentra en la cabecera de la ventana 3D. Ahora con las caras todavía seleccionadas pulsa **TECL_S** para escalarlas como se muestra en la siguiente imagen.

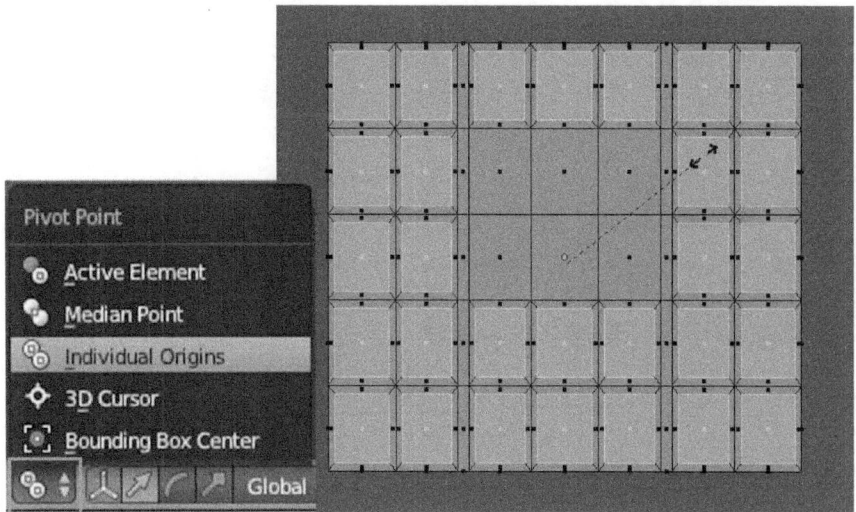

Figura 3.67. Escalado de los orígenes de cada cara seleccionada

Seleccionamos todos los polígonos de la parte de atrás y los eliminamos pulsando **TECL_X** y seleccionando *Faces*.

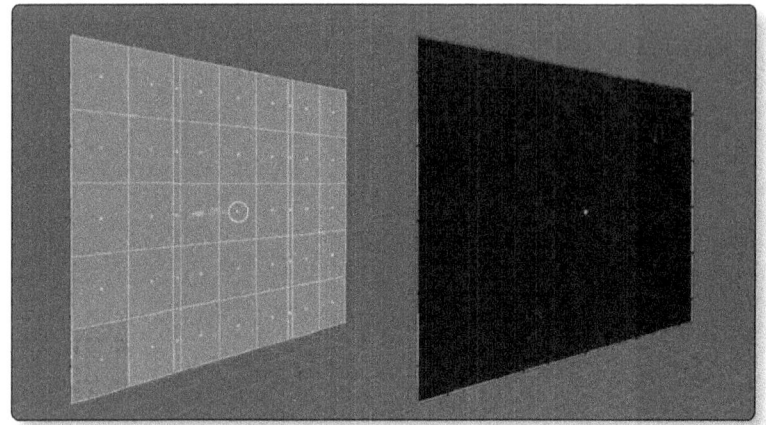

Figura 3.68. Eliminación de los polígonos de detrás

Ahora seleccionamos las seis caras del centro y pulsamos la TECL_I para insertar un marco. Después seleccionamos las caras del interior y creamos de nuevo una extrusión individual como hemos hecho anteriormente.

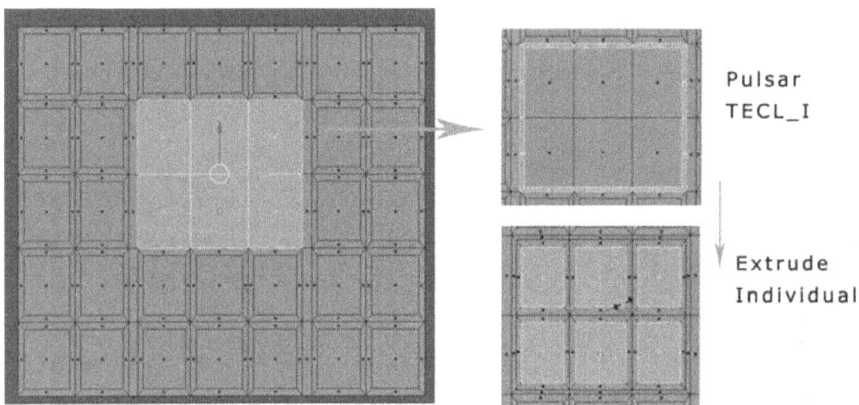

Figura 3.69. Detallando la ventana

Para que empiece a tener profundidad la ventana seleccionamos las caras que se muestran en la siguiente imagen y las extrudimos pulsando **SHIFT+D** y arrastrando hacia el interior.

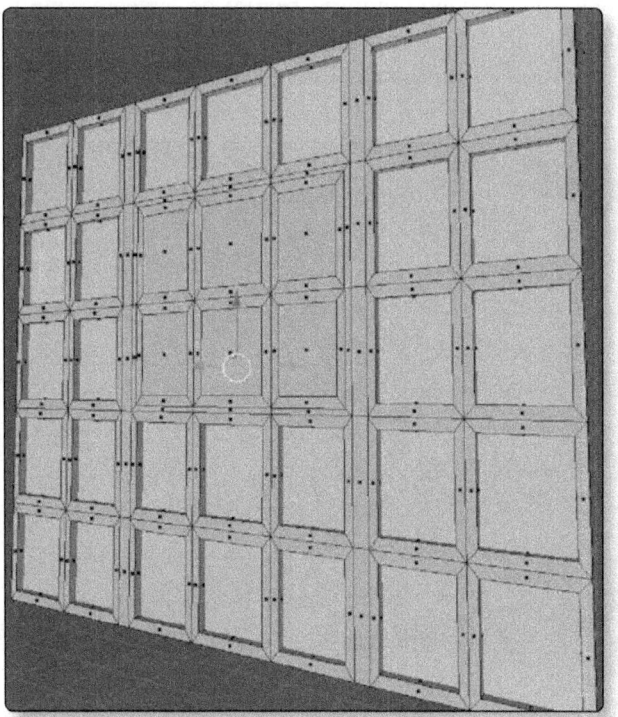

Figura 3.70. Extrusión de las ventanas

Ahora crearemos el marco exterior haciendo una extrusión de las caras exteriores.

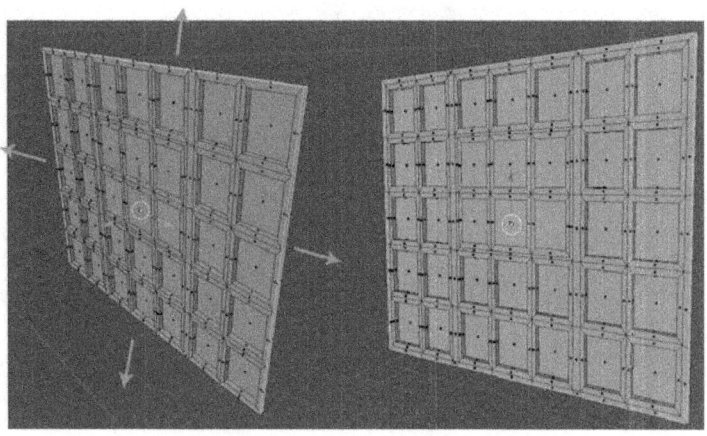

Figura 3.71. Extrusión de las caras exteriores

Seguimos seleccionando la parte frontal de las caras que forman el marco y también las caras de las aristas que hemos biselado anteriormente. Una vez seleccionadas volvemos a hacer una extorsión pero esta vez hacia adelante.

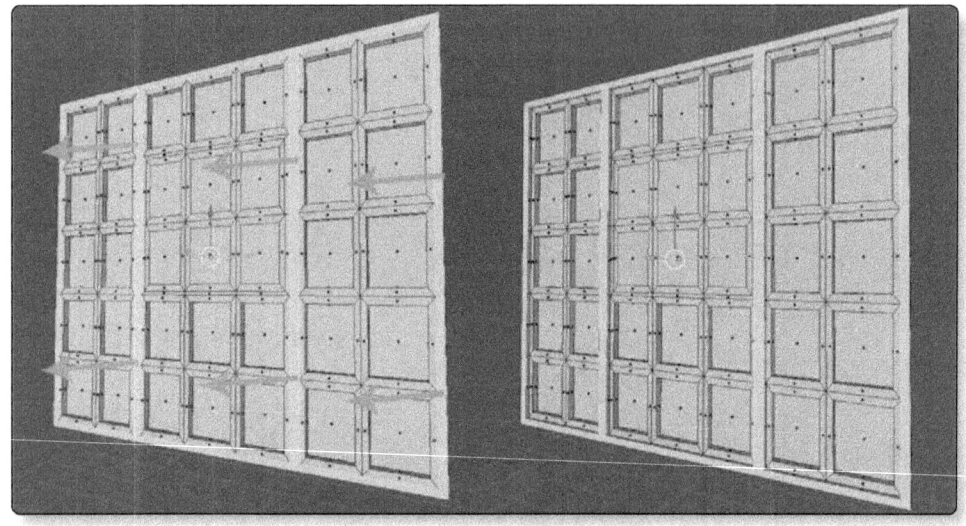

Figura 3.72. Extrusión del marco

Ya queda menos, es el turno de la parte central de la ventana haremos una extrusión de todas las caras de la parte central como se muestra en la siguiente imagen y luego de las caras que componen los cristales.

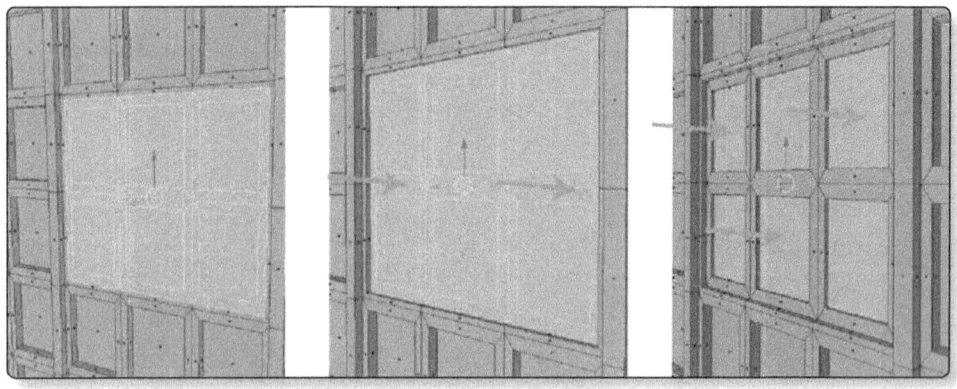

Figura 3.73. Extrusión de la parte central de la ventana

3.5.1.3 COLOCACIÓN DE LA VENTANA

Una vez que tengamos modelada la ventana saldremos del modo edición y crearemos un cubo de (1m). Este cubo lo vamos a utilizar como medida de referencia, primero lo posicionaremos en el eje central pulsando **ALT+G** y luego lo alinearemos con el suelo para que nos dé la distancia de (1m) desde el suelo.

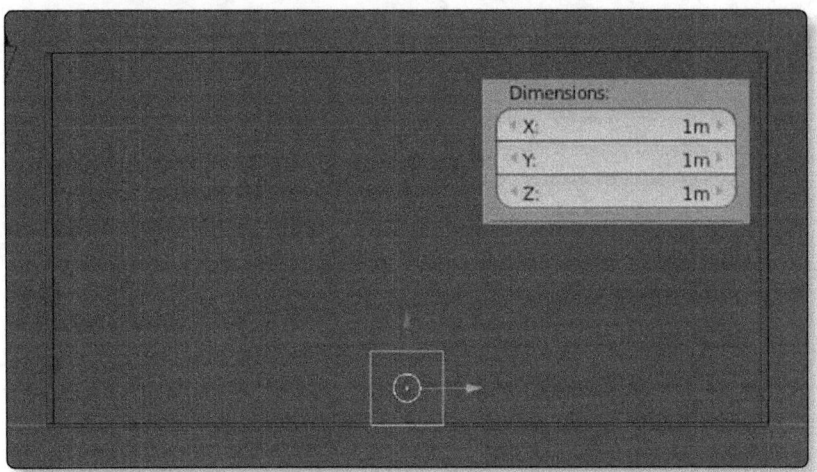

Figura 3.74. Cubo de referencia

Ahora colocaremos la ventana a la altura que marca el cubo, haremos una copia pulsando **ALT+D** (clonar) y la nueva copia la desplazamos al otro lado como se muestra en la siguiente imagen.

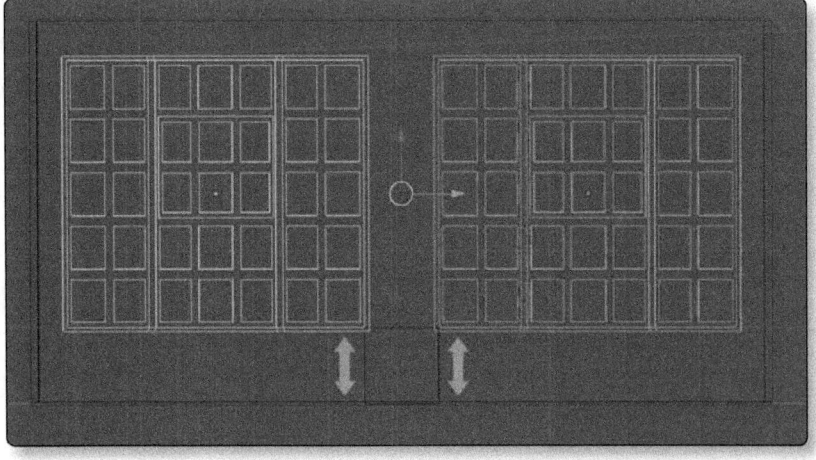

Figura 3.75. Altura de las ventanas

Seleccionamos la pared.003, entramos en modo edición, pulsamos **NUM_3** para proyectar la vista *Right* y por ultimo pulsando la **TECL_Z** activamos el modo *display Wireframe*, como se muestra en la imagen.

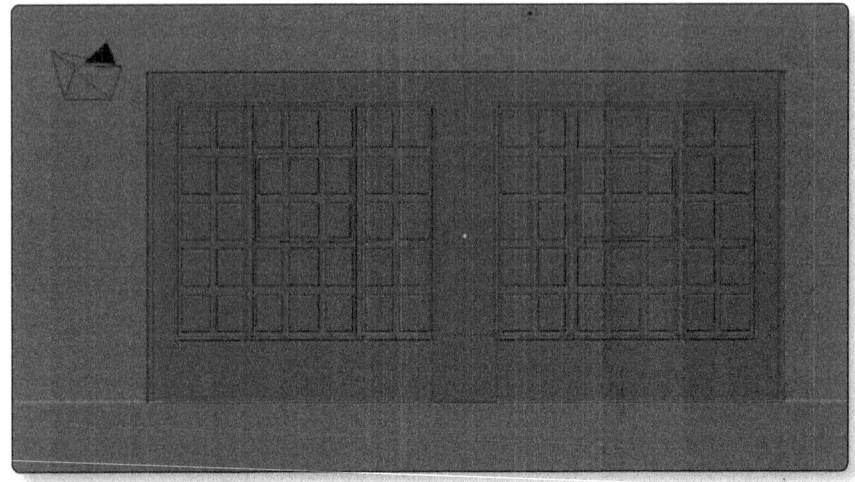

Figura 3.76. Vista Derecha en modo Alambre

La siguiente acción es crear aristas nuevas en la pared para crear los agujeros de las ventanas. Utilizaremos la herramienta *Loop Cut and Slide* para crear nuevas aristas. Pulsamos CTRL+R y hacemos clic en la parte de arriba de la pared para que nos cree la primera arista para luego desplazarla hacia la primera ventana como se muestra en las imágenes.

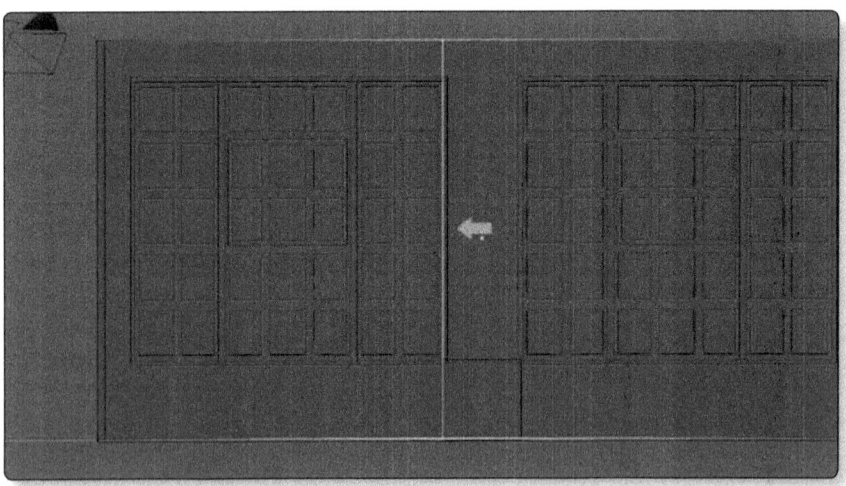

Figura 3.77. Creación de una arista en la pared

Realizamos la misma acción hasta crear una cara para el interior y exterior de cada ventana, que después eliminaremos.

Figura 3.78. Creación del hueco de las ventanas

3.5.1.4 DETALLES FINALES DE LAS VENTANAS

Las ventanas están posicionadas, ahora seleccionaremos la primera ventana, entraremos en modo edición y seleccionaremos las caras que representan los cristales, menos los de la parte central. Pulsamos **TECL_P** y en el menú *separate* seleccionamos *selection*

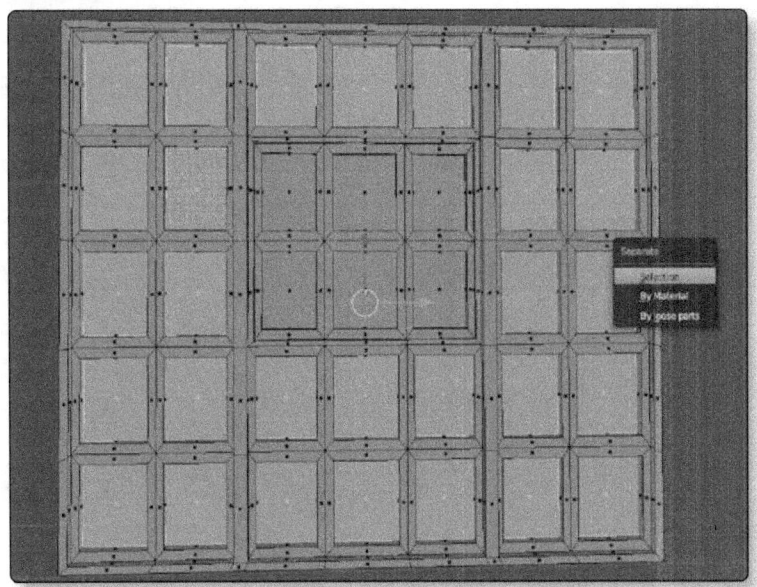

Figura 3.79. Separación de las caras seleccionadas

Seleccionamos la parte interior entera y también la separamos realizando la misma acción.

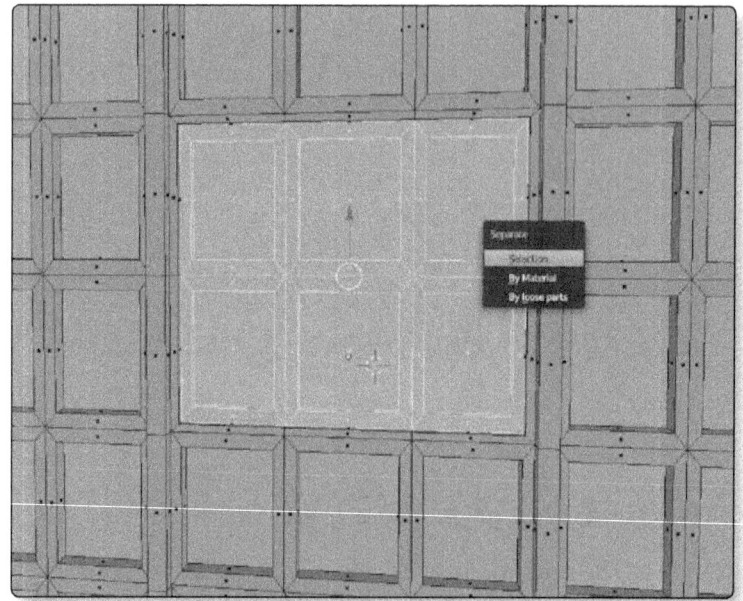

Figura 3.80. Separación de la ventana interior

3.5.1.5 CREACIÓN DEL SUELO (PARQUET)

Para que sea un poco más realista crearemos un grupo de tablones y los clonaremos para que el trabajo sea más sencillo.

Creamos un cubo con las siguientes dimensiones: (x = 1m, y = 20cm, z = 4cm).

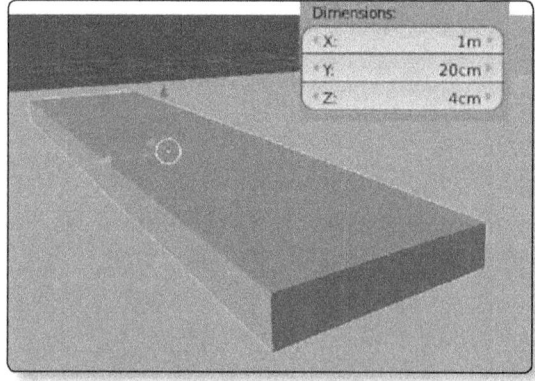

Figura 3.81. Dimensiones del tablón

Con las dimensiones ya puestas seleccionamos el tablón y entramos en modo edición. Seleccionamos la cara superior y la extruimos dos veces. En la última extrusión escalamos la cara de manera que quede parecido al de la imagen.

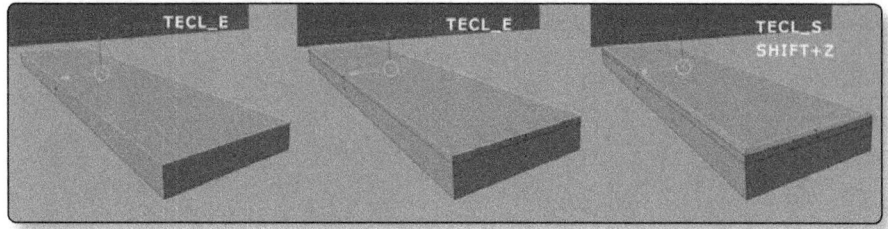

Figura 3.82. Modelado del tablón

Ahora duplicamos el tablón varias veces con **SHIFT+D** y lo desplazamos de manera que quede intercalado. Una vez tenemos un grupo de tablones los unimos con la herramienta *Join*.

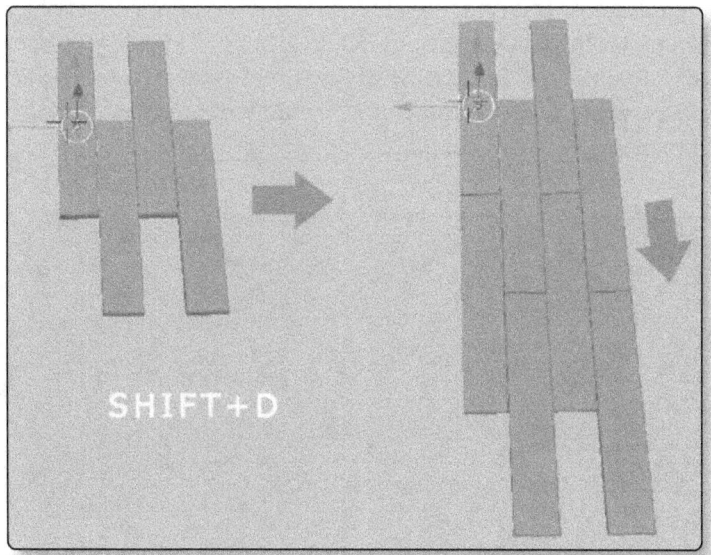

Figura 3.83. Duplicado de los tablones

Con el grupo de tablones seleccionado le damos nombre (Parquet) y lo posicionaremos en la esquina izquierda de la habitación debajo de las ventanas. La idea es crear clones del conjunto como si estuviéramos poniendo parquet en la vida real.

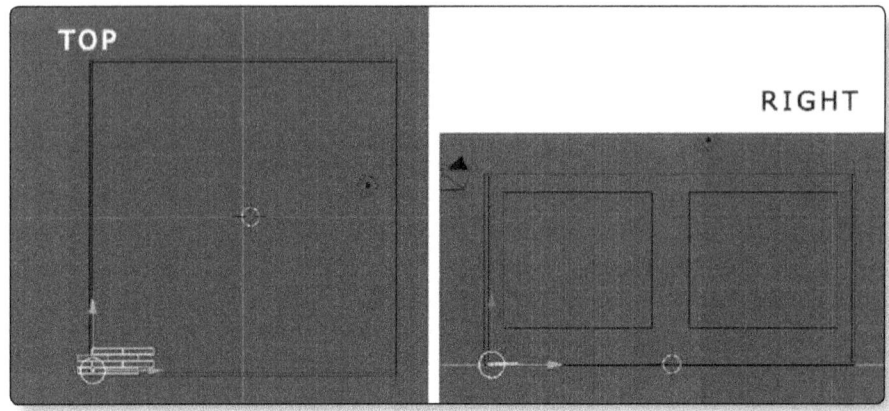

Figura 3.84. Posición del parquet

Para la siguiente acción es necesario pulsar la siguiente combinación de teclas seguidas. Seleccionar el objeto Parquet y pulsar **ALT+D** para crear un clon y seguidamente pulsamos la **TECL_Y** para que podamos desplazar el objeto por el eje (y), desplazamos el objeto hasta que nos quede bien posicionado y pulsamos el botón izquierdo del ratón. Ahora si pulsas **SHIFT+R** realizaras esta misma acción con el mismo desplazamiento automáticamente. Cuando tengas un lado selecciónalo todo y realiza la misma acción para completar toda la habitación.

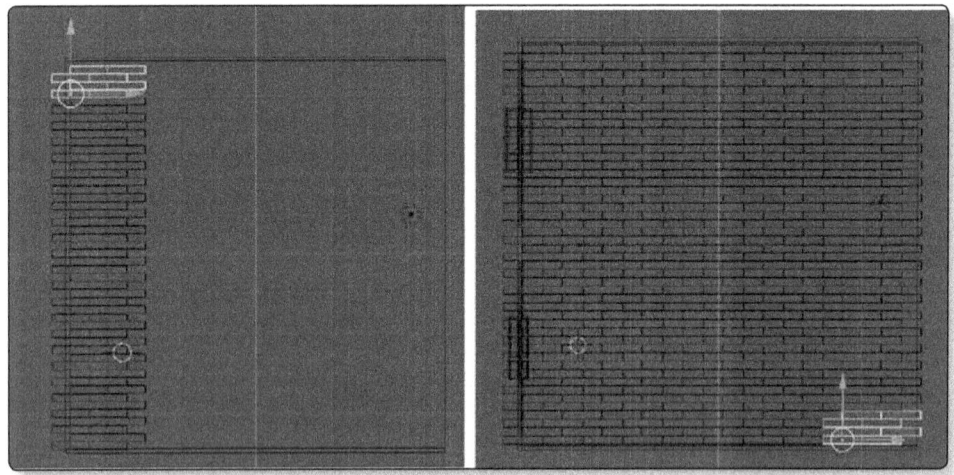

Figura 3.85. Creación del suelo de parquet

3.5.1.6 ZÓCALO DEL SUELO

De momento el proyecto se tendría que verse como en la imagen que se muestra a continuación.

Figura 3.86. Imagen del escenario en proceso

El zócalo será un cubo con las siguientes dimensiones: (x = 8cm, y = 10m, z = 10cm). Ponemos el nombre de zócalo.

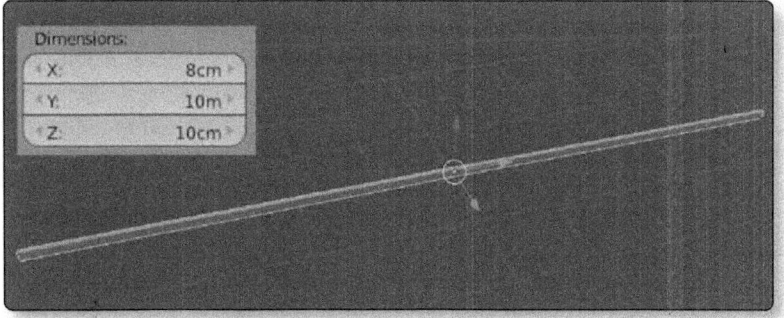

Figura 3.87. Dimensiones del zócalo

Duplica o clona el zócalo dos veces más y rótalas y posiciónalas en las paredes, como se muestra en la siguiente imagen.

Figura 3.88. Imagen zócalos

3.5.1.7 CREACIÓN DE UNA VIGA

Para crear una la viga nos pondremos en la vista Top pulsando **NUM_7**, crearemos un plano y entraremos en modo edición. Pondremos el modo *display* alámbrico, modo *vertex* y deseleccionaremos tos los vértices. A continuación pulsamos CTRL+BIR y creamos un vértice nuevo.

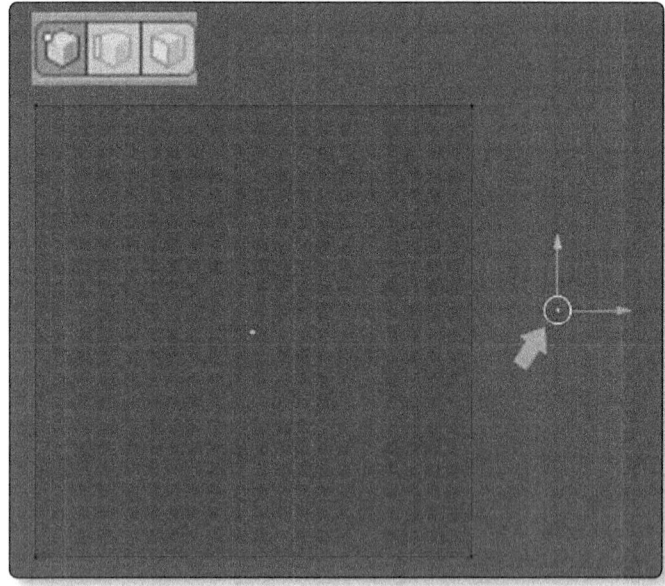

Figura 3.89. Modelado en el vacío

Con el nuevo vértice seleccionado pulsamos **TECL_E** y extrudimos varias veces hasta formar una imagen de i mayúscula. Para unir los dos últimos vértices seleccionar ambos vértices y pulsar la **TECL_F**.

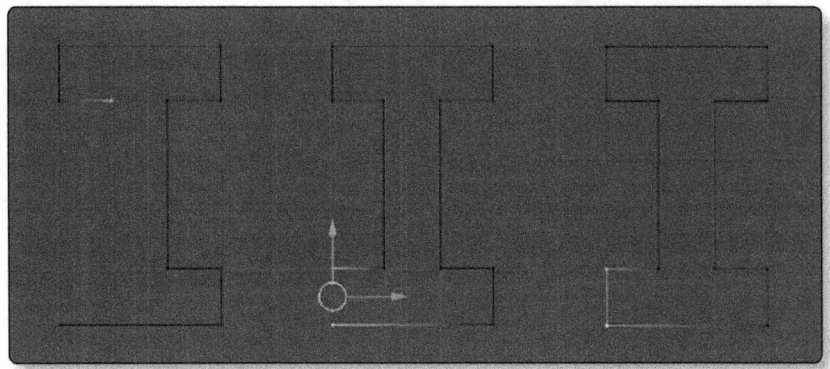

Figura 3.90. Modelado en el vacío de una viga

Eliminamos el plano que habíamos creado en un principio y nos quedamos con la silueta de la viga. En modo objeto resituamos su origen en el centro pulsando **SHIFT+CTRL+ALT+ C** y seleccionando la opción *Origin to Geometry*. Movemos la silueta de la viga y la posicionamos entre las ventanas a la altura del techo como se muestra en la siguiente imagen.

Figura 3.91. Posición de la viga

En modo edición seleccionamos toda la silueta y pulsamos **TECL_E** para hacer una extrusión en el eje de las (x).

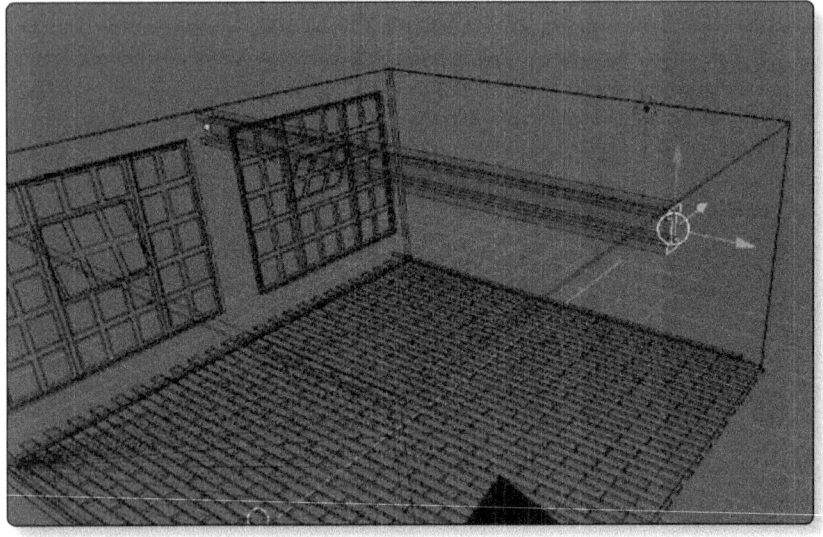

Figura 3.92. Extrusión de la viga

Duplicamos esta viga rotamos, escalamos y posicionamos entre las dos ventanas.

Figura 3.93. Posición de la segunda viga

4

LAS CURVAS

El contenido de este capítulo es breve pero no por ello es menos importante. Aprenderás a trabajar con curvas y textos. Las curvas pueden hacerte ganar tiempo en el modelado y también pueden ayudarte a crear objetos mediante un recorrido de una curva. Al finalizar el capítulo deberás crear un amplificador como el que se muestra en la imagen del principio y te ayudará a repasar las herramientas del capítulo anterior.

En este tema aprenderás lo siguiente:

- ▼ Tipos de curva.
- ▼ Como manipular las curvas.
- ▼ Modelar objetos con curvas.
- ▼ Crear textos.
- ▼ Crear un amplificador, el cable y su logo.

4.1 LAS CURVAS

Las curvas tienen ventajas y desventajas respecto a la malla poligonal. Una curva produce buenos resultados sin necesidad de utilizar una gran cantidad de datos. La elección a la hora de utilizar una opción y otra dependerá de usted.

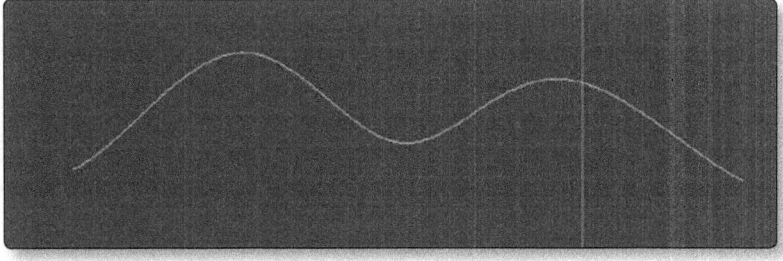

Figura 4.1. Imagen de una curva

4.1.1 Tipos de curvas

En Blender existen dos tipos de curvas las curvas Bézier y las curvas Nurbs.

▼ ***Bézier:*** es la curva por excelencia desarrollado por el ingeniero francés Pierre Bèzier, podemos utilizarla para diseñar logotipos como el que se realizara al final del capítulo, recorridos y otras opciones. Estas curvas tienen un punto de control (vértice) y este punto a su vez contiene dos manipuladores o anclas a los lados. Si mueve el punto de control las anclas se moverán junto al punto de control, pero si seleccionas una de las anclas y lo mueves cambiara la forma de la curva.

Figura 4.2. Curva Bézier

▼ ***NURBS:*** es un acrónimo de ***Non-Uniform Rational B-Spline***. Este tipo de curvas es muy preciso y te da la posibilidad de crear curvas muy fieles a la forma que desees. Estas curvas se controlan por medio de puntos llamados ***Knots*** (nudos).

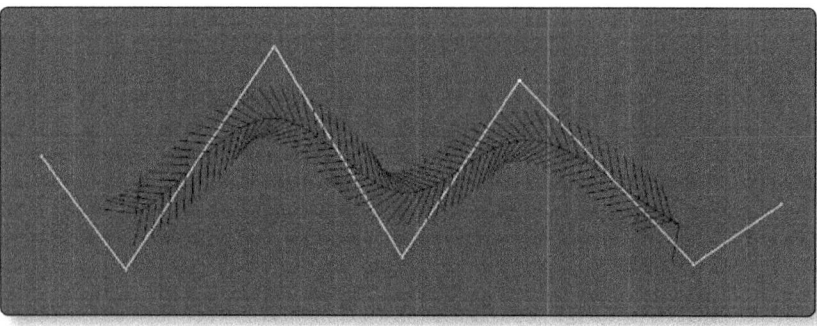

Figura 4.3. Curva NURBS

4.1.2 Botón de propiedades de las curvas

En el panel de propiedades se te aparecerá el botón con las propiedades de la curva. A continuación se explican las propiedades básicas:

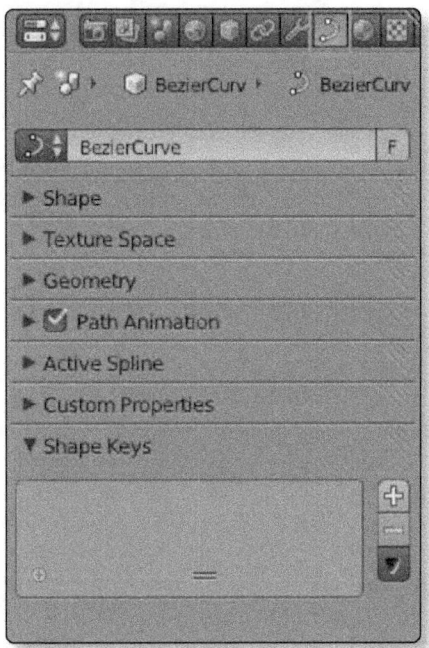

Figura 4.4. Panel de propiedades botón de propiedades de la curva

▼ **Caja de textos**: en primer lugar dispones de una caja de textos donde puedes renombrar la curva.

Figura 4.5. Caja de textos

▼ **Shape:** este apartado configura la forma de la curva. Contiene dos botones uno 2D que limita la curva en dos ejes y el botón 3D que te permite moverte con total libertad. Este apartado se subdivide en los siguientes parámetros:

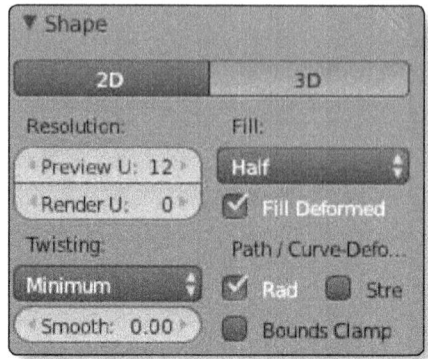

Figura 4.6. Apartado shape

- **Resolution:** es el valor de resolución que quieres que tenga en el visor y en el render.

- **Fill:** es el modo en que se rellena la curva o se visualizara. Por defecto esta en Half que quiere decir que solamente se verá la mitad. También puedes seleccionar entre Back (detrás), Front (delante) y Full (completo).

- **Twisting:** en este apartado se controla la rotación entre los puntos de control, puedes escoger entre tres opciones y por defecto suele estar en mínimum. También tienes un parámetro de suavizado Smooth.

- **Path/Curve-deform:** contiene varias opciones de comportamiento de la curva en una recorrido y una deformación.

▼ **Texture Space:** este apartado configura el tamaño y la posición de una textura en el caso de que quieras aplicarle una. Por defecto esta activada la opción *Auto Texture Space.*

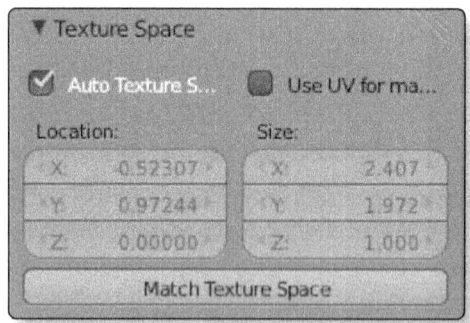

Figura 4.7. Apartado shape

▼ **Geometry:** este apartado te puede dar geometría a la curva con los distintos parámetros

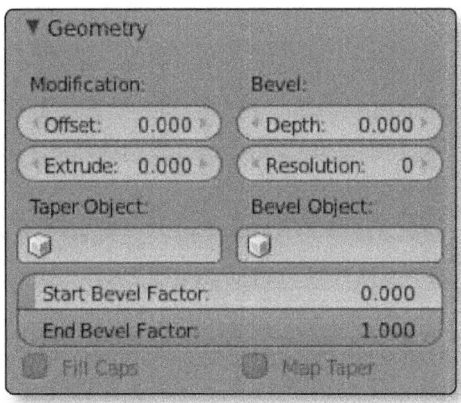

Figura 4.8. Apartado shape

- *Bevel:* se compone de dos valores **Depth** y **Resolution**. El **Depth** te permite rellenar la curva con geometría dependiendo del valor que tengas en el apartado **shape** modo **fill** te aparecerá la geometría entera o solamente la mitad. La resolución se encarga del grado de suavizado.

- *Modification:* como su nombre indica modifica la geometría. El valor de offset desplaza la geometría de la curva con calores superiores o inferiores a 0. Extrude permite extrudir la curva dándole un aspecto más plano.

- *Taper Object:* puedes utilizar la forma de otra curva para que la geometría vaya creando puntos más estrechos o más anchos en el recorrido de la curva.

- *Bevel Object*: puedes utilizar una curva con una forma concreta y aplicársela a la geometría.

- *Start/End Bevel Factor*: determina donde empieza y donde termina el Bevel de la curva.

- *Fill Caps*: si activas esta opción se crearán tapas en los extremos de la geometría de la curva.

- *Map Taper*: si activas esta opción aplicarás la forma cónica de la parte biselada de la curva (no toda la curva). Se aplicará en el caso de que la curva utilice un objeto en la opción **Taper Object.**

▼ **Path Animation:** te permite crear un recorrido de animación para un objeto. Contiene el número de frames de la animación y el valor del tiempo.

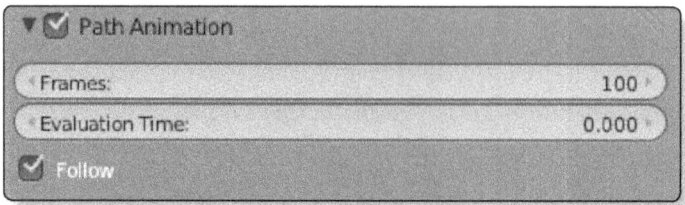

Figura 4.9. Apartado Path Animation

▼ **Active Spline (Bézier):** te permite cambiar ciertos parámetros de la curva como convertirla en curva cerrada con la opción **Cyclic**, cambiar la resolución el tipo de interpolación y de radio, acabando con la activación de **Smooth** para una geometría más suavizada.

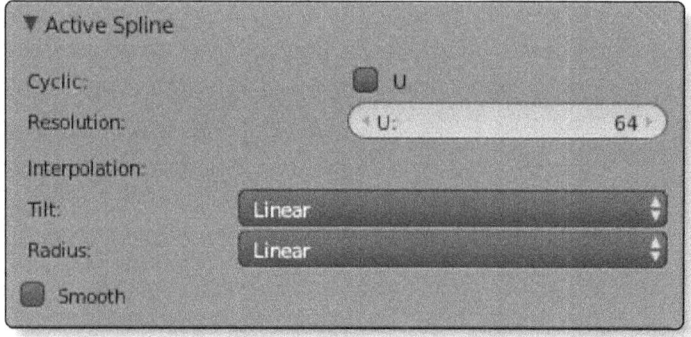

Figura 4.10. Apartado Active spline curva Bézier

▼ **Active Spline (Nurbs):** te permite cambiar ciertos parámetros de la curva como convertirla en curva cerrada con la opción **Cyclic**, o que se comporte como una curva **Bézier**. También existe la opción **Endpoint** que hace que la curva llegue hasta el punto final. El parámetro **Order** determina el área de influencia de los puntos de control y como en las **bézier** puede cambiar su resolución y variar los tipos de interpolación. Termina con la opción de suavizado **Smooth**.

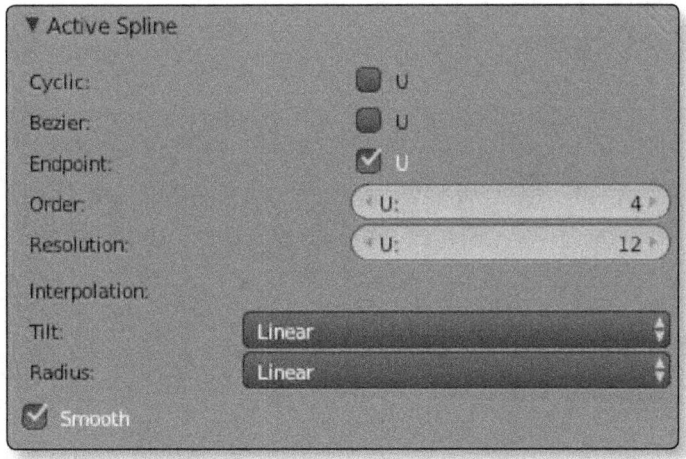

Figura 4.11. Apartado Active spline curva Bézier

4.1.3 Trabajar con curvas

Para mejorar el manejo de las curvas realizaremos dos ejercicios básicos. Tendrás que crear dos estrellas. De este modo se te explicarán las herramientas de las curvas Bézier.

Figura 4.12. Imagen de estrella   **Figura 4.13.** Imagen de estrella

Este ejercicio lo encontrarás en el Pro_Cap_4, en el archivo Estrellas_Start que puedes descargar del Cd.

Figura 4.14. Apartado Active spline curva Bézier

4.1.3.1 ESTRELLA DE PUNTAS

Si abres el archivo ***Estrellas_Start.blend*** encontrarás la imagen de referencia preparada y con el visor Top en modo Ortho.

Accede al panel lateral izquierdo ***Create > Curve*** para crear una curva.

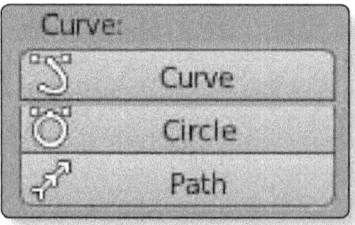

Figura 4.15. Botón para crear curva

Sitúa la curva en el centro de la primera estrella y entra en modo edición como se muestra en la siguiente imagen.

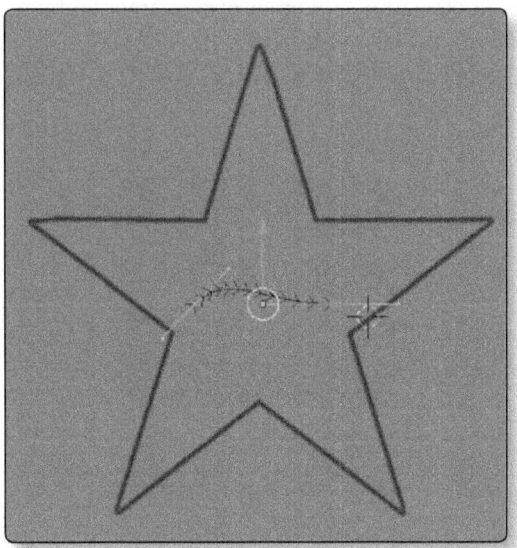

Figura 4.16. Curva en modo edición

Selecciona el punto de control de la izquierda, pulsando con el BDR y desplázalo pulsando la TECL_G hasta la punta de arriba de la estrella. Realiza la misma acción con el punto de control de la derecha como se muestra en la siguiente imagen.

Figura 4.17. Curva en modo edición

Como verás la curva no se adapta correctamente, para que la curva siga la línea del dibujo deberás mover las palancas de los puntos de control. Para realizar esta acción dispones de una serie de herramientas en la pestaña *tools* del panel lateral izquierdo.

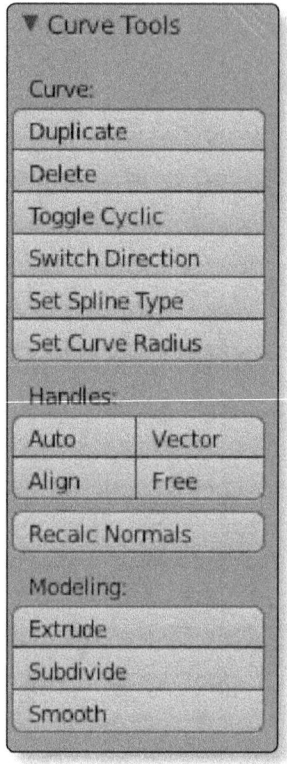

Figura 4.18. Herramientas de curva

Las herramientas que te interesan para las siguientes acciones son las del apartado **Handles:**

- ▼ *Auto:* alinea las palancas automáticamente
- ▼ *Vector:* las palancas te permiten crear una curva vectorial.
- ▼ *Align:* aliena las palancas de un mismo punto de control.
- ▼ *Free*: libertad de movilidad de las palancas. Es decir, cada palanca puede moverse individualmente.

Selecciona la palanca derecha del punto de control de arriba, la palanca izquierda del punto de control de abajo y pulsa el botón vector.

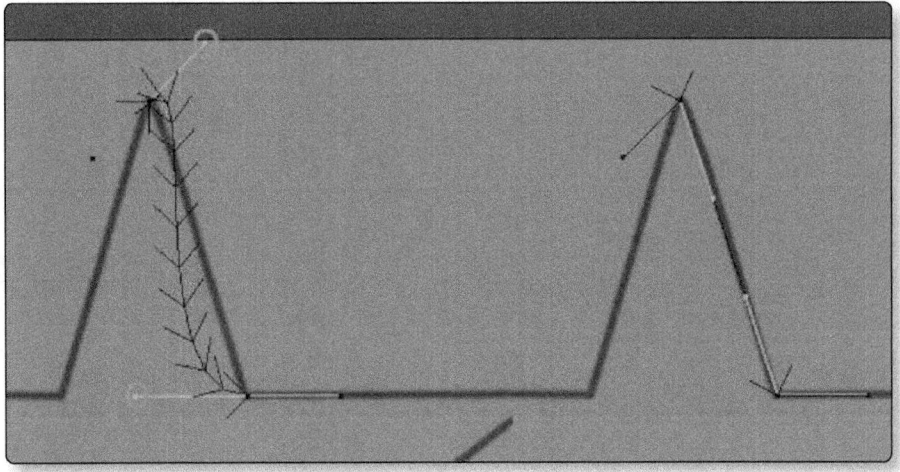

Figura 4.19. Herramienta Vector

Ahora vas a crear un punto de control para cada esquina de la estrella. Para ello extrudirá el punto de control de abajo pulsando la **TECL_E** o bien pulsando el botón de extrude del panel de herramientas y arrastrando hacia el lugar que desees.

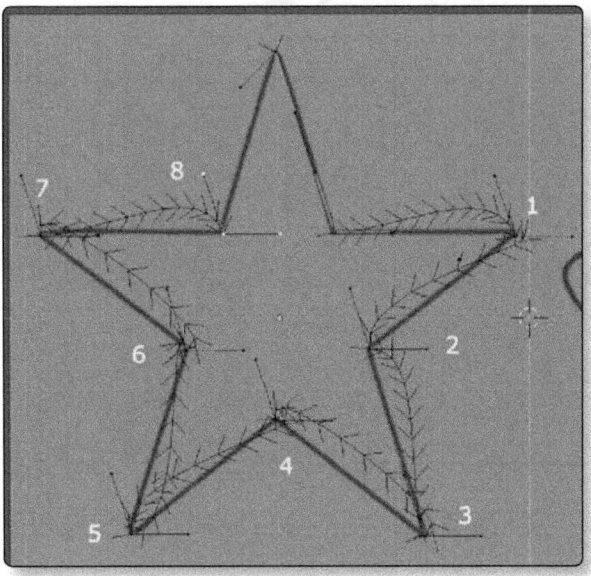

Figura 4.20. Extrude de los puntos de control

Para unir los dos puntos de control del final simplemente selecciónalos y pulsa **TECL_F,** de esta forma se creará un segmento que las unirá.

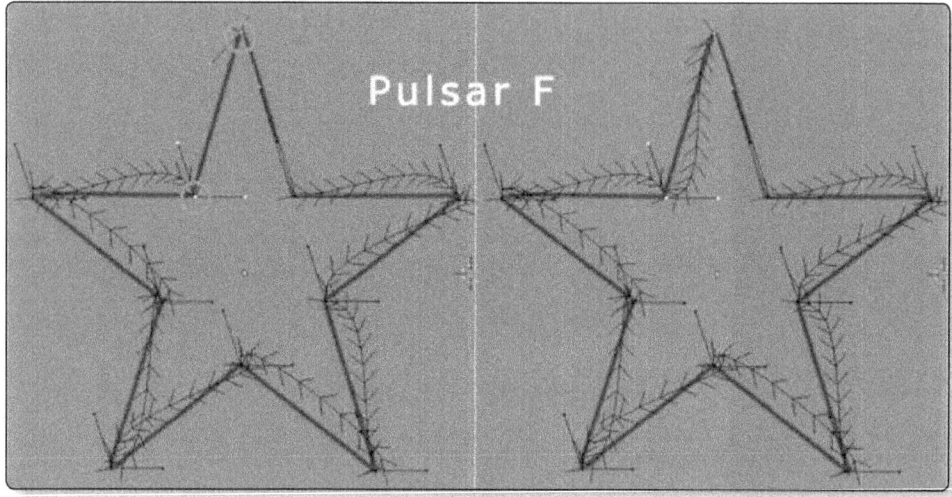

Figura 4.21. Conectar dos puntos de control

Selecciona las palancas de cada lado de la estrella y alinéelas con la herramienta vector hasta que consigas la forma de la estrella.

Figura 4.22. La curva toma la forma de la imagen

Dirígete al panel de propiedades de la curva y selecciona la opción shape 2D. Blender cuando trabaja con curvas en 2 dimensiones cerradas les crea superficie.

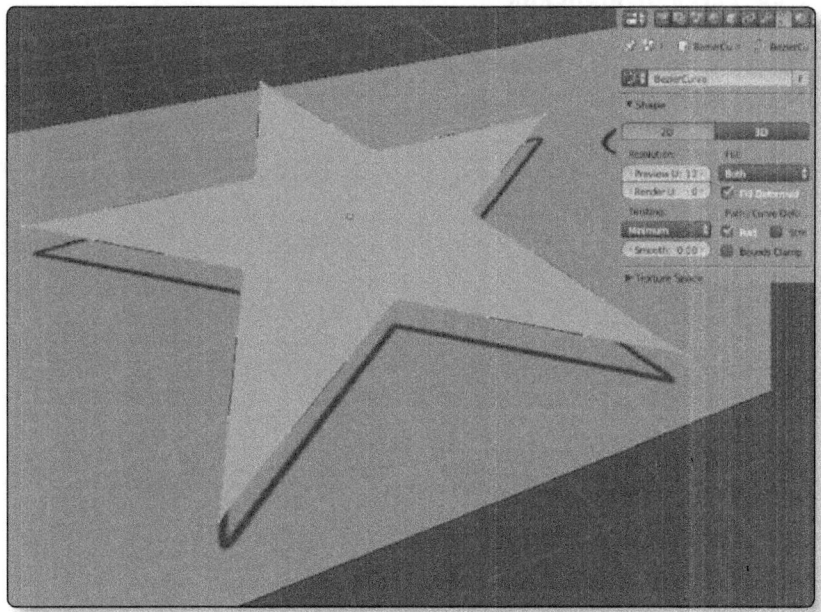

Figura 4.23. Superficie en la curva

Ahora solo tienes que jugar con los parámetros de Geometry para conseguir el espesor que desees.

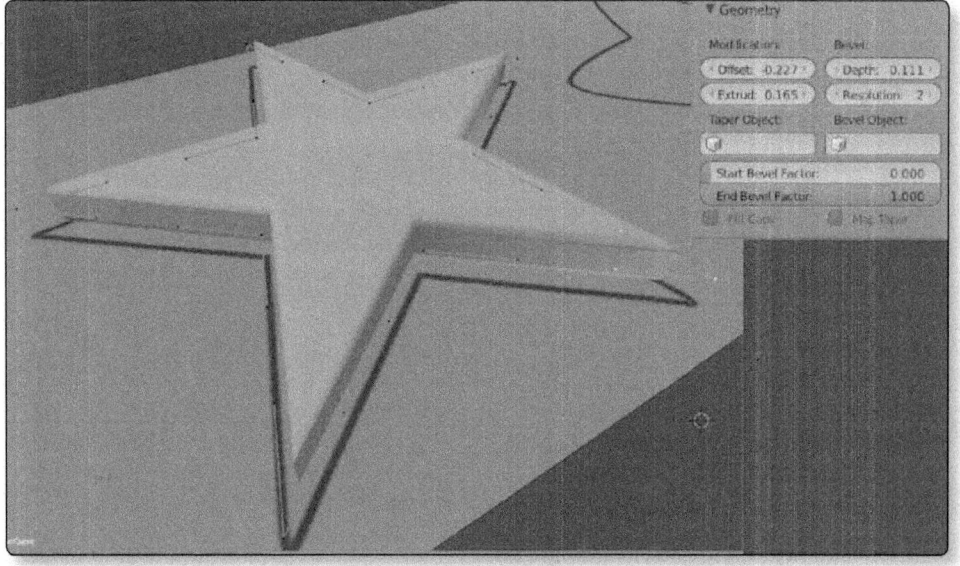

Figura 4.24. Acabado de la estrella

4.1.3.2 ESTRELLA REDONDEADA

Esta vez crea una curva **circle,** posiciónala en el centro de la estrella redondeada y entra en modo edición.

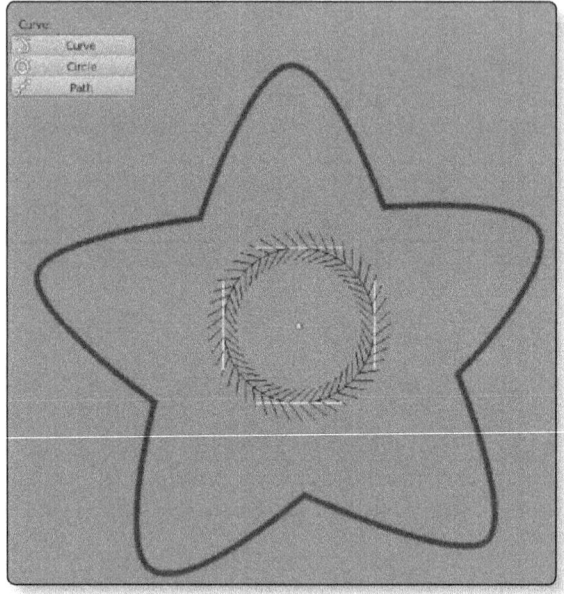

Figura 4.25. Curva circle

Podemos cambiar la cantidad de normales que contiene la curva accediendo al panel lateral derecho en la sección ***Curve Display*** donde podemos desactivar la visualización de las palancas las normales y variar el tamaño de las normales.

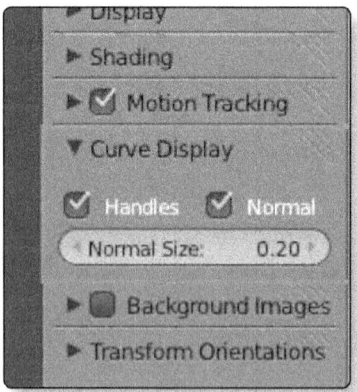

Figura 4.26. Opciones de pantalla de las curvas

Deberás crear más puntos de control para poder generar la forma de la estrella. Selecciona todos los puntos de control y accione el botón Subdivide que encontrarás en el panel Izquierdo Tools. Introduce un valor de 2 subdivisiones.

Figura 4.27. Subdividir una curva

Arrastra los puntos de control a cada esquina de la estrella, verás que sobran dos puntos de control. Selecciona los puntos de control y pulsa el botón **Delete** del panel **tools** o pulsa la **TECL_X**. Te dan dos opciones selecciona **Vertices**

Figura 4.28. Eliminar dos puntos de control

Selecciona los puntos de control internos y aplícales la herramienta vector como en la estrella anterior. Coge las palancas y reubícalas de forma correcta.

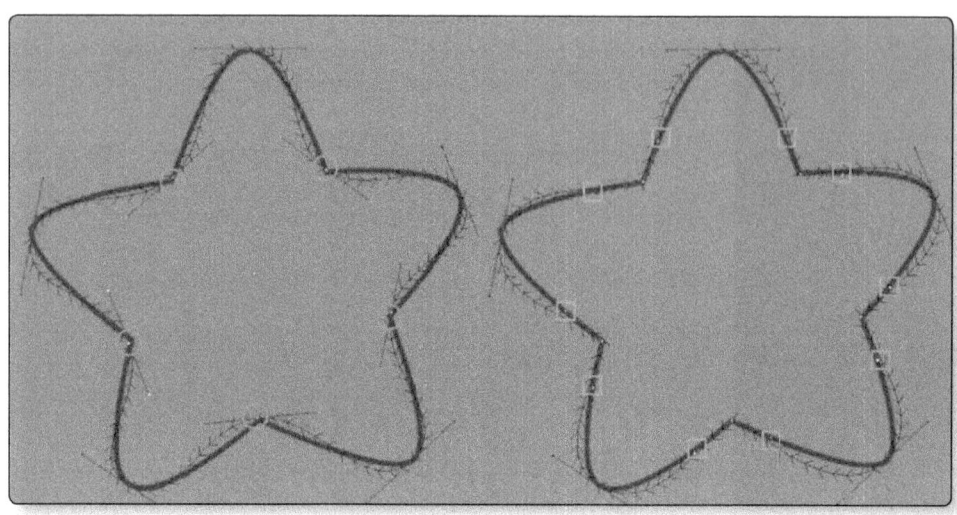

Figura 4.29. Resituar las palancas

Para finalizar el contorno escala los puntos de control de las puntas pulsando la **TECL_S** de manera que se adapten al dibujo. Si es necesario también puedes rotar los puntos de control.

Figura 4.30. Escalado de los puntos de control

En el panel de propiedades de la curva deja la opción de **Shape en 3D** y en la opción **Fill** selecciona la opción **Full**, como se muestra a continuación.

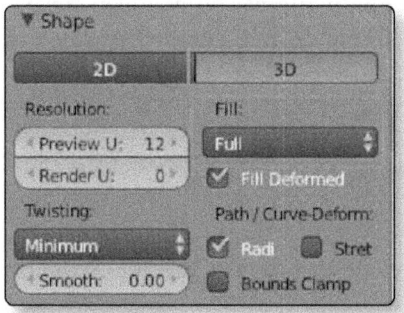

Figura 4.31. Parámetros de la curva

En las propiedades de **Geometry** puedes jugar libremente con los parámetros. Intenta que la estrella tenga un aspecto parecido a la de la siguiente imagen.

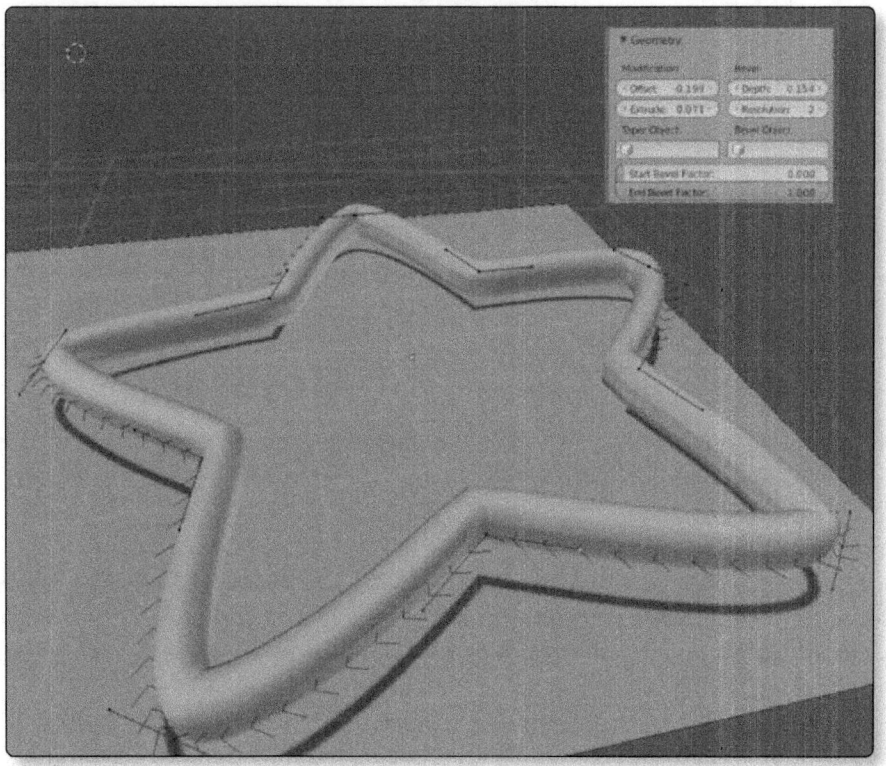

Figura 4.32. Parámetros de Geometry

4.2 OTRAS OPCIONES CON CURVAS

Las curvas nos permiten crear objetos con formas concretas a lo largo de un recorrido, cambiar la forma de un objeto o crear una superficie a partir de varias curvas.

4.2.1 Extrudir mediante un recorrido

Para que se entienda este ejemplo crearemos una golosina de tipo regaliz en donde la superficie exterior tendrá raíles y el agujero interior estará formado por una estrella.

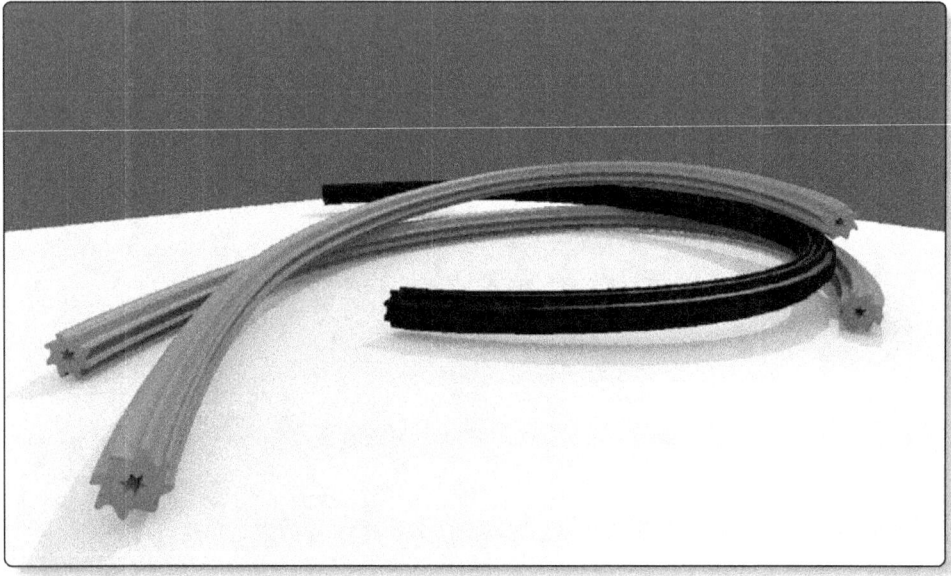

Figura 4.33. Imagen del ejemplo finalizado

Primero crea un *Circle* desde el panel lateral **Create > Circle**. Con el *circle* seleccionado entraremos en modo edición y en el panel Tools seleccionaremos la opción **Subdivide** y le daremos el valor 3 en su número de cortes, debajo del panel izquierdo.

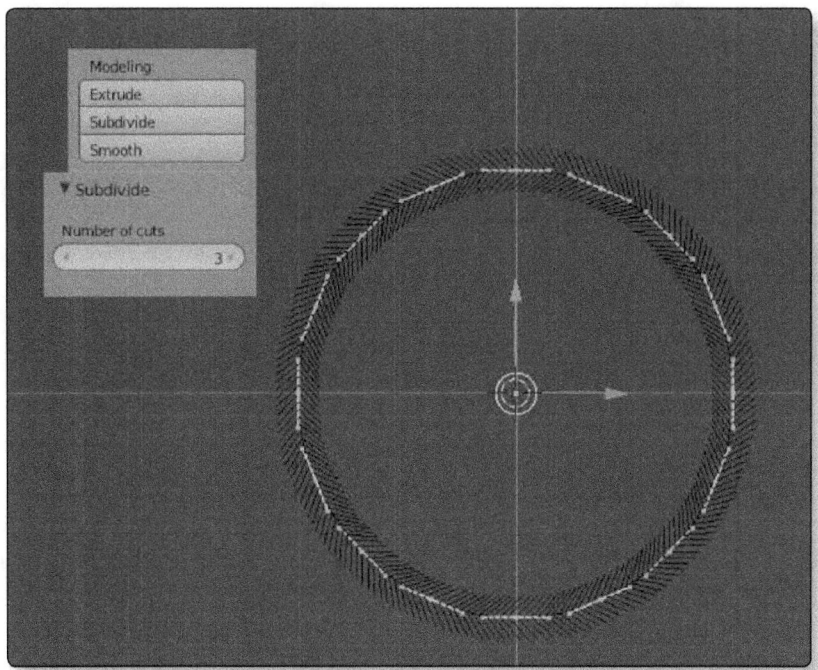

Figura 4.34. Curva circulo subdividida

Selecciona los puntos de control que se muestran en la imagen y escala hacia dentro, luego con los mismos puntos seleccionados rótalos un poco hacia la derecha. Utiliza la vista Top en modo Ortho.

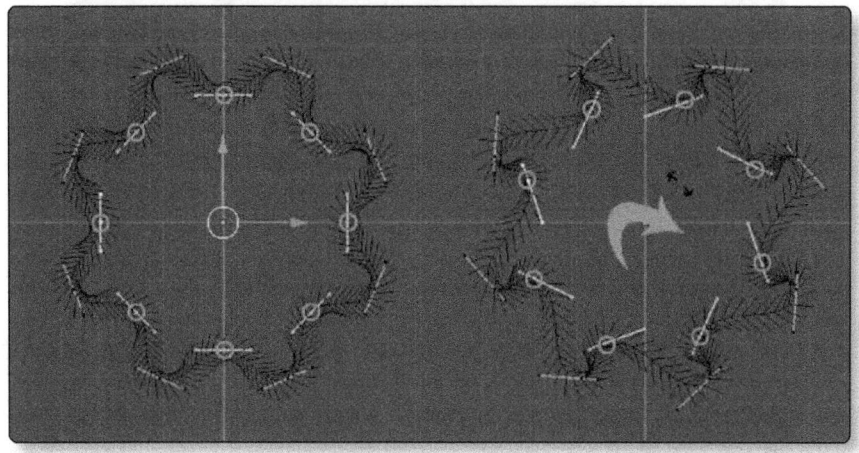

Figura 4.35. La forma exterior del regaliz

Ahora accederemos al panel *Outline* que suele encontrarse en la parte superior derecha y pulsando **CNTRL + BIR** encima del nombre por defecto de la curva podrás escribir el nombre nuevo. En el ejemplo se le llama *Sup_Regaliz.*

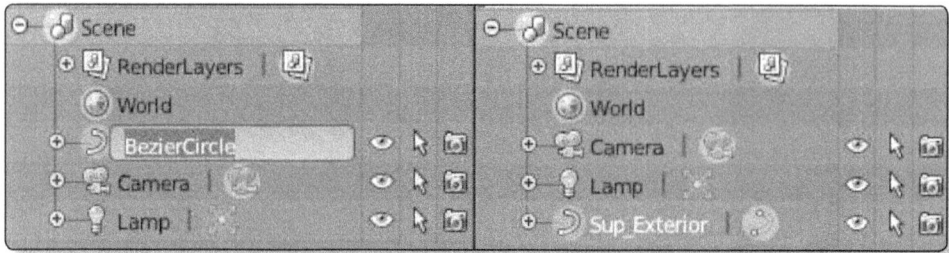

Figura 4.36. Renombrar curva

Para crear la forma interior añadiremos una nueva curva circular sin salir del modo edición. Accede al panel **Create** y pulsa la opción **Bézier Circle**. Se le creará una nueva curva circular que formará parte de la misma superficie. Escala la nueva circunferencia para que quede como se muestra en la siguiente imagen.

Figura 4.37. Círculo interior

A continuación puede darle la forma que desees al círculo interior en el caso del ejemplo se le ha dado la forma de estrella, una figura que le resultará familiar. La forma tendría que quedar de la siguiente manera.

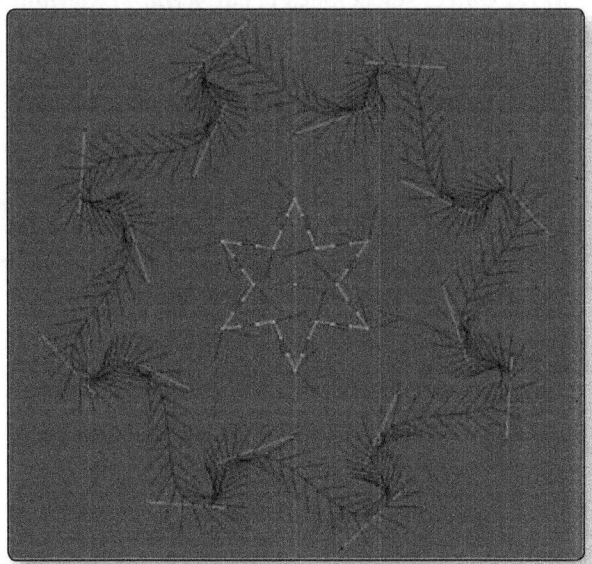

Figura 4.38. Forma de la superficie

Sal del modo edición y crea una curva Bézier. Con la nueva curva seleccionada le damos el nombre *recorrido* y entramos en modo edición. Ahora subdividimos 3 veces y movemos sus puntos de control para que adquiera una forma de regaliz.

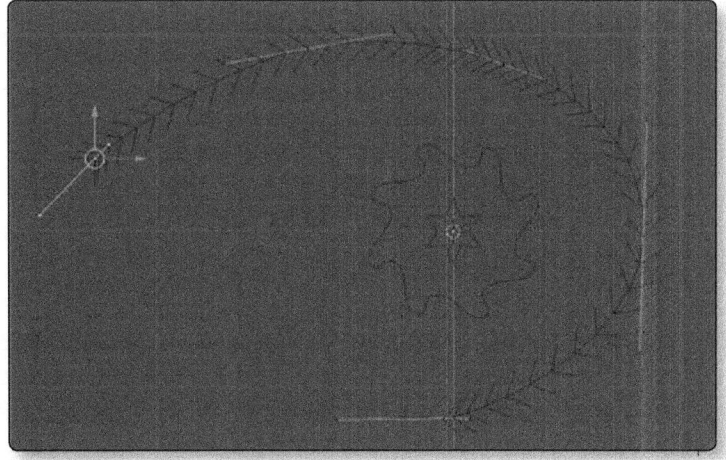

Figura 4.39. Curva recorrido

Salimos del modo edición pero mantenemos seleccionada la curva recorrido. En el panel de propiedades de la curva solamente tendrás que tener en cuenta que en el apartado *Shape* tengas activada la opción 3D y que en el apartado **Geometry** en la caja de selección *Bevel Object* selecciones la curva *Sup_Exterior*. Activa la opción *Fill Caps*.

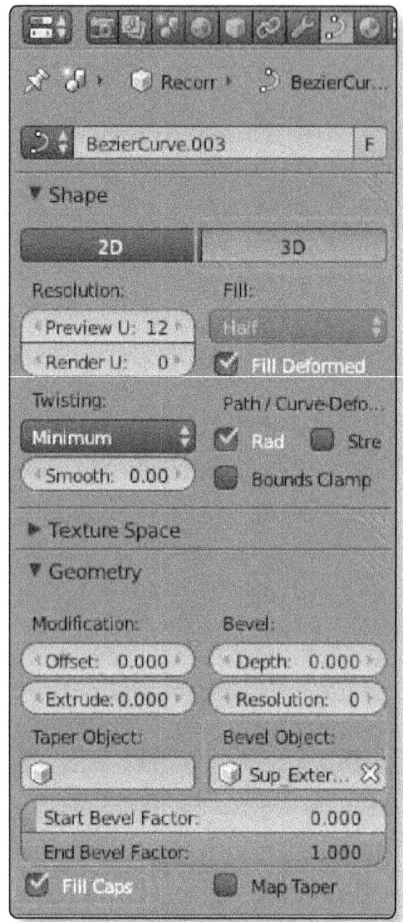

Figura 4.40. Propiedades de la curva Recorrido

Verás que la forma que se ha creado en un principio forma la superficie de la curva recorrido pero puede que la superficie sea extremadamente grande. Para solucionar este problema debes escalar en modo objeto la curva *Sup_Exterior*.

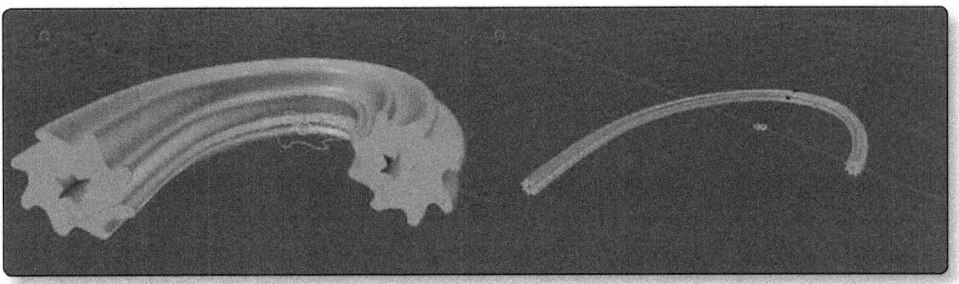

Figura 4.41. Escalado de la curva Sup_Exterior

4.2.2 Curva para escalar un recorrido

Si utilizamos el ejemplo anterior verás que el regaliz que has creado puede tener distintos tipos de grosor en su recorrido de manera que su forma sea irregular como se muestra en la siguiente imagen.

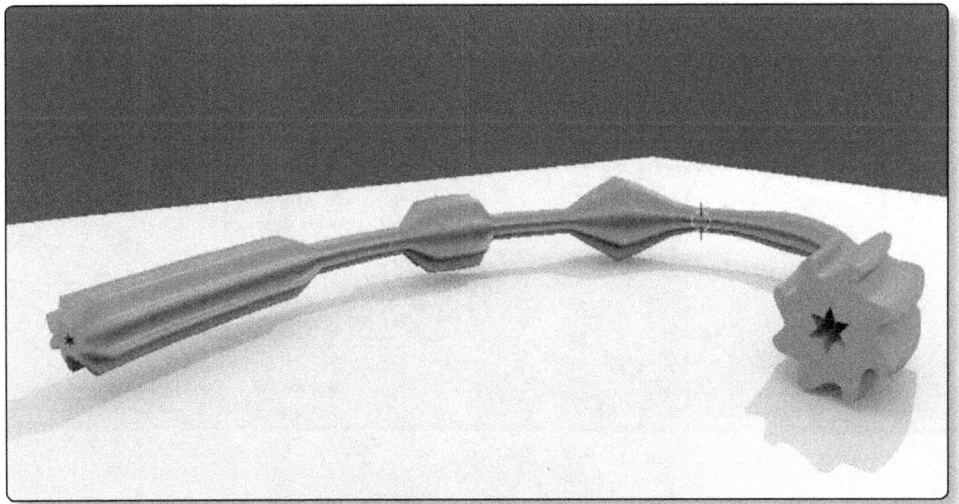

Figura 4.42. Escalado de la curva

En modo objeto crea una curva **_Bézier_** y con la vista del visor en **_Top_** y modo **_Ortho_** entra en modo edición y subdivídalo y mueve sus puntos de control de la forma que más te guste. Asegúrate de que en las propiedades de la curva está activada la opción 2D. Una vez tengas la forma que deseas renombra la curva y llámala Escalado.

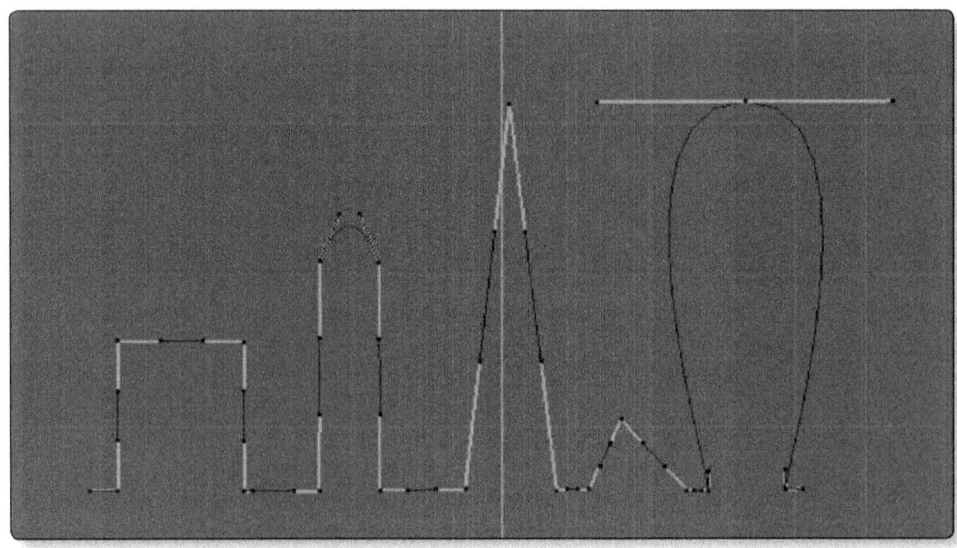

Figura 4.43. Escalado de la curva

Sal del modo edición de la curva Escalado y selecciona la curva recorrido. Accede a las propiedades y en el panel de **Geometry** en la caja de selección **Taper Object** selecciona la curva **Escalado.**

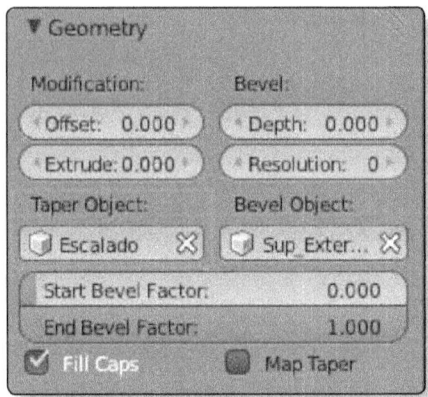

Figura 4.44. Propiedades de la curva recorrido

Podrás ver que el regaliz tiene una forma adaptada a la curva que has creado principalmente.

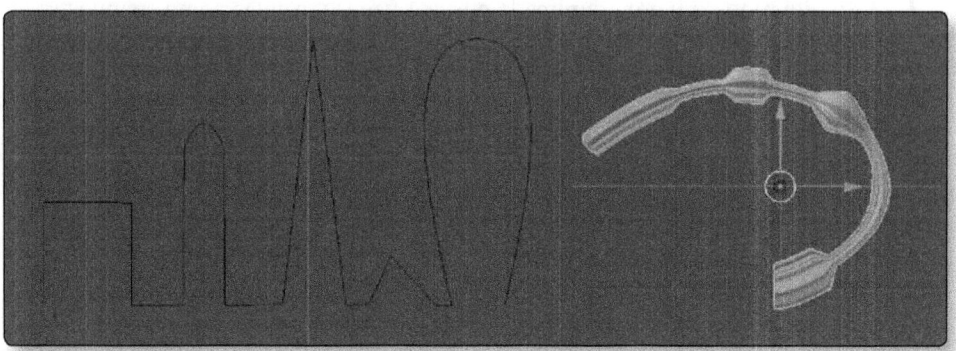

Figura 4.45. Forma que final de la curva

4.2.3 Convertir curvas Bézier en Superficies Mesh

A pesar de que existan las superficies Nurbs, es más cómodo trabajar con superficies *Mesh*. En Blender podemos convertir las curvas en aristas unidas por vértices de manera que podemos crear superficies tan complicadas como la chapa de un coche, o formas orgánicas.

Primero crea una curva Bézier y en modo edición subdivídala y mueva sus puntos de control de la siguiente manera.

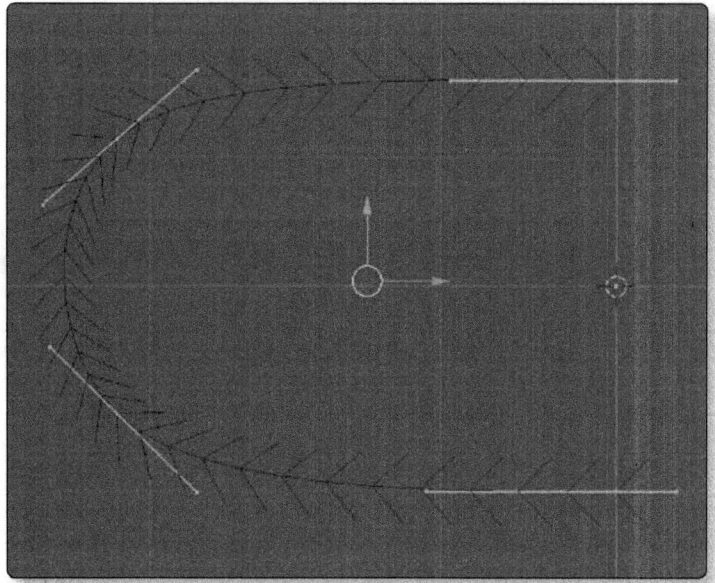

Figura 4.46. Forma de la curva

Sal del modo edición, duplica la curva 4 veces y rótalas como se muestra en la siguiente imagen.

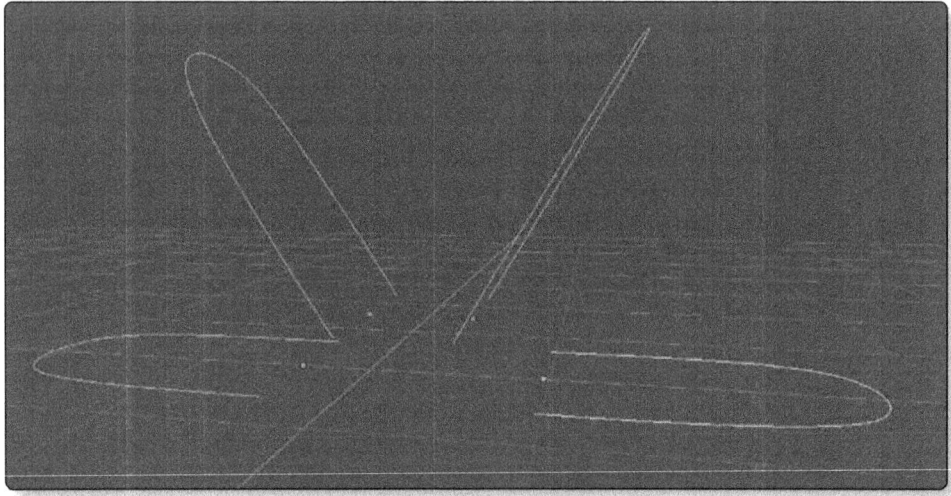

Figura 4.47. Rotación y duplicado de la curva

Tienes que unir las curvas para ello pulse **CTRL + J** con todas las curvas seleccionadas. De este modo obtendrás un único objeto.

El siguiente paso será convertir las curvas en aristas para poderlas unir con caras poligonales. En modo objeto pulsa **ALT + C** y selecciona la opción *Mesh from Curves/Meta/Surf/Text*. También puede acceder a esta herramienta desde la cabecera **Object > Convert to >Mesh from Curves/Meta/Surf/Text.**

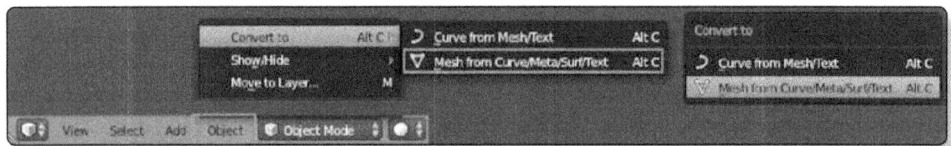

Figura 4.48. Herramienta para convertir curvas a superficies poligonales

Si entras ahora en modo edición verás que las curvas se han convertido en aristas y los puntos de control en vértices. Si quieres crear la superficie poligonal solamente tienes que crear caras para unir las aristas como se muestra en la siguiente imagen.

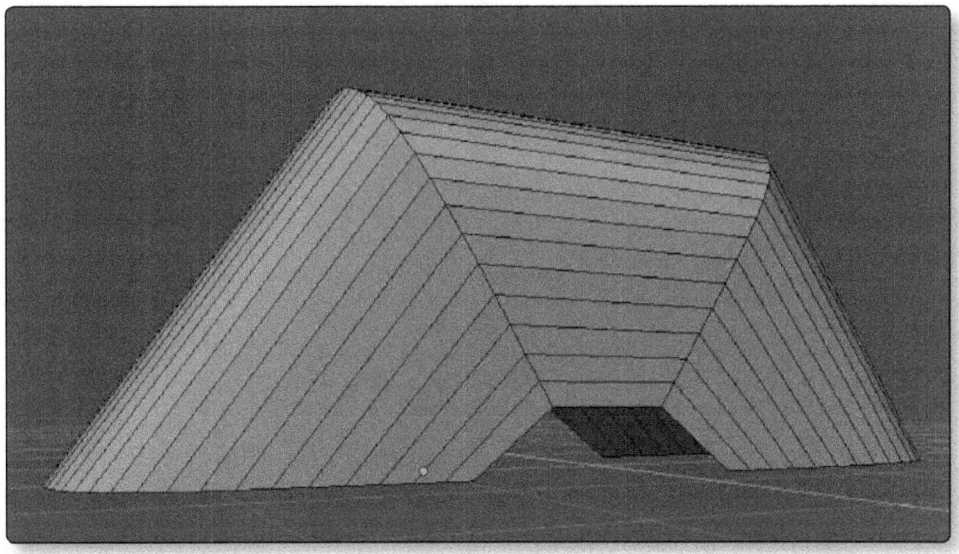

Figura 4.49. Superficie poligonal

Vuelve a salir a modo objeto duplica y escala la curva hacia arriba intentando que se parezca a un lavabo. Si no te queda igual que la imagen no te preocupe la idea es que intentes crear varias copias con distinto tamaño.

4.3 TEXTOS

La manera que tiene de usar los textos Blender es muy parecida a la de una hoja de textos normal y corriente. El texto es un tipo especial de curva, donde verás que en sus propiedades aparte de su propio tipo de fuentes puedes utilizar cualquier fuente externa.

4.3.1 Creación de un texto

Para crear un texto puedes acceder en la cabecera al menú *Add > Text* o pulsar en modo objeto **SHIFT + A** y seleccionar las opción Text o también puedes crear un texto pulsando el botón *Text* en la pestaña de *create* del panel izquierdo.

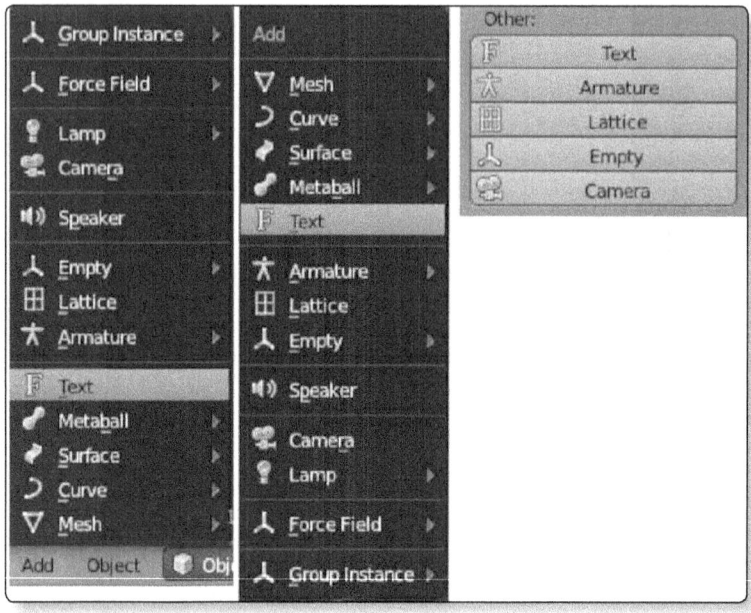

Figura 4.50. Menús de creación de textos

Se te aparecerá la palabra Text en el visor. Si quieres escribir entra en modo edición y escribe lo que desees como si de un Word mismo se tratara. Puedes borrar saltar de línea y escribir en mayúsculas y minúsculas

Figura 4.51. Texto por defecto y texto escrito en modo edición

4.3.2 Propiedades del texto

Como en el caso de las curvas, los textos en Blender también comparten parte de sus propiedades. Estas propiedades se encuentran en el panel de propiedades en el botón con el símbolo de una **F**.

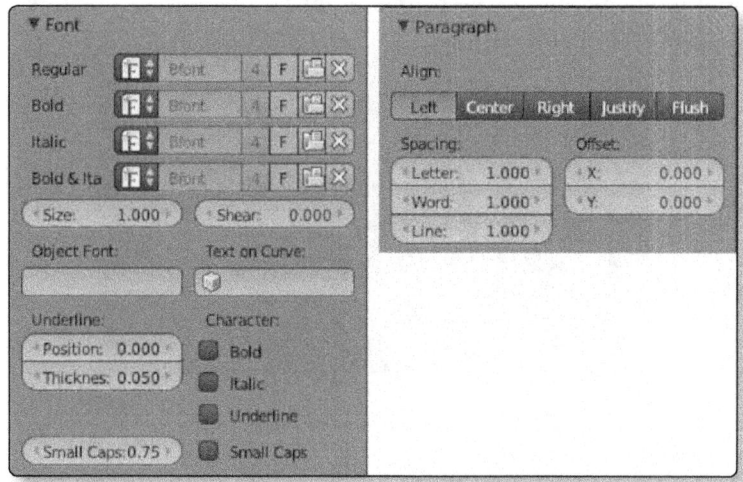

Figura 4.52. Propiedades de Fuente y Párrafo

▼ *Fonts:* en esta sección puedes cargar distintas tipografías, el tamaño, la inclinación, dar forma al texto con una curva.

▼ *Paragraph:* en esta otra opción podrás alinear el texto y determinar qué espacio quieres entre letras palabras y líneas.

4.3.3 Alinear y deformar un texto con una curva

Para practicar un poco con los textos crearás un texto con una fuente que cargarás en Blender, cambiarás algunas propiedades y deformarás el texto con una curva. En el DVD si descargas el *Pro_Cap_4* podrá utilizar la tipografía que se mostrará en este ejemplo.

Crea un texto y accede a las propiedades del texto. En el apartado *Font* haz clic encima de la carpeta de *Regular* para buscar el archivo *BLOCLT__.TTF* que encontrarás en la carpeta *Tipograf* del proyecto *Pro_Cap_4*.

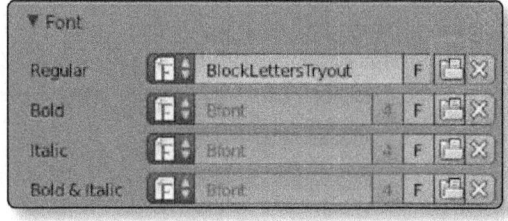

Figura 4.53. Cargar una tipografía nueva

En el momento en que se cargue la nueva tipografía el texto se adaptará, como se muestra en la siguiente imagen.

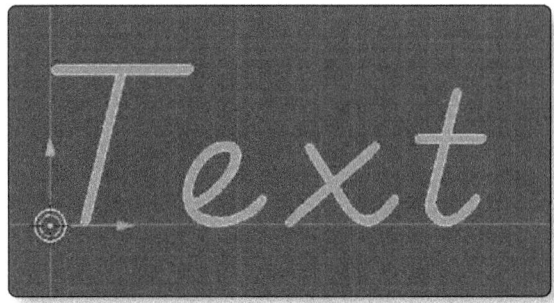

Figura 4.54. Cargar una tipografía nueva

Ahora entra en modo edición y escribe lo que quieras en este ejemplo escribiremos ***Blender Fundation***, y lo centraremos pulsando el botón ***Center*** en la sección ***Paragrap*** del panel de propiedades de texto.

Figura 4.55. Texto centrado

Sal del modo edición y crea una curva. Selecciona la curva y modifícala para que tenga una forma de arco. Renombra la curva con el nombre ***Arco*** y sal del modo de edición.

Figura 4.56. Curva arco

Ahora crearás una curva que deformará el texto cuando lo muevas. Crea una nueva curva y modifícala para que tenga una forma ondulada. Renombra esta curva como **Deform**.

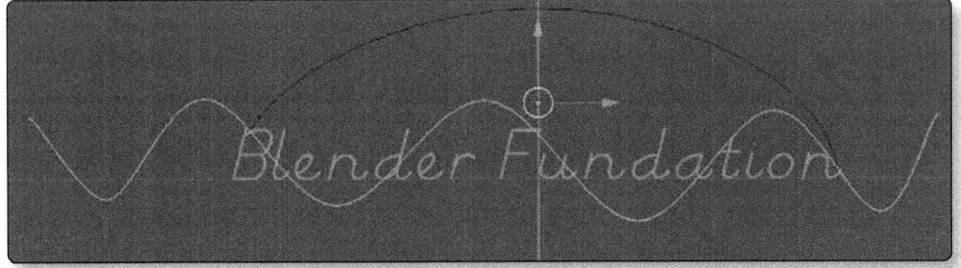

Figura 4.57. Curva Deform

Selecciona el texto y dirígete a las opciones de propiedades, en el apartado *Font* y en la caja de textos de debajo de *Text on Curve* selecciona la curva *Arco*. El texto se alinea con la curva.

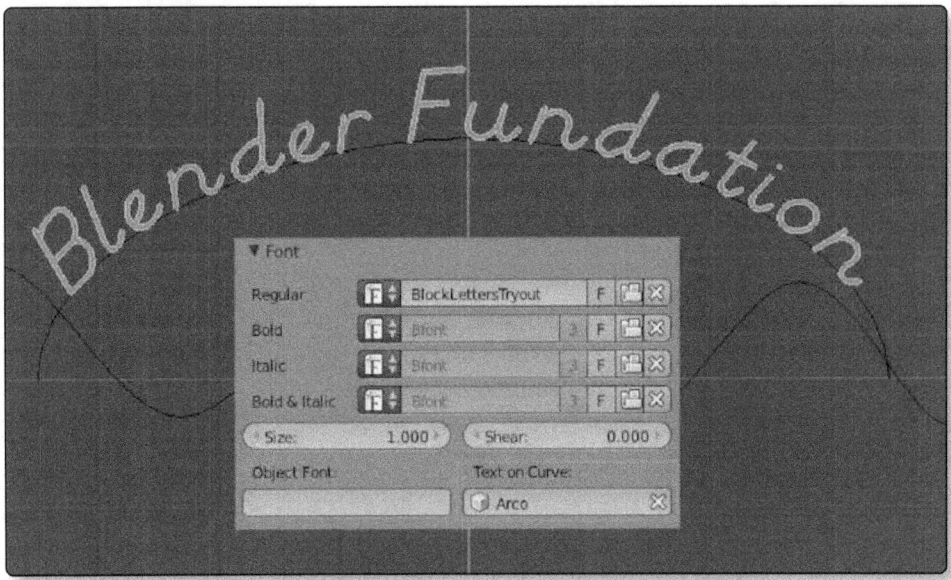

Figura 4.58. Texto alineado con una curva

Para que el texto se deforme siguiendo la ondulación de la curva Deform cuando lo desplaces por el eje x, selecciona el texto y accede al botón de propiedades de modificadores. En el menú de modificadores seleccione el de la sección ***Deform>curve*** como se muestra en la siguiente imagen.

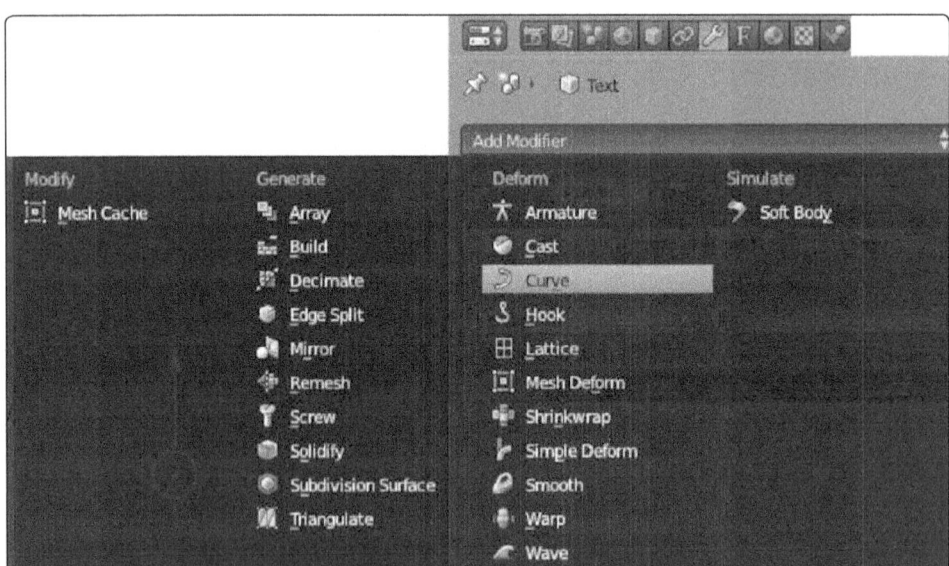

Figura 4.59. Modificador de deformación Curve

Siempre que apliques un modificador tienes que asegurarte de que lo estás aplicando al objeto correcto, en este caso el texto. Debajo aparecerá un panel de propiedades en donde solamente tendrás que seleccionar en la caja de textos ***Object*** la curva Deform y seleccionar el eje en el que deseas que se deforme el texto, en este caso la x.

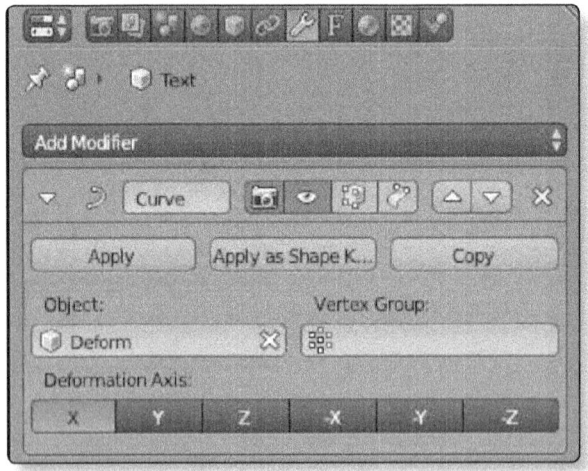

Figura 4.60. Parámetros del Modificador Curve

PROYECTO PRÁCTICO

4.4 PROYECTO CURVAS

4.4.1 Creación de amplificador Marshall

El amplificador que vas a crear en el siguiente proyecto no es fiel al de los de verdad, se han utilizado imágenes de referencia para que empieces a practicar con las herramientas que has aprendido hasta ahora y para que vayas empezando a ver cómo utilizarlas.

Es importante realizar estos proyectos porque se introducirán conceptos nuevos que se verán en las próximas elecciones. De esta forma se enlazará toda la información.

> 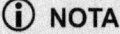 **NOTA**
>
> Recuerda que este libro está dirigido no solo a las personas que quieran iniciarse a Blender si no también a las personas que quieran aprender 3D desde cero.

4.4.1.1 CREACIÓN DE LA CAJA DEL AMPLIFICADOR

Si abrimos el proyecto *Pro_4_Start* verás que la imagen de referencia ya está puesta; si lo deseas, puedes eliminarla y volver a ponerla. Empezaremos creando un cubo **SHIFT+A** y selecciona *Mesh > cube.*

Proyecta la vista *Right Ortho* pulsando **NUM_3** y en el panel lateral derecho le introducimos las siguientes dimensiones *(x = 4, y = 5.5, z = 6)*. En este caso no cambiamos la medida métrica como en el proyecto del tema anterior.

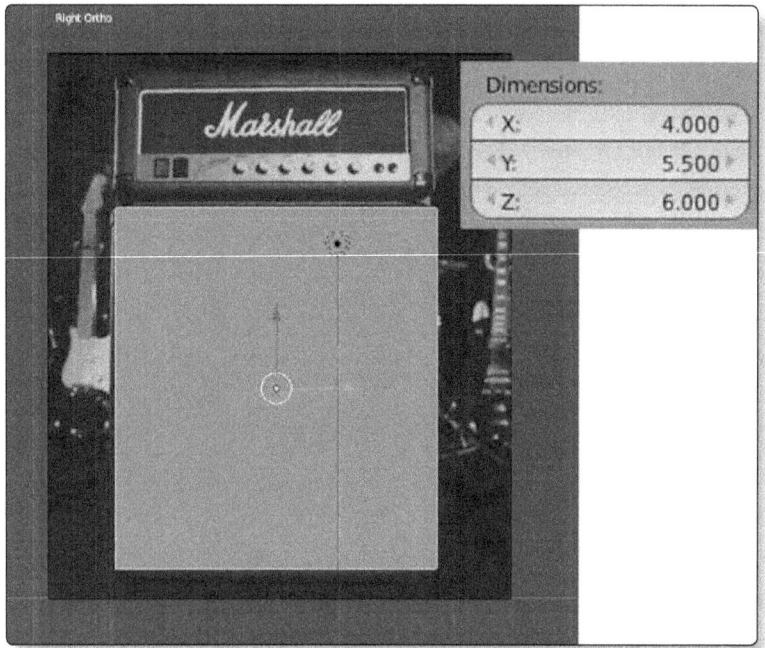

Figura 4.61. Dimensiones del cubo

Con el cubo seleccionado entramos en modo edición, activamos la opción aristas y seleccionamos todas las aristas. Pulsamos CTRL+B para realizar un biselado al cubo, arrastramos y pulsamos BIR para finalizar. A continuación pulsando F6 accedemos a las propiedades del biselado e introducimos los siguientes valores.

- ▼ *Amount Type:*   Offset
- ▼ *Amount:*   0.100
- ▼ *Segments:*   3
- ▼ *Profile:*   0.500

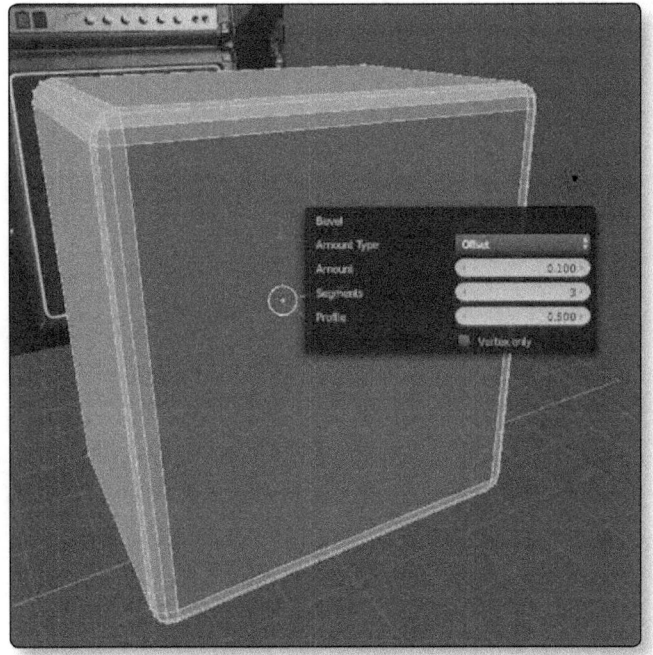

Figura 4.62. Biselado del cubo

Activamos el modo cara y seleccionamos la cara frontal del amplificador. Utilizamos la herramienta *Insert Faces* pulsando **TECL_I** y arrastrando como se muestra en la siguiente imagen.

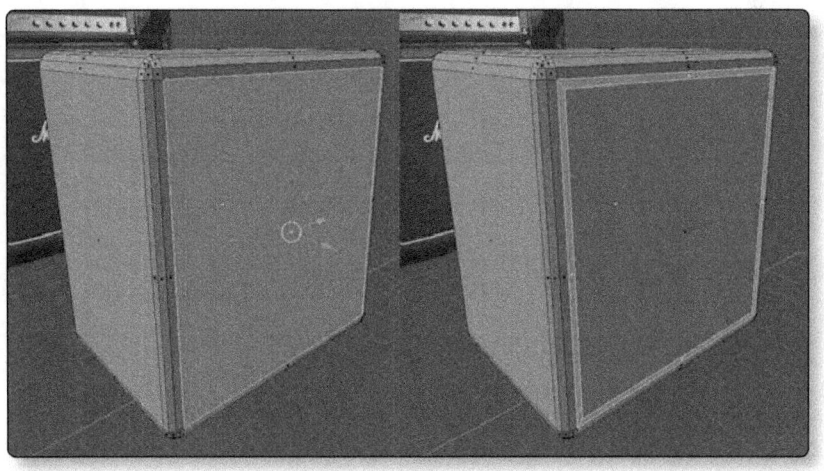

Figura 4.63. Insertar una cara

Seleccionamos la cara interior frontal del amplificador y pulsamos TECL_E para hacer una extrusión hacia dentro. Activamos el modo cara y seleccionamos la cara frontal del amplificador. Utilizamos la herramienta *Insert Faces* pulsando **TECL_I** y arrastrando como se muestra en la siguiente imagen.

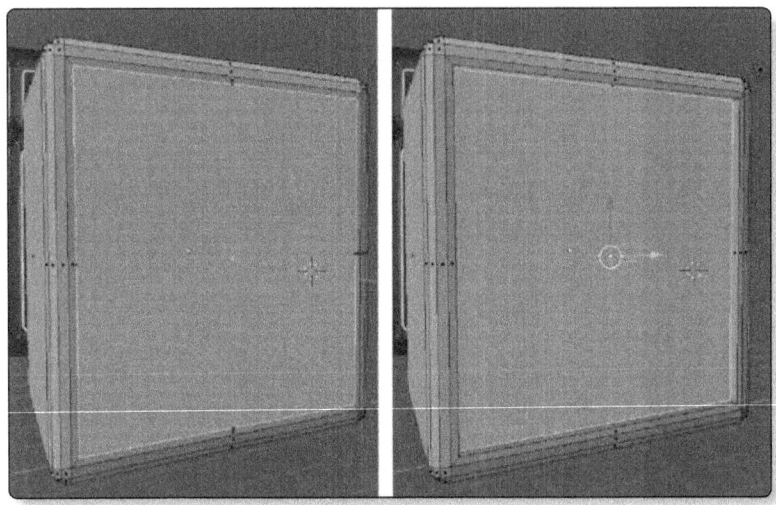

Figura 4.64. Extrusión de la parte frontal

Seleccionamos la esquina que se ha creado al aplicarle el biselado al cubo, la duplicamos pulsando **SHIFT+D** y la separamos. A continuación pulsamos **TECL_P** y seleccionamos *Selection* para separarla del cubo.

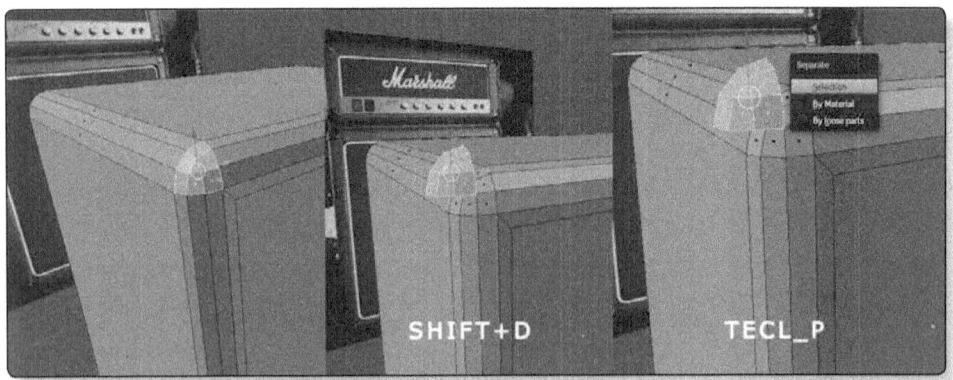

Figura 4.65. Creación del tapón de la caja

Salimos del modo edición del amplificador y seleccionamos el nuevo objeto que hemos creado y lo renombraremos como (*tapon*). Seleccionando el tapón entramos en modo edición. Seleccionamos las caras del tapón y las extrudimos hacia afuera para dar grosor al tapón, cambiamos la orientación de la transformación de desplazamiento de Global a Normal.

Posicionamos el tapón en la esquina del amplificador y seleccionamos las caras de la esquina lateral y hacemos una extrusión pulsando **TECL_E** para aumentar un poco más el tamaño del tapón.

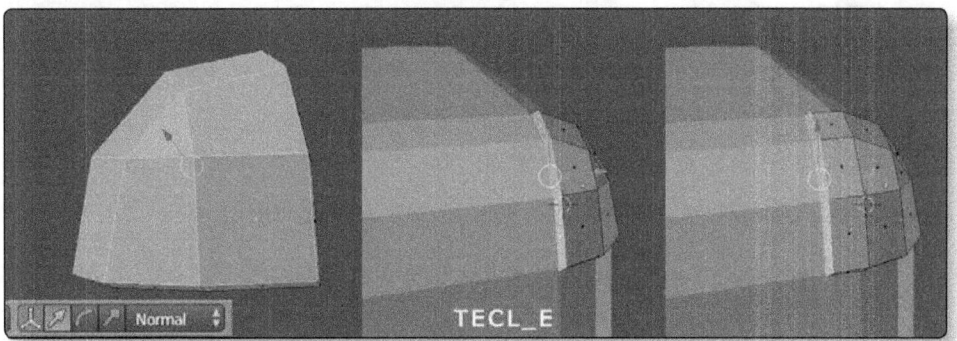

Figura 4.66. Creación del tapón de la caja

Deseleccionamos el tapón pero seguimos en modo edición. Pulsamos **SHIFT+A** y creamos una *uv_sphere* con 8 segmentos y anillos. Recuerda que pulsando **F6** puedes acceder a las propiedades del objeto.

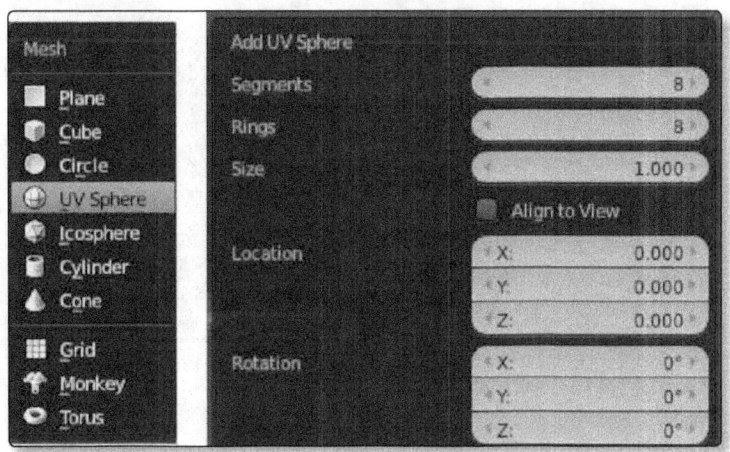

Figura 4.67. Creación de una esfera

Escalamos la esfera para que tenga un tamaño más pequeño que el tapón y lo aplanamos. Rotamos, posicionamos y duplicamos como se muestra en las siguientes imágenes.

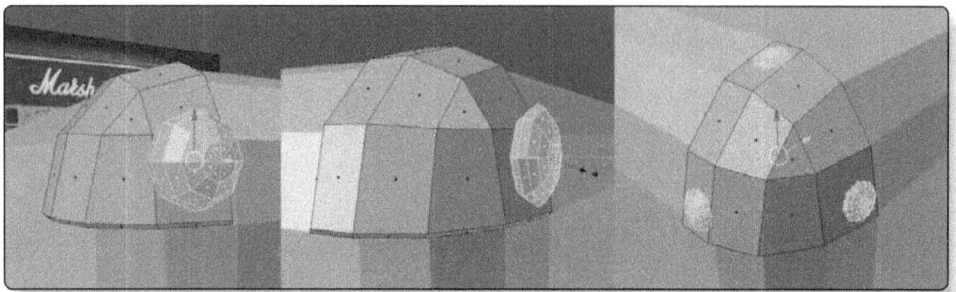

Figura 4.68. La esfera hace la función de remache

4.4.1.2 DUPLICADO DEL TAPÓN CON MODIFICADOR MIRROR

Salimos del modo edición y seleccionamos el tapón. Vamos a utilizar un modificador para duplicar y posicionar en todas las esquinas.

Para crear un duplicado espejo accedemos al panel de propiedades y en el botón de modificadores seleccionamos la opción *Mirror*.

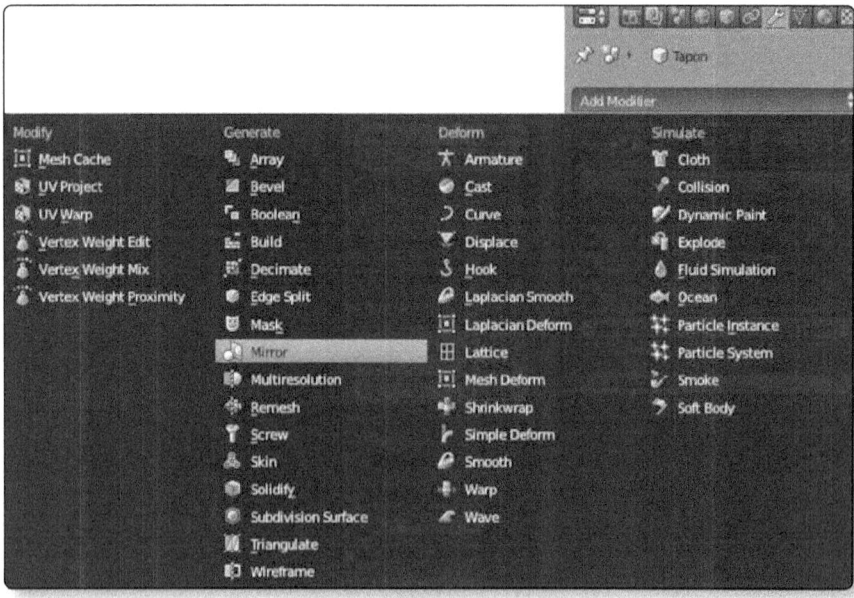

Figura 4.69. Modificador Mirror

Debajo del menú aparecerán las propiedades siguientes. Seguramente ya habrás visto que por defecto hace el duplicado espejo en el eje (x). Activamos los demás ejes y en el apartado *Mirror Object* seleccionamos el cubo que hace de amplificador, este último paso toma de referencia el cubo como eje central.

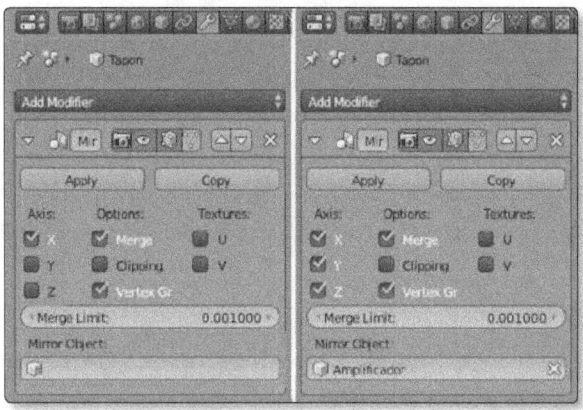

Figura 4.70. Propiedades del modificador Mirror

4.4.1.3 CREAR EL AMPLIFICADOR SUPERIOR

Para crear el amplificador pequeño es muy sencillo solamente tenemos que duplicar en modo objeto el amplificador y posicionarlo en la parte superior. Una vez colocado entramos en modo edición y seleccionamos los vértices superiores y los desplazamos hacia abajo utilizando de guía la imagen de referencia. En la siguiente imagen se muestra el proceso.

Figura 4.71. Amplificador pequeño

Una vez tenemos el amplificador pequeño volvemos a modo objeto y posicionamos el origen en el centro del objeto.

Figura 4.72. Posición del origen en el centro del objeto

Para poner los tapones en el amplificador de arriba seleccionamos los tapones, los duplicamos y los posicionamos en el amplificador de arriba. En las propiedades del *mirror* de los tapones duplicados tenemos que cambiar el objeto del apartado **Mirror Object** por el objeto del amplificador pequeño.

Figura 4.73. Modificador Mirror en los tapones duplicados

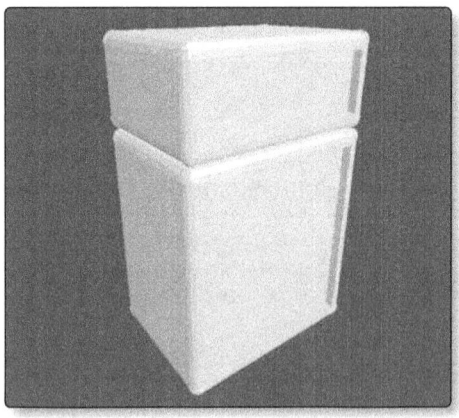

Figura 4.74. Modelado del amplificador

4.4.1.4 PANEL DEL AMPLIFICADOR SUPERIOR

Crearemos para empezar un cubo y le pondremos el nombre de (Panel). Lo escalamos y lo posicionamos con ayuda de la imagen de referencia.

Figura 4.75. Creación del panel

Para crear los botones del centro utilizaremos un simple cilindro con las siguientes características: si pulsas **F6** introduce en *vértices 12, radius 0.1 y Depth 0.2*. También puedes escalar a ojo utilizando como referencia la imagen de fondo.

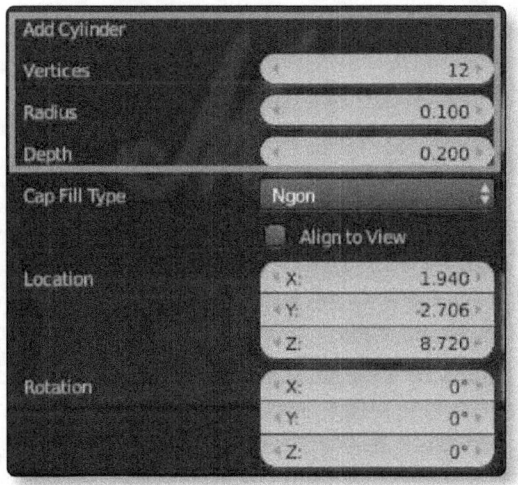

Figura 4.76. Panel de propiedades del cilindro

A continuación rotaremos y duplicaremos el cilindro de forma que coincida con la imagen.

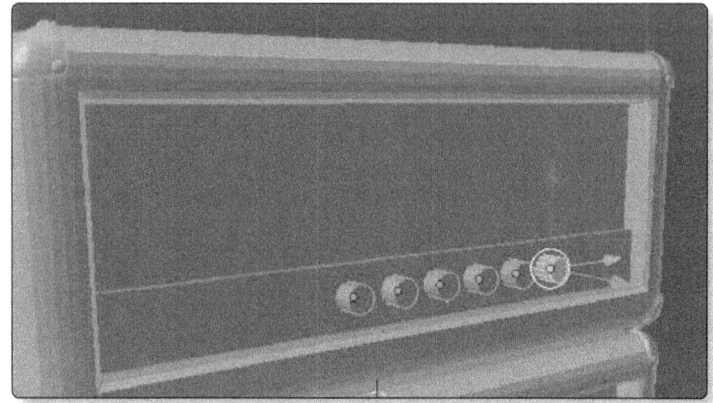

Figura 4.77. Botones panel vista general

Los siguientes botones son en realidad los enchufes de los **jacks** que son los cables que conectan el amplificador con la guitarra. Crearemos una esfera con los siguientes valores: ***segments 12, rings 12, Size 0.2***;

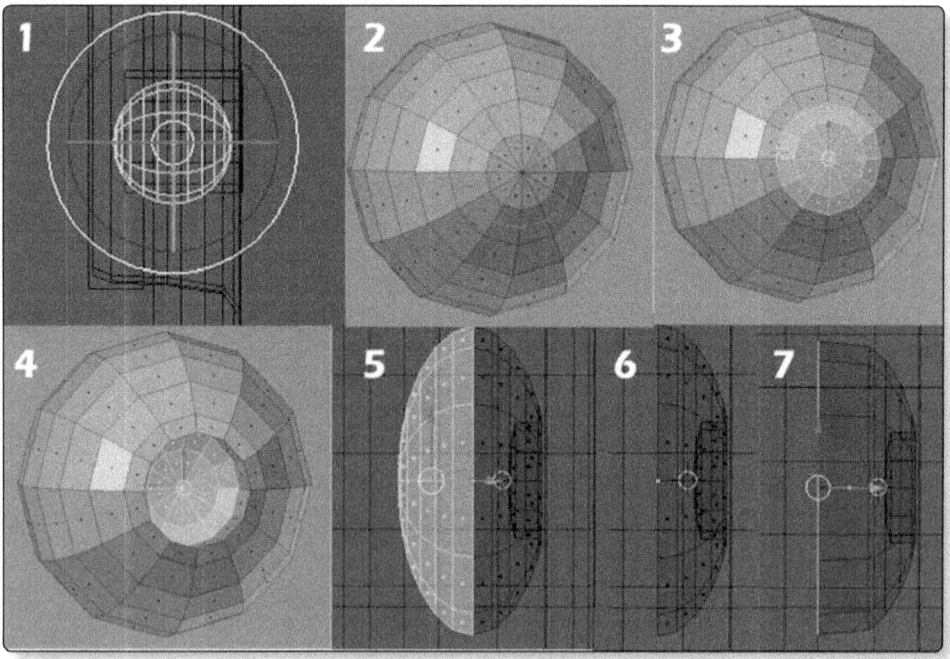

Figura 4.78. Pasos de modelado del enchufe para jack

1. Posicionaremos y rotaremos la esfera en el lugar que le corresponde.
2. Crearemos una nueva arista alrededor de la punta de la esfera pulsando **CTRL+R** y haciendo clic en la zona.
3. Seleccionamos las caras interiores como se muestra en la imagen.
4. Hacemos una extrusión pulsando **TECL_E** y arrastramos hacia el interior de la esfera. También podemos escalar en el eje x para que el interior no quede tan plano.
5. Seleccionamos la parte de detrás de la esfera en modo caras.
6. Eliminamos las caras seleccionadas pulsando **TECL_X** y seleccionando la opción eliminar caras.
7. En modo arista seleccionamos la parte final y la arrastramos hacia detrás para que el botón tenga mayor ancho.

Pasamos a modelar los dos interruptores que nos quedan por modelar. Estos dos botones están compuestos por un cubo de base y otro cubo más pequeño que hará de interruptor y que escalaremos y lo posicionaremos en la parte que corresponde como se muestra en la siguiente imagen.

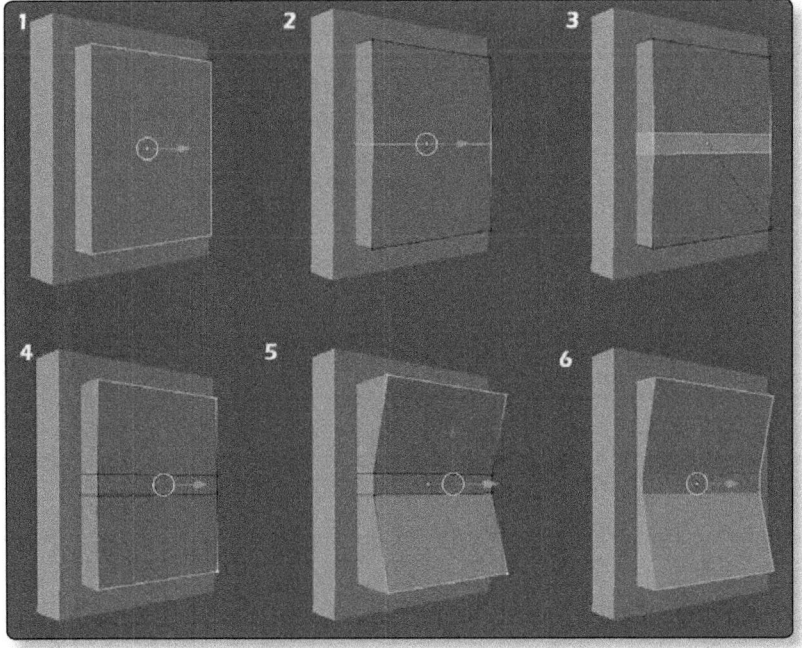

Figura 4.79. Pasos para modelar el interruptor

1. Seleccionamos el cubo más pequeño y entramos en modo edición.
2. Crearemos una nueva arista en el centro del cubo pulsando CTRL+R.
3. Ahora seleccionando la arista centrar pulsaremos CTRL+B para crear un bisel como se muestra en la imagen.
4. Seleccionamos los vértices de los extremos.
5. Los vértices seleccionados los arrastramos hacia afuera
6. Salimos del modo edición y movemos el interruptor hacia atrás.

4.4.2 Logotipo de Marshall

Como verás, hacer un logotipo como el de Marshall se puede hacer modelando en el vacío o utilizando una tipografía. En este caso utilizaremos una tipografía parecida que nos dará un resultado funcional.

Crearemos un objeto texto pulsando **SHIFT+A** y seleccionaremos la opción *Text*.

Figura 4.80. Herramienta text

Entramos en modo edición y escribimos el nombre de Marshall como si de un editor de textos se tratara.

Figura 4.81. Texto Marshall con la herramienta text

En el botón de propiedades del texto en el apartado **Shape** pondremos una resolución con valor 12 y en el parámetro **Fill** la opción Front.

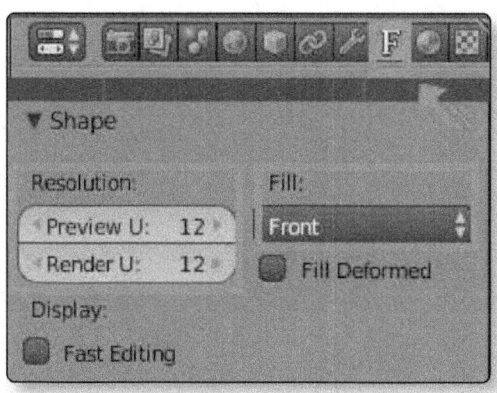

Figura 4.82. Propiedad Shape del texto

Para cambiar la tipografía del texto nos dirigiremos al apartado Font y en la opción Regular cargaremos la tipografía que encontrarás en el proyecto en la carpeta tipograf.

Figura 4.83. Inserción de una tipografía

Vamos a darle volumen desde el apartado *Geometry*, proporcionándole un valor de **0.05** en **extrude**, **0.010** en **Depth** y valor **2** en **Resolution**.

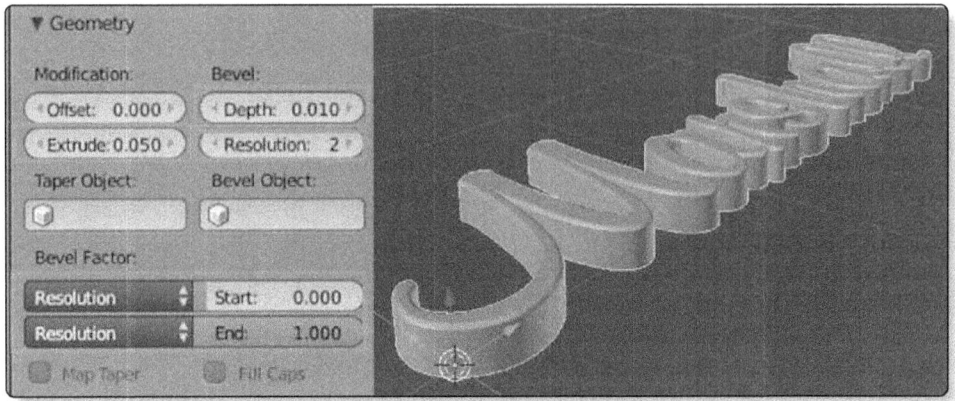

Figura 4.84. Extrusión del texto

Ahora salimos del modo edición y la posicionamos en el lugar que le corresponde. Un problema que veremos es que el logo tendría que estar inclinado como el de la imagen, para ello en las propiedades del texto en el apartado *Font* tenemos la opción *Shear* que te permite darle un valor de inclinación. En este caso se ha introducido un valor de **0.4**.

Figura 4.85. Inclinación del texto

El logo de Marshall está terminado ahora podemos duplicarlo y posicionarlo al amplificador superior.

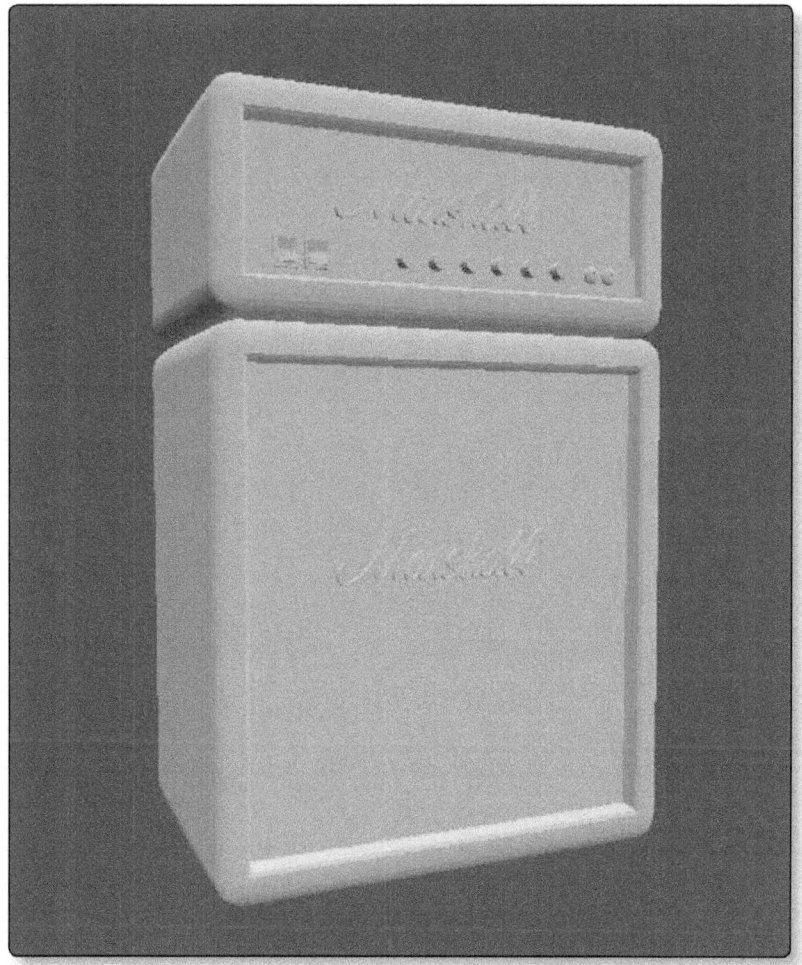

Figura 4.86. Vista general del texto

4.4.3 Creación de un Jack

Para crear este complemento del amplificador crearemos una silueta con vértices. Primero crearemos un plano en la vista **right** y entraremos en modo edición. En modo vértice deseleccionaremos todos los vértices y pulsando **CTRL+BIR** crearemos un conjunto de vértices con la forma siguiente.

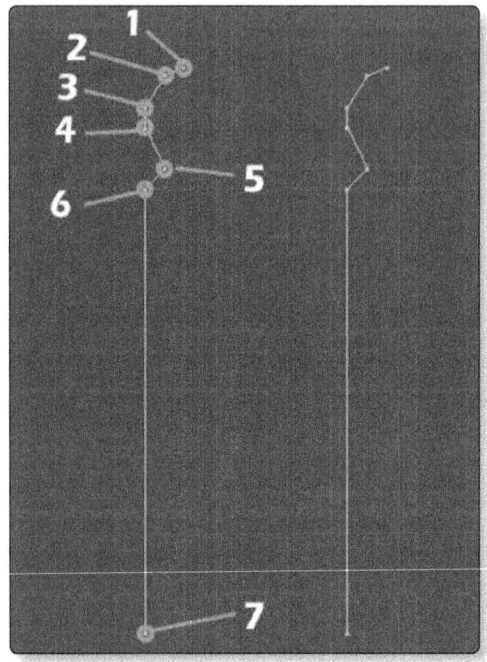

Figura 4.87. Modelado en el vacío

Eliminamos los vértices del plano y nos quedamos con los vértices que hemos creado. Seleccionamos estos vértices y nos ponemos en vista Top. A continuación utilizamos la herramienta Spin del panel de herramientas.

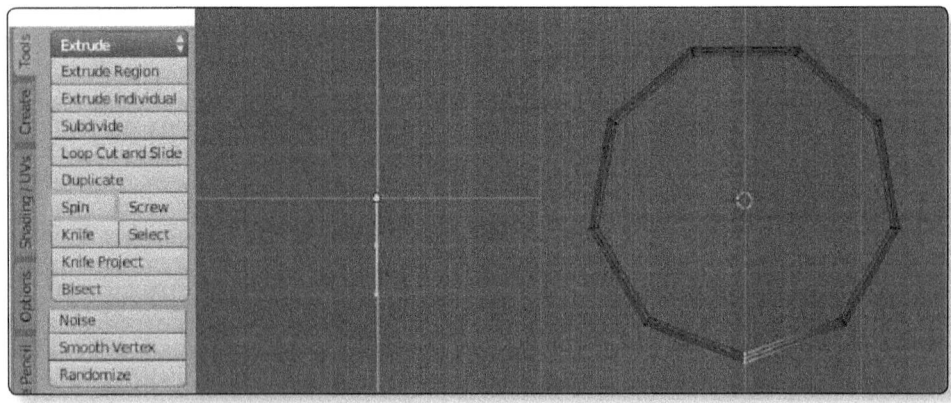

Figura 4.88. Creación de una superficie por rotación de vértices

Pulsando F6 podemos cambiar el tamaño de la superficie creada. En el apartado *Spin* pondremos un valor de *9*, en *Angle* un valor de *360°* y en el *center* variaremos el valor del eje *(Y)* hasta obtener un objeto parecido al de la imagen.

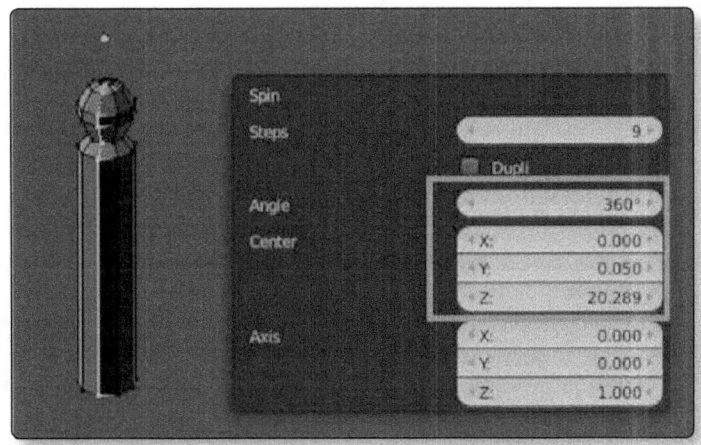

Figura 4.89. Propiedades de la herramienta Spin

Seleccionamos todas las caras del objeto y pulsamos **CTRL+N** para que todas las normales miren hacia afuera. Ahora vamos a perfilar algunos detalles del Jack. En modo vértice seleccionamos todos los vértices y pulsamos la herramienta ***Remove Doubles***.

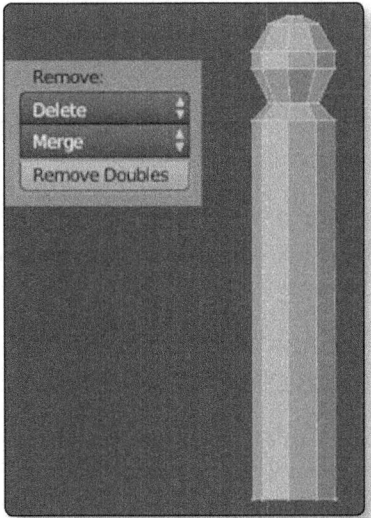

Figura 4.90. Elimina todos los vértices duplicados

Ahora crearemos las dos bandas negras que van alrededor del Jack :

1. Crearemos dos aristas nuevas pulsando **CTRL+R**.

2. Seleccionamos una de las aristas y pulsando **CTRL+B** y arrastrando crearemos un bisel.

3. Realizamos la misma acción anterior para la siguiente arista.

4. Seleccionamos las caras internas y hacemos una extrusión.

5. Escalamos estas caras hacia adentro en los ejes **(xy)**.

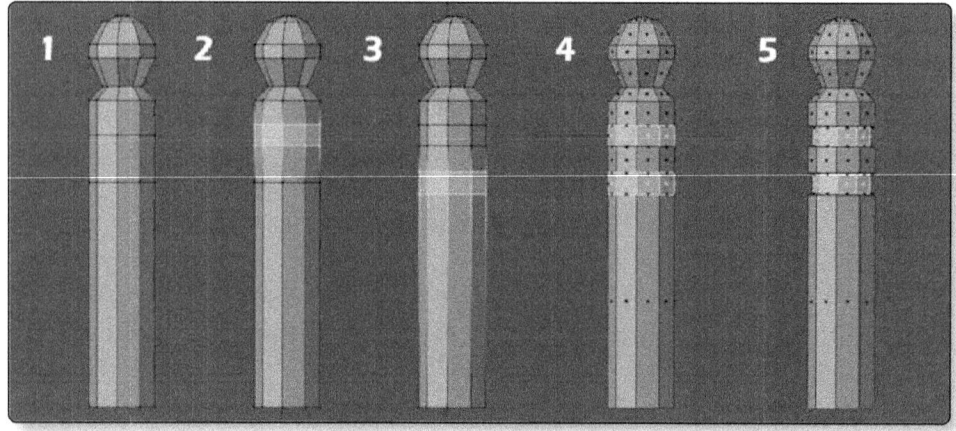

Figura 4.91. Proceso de modelado

6. Seleccionamos las caras superiores y las escalamos y posicionamos hacia abajo como se muestra en la imagen.

7. En la parte superior nos queda un pequeño agujero que vamos a tapar. Seleccione las aristas del agujero y haga una extrusión. Escale estas aristas un poco al centro.

8. Con las aristas anteriores seleccionadas pulsamos **ALT+M** y seleccionamos la opción Center.

9. Las aristas se unen todas en el centro formando un único vértice.

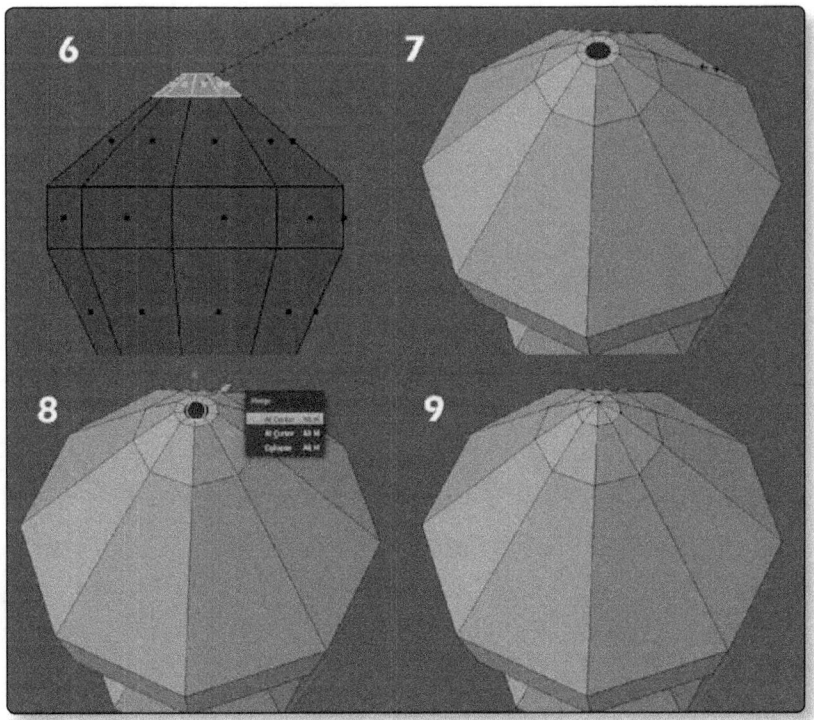

Figura 4.92. Proceso de modelado de la punta del jack

Salimos del modo edición y creamos un cilindro de 6 lados que posicionaremos debajo del Jack. Este cilindro será la pieza que una el cable con el Jack. Unimos estas dos piezas con la herramienta *Join* y lo escalamos y posicionamos en el enchufe del amplificador como se muestra a continuación.

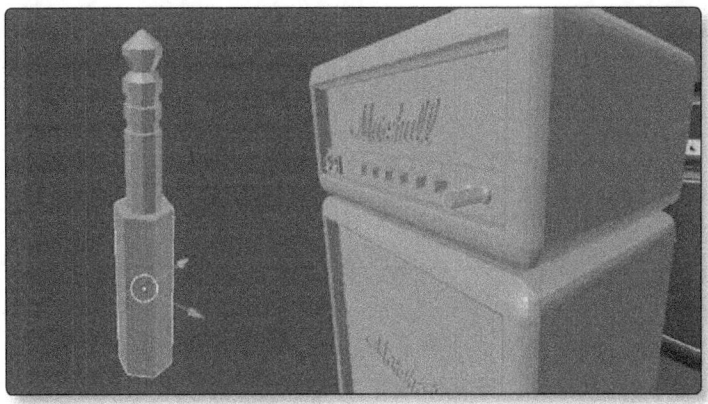

Figura 4.93. Vista general

4.4.3.1 CREACIÓN DEL CABLE

El cable es muy fácil de crear solamente tenemos que crear una *curva Bézier* y situarla de la forma que más te guste, eso sí, tiene que salir del Jack que está enchufado. Después en las propiedades de la curva puedes darle volumen y grosor como se muestra en la siguiente imagen.

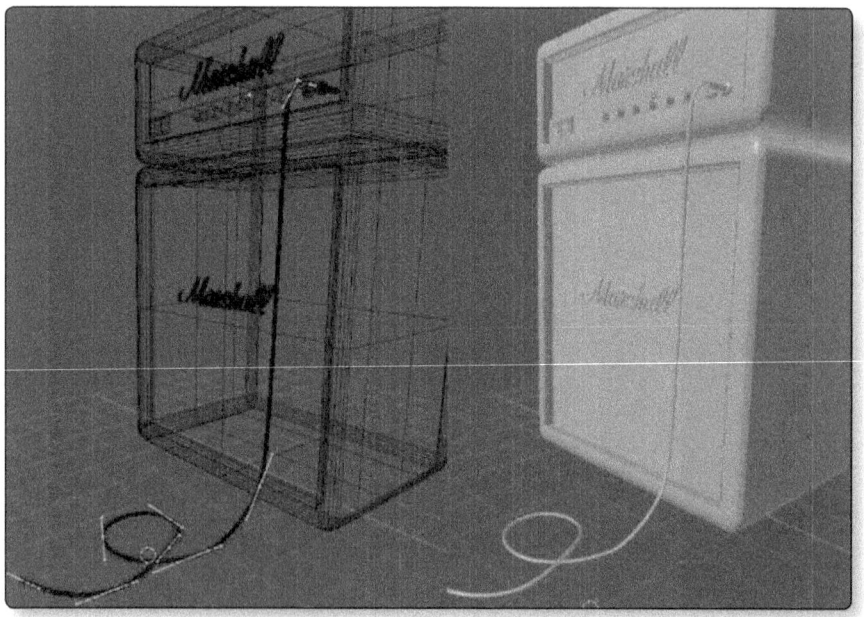

Figura 4.94. Vista final del cable

Las propiedades de la curva son las que se muestran en la siguiente imagen, pero puedes utilizar las variaciones que tú prefieras.

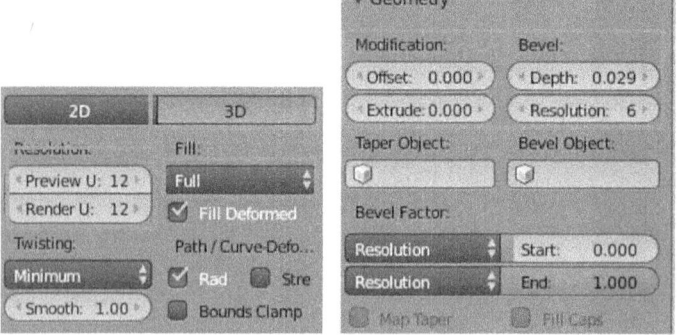

Figura 4.95. Propiedades de la curva cable

5

MODELADO DE SUBDIVISIÓN

El contenido de este capítulo es bastante extenso y puede que lleve un poco más de tiempo que los anteriores, pero en todo caso esta es una de las partes, dentro del modelado, más divertidas en donde podemos crear sin limitaciones. Se van a explicar cómo funcionan algunos de los modificadores para mejorar nuestros modelos.

En este tema aprenderá lo siguiente:

- ▼ Cómo aplicar modificadores a los objetos.
- ▼ Trabajar con modificadores.
- ▼ Deformar la superficie de un objeto.
- ▼ Suavizar y endurecer esquinas.
- ▼ Creará una guitarra eléctrica.

5.1 SUPERFICIE DE SUBDIVISIÓN

Las superficies de subdivisión permiten crear objetos de alta resolución a partir de otros objetos de baja resolución. Es la herramienta más utilizada en lo que se refiere a modelado orgánico o con un grado de redondeo alto. Se utilizan las aristas o edges que forman caras para manipular la superficie de alta resolución. Estas aristas se pueden ver en el modo edición y tienen la forma de armazón.

Figura 5.1. Objeto con superficie de subdivisión

Este método tiene numerosas ventajas; una de ellas es que podemos trabajar con un suavizado Nurbs y las ventajas de modelado y texturizado de los polígonos, se puede transformar, deformar, escalar, animar, añadir o borrar vertices, aristas (edges) y caras.

5.1.1 Método para subdividir las superficies

Blender utiliza un modificador para crear superficies de este tipo. Para crear una superficie de subdivisión bastara con seleccionar un objeto (por defecto un cubo) y acceder al panel de propiedades en el apartado del botón con forma de llave y seleccionar en el submenú **Add Modifier > Subdivision Surface.**

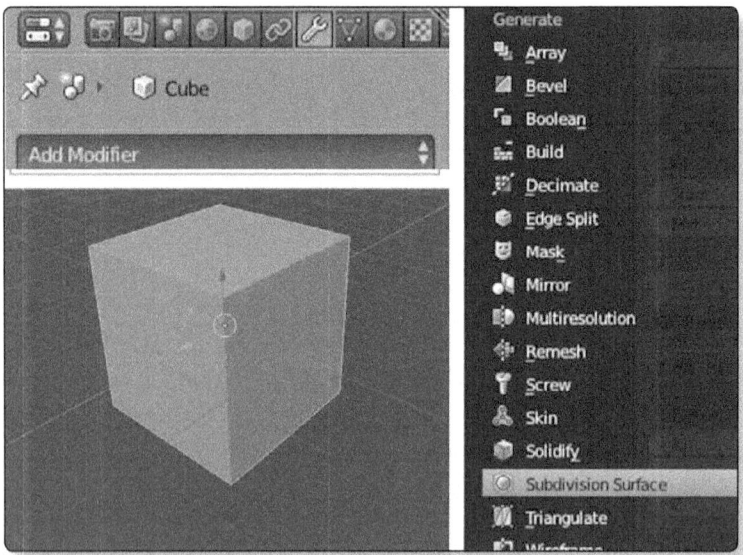

Figura 5.2. Superficie de Subdivisión

5.1.2 Propiedades de Subdivision Surface

En el cubo anterior se le ha aplicado el modificador de *Subdivision Surface* y el cubo se ha subdividido redondeándose un poco. Esta herramienta tiene una serie de propiedades con dos modos de subdivisión.

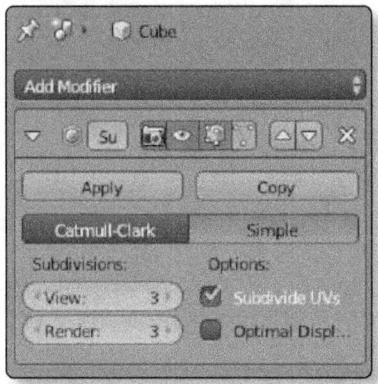

Figura 5.3. Propiedades del modificador Subdivisión Surface

▼ *Clatmull-Clark:* en áreas donde la superficie original está formada por caras cuadradas, la superficie resultante tendrá una curvatura de continuidad. En áreas donde las caras no sean cuadrados o las aristas no formen cuatro lados, la superficie será tangente o paramétrica.

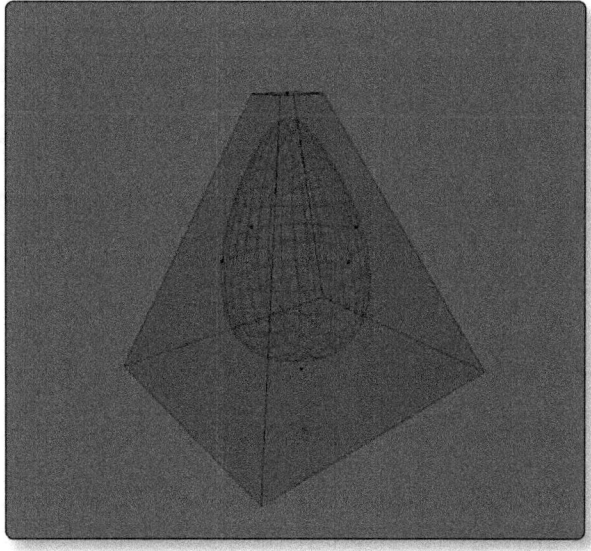

Figura 5.4. Subdivisión Surface Clarmull-Clark

▼ *Simple:* no crea ningún tipo de suavizado, tampoco cambia la forma del objeto. Este tipo se utiliza en el caso de que se quiera deformar un objeto sin tener que redondear su contorno.

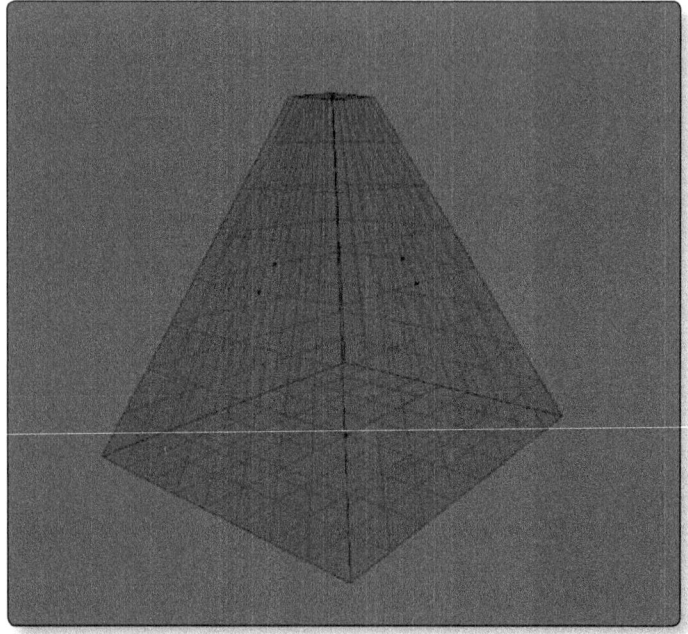

Figura 5.5. Subdivisión Surface Clarmull-Clark

▼ *Subdivisions:* permite introducir el valor de subdivisiones que deseas en el objeto diferenciando entre las subdivisiones que se muestran en el visor y las subdivisiones que se muestra en el render.

▼ *Options:* te da la opción de activar dos opciones una que subdivide las uv y otra que optimiza la subdivisión para que te muestre mejor en la ventana 3D.

5.1.3 Niveles de Subdivisión

Con esta herramienta se puede establecer un número determinado de niveles de subdivisión. Hay que tener en cuenta que a más nivel de subdivisión mayor será el tiempo de cálculo. Como consejo personal creo que no es recomendable subdividir a más de 3 niveles, pero recuerda que es una opinión personal.

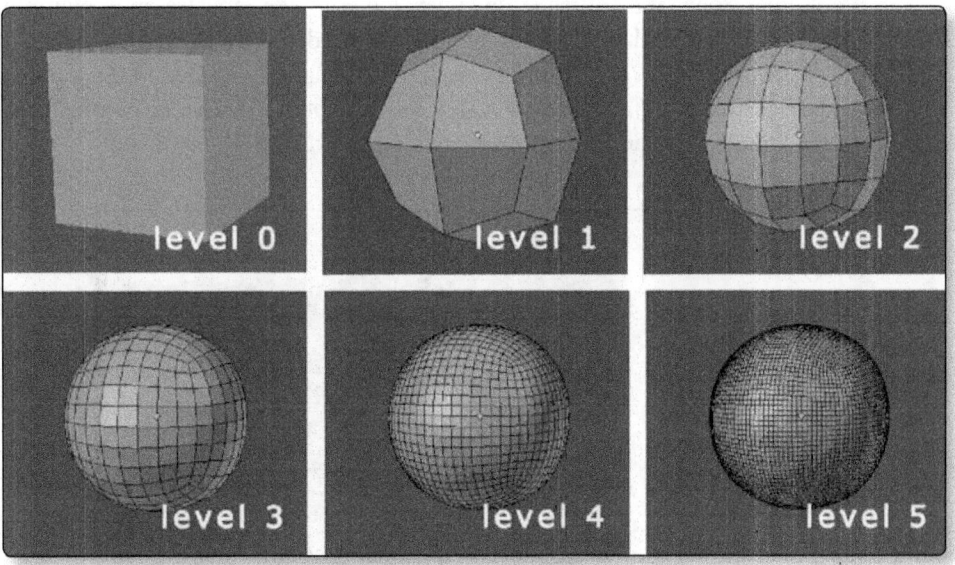

Figura 5.6. Niveles de subdivisión

5.1.4 Pliegues y puntas

Subdividir superficies normalmente se utilizan para obtener objetos con formas suavizadas, pero también puede dar detalles como pliegues y puntos más marcados.

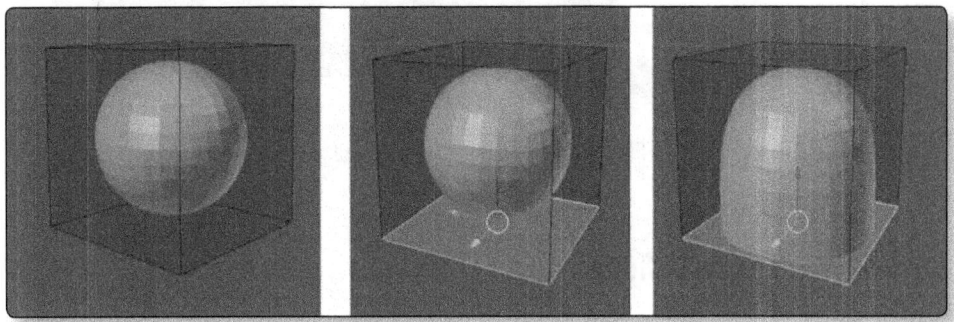

Figura 5.7. Niveles de subdivisión

Para crear zonas más duras en la superficie como se muestra en el ejemplo anterior, crea un cubo, aplícale el modificador de subdivisión Surface y entra en modo edición. A continuación selecciona las aristas de abajo y accede al menú de la cabecera **Mesh > Edges > Edge Crease** o simplemente pulsa **SHIFT+E** y arrastra el ratón para ajustar el grado de dureza. Para finalizar pulsa el **BIR**.

Figura 5.8. Herramienta Edge Crease

5.2 MODELADO PROPORCIONAL

Como has visto hasta ahora ya comienzas a trabajar con superficies que tienen una gran cantidad de vértices, en ocasiones es posible que tengas problemas para mover correctamente algunos puntos sin que pierda el suavizado, en este caso utilizaremos el modo de edición proporcional.

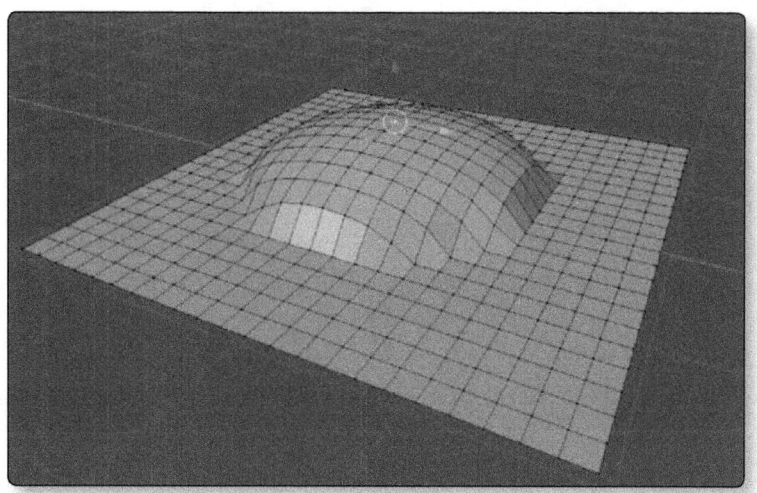

Figura 5.9. Modo edición proporcional

5.2.1 Como se activa

Para activar esta opción crea un plano, entra en modo edición y subdivídelo 11 veces aproximadamente. Para activar esta opción accede en la cabecera de la ventana 3D en el icono que se muestra a continuación y selecciona la opción *Enable*. También puedes utilizar la tecla de acceso rápido **TECL_O.**

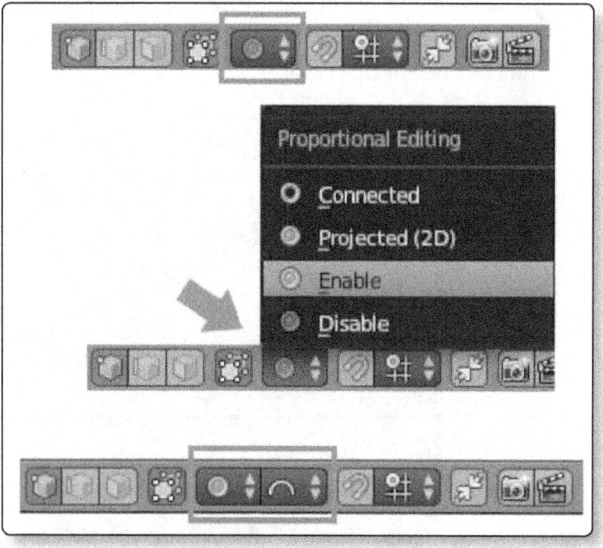

Figura 5.10. Activar Modo edición proporcional

5.2.1.1 PROPIEDADES DE PROPORTIONAL EDITING

El siguiente paso es seleccionar un vértice y desplazarlo. Verás que se desplazan varios vértices a la vez. Tienes que tener en cuenta la cantidad o tamaño que quieres aplicar a los vértices. A continuación se te muestran varias formas de controlar este aspecto.

- ▼ *La ruedecita del ratón:* mientras arrastras el vértice el cursor tomará forma de círculo, si mueves la rueda del ratón podrás variar la intensidad con la que arrastra los demás puntos es decir que cuanto mayor sea la circunferencia, más vértices serán arrastrados.

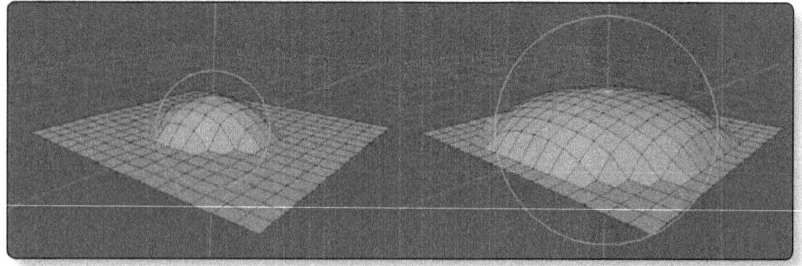

Figura 5.11. Tamaño de alcance

- ▼ *El panel de propiedades F6:* si cuando has arrastrado el primer vértice pulsas F6 se te aparecerá un panel flotante con todas las opciones. La opción que varía el tamaño de la superficie que es atraída por el vértice principal. El mismo panel de propiedades se encuentra en el panel de herramientas izquierdo del visor 3D.

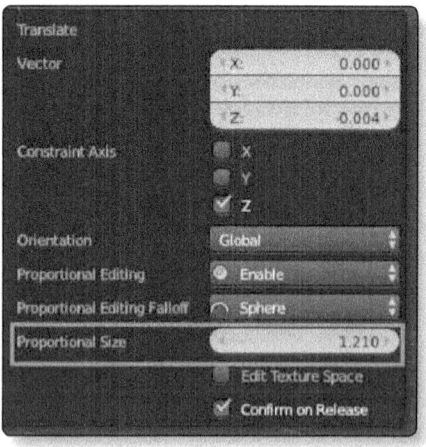

Figura 5.12. Opción proportional Size

5.2.1.2 TIPOS DE FALLOFF

Esta opción te permite seleccionar que tipo de curvatura deseas para la deformación. Puedes seleccionar una accediendo a su menú o pulsando **SHIFT+O** para ir cambiando de curvatura.

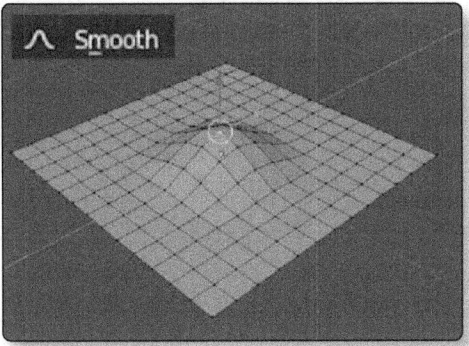

Figura 5.13.

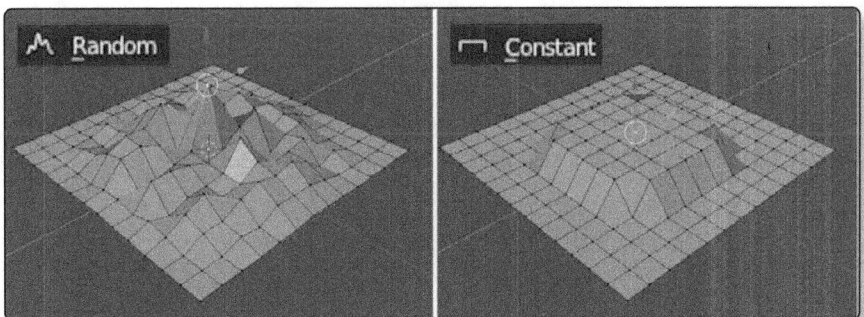

Figura 5.14.

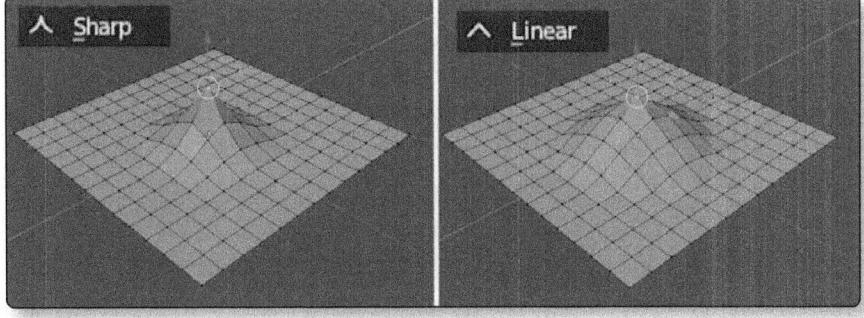

Figura 5.15.

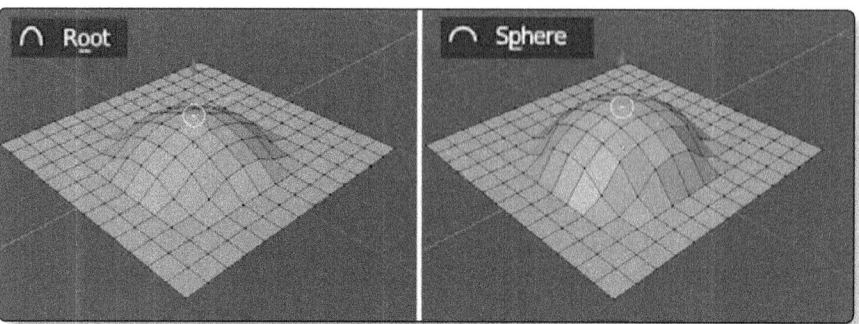

Figura 5.16.

5.2.2 Combinación de las dos herramientas

A continuación realizarás un pequeño ejercicio donde pondrás en práctica las herramientas anteriores.

5.2.3 Creación de un cojín

La imagen siguiente muestra el resultado final del ejercicio. A continuación se explicará paso a paso todas las fases para modelar este cojín.

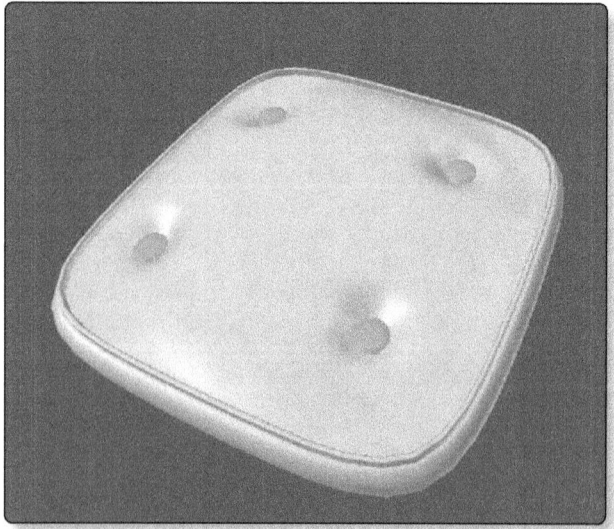

Figura 5.17. Modelado de un cojín

Empieza creando un cubo y escala en el eje (z) como se muestra en la siguiente imagen. Intenta que se parezca lo más posible a las imágenes.

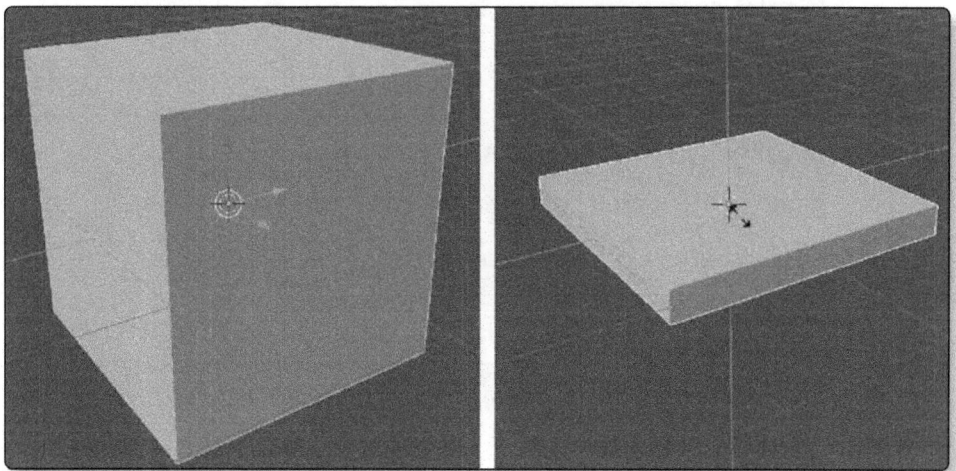

Figura 5.18. Escalado en el eje (z)

Entramos en modo edición subdividimos el cubo 2 veces y le damos el valor de suavizado 0.270. Pude subdividir aplicando la herramienta ***Tools> subdivide*** del panel lateral izquierdo y para introducir el número de cortes puedes introducirlo en el panel que aparecerá debajo o pulsando **F6** como se muestra en la siguiente imagen.

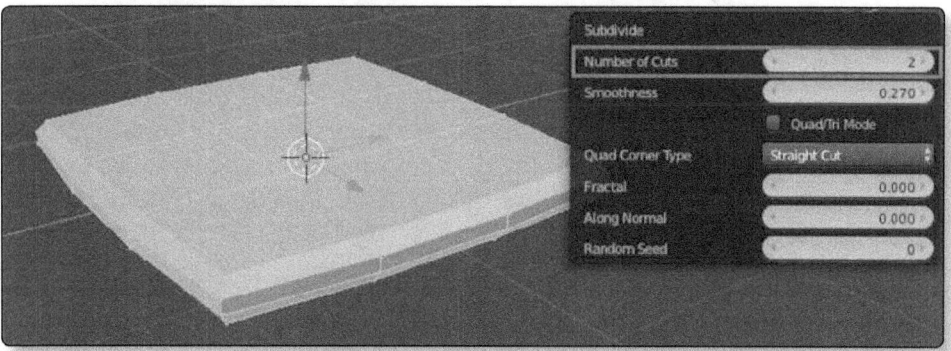

Figura 5.19. Panel de opciones de subdivide

Le aplicaremos el modificador ***Subdivision Surface*** que encontrará en el panel de propiedades en el botón pestaña modificadores. El número de subdivisiones que le aplicaremos es 2.

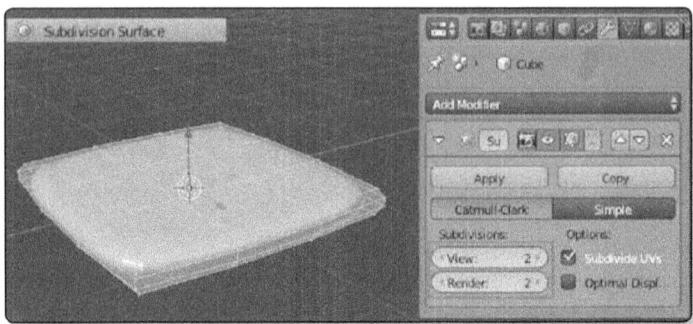

Figura 5.20. Panel de opciones del modificador Subdivision Surface

Seleccionamos las aristas de alrededor del cubo de la parte superior y pulsando **CTRL+B** y arrastrando biselamos la parte superior. Una vez tengas el biselado pulsa **F6** y en la opción *Amount* le damos el valor 0.050 y en la opción *segments* lo dejamos en 1.

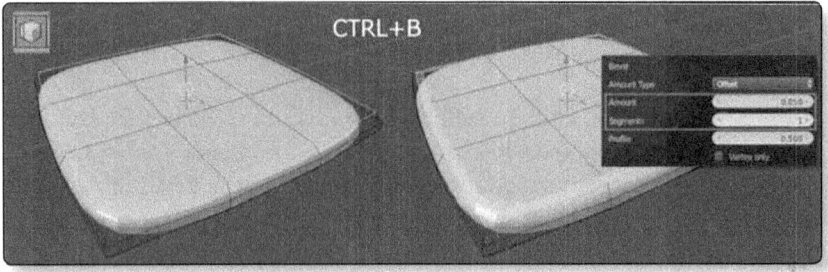

Figura 5.21. Biselado del cojin

Seleccionamos las caras interiores de alrededor del cubo de la parte superior y pulsando **TECL_I** y arrastrando con cuidado para crear una nueva cara interior. Selecciona esta nueva cara y haz una extrusión de en el eje de las (Z) hacia afuera. La idea es que quede una cinta alrededor como parte decorativa.

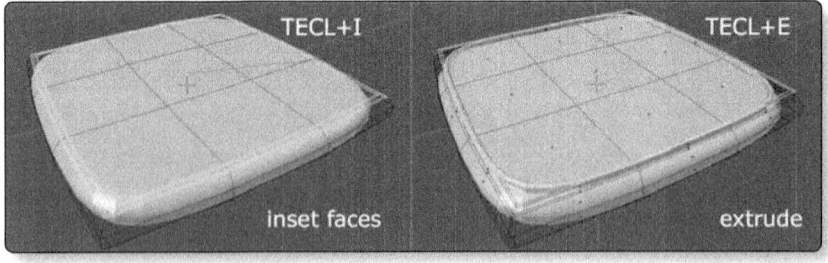

Figura 5.22. Inset faces y extrude

Ahora seleccionaremos las caras interiores del cojín, pulsamos la **TECL_W** y seleccionamos *subdividie*, esta acción nos permite subdividir la parte seleccionada e introducimos el valor 3 en el número de subdivisiones pulsando **F6**.

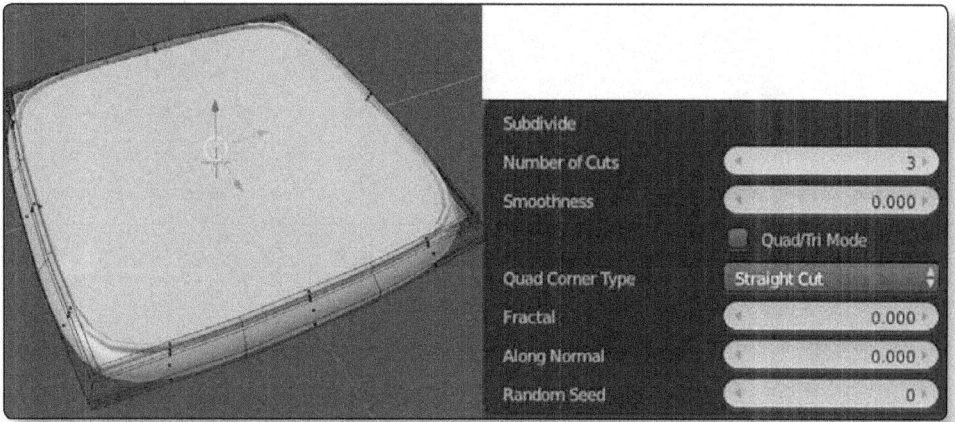

Figura 5.23. Subdivisión de las caras superiores

Seleccionamos cuatro puntos de la parte superior como se muestra en la siguiente imagen y se desplazan hacia abajo. Con la herramienta *Fallof* en modo Esfera seleccionamos el punto central del cojín y lo desplazamos hacia arriba, de manera que quede una deformación suave.

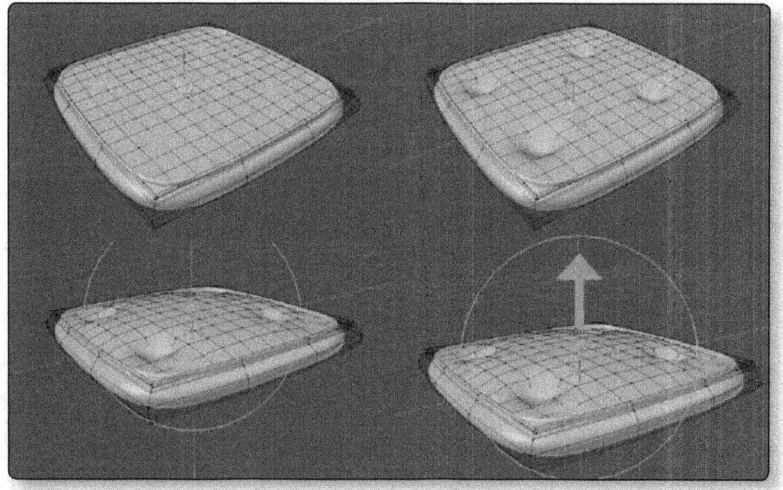

Figura 5.24. Proceso de deformación de la maya subdividida

La idea es que aprendas a utilizar las herramientas que ya conoces y vayas trabajando con las distintas técnicas que se muestran para que consigas modelos como este.

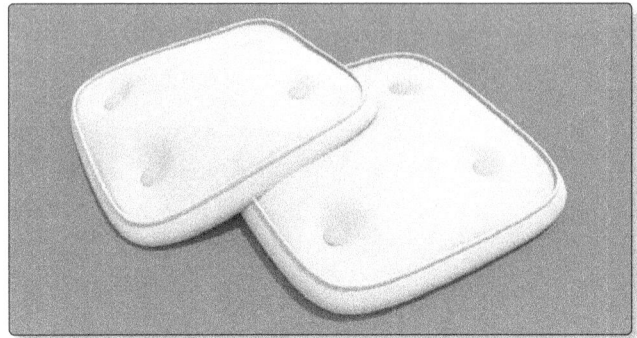

Figura 5.25. Ejemplo de dos cojines subdivididos

5.3 MODIFICADORES

Los modificadores se organizan en cuatro grupos distintos; *Modify, Generate, Deform, Simulate*.

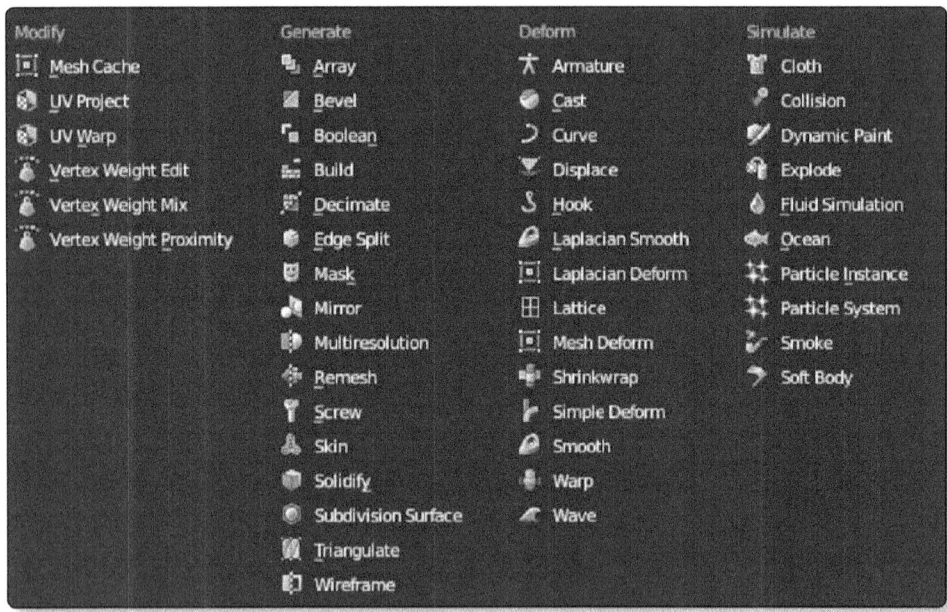

Figura 5.26. Menú de los modificadores

En esta sección se explicaran los más utilizados para que tengas una visión general del potencial que tiene Blender. Estos modificadores son una herramienta muy importante en Blender, con estas herramientas podemos crear deformaciones que simulen elementos como por ejemplo las olas del mar. También hay modificadores que son necesarios para poder trabajar en apartados específicos de Blender como por ejemplo la escultura digital. A continuación se explicaran los más esenciales para este curso, esto no quiere decir que una vez terminado el libro no te sientas capaz de utilizar cualquier otro modificador que no se haya explicado.

El modo en que se van a explicar estos modificadores es una forma sencilla de estudiar cualquier tipo de propiedad paramétrica.

5.3.1 Array

Este modificador nos permite crear copias de un objeto de distintos modos.

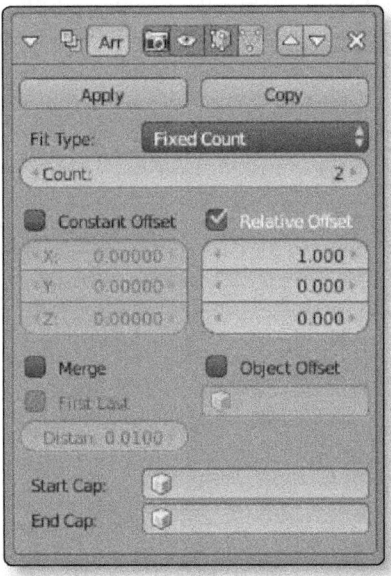

Figura 5.27. Panel de propiedades del modificador Array

Los botones *Apply* y *Copy* nos permiten una vez tengamos configurado las propiedades, aplicar o copiar la acción del modificador de manera permanente.

Figura 5.28. Botones

Hemos dicho que nos permite hacer copias de un objeto de distintas maneras. Este modificador tienen 3 modos de generar copias y las distintas opciones las podemos encontrar en el menú desplegable que se encuentra en el apartado Fit Type. Al hacer clic encima del menú encontramos las siguientes opciones:

▼ **Fixed Count:** nos permite poner el número de copias que necesitemos poniendo el valor manualmente en la barra **Count** o utilizando las flechas para aumentar o disminuir el valor.

Figura 5.29.

▼ **Fit curve:** las copias son encajadas en la forma de una curva. Esta opción es muy útil para hacer cinturones, cuerdas etc En la caja donde pone curve puedes hacer clic encima y se te desplegará una lista para que selecciones una curva, pero atención: primero asegúrate de que has creado una curva; si no la lista estará vacía.

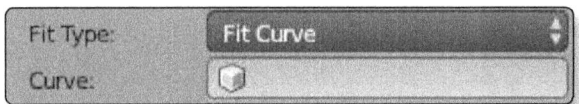

Figura 5.30.

▼ **Fit Length:** las copias se realizan mediante un valor de distancia. Como en la primera opción podemos poner el valor en la barra **Length**.

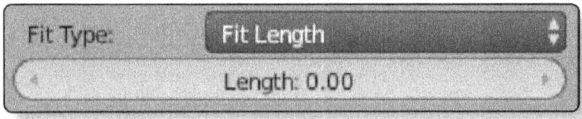

Figura 5.31.

Las siguientes opciones de las propiedades del modificador Array son:

- **Constant Offset**: esta opción nos permite poner los valores en unidades Blender para x,y,z.

- **Relative Offset:** esta opción nos permite poner los valores en porcentaje.

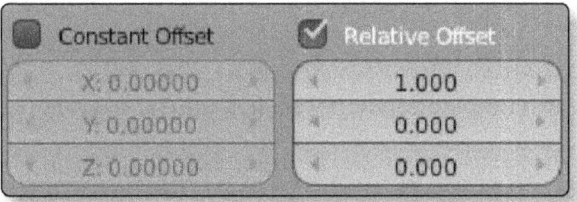

Figura 5.32.

▼ **Object offset:** nos permite vincular las copias a un objeto en particular, de este modo seleccionando el objeto podemos manipular las copias.

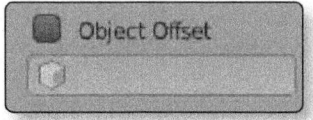

Figura 5.33.

▼ **Merge:** es una opción que une todas las copias y en el caso de que la primera copia y la segunda se lleguen a unir se puede utilizar **First Last** para unirlas acabando de apurar con el valor **Distance.**

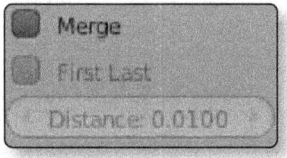

Figura 5.34.

Para finalizar, la última opción de este panel nos da la opción de vincular dos objetos uno para el principio y el otro para el final estos objetos determinan la forma del primer objeto y del ultimo, como la distancia que hay entre ellos.

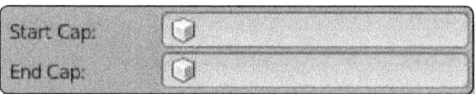

Figura 5.35.

Un ejemplo en donde podríamos utilizar este modificador sería una rueda cinturones, etc.

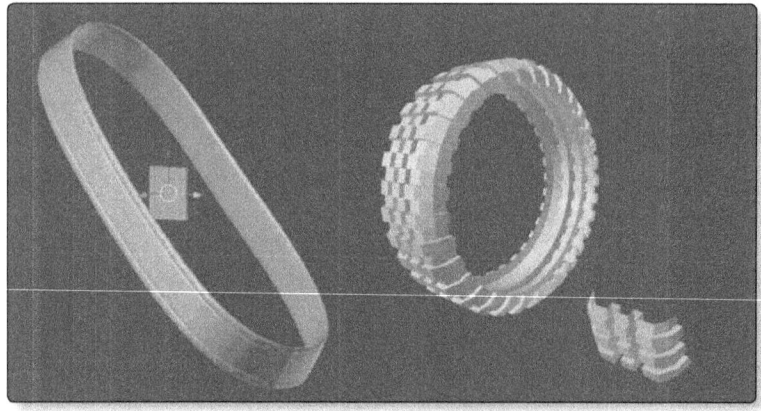

Figura 5.36. Ejemplo de utilización de array

5.3.2 Bevel

Este modificador suaviza las aristas de un polígono de manera que quede más redondo.

Figura 5.37. Panel de propiedades del modificador Bevel

- ▼ *Width:* es el parámetro de anchura del bisel cuanto mayor sea el valor más grande es el bisel.

- ▼ *Segments:* es el número de segmentos que forma el bisel cuanto mayor sea el valor más suave o redondeado quedara el bisel.

- ▼ *Only Vertices:* al activar esta opción limitamos el bisel en los vértices.

- ▼ *Clamp Overlap:* al activar esta opción se realizará el bisel a todas las aristas.

- ▼ *Profile:* con este parámetro controlamos la dirección de la curvatura del biselado. Es decir si los valores se aproximan a 0 la curvatura del bisel es negativa y si los valores se aproximan a 1 el biselado será más duro. Recomiendo para biselados suaves mantenerlo entre los valores 0.4 y 0.6.

5.3.2.1 LIMIT METHOD

En esta sección podemos escoger la limitación del métodos para realizar el biselado.

- ▼ *Angle:* determina con que ángulo queremos realizar el biselado.

- ▼ *Weight:* podemos determinar y limitar el ancho de un bisel entrando en modo edición y seleccionando una arista.

- ▼ *Vertex Gro:* si se selecciona un grupo de vértices anteriormente usted puede biselar solamente ese grupo de vértices.

5.3.2.2 WIDTH METHOD

En esta sección podemos escoger entre varios métodos para realizar el biselado.

- ▼ *Offset:* determina el método por desplazamiento.

- ▼ *Width:* determina el método por tamaño.

- ▼ *Depth:* determina el método por profundidad.

- ▼ *Percent:* determina el método por porcentajes.

5.3.3 Boolean

Este modificador nos permite combinar dos objetos de tres formas distintas. Podemos unir dos objetos, extraer uno del otro o combinar las zonas donde se unen creando una nueva.

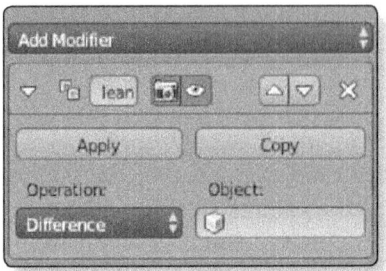

Figura 5.38. Panel de propiedades del modificador Boolean

Primero seleccionamos el objeto que deseamos realizarle la modificación como por ejemplo un cubo. Después creamos una esfera y la uniremos al cubo.

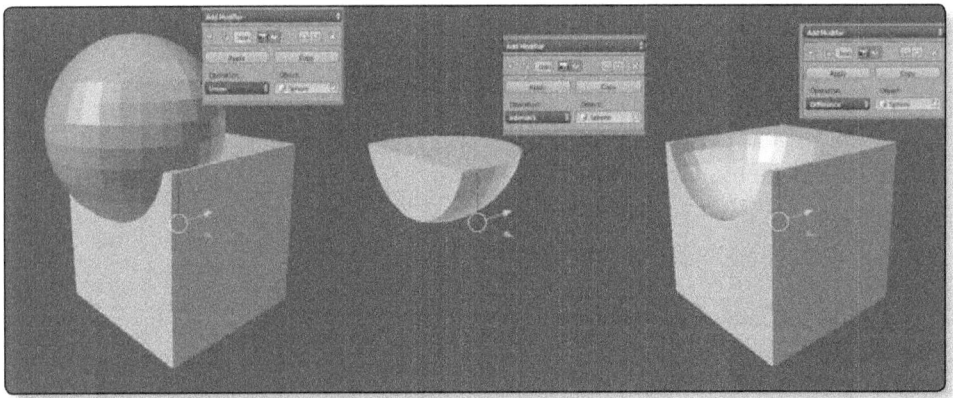

Figura 5.39. Opciones del modificador Boolean

En el apartado **Operation** podemos seleccionar entre las 3 opciones **Difference**, **Union** e **Intersect**.

- **Difference:** es en este caso el cubo menos la esfera.
- **Union:** Une los dos objetos formando uno.
- **Intersect:** el resultado es el espacio donde los dos objetos se unen.

5.3.4 Mirror

Como su nombre indica significa espejo, nos permite crear una copia espejo según el eje que deseemos. Este modificador es esencial y muy utilizado.

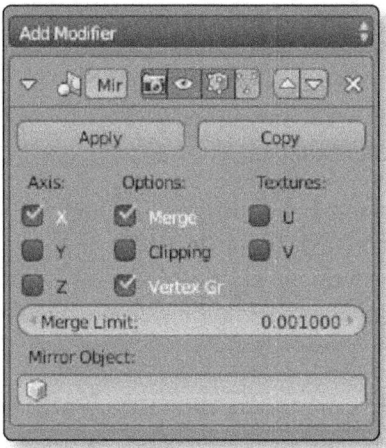

Figura 5.40. Panel de propiedades del modificador Mirror

Podemos crear una copia espejo de la siguiente forma.

Crea la cabeza de mono y entra en modo edición, elimina un lateral y asegúrate de que se encuentra el centro en el eje de coordenadas (0, 0,0).

Una vez que tengas solamente una mitad accede al modificador **Mirror** con el objeto seleccionado y te aparecerá la otra mitad. Solamente tienes que seleccionar en que eje de coordenadas **(X,Y,Z)** quieres que se proyecte la copia **mirror**.

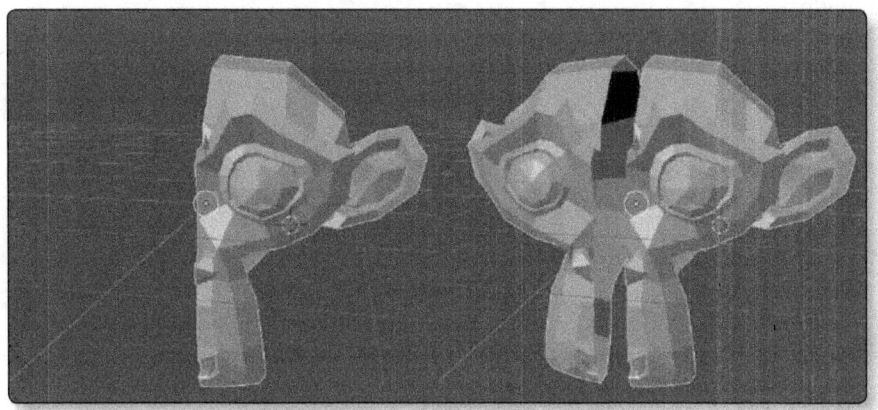

Figura 5.41. Resultado del modificador Mirror

Si entras en el modo edición y seleccionas todos los puntos alejándolos de eje central verás que queda una distancia entre las dos partes como se muestra en la imagen anterior.

Las opciones de este modificador son:

- ▼ *Merge*: esta opción una vez confirmes la ejecución de este modificador los puntos que estén próximos entre si se unirán. Debajo de estas opciones tienes una barra numérica donde puedes configurar el límite de proximidad entre puntos.

- ▼ *Clipping:* esta opción permite que los puntos que pertenecen al centro del eje, es decir la zona de unión de las dos mitades, permanezcan siempre en este eje, de manera que si seleccionamos todos los vértices del objeto y los alejamos del centro de unión siempre quedaran los vértices del centro unidos.

- ▼ *Vertex Group:* esta opción intentará simetrizar los grupos de vértices existentes.

- ▼ *Textures:* las opciones U y V permiten simetrizar respectivamente las coordenadas de textura U y V.

- ▼ *Mirror Object:* podemos utilizar otro objeto como punto de referencia en la simetría.

5.3.5 Screw

Este modificador nos permite crear formas helicoidales como por ejemplo un muelle.

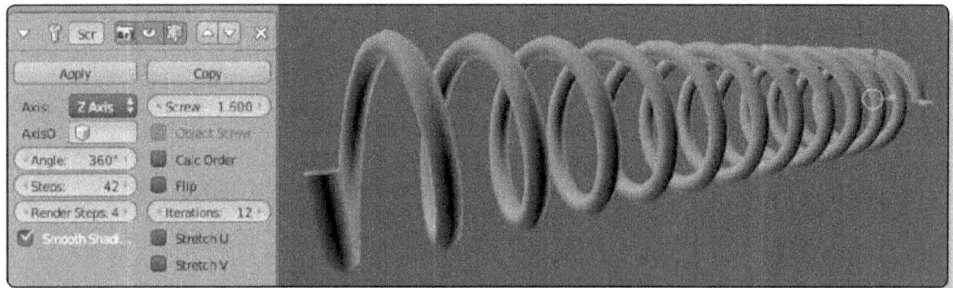

Figura 5.42. Resultado del modificador Screw

- **Axis:** los ejes a lo largo de los cuales se construirá la hélice.
- **Screw:** la altura que tomará la función helicoidal.
- **AxisOb:** el nombre de un objeto para definir la dirección de los ejes.
- **Object Screw.** Esta opción funciona cuando se selecciona un objeto por medio de la opción Axis Object la cual toma este objeto para definir el valor de Screw.
- **Angle:** Grados para una sola revolución de hélice.
- **Steps:** número de pasos usados para una sola revolución
- **Render Steps:** igual que el anterior, pero usado en tiempo de renderizado. Cuanto mayor es el valor mayor es la calidad.
- **Calc Order:** se calcula el orden de las aristas para evitar problemas con las normales.
- **Flip:** invierte la dirección de las normales.
- **Iterations:** número de revoluciones.

5.3.6 Solidify

El modificador Solidificar toma una superficie plana de cualquier malla y le agrega grosor.

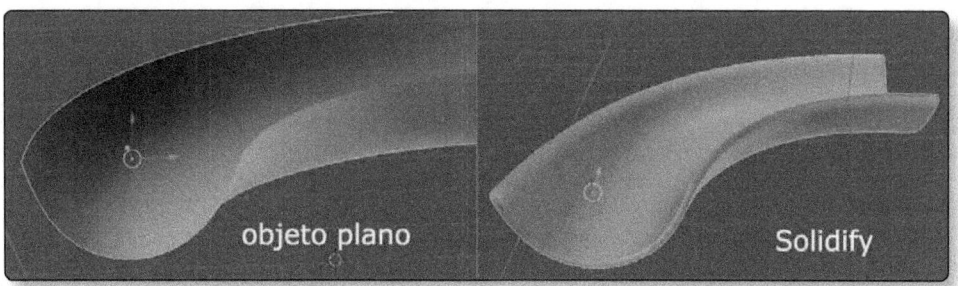

Figura 5.43. Resultado del modificador Solidify

Las opciones de las que dispones son las siguientes:

Figura 5.44. Opciones de Solidify

▼ *Thickness:* el grosor generado.

▼ *Offset:* Un valor entre -1 y 1 para que el grosor se posicione dentro o fuera de la malla original. El valor cero, centrará el resultado en la malla original.

▼ *Clamp:* Un valor entre 0 y 2 para mover las zonas conectadas y poder evitar que se superpongan.

▼ *Vertex Group:* restringe el modificador únicamente a este grupo de vértices.

▼ *Crease:* estas opciones están hechas para utilizarlas junto con el modificador **Subdivision Surface** y hace la función de pliegue.
  • *Inner:* asigna un pliegue a los bordes interiores.
  • *Outer:* asigna un pliegue a los bordes exteriores.
  • *Rim:* asigna un pliegue al canto.

▼ *Even Thickness:* mantiene el grosor ajustándolo en las esquinas afiladas. Puede mejorar la calidad pero también incrementa el tiempo de render.

▼ *High Quality Normals:* las normales se calculan para traducir un grosor más regular. Algunas veces mejora la calidad pero también incrementa el tiempo de render.

▼ *Fill Rim:* rellena el vacio que hay entre los bordes interior y exterior.

▼ *Rim Material:* Utiliza el segundo material del objeto para el canto, se considera como relativo al material actual.

5.3.7 Wireframe

El modificador wireframe transforma una malla en una estructura de alambres poligonal que toma como referencia las aristas de la malla. Es importante hacer notar que la malla debe contener caras para poder ser convertida en estructura de alambres.

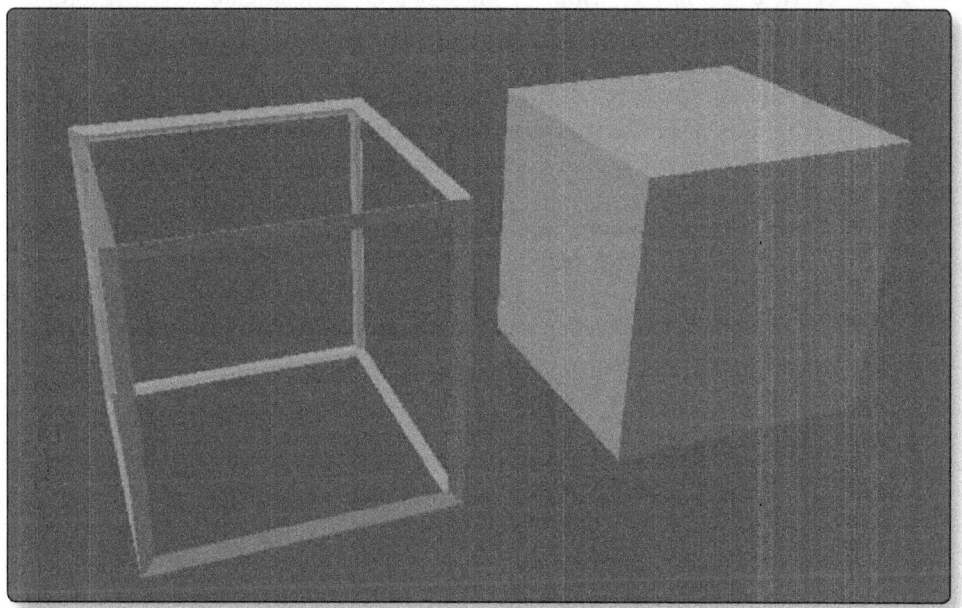

Figura 5.45. Resultado del modificador wireframe

Las opciones de este modificador se describen a continuación.

Figura 5.46. Parámetros de configuración de wireframe

▼ *Thickness:* define el grosor de la estructura alámbrica generada.

▼ *Offset:* un valor entre -1 y 1 para que el grosor se posicione dentro o fuera de la malla original.

▼ *Vertex Group:* restringe el modificador únicamente a este grupo de vértices.

▼ *Crease Edges:* esta opción está pensada para ser usada en conjunto con el modificador **Subdivision Surface**. Habilitar esta opción para crear pliegues a la unión de bordes y evitar grandes intersecciones de curvas.

▼ *Crease Weight:* define la cantidad de pliegue (entre 0 = ninguno y 1 = completo) que deben recibir las uniones.

▼ *Even Thickness:* permite mantener el grosor, con el ajuste en las esquinas agudas. A veces mejora la calidad, pero también aumenta el tiempo de render.

▼ *Relative Thickness:* determina el grosor de los bordes, según la longitud del mismo - por tanto, los bordes más largos serán más gruesos.

▼ *Boundary:* crea **wireframes** en los límites de la isla de malla.

▼ *Replace Original:* si esta opción se encuentra habilitada, la malla original es reemplazada por la estructura alámbrica. De lo contrario, la estructura de alambre será generada sobre la malla.

▼ *Material Offset:* usa el índice de material indicado como material de la estructural de alambre; es aplicado como un desplazamiento a partir del primer material.

5.3.8 Lattice

Es un modificador que te va ayudar a deformar tus objetos utilizando una estructura de puntos y aristas también llamada jaula.

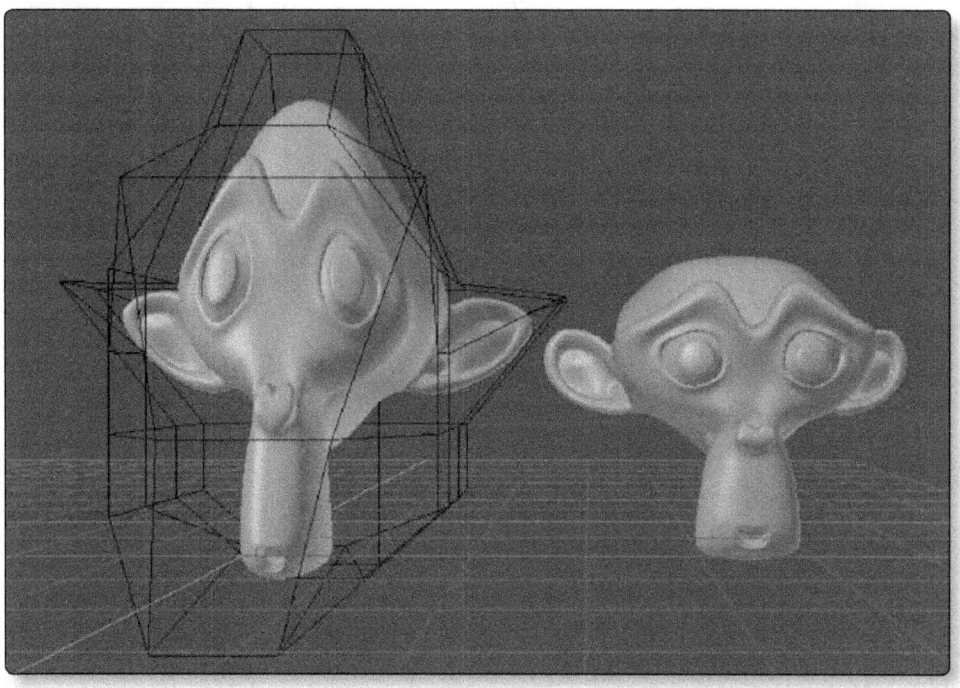

Figura 5.47. Muestra de cómo se deforma un objeto con lattice

Para crear un **lattice** debemos acceder desde el panel lateral izquierdo del visor 3D en la pestaña *Create > Lattice.*

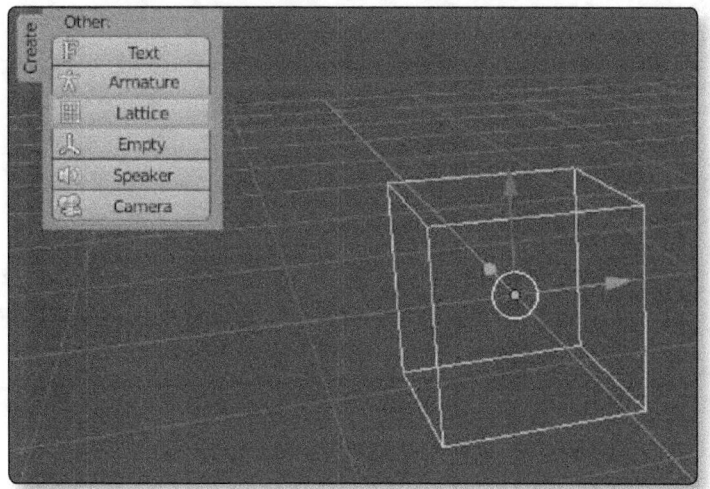

Figura 5.48. Lattice

Se nos aparecerá una especie de cubo en el visor 3D, lo seleccionamos y en el panel de propiedades podremos ver un nuevo botón con las propiedades de Lattice.

Figura 5.49. Propiedades de Lattice

En las propiedades puedes cambiarle el nombre de por medio de la caja de textos y en los apartados UVW puedes introducir el número de arista que quieres que tenga el **Lattice**. La opción **Outside** es por si solamente quieres que se subdivida por fuera sin crear subdivisiones por dentro del **Lattice**.

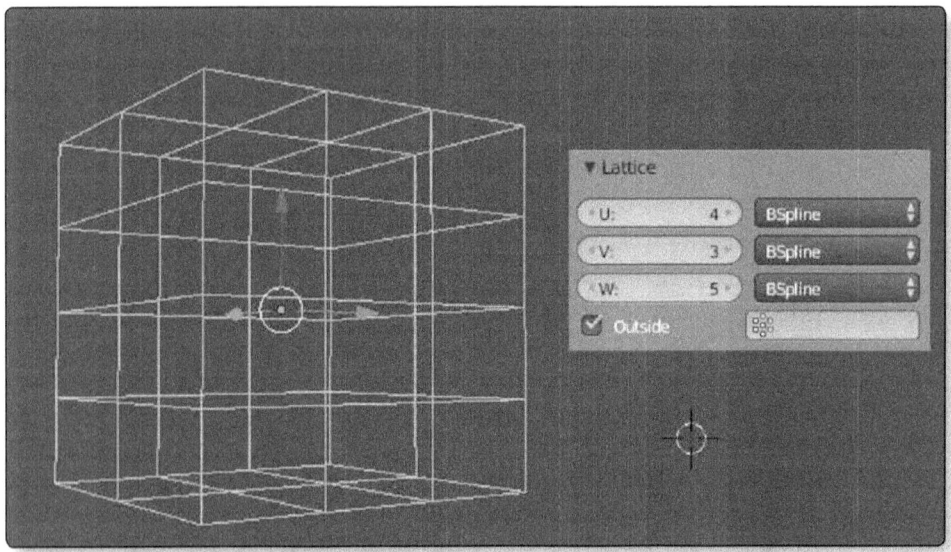

Figura 5.50. Configuración del Lattice

Una vez ya tenemos el **Lattice** preparado solamente tenemos que poner el objeto que queremos deformar dentro de nuestra jaula. Seleccionar el objeto en este caso el mono y en el apartado de modificadores seleccionaremos el modificador **Lattice** y dentro de las propiedades seleccionamos el **Lattice** que tenemos creado.

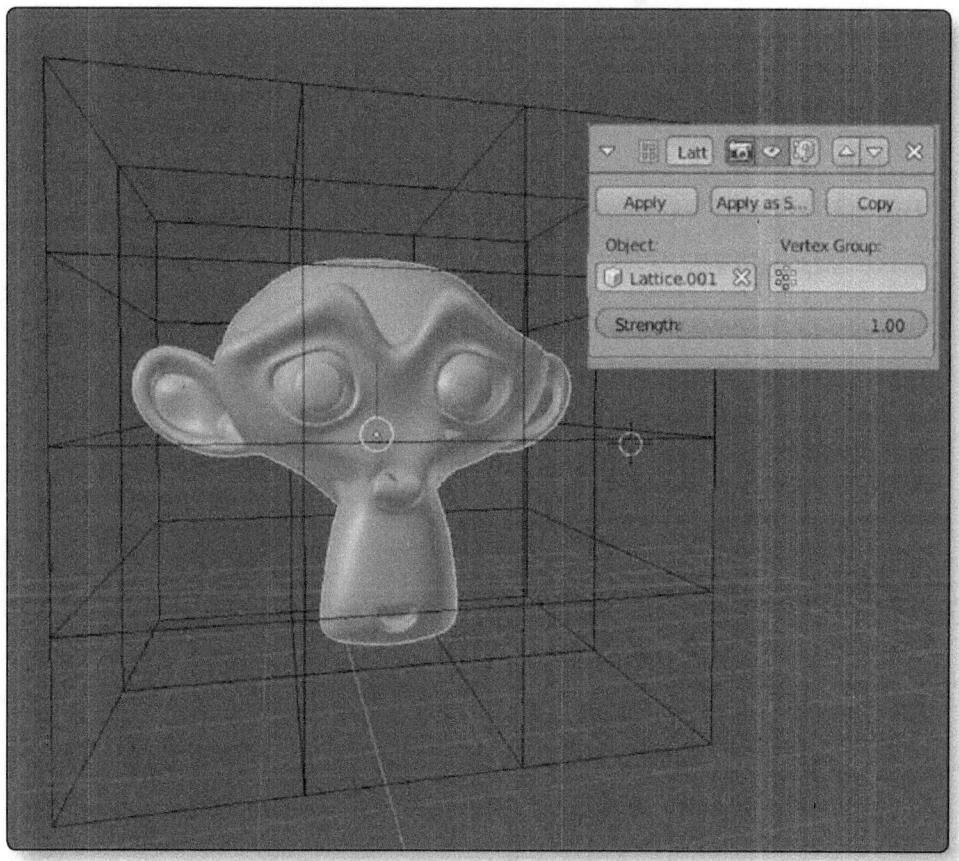

Figura 5.51. Configuración del modificador Lattice

Ahora que tenemos vinculado el objeto a nuestro Lattice seleccionamos este y en modo edición movemos algunos de sus puntos. Si todo esta correcto, cuando muevas un punto o varios también se moverá la superficie del objeto.

PROYECTO PRÁCTICO

5.4 PROYECTO MODELADO SUBDIVISIÓN

5.4.1 Creación de una guitarra

En este proyecto vas a crear un ejercicio muy completo y también con un nivel de complejidad considerable. No pretendo crear frustración pero si no intentas superarte siempre acabaras creando los cubos y esferas que suelen hacer la gran mayoría.

Con este proyecto te quiero demostrar que con las herramientas que has aprendido hasta ahora puedes crear cualquier objeto que desees, solamente tienes que tomarte tu tiempo y practicar.

El proyecto es un ejemplo de cómo se puede modelar una guitarra y no es el único camino, siéntete libre de investigar e intentar crear tus propios modelos de esta forma será como vas a mejorar.

Es importante que termines el proyecto aunque no te quede igual, si consigues terminarlo podrás pasar al siguiente nivel.

5.4.1.1 ABRIENDO EL PROYECTO

Si abrimos el proyecto *Pro_5_Start* verás que la imagen de referencia ya está puesta si lo desea puede eliminarla y volverla a ponerla. Verás que la interfaz está dividida en tres ventanas para realizar este proyecto. A continuación he dividido el modelado de la guitarra en distintas partes para que te resulte más fácil seguir el proyecto.

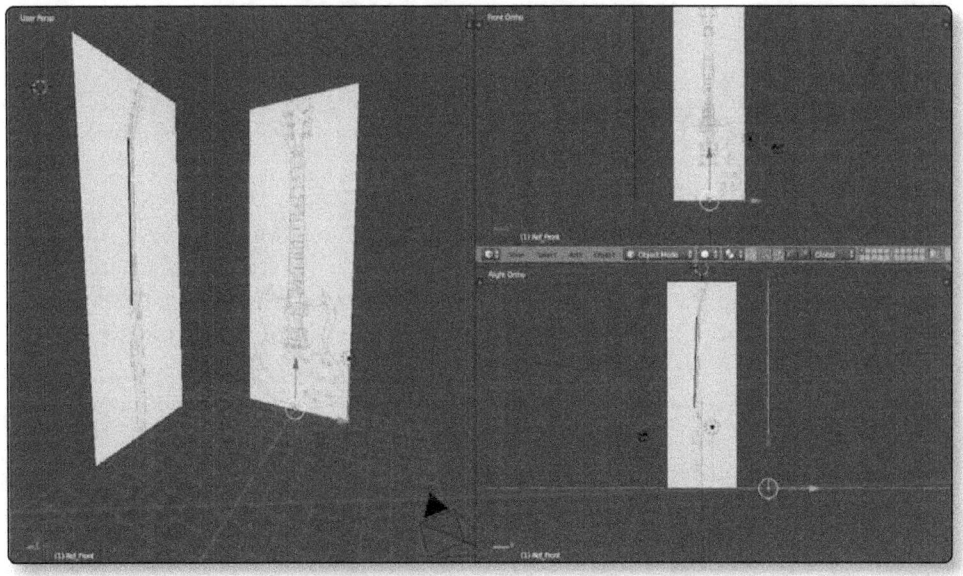

Figura 5.52. Vista del inicio del proyecto

Verás que con muy pocas herramientas puedes modelar cualquier cosa. En el DVD podrás encontrar un video de cómo se realiza este proyecto.

5.4.1.2 EL CUERPO DE LA GUITARRA

Empezaremos creando un cubo **SHIFT+A** y selecciona *Mesh > cube.* Como en la interfaz de usuario tenemos creada las vistas **Front** y **Right** proyectadas en modo **Ortho** podremos ir trabajando en las dos vistas.

El cubo que hemos creado lo posicionaremos en el centro de nuestras imágenes de referencia y lo escalamos aproximadamente y de forma que se adapte a nuestra imagen de referencia.

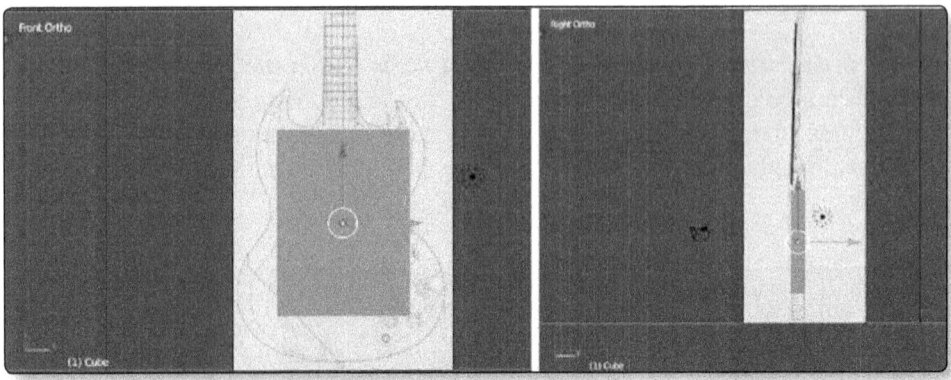

Figura 5.53. Posicionar y escalar el cubo

Con el cubo seleccionado entramos en modo edición y con la herramienta **Loop Cut and Slide** que podemos acceder pulsando **CTRL+R** subdividimos el cubo en varias secciones. No quiero decir un número exacto de subdivisiones porque intento que empieces a utilizar las herramientas con tus propias decisiones.

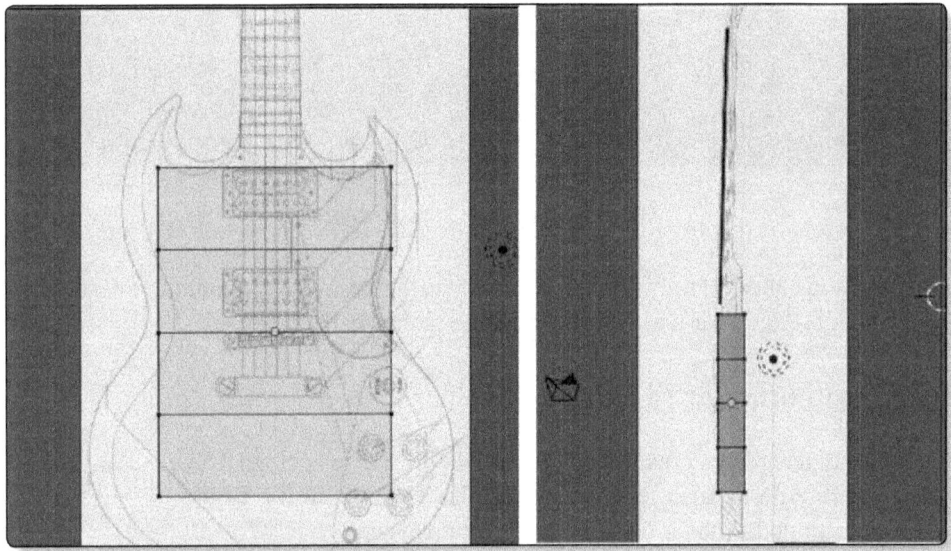

Figura 5.54. Modo edición división con la herramienta Loop cut and slide

Una vez hechas las secciones en modo vértice seleccionamos las esquinas y las movemos de forma que vayamos adaptando la geometría del cubo a la imagen de referencia utilizando tanto la vista front como la vista right.

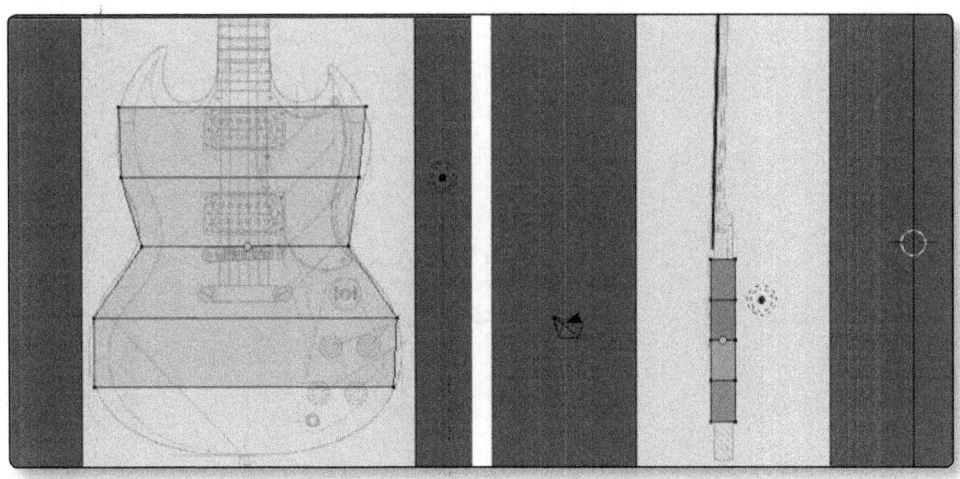

Figura 5.55. Modo edición movemos los vértices

Seguimos añadiendo secciones al cubo pero esta vez verticales para poder seguir creando la forma.

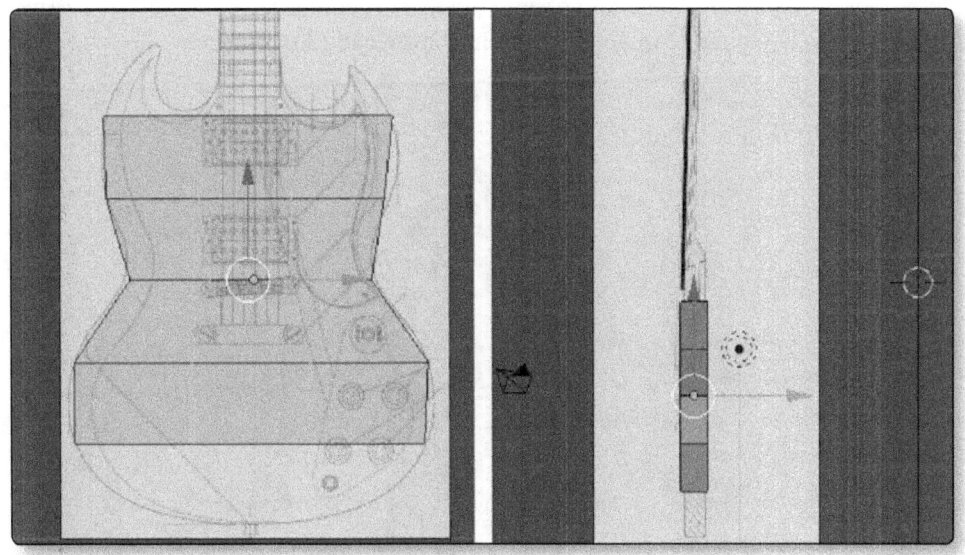

Figura 5.56. Modo edición creamos nueva aristas interiores

Ahora seleccionamos los vértices exteriores que hemos creado nuevos y los desplazamos verticalmente de manera que la geometría vaya tomando la forma del dibujo.

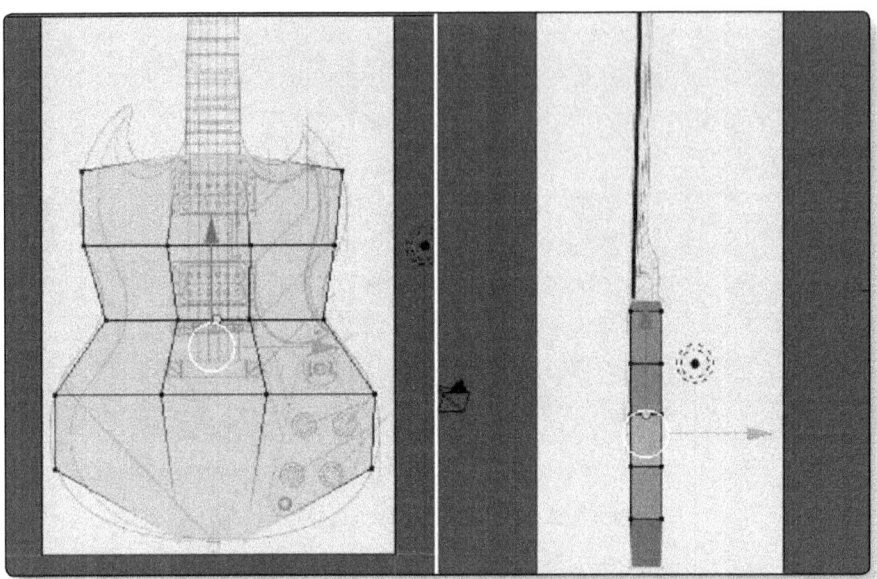

Figura 5.57. Modo edición movemos los vértices

Volvemos a crear nuevas artistas para que la geometría se adapte mejor como se muestra en la siguiente imagen y seguimos moviendo los vértices.

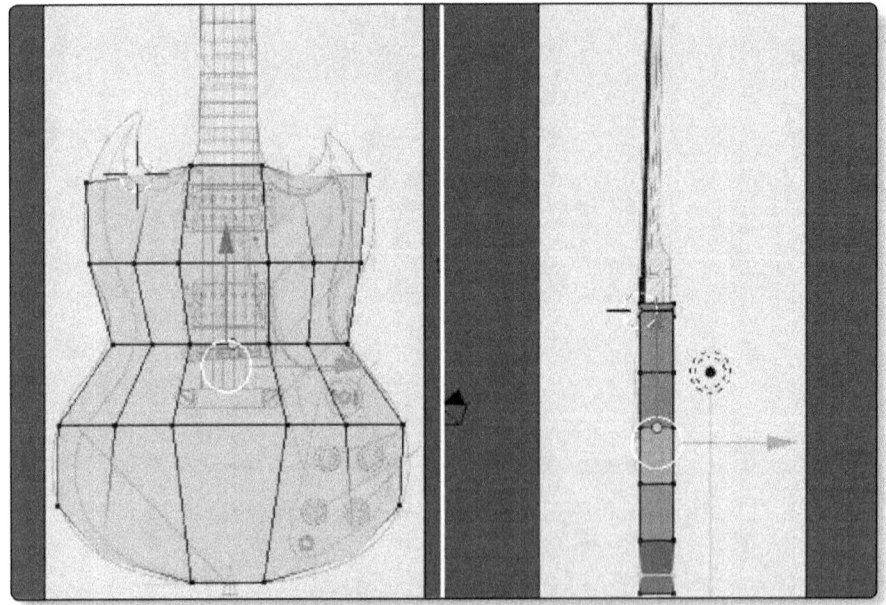

Figura 5.58. Modo edición creamos nueva aristas interiores

Ahora crearemos los cuernos de la guitarra. En modo cara seleccionamos las caras superiores del cubo en donde la imagen muestra que van a salir los cuernos y utilizaremos la herramienta extrude individual pulsando la **TECL_E** y desplazando la nueva cara hacia arriba. Extrudimos y escalamos de forma que se adapte al dibujo.

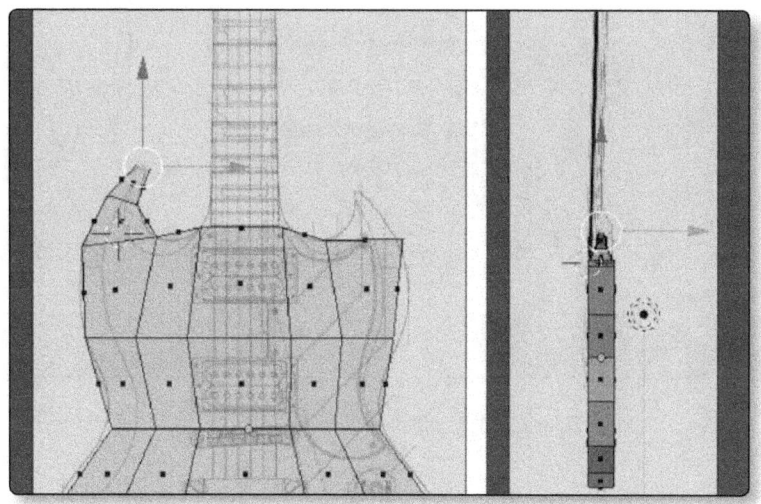

Figura 5.59. Modo edición Extrusión de los cuernos

En el otro lado realizaremos la misma acción intentando que se parezca a la imagen.

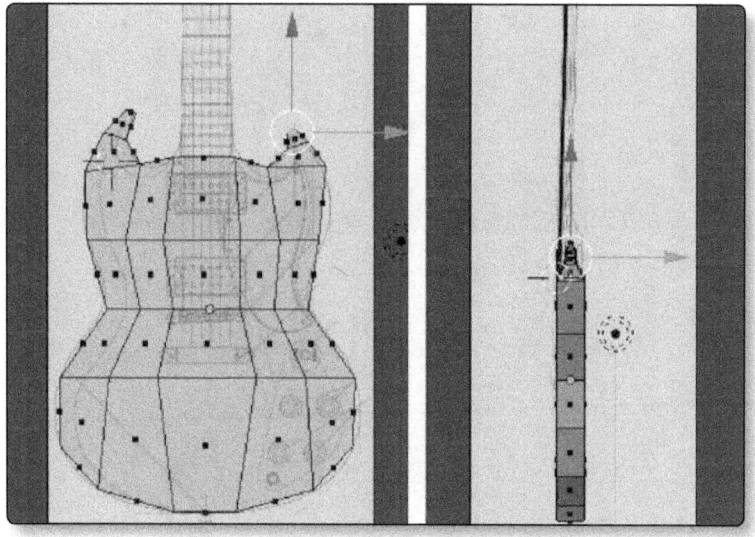

Figura 5.60. Extrusión del cuerno pequeño

Si es necesario crearemos más geometría para intentar que se adapte mejor al dibujo y una vez que quedes satisfecho con el resultado le aplicaremos el modificador **Subdivisión Surface** para obtener un resultado más suave y más aproximado al real.

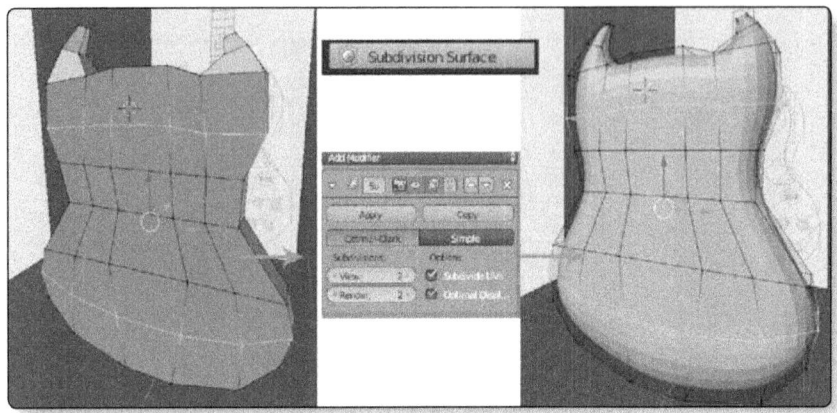

Figura 5.61. Modificador Subdivision Surface

Seleccionamos todas las caras que forman la parte frontal y la parte trasera como se muestra en la siguiente imagen. Con las caras seleccionadas le aplicamos la herramienta *Inset Faces* que puedes acceder pulsando la **TECL_I**, crearás una nueva arista que rodeará la parte seleccionada, debes escalarla un poco hacia el interior.

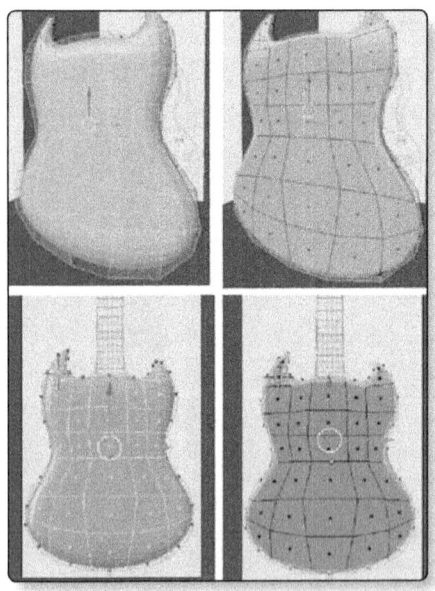

Figura 5.62. Herramienta Inset Faces

Ahora seleccionamos las aristas exteriores de la parte frontal y la parte trasera y las escalamos hacia el interior de la guitarra en el eje (Y) como se muestra en la siguiente imagen

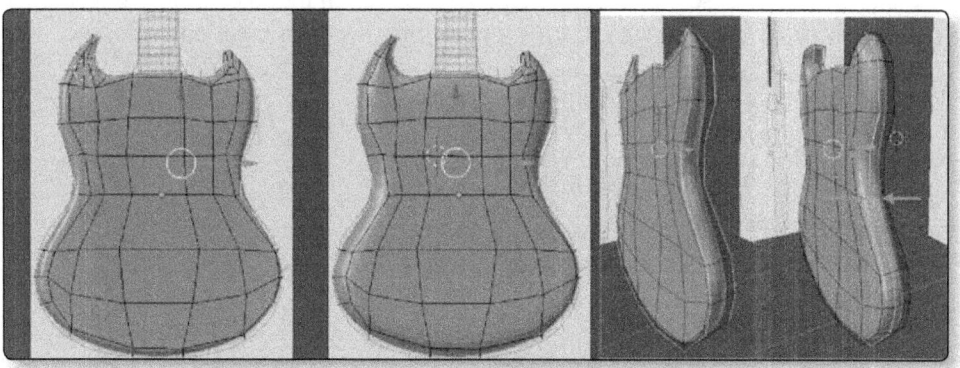

Figura 5.63. Escalado de las aristas exteriores en el eje (Y)

Para finalizar esta primera parte añadiremos una nueva arista con la herramienta **Loop cut and slide** entre las aristas exteriores de la parte frontal y las aristas que hemos escalado anteriormente. Esta nueva arista la desplazamos hacia las aristas de la parte frontal. El acabado tiene que parecerse al que se muestra en la imagen siguiente.

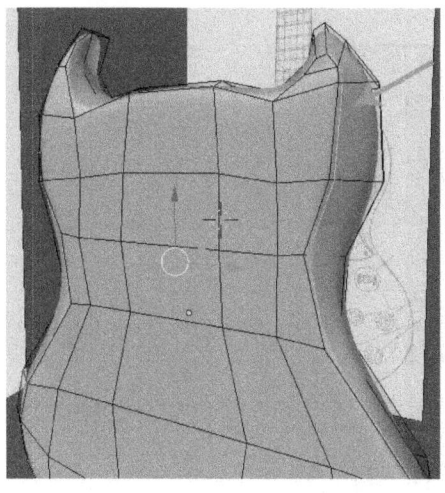
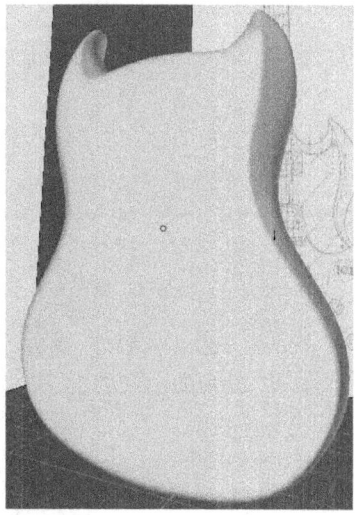

Figura 5.64. Muestra del modelo

5.4.1.3 EL MÁSTIL DE LA GUITARRA

Para el mástil creamos un cubo **SHIFT+A** y selecciona *Mesh > cube*. Posicionamos el cubo y lo escalamos de forma que se adapte a la imagen de referencia. En este caso en concreto será mejor entrar en modo edición y seleccionar los vértices superiores, para escalarlos y posicionarlos en el lugar correcto.

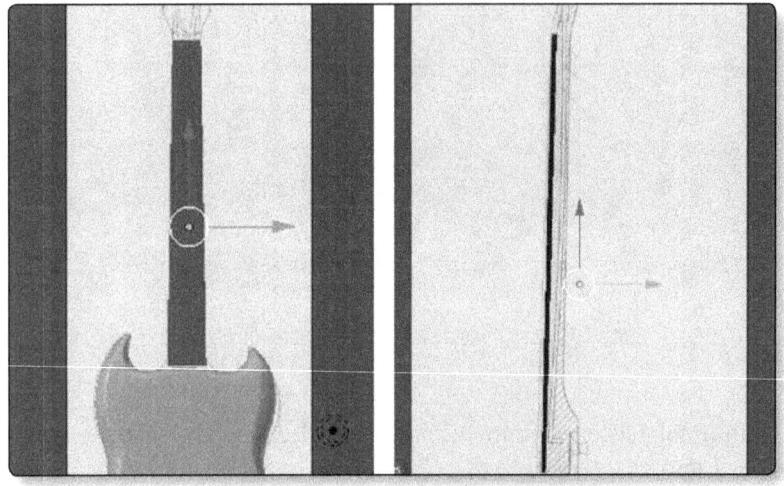

Figura 5.65. Creación de un cubo para el mástil

Duplicamos el mástil y lo posicionamos detrás de este para crear la parte de atrás del mango de la guitarra.

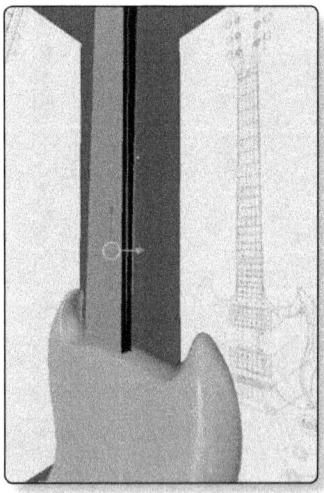

Figura 5.66. Duplicamos el mástil

Para que la parte de detrás del mástil se adapte a la imagen crearemos nueva geometría utilizando la herramienta **Loop cut and slide** pulsando **CTRL+R** y desplazando los vértices utilizando la imagen como referencia.

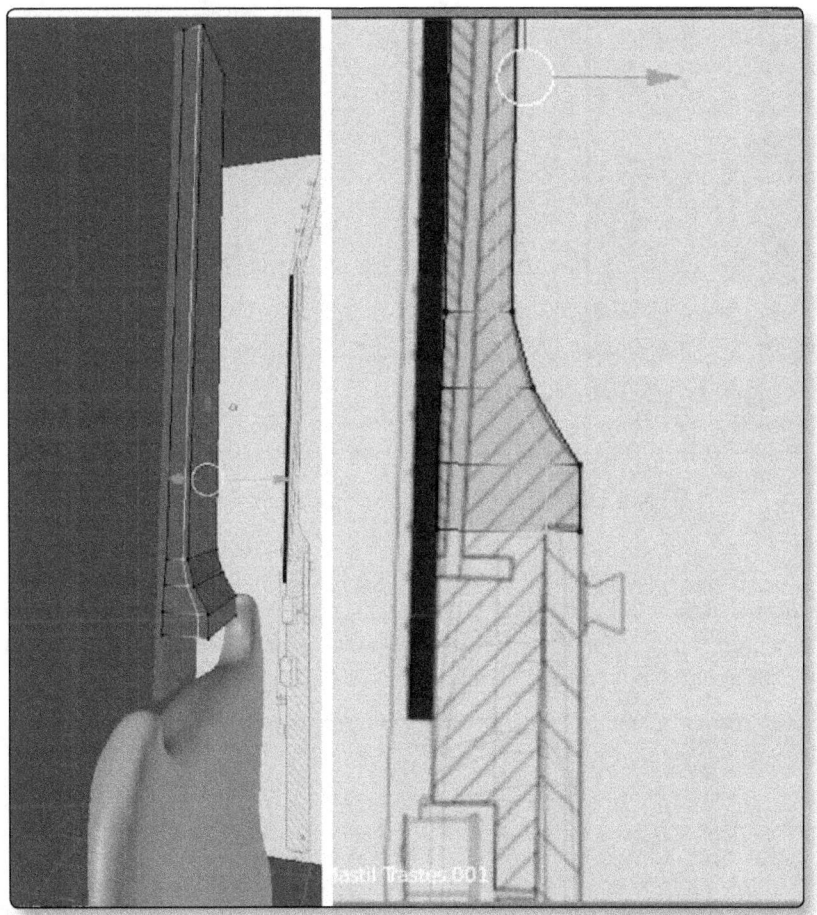

Figura 5.67. Loop cut and slide para crear nueva geometría

Seleccionamos la cara inferior de la parte trasera del mástil y pulsando **TECL_E** extrudimos hacia abajo como se muestra en la siguiente imagen.

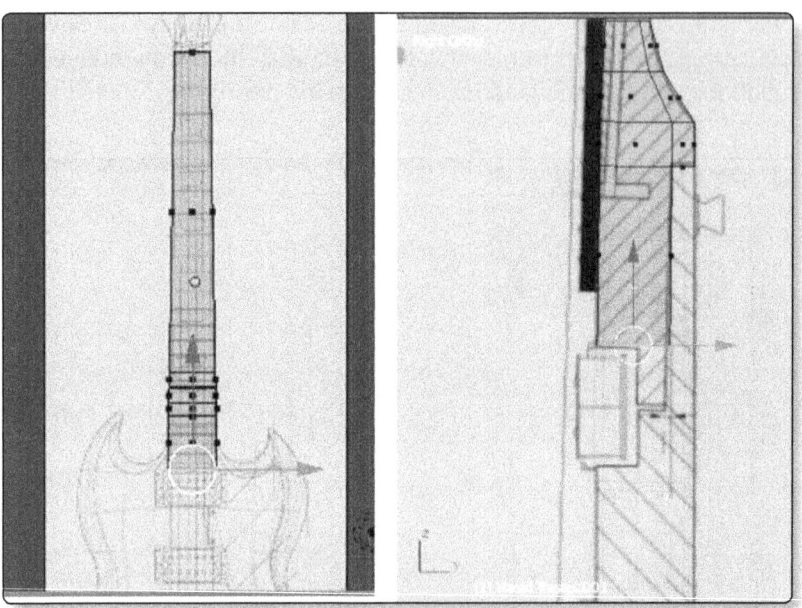

Figura 5.68. Extrusión de la cara inferior del mástil de atrás

Si te fijas en la imagen de referencia verás que la parte superior del cuerpo de la guitarra tiene que tocarse con el mástil, así que seleccionaremos el cuerpo de la guitarra y entraremos en modo edición para hacer un extrude de las caras de arriba y crear nueva geometría para que encajen el mástil y la guitarra.

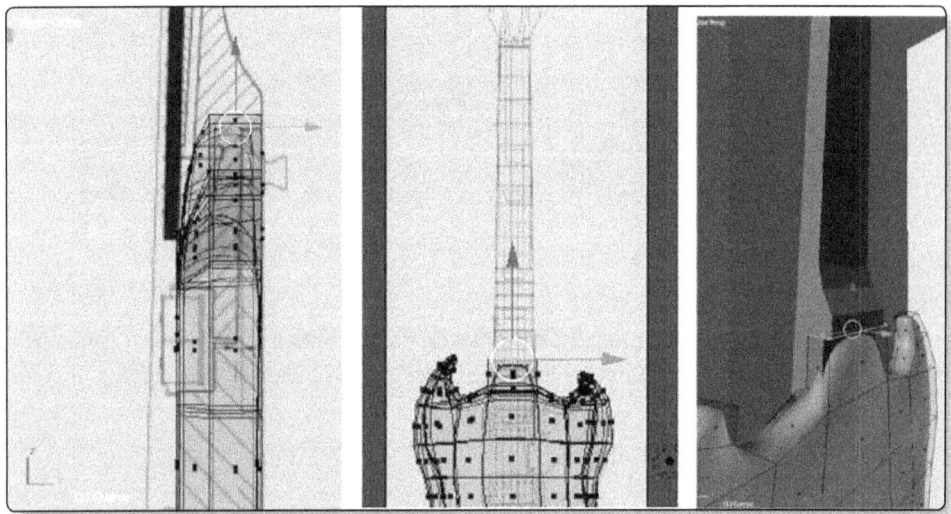

Figura 5.69. Extrude de las caras superiores del cuerpo de la guitarra

Crearemos nuevas aristas en la parte superior e inferior para que las esquinas sean más duras y así encaje mejor con la pieza superior. Para crear las aristas seguimos utilizando la herramienta *Loop cut and slide.*

Figura 5.70. Creación de nuevas aristas

Aplicaremos el modificador subdivisión Surface a un nivel 2 y del agregaremos como hasta ahora hemos hecho distintas aristas para que la pieza se adapte mejor tanto a la imagen de referencia como a la pieza inferior. Intenta seguir las imágenes que se muestran a continuación.

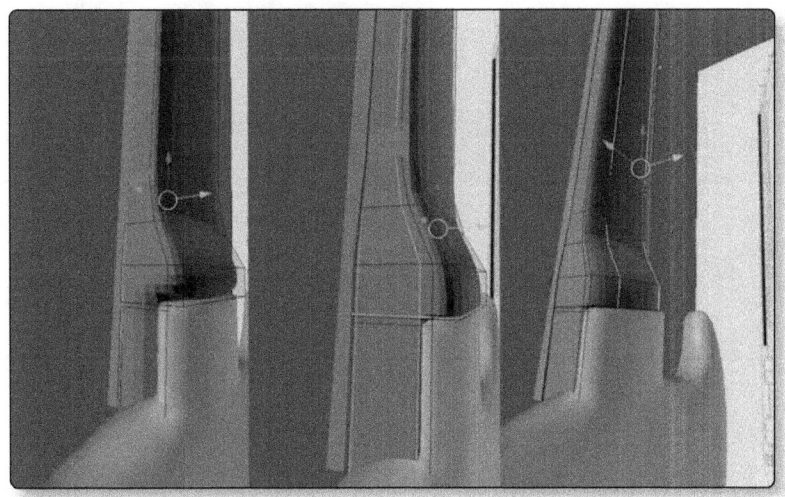

Figura 5.71. Creación de nuevas aristas

En la parte superior del mástil de detrás crearemos una nueva arista para que la esquina sea más dura. También con la misma herramienta anterior.

Figura 5.72. Creación de una arista

Seleccionamos las caras de la parte superior, hacemos una extrusión y la desplazamos hacia arriba y la posicionamos basándonos en las imágenes.

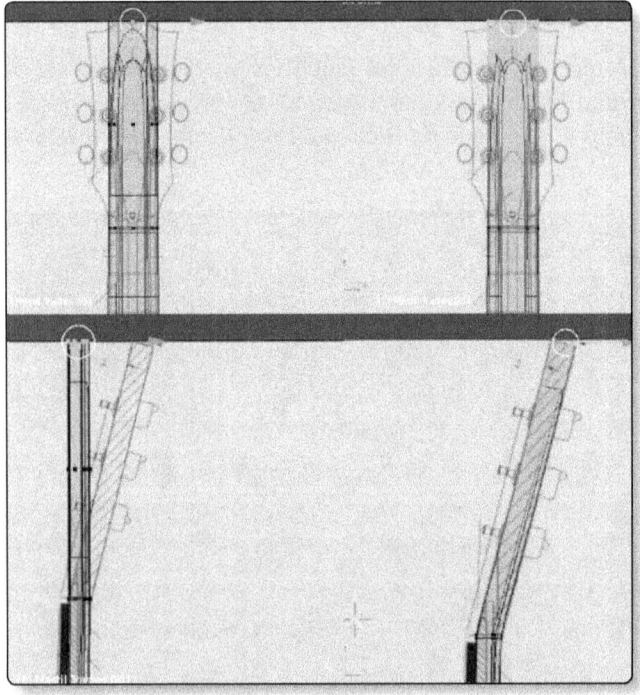

Figura 5.73. Creación de la parte superior del mástil

Como te habrás dado cuenta a estas alturas lo único que hacemos es agregar geometría e ir posicionando los vértices para qué tome forma el objeto. El siguiente paso es exactamente lo mismo. El único inconveniente que encontramos ahora es que al desplazar los vértices tendrás que utilizar la orientación Local o en según qué vértices la orientación Normal.

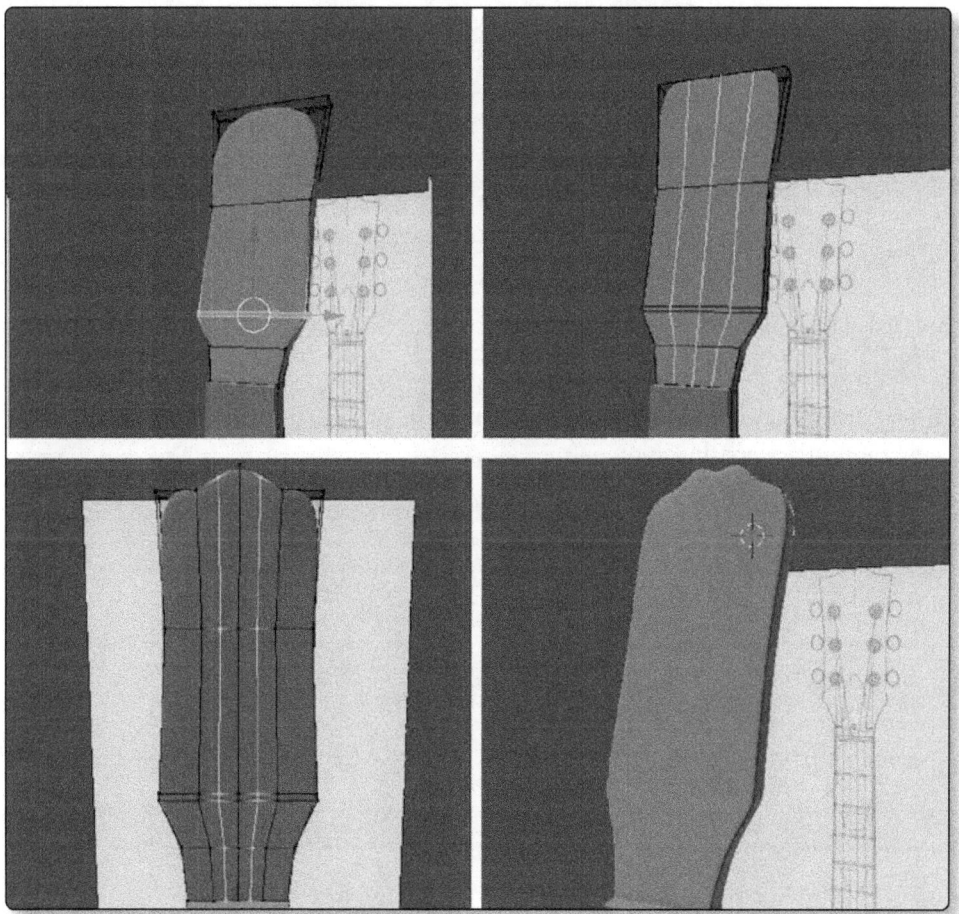

Figura 5.74. Creación de la base del clavijerol o cabeza

Cuando creamos nueva geometría tenemos que asegurarnos de que se reparte adecuadamente en este caso al crear la base del clavijero hemos creado nueva geometría en la parte inferior. Selecciona algunos vértices y posiciónalos de manera que encaje bien con el mástil.

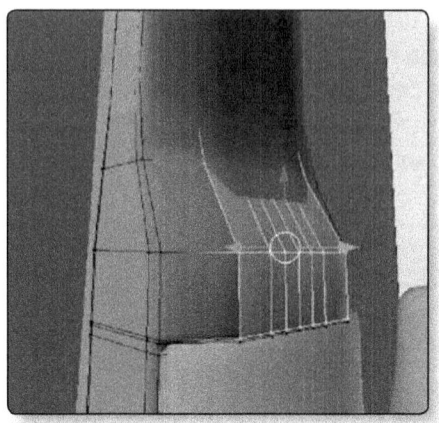

Figura 5.75. Adaptar los vértices de la base del mástil

5.4.1.4 LOS TRASTES DE LA GUITARRA

Crearemos un cubo y lo posicionaremos en la parte superior del mástil frontal. Escalamos y posicionamos los vértices de manera que se parezca a la imagen que se muestra a continuación.

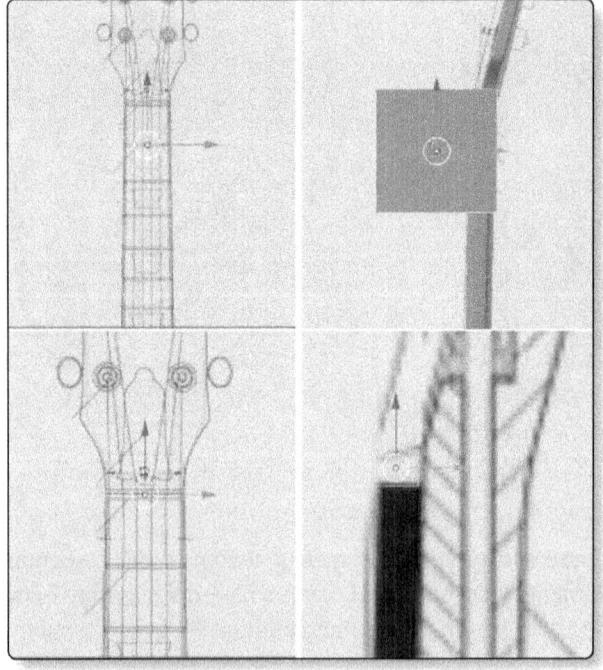

Figura 5.76. Creación de la cejilla principal

Para la creación de los trastes podemos duplicar la cejilla principal y agregarle dos aristas en la parte frontal para dale un aspecto un poco más redondo como se muestra a continuación. Una vez tengas modelada una, solamente tienes que duplicarla y escalarla a lo largo del mástil.

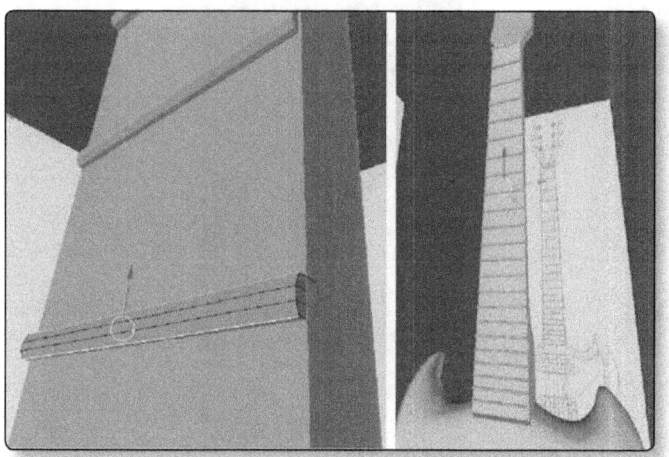

Figura 5.77. Trastes

La guitarra también tiene unas marcas en los trastes que sirven como guía para el guitarrista. Crea como hasta ahora un cubo agrégale la geometría necesaria y adáptala a la imagen. Cuando tengas hecho el primero podrás duplicar posicionar y en este caso tendrás que modificar un poco el tamaño según te acerques al cuerpo de la guitarra.

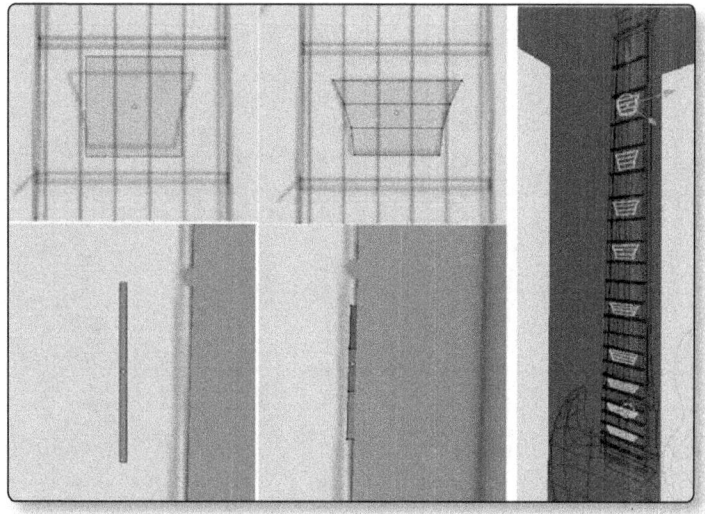

Figura 5.78. Creación de las marcas del diapasón-mástil

La guitarra va tomando forma: verás que hasta ahora no hemos utilizado más de dos herramientas. En los siguientes apartados empezaremos a modelar pequeños detalles como las pastillas los botones, la chapa delantera etc.

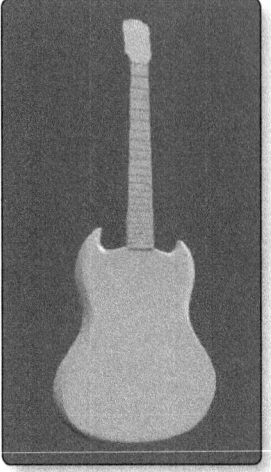

Figura 5.79. Modelo de guitarra

5.4.1.5 LAS PASTILLAS DE LA GUITARRA

Para la pastilla creamos un cubo **SHIFT+A** y selecciona *Mesh > cube*. Posicionamos el cubo y lo escalamos de forma que se adapte a la imagen de referencia. Crearemos 3 cortes horizontales para posteriormente mover los vértices.

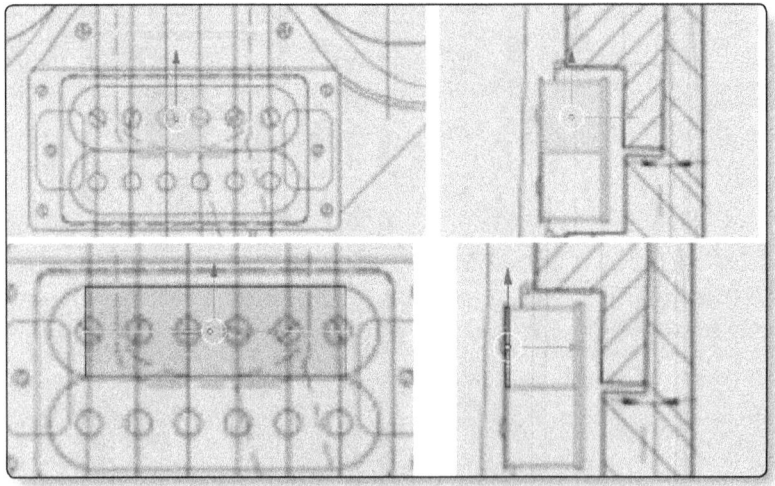

Figura 5.80. Modelado de la pastilla

Como hemos dicho movemos los vértices para que se adapte al dibujo. Seleccionamos las caras tanto de la parte frontal como de la parte de atrás y pulsamos **TECL_I** para crear un *inset faces*.

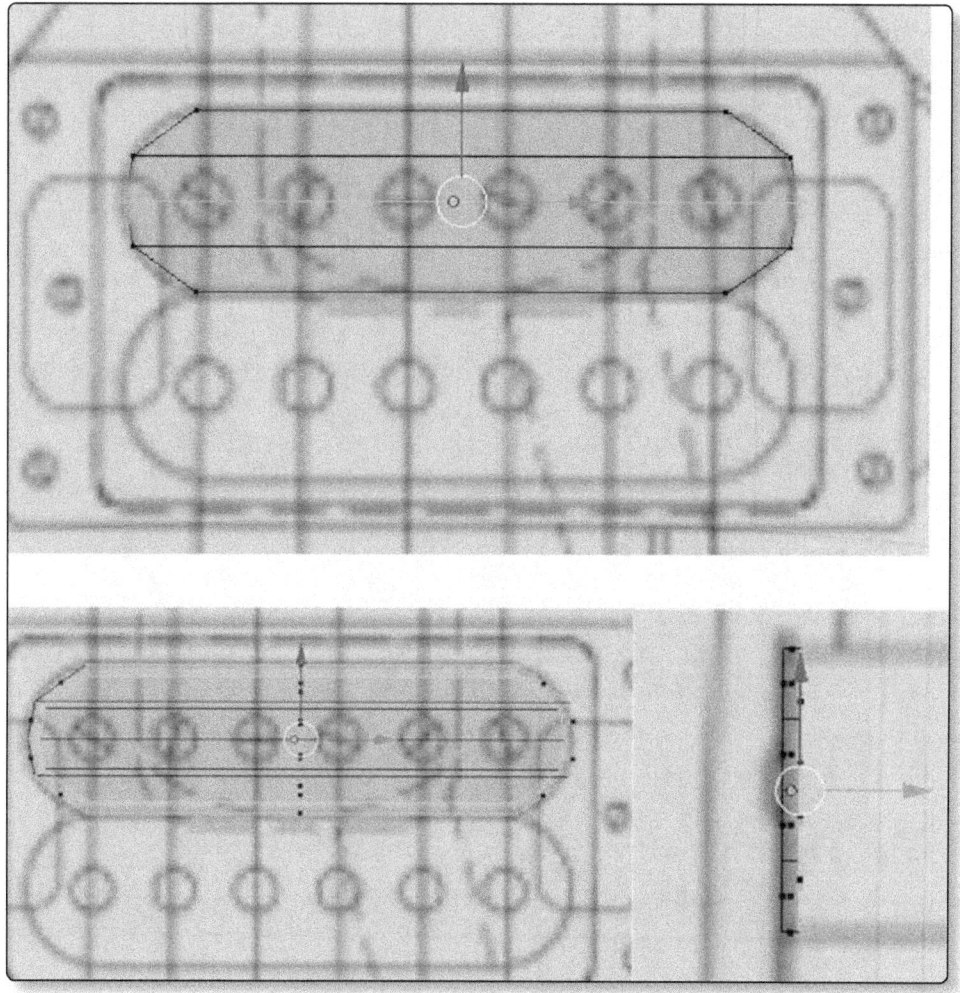

Figura 5.81. Modelado de la pastilla

Seleccionamos las caras interiores que hemos creado al aplicarle la herramienta *inset face* de la parte de atrás y pulsando la **TECL_E** hacemos una extrusión en el eje (Y).

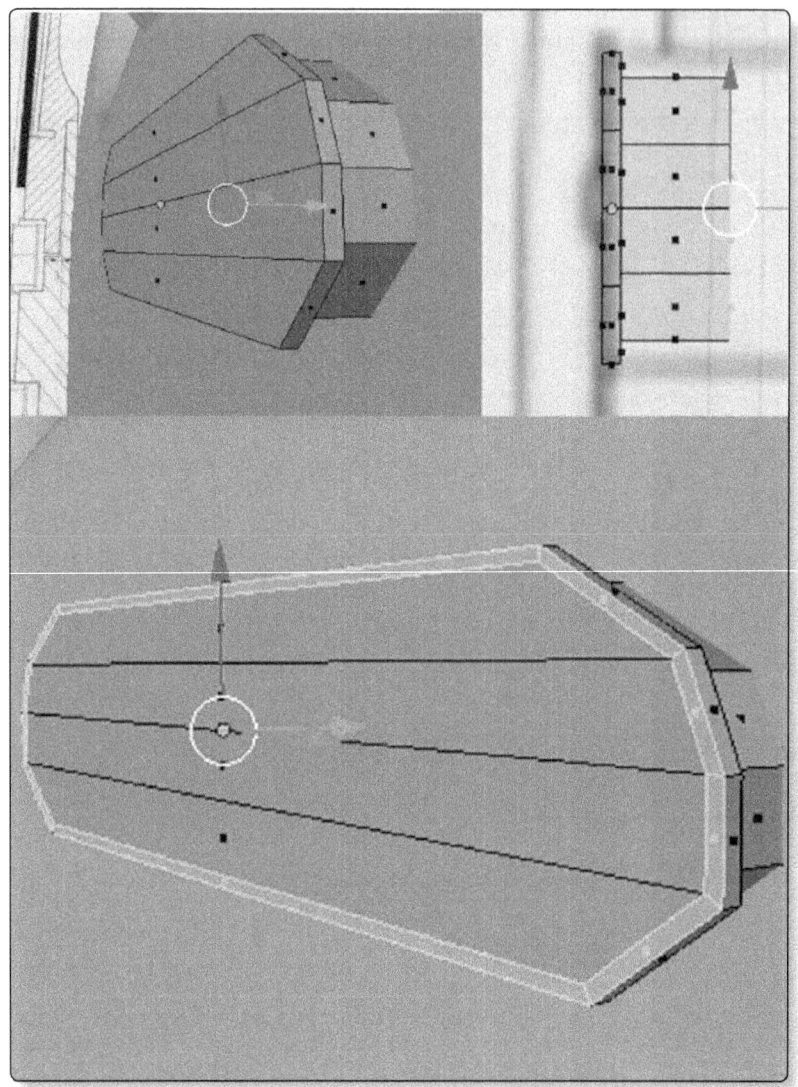

Figura 5.82. Extrusión de la parte de atrás de la pastilla

Le aplicamos el modificador **Subdivisión Surface** y para que se adapte mejor la geometría, realizamos dos cortes a los laterales con **CTRL+R** y movemos los vértices de las esquinas para que se adapte mejor al dibujo.

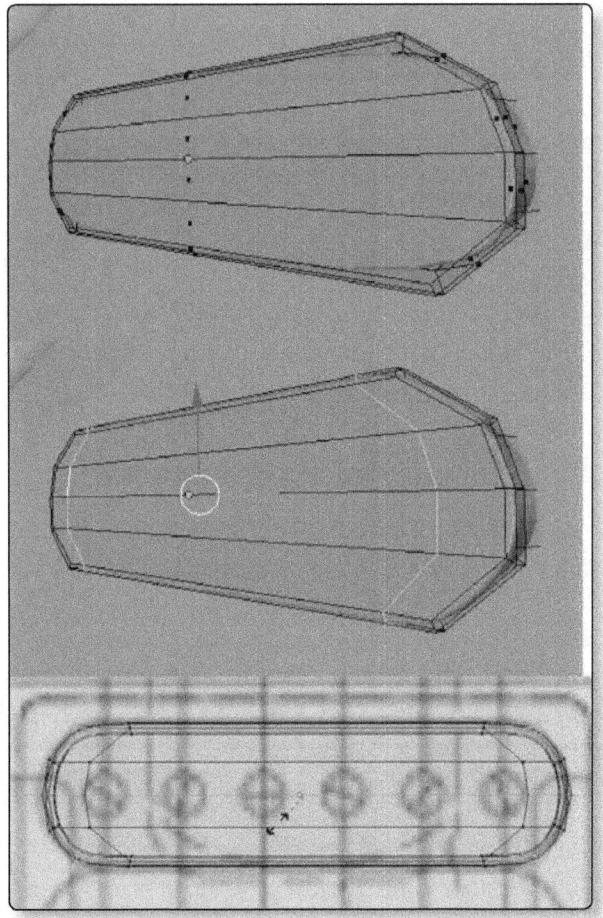

Figura 5.83. Herramienta loop cut and slide

Una vez que tengamos hecha una pastilla, la duplicamos y la posicionamos debajo. En la base de las pastillas irán dos placas, así que crearemos un cubo lo escalaremos y posicionaremos debajo de las pastillas.

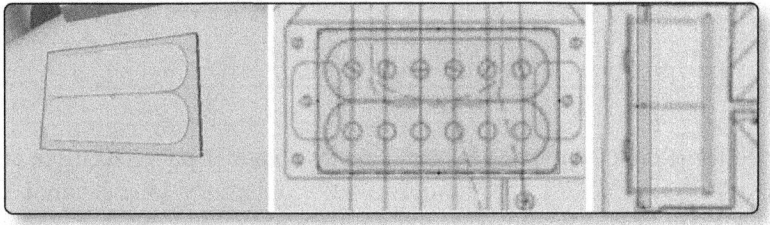

Figura 5.84. Cubo base

Seleccionamos el cubo y le aplicamos el modificador **Subdivision Surface**, veremos que se suaviza mucho así que le daremos unos cortes a los lados, arriba y debajo de manera que el cubo mantenga la forma de rectángulo.

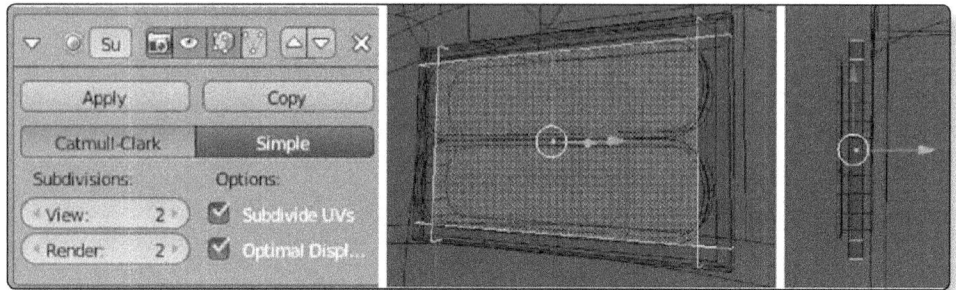

Figura 5.85. Modificador subdivisión surface

Seleccionamos las caras frontales y pulsamos **TECL_I** para crear un *inset face*.

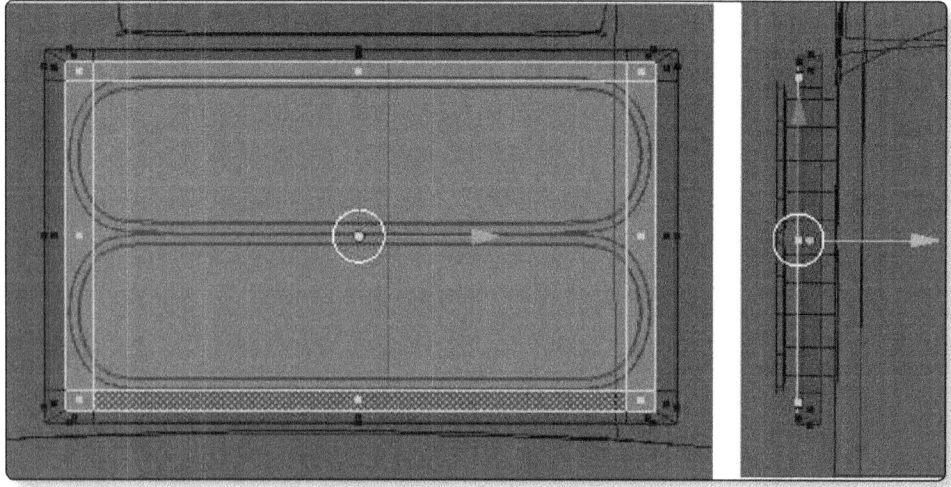

Figura 5.86. Herramienta Inset face

Le damos unos cortes en las caras de las esquinas para hacer que las aristas sean más duras con **CTRL+R**, duplicamos el conjunto y lo escalamos como se muestra en la siguiente imagen. Esta copia será la placa inferior.

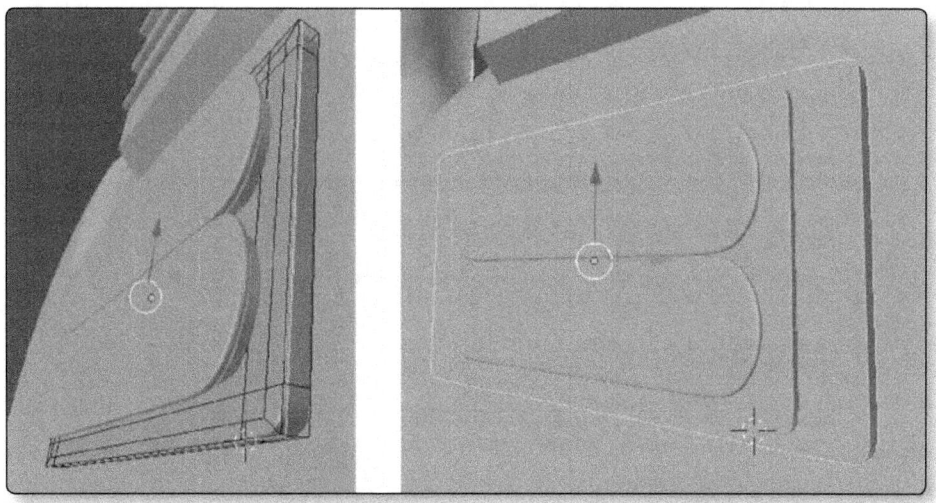

Figura 5.87. Posición de las dos placas

Para la siguiente imagen hemos numerado los pasos y todos los cambios se realizan a la plancha más grande es decir la inferior.

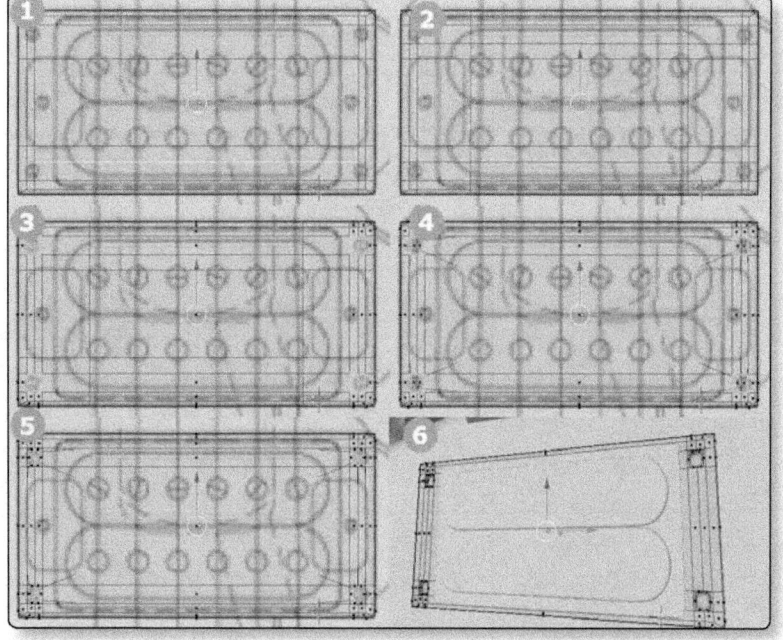

Figura 5.88. Pasos para modelar los orificios de los tornillos

1. **CTRL+R** para crear dos cortes horizontales uno arriba y el otro abajo.
2. **CTRL+R** para crear dos cortes verticales a los lados intentando crear un cuadrado entre los cortes.
3. Seleccionar las caras que se han formado.
4. **TECL_I** para crear un *inset face* en el interior de las caras.
5. Seleccionamos las nuevas caras creadas y pulsamos **TECL_E**.
6. Desplazamos la extrusión hacia el interior de la placa.

5.4.1.6 LOS TORNILLOS

Para crear los tornillos podías haber utilizado el modificador booleano pero he preferido modelarlo con un cubo. Intenta seguir las imágenes, verás que seguimos utilizando las mismas herramientas.

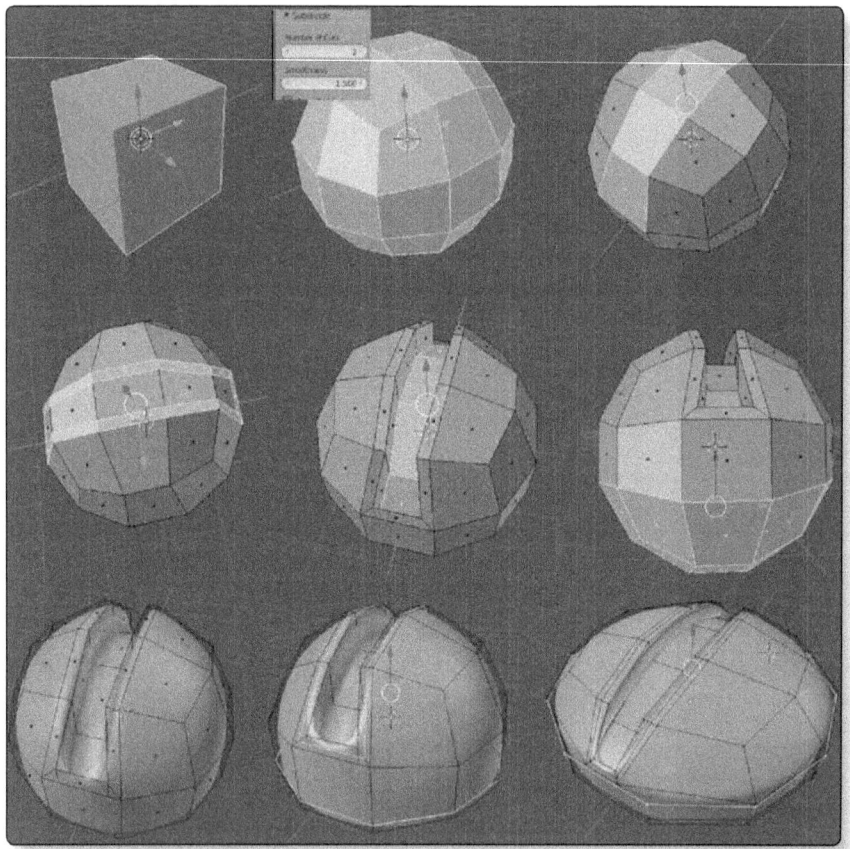

Figura 5.89. Pasos para modelar un tornillo

Primero creamos un cubo y en modo edición le aplicamos la herramienta *subdivide* que encontraremos en el panel lateral izquierdo en la pestaña *tools*. En las propiedades de introducimos los siguientes valores:

▼ **Number of cuts**: 2

▼ **Smoothness**: 1.5

El cubo tomara una forma parecida al de una esfera, selecciona la 4 caras del centro y aplicarles un *Inset face* pulsando **TECL_I**. Selecciona la parte interior de las nuevas caras y le hacemos una extrusión hacia abajo. Seleccionamos las caras inferiores y las eliminamos. Aplicamos el modificador **Subdivision Surface** y le agregamos algunos cortes para que las esquina no sean tan suaves.

Para finalizar escalamos el conjunto en el eje (Z) y ya tenemos un tornillo que podemos duplicar y escalar tantas veces como necesitemos.

Los tornillos los pondremos en la pastilla superior y para la pastilla inferior crearemos un cilindro en el que escalaremos, rotaremos y posicionaremos en la pastilla inferior como se muestra en la siguiente imagen.

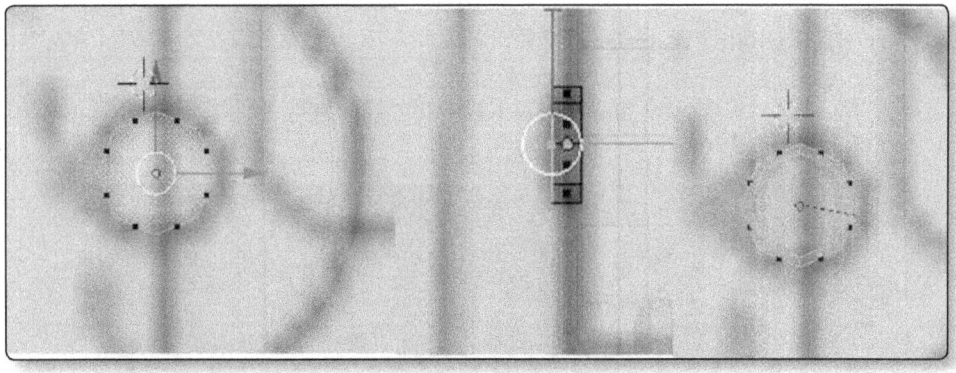

Figura 5.90. Cilindro de la pastilla

Cuando tengamos todos los elementos de una de las pastillas, lo seleccionamos todo y lo duplicamos hacia abajo como se muestra en la siguiente imagen.

Figura 5.91. Ejemplo de pastillas terminadas

5.4.1.7 CHAPA DE LA GUITARRA

La idea es crear con un plano la forma que encaja con el dibujo utilizando las herramienta que hemos visto hasta ahora.

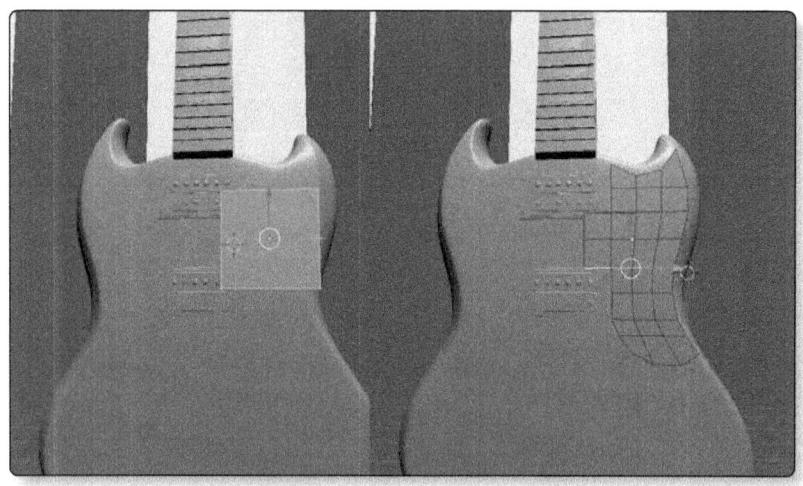

Figura 5.92. Plano adaptado a la guitarra

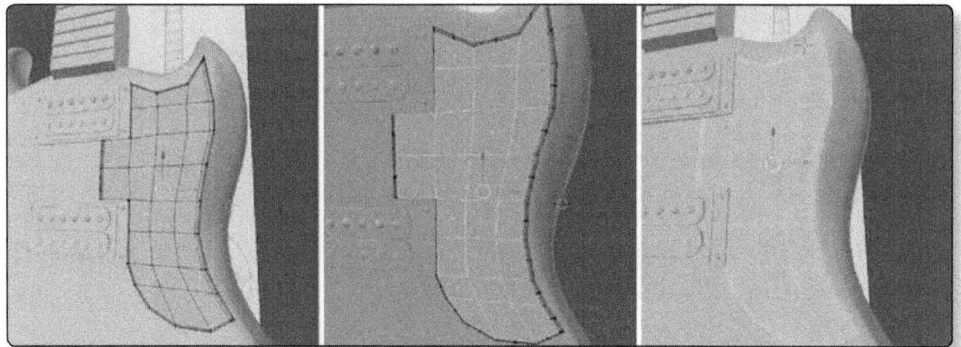

Figura 5.93. Plano extruison, Inset face, Subdivision Surface

Cuando tengamos el plano hecho crearemos un duplicado y lo escalaremos un poco para que sea más pequeño, este lo posicionaremos encima del grande. Utiliza un duplicado de los tornillos que hemos creado anteriormente para ponerlos en la chapa como se muestra en la siguiente imagen.

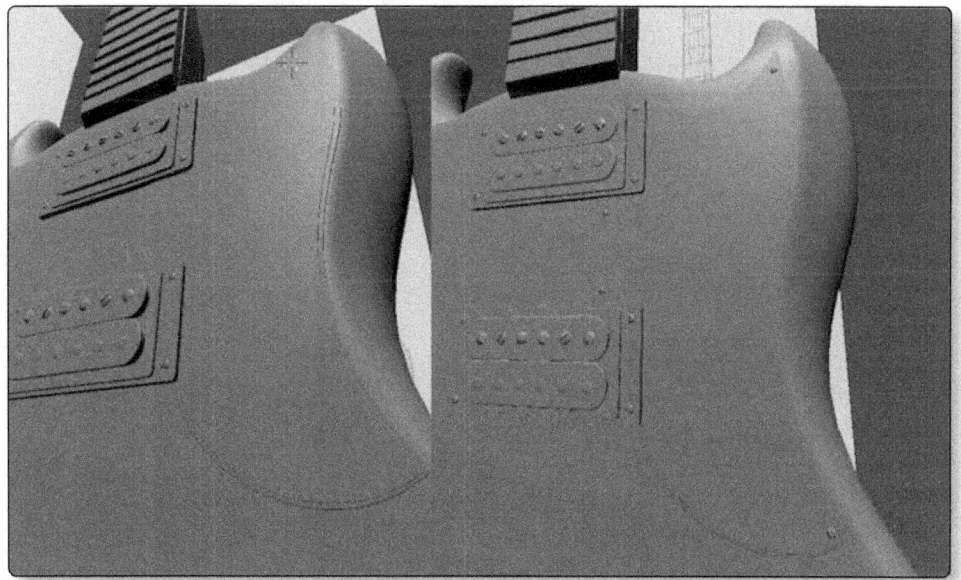

Figura 5.94. Aspecto final de la chapa

5.4.1.8 CONTROLES DE VOLUMEN Y TONO

Partiremos de un cilindro donde le daremos un corte a la mitad pulsando CTRL+R. Seleccionamos las aristas inferiores y las escalamos hacia afuera.

Con la cara inferior seleccionada pulsamos TECL_I y creamos una nueva cara interior. Seleccionamos la nueva cara y hacemos una extrusión hacia abajo.

En la parte superior creamos una nueva cara pulsando TECL_I, seleccionamos la nueva cara y hacemos una extrusión hacia abajo.

Para finalizar seleccionamos el conjunto y le aplicamos el modificador Subdivide Surface con un valor máximo de 2.

Para que el objeto tenga un aspecto más parecido al de un control de volumen, crearemos distintos cortes en las esquinas para que queden más duras.

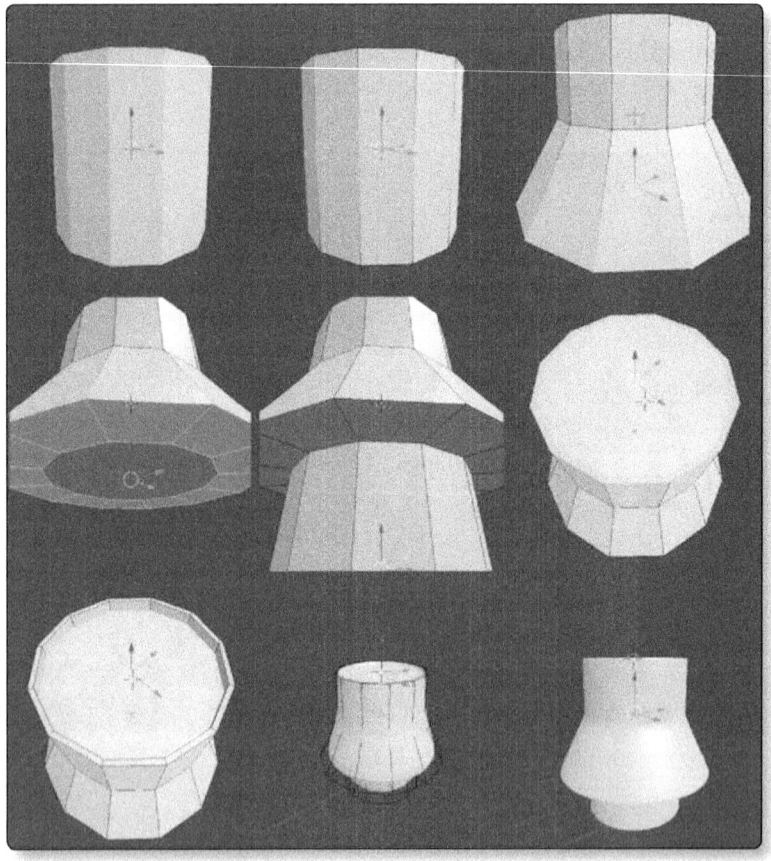

Figura 5.95. Pasos para crear un controlador de volumen

Una vez tenemos el objeto creado solamente tenemos que duplicarlo y posicionarlo en su lugar tomando como referencia la imagen de fondo.

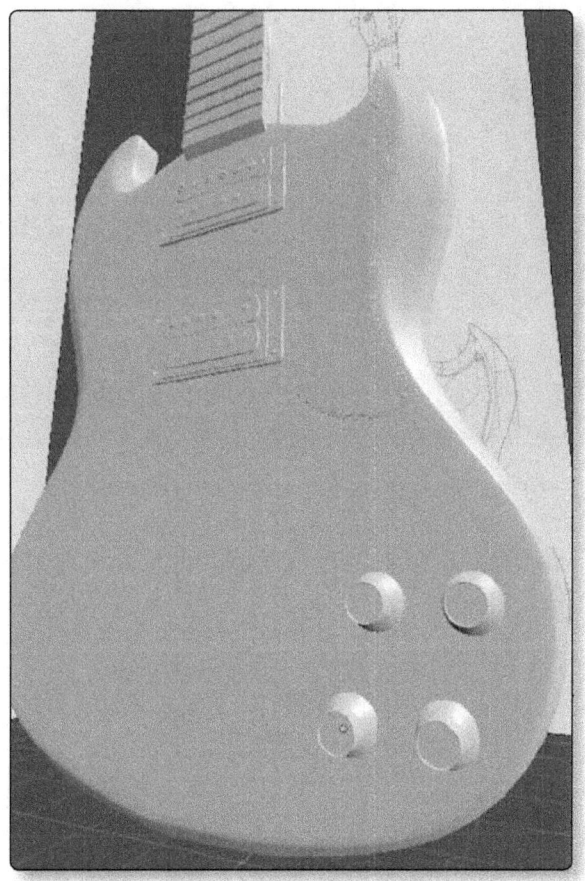

Figura 5.96. Aspecto final de los controladores

5.4.1.9 ENTRADA DEL JACK

Crearemos un cilindro de 6 lados para modelar el conector de entrada para el Jack. Intenta seguir los pasos de la siguiente imagen en el caso de que te pierdas en algunas de las imágenes puedes visualizar el video del DVD.

No se van a detallar tanto los siguientes pasos puesto que si has llegado hasta aquí es porque ya empiezas a tener suficientes conocimientos para modelar cualquier cosa.

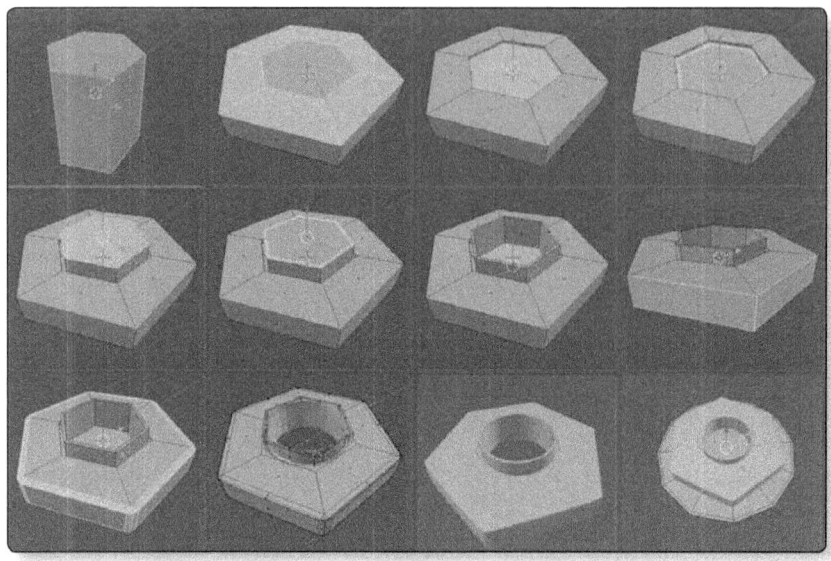

Figura 5.97. Pasos para modelar la entrada de conexión

Una vez tengas modelado el objeto desplázalo y escálalo siguiendo la imagen de referencia.

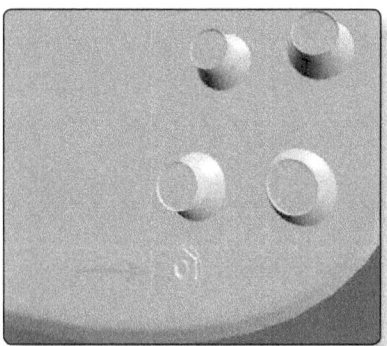

Figura 5.98. Aspecto final

5.4.1.10 PALANCA DE LAS PASTILLAS

Este objeto está formado por dos cilindros el más grande hace de base y el más pequeño le daremos una serie de cortes para que tenga un aspecto de fuente, en donde saldrá de su interior la palanca. Te recuerdo que puedes seguir el proyecto mediante el DVD en caso de que no sepas como continuar.

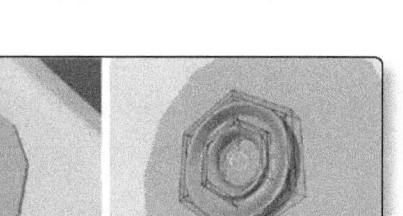

Figura 5.99. Aspecto final

Para la palanca utilizaremos una esfera, ña escalaremos de manera que entre dentro del cilindro pequeño que hemos creado anteriormente y haremos una extrusión seleccionando unas cuantas caras de la parte frontal de la esfera intentando darle la forma que se muestra en la siguiente imagen.

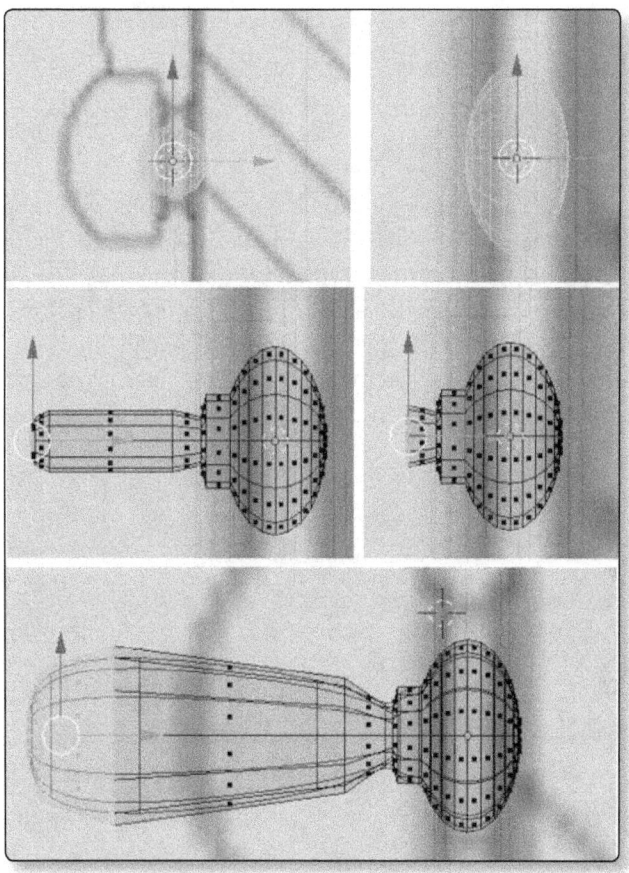

Figura 5.100. Modelado de la palanca

Una vez tengamos modelado el objeto palanca, seleccionamos el conjunto y lo posicionamos correctamente, en base a la imagen de referencia.

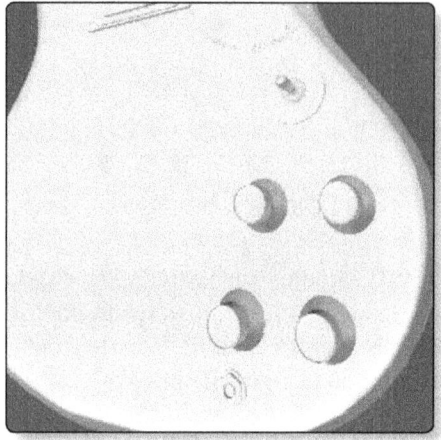

Figura 5.101. Aspecto final de la palanca

5.4.1.11 PUENTE DE LA GUITARRA

Para el puente seguimos modelando como hasta ahora. Primero creamos un cubo y lo posicionamos y escalamos utilizando las imágenes de referencia. Creamos a continuación 3 cortes interiores horizontales y desplazamos los vértices de forma que las puntas queden redondeadas. Realizamos 2 cortes verticales a los lados y seleccionamos las caras internas de adelante y de atrás. Realizamos un *inset face* tanto delante como atrás del objeto y seleccionamos las caras internas de ambos lados.

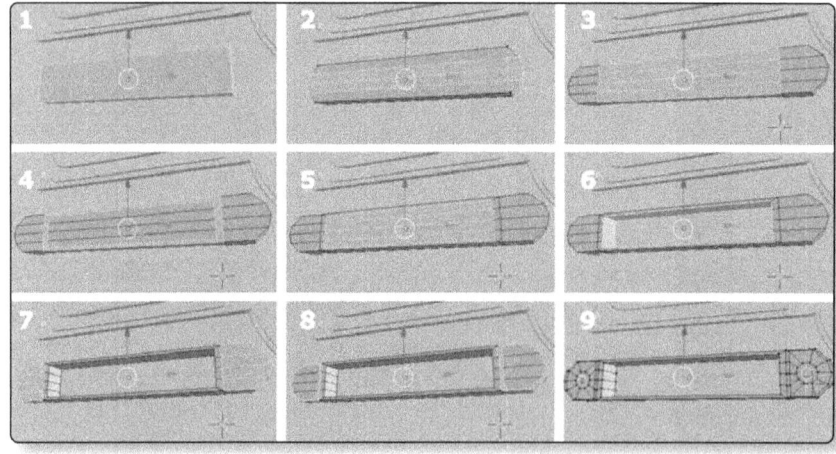

Figura 5.102. Pasos para crear el puente

Para realizar el paso seis con las caras internas de la parte frontal y traseras seleccionadas pulsamos **TECL_W** y seleccionamos la opción ***Bridge Edges Loops*** automáticamente se creara un agujero en donde se unen las dos selecciones.

En los últimos pasos realizaremos caras internas para crear los orificios de los tornillos.

La parte interna del puente se compone de dos objetos un cubo que podemos darle la forma que se muestra en la viñeta número 2, y un cilindro normal que atraviesa este cubo. Al terminar de modelar los dos objetos los duplicamos y los posicionamos en su lugar.

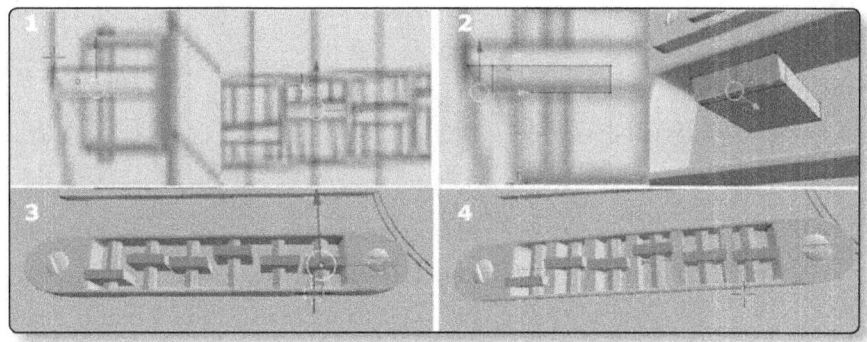

Figura 5.103. Muestra de cómo queda el puente

Para el siguiente objeto utilizaremos un plano y no un cubo. Fíjate en las imágenes siguientes e intenta seguir las instrucciones; en caso de que no entendieras algún punto puedes ayudarte mirando el DVD.

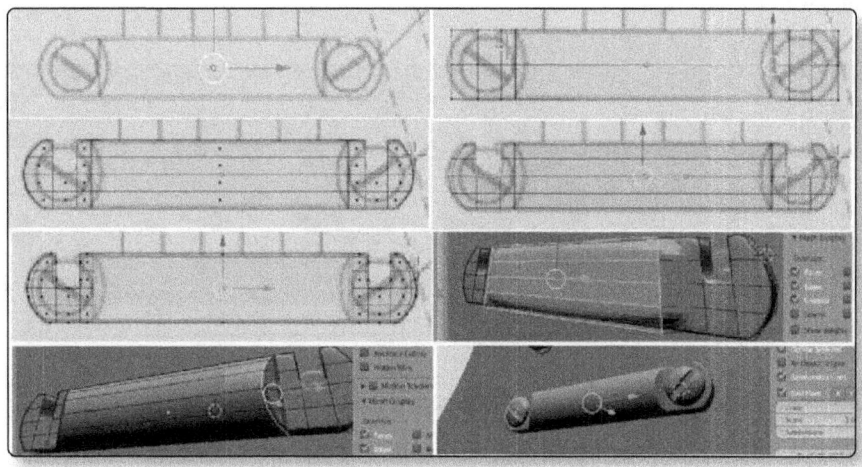

Figura 5.104. Pasos para crear el cordal

5.4.1.12 CLAVIJERO Y LAS CLAVIJAS

Para crear esta pieza hemos utilizado un cubo un cilindro y una esfera, todas ellas escaladas como se muestra en la imagen de a continuación.

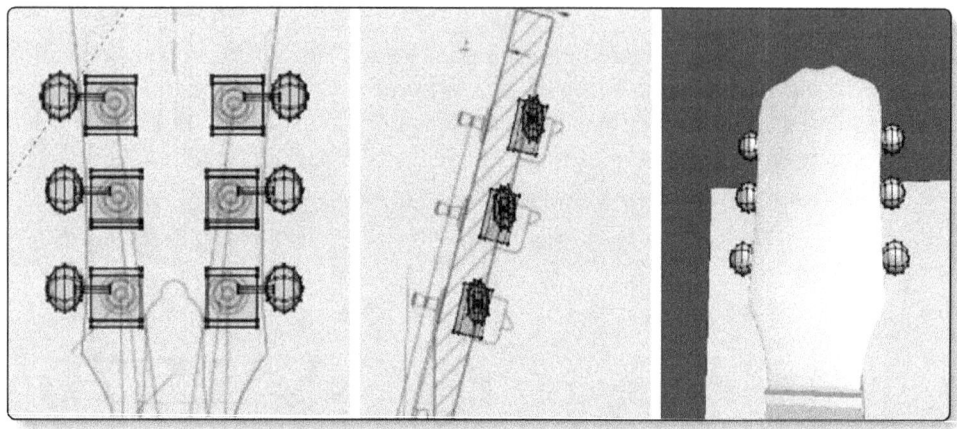

Figura 5.105. Pasos para crear las clavijas para afinar

En lo que respecta al soporte donde se atan las cuerdas de la guitarra se han utilizado 3 cilindros de 6 lados. El que se encuentra más abajo se le ha aplicado el modificador *Subdivision Surface*, en el segundo simplemente tiene un bisel a todos las aristas y el ultimo y el que se encuentra más arriba se ha creado algún corte en modo edición y se le ha dado forma, por último se le ha aplicado el modificador *Subdivision Surface*.

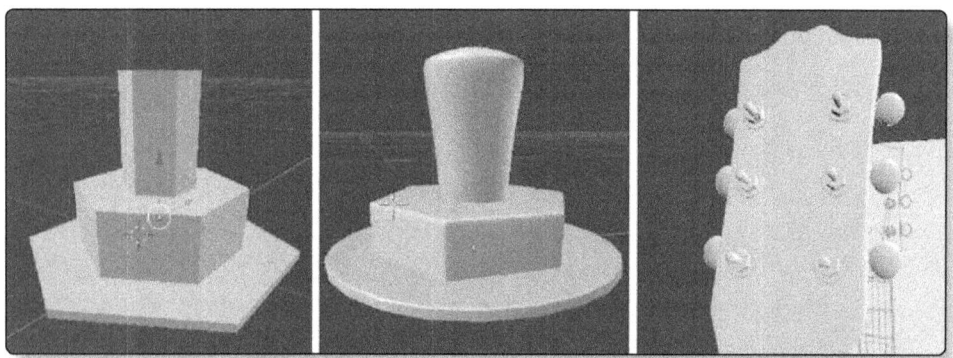

Figura 5.106. Pasos para crear las clavijas para atar las cuerdas

5.4.1.13 LAS CUERDAS

Para crear las cuerdas vamos a utilizar curvas spline en dinde solamente tendremos que modificar su curvatura y en las propiedades de curva agregar la cantidad de grosor que queremos para cada cuerda.

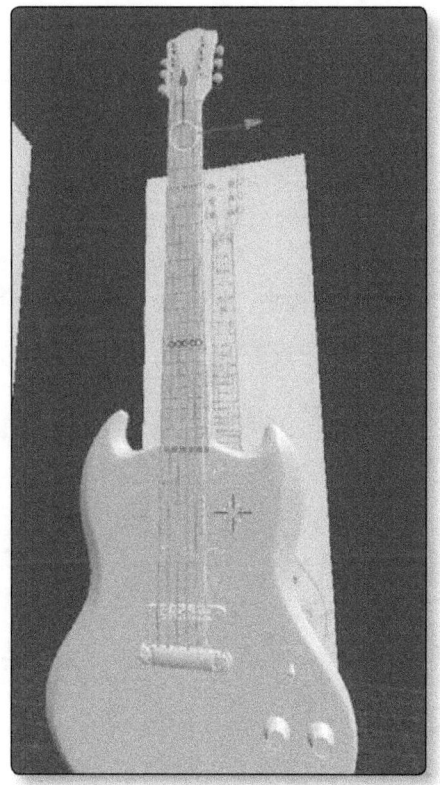

Figura 5.107. Guitarra con las cuerdas

5.4.2 Conclusión

Este proyecto puede ser complejo si es la primera vez que utilizas un programa de 3D. Si miras con atención, en el proceso de modelado no hemos utilizado todas las herramientas que tiene el programa, sino que con unas pocas herramientas hemos creado un objeto de cierta dificultad. No es mejor modelador quien utiliza todas las herramientas del programa si no quien sabe utilizarlas con cabeza. Recuerda que la mejor herramienta que tienes eres tú y cuanto más aprendas y más te esfuerces más rápido podrás trabajar y mejores resultados tendrás.

Si has llegado hasta aquí puedes continuar con los siguientes capítulos pero también te reto a que intentes modelar todos los objetos que tengas alrededor. ¡Buena suerte!

- Televisión
- Sofá
- Libro
- Bolígrafos
- Lámparas
- Minicadenas
- Teléfonos

Figura 5.108. Guitarra final

6
ILUMINACIÓN

El apartado dedicado a la iluminación no es un apartado sencillo, requiere de mucha observación y de muchas horas de prueba. Antes de empezar a describir las distintas herramientas me gustaría que tuvieras en cuenta las siguientes cuestiones.

Iluminar una escena es un arte que viene perfeccionándose desde hace siglos, en las pinturas, en el teatro, en las fotografías, el cine y por supuesto en la industria 3D.

Existen ciertos aspectos básicos que hay que intentar recordar antes de iluminar, algunos de ellos son la motivación, el color, el brillo, la suavidad, la dirección, sus sombras y si viene de una fuente directa o indirecta.

En este libro no se pretende profundizar en estos aspectos, si no intentar que entiendas cómo funciona la iluminación en Blender, pero si me gustaría, tuvieras en cuenta la importancia de la iluminación.

En este tema aprenderás lo siguiente:

▼ Tipos de Luces y sombras.
▼ Atmósfera y entorno.
▼ Iluminar un interior.

6.1 LUCES EN BLENDER

Las luces en Blender se les llama lámparas (*Lamps*) y se manipulan en el espacio 3D como lo harías con los objetos primitivos. Para crear una luz en Blender debes acceder al panel izquierdo del visor 3D y en la pestaña *Create* tienes un apartado llamado *Lamps* que contiene todas las lámparas que puedes utilizar en Blender. También puedes utilizar la combinación de teclas **SHIFT+A** dentro del visor 3D para que te aparezca un menú flotante con todas las opciones de creación.

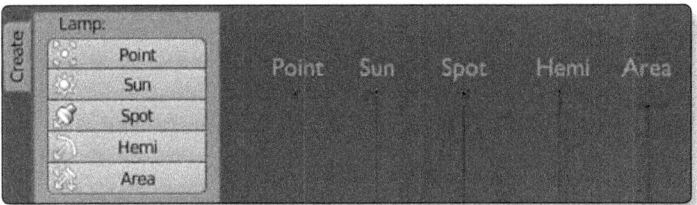

Figura 6.1. Tipos de Lamparas

6.1.1 Tipos de luz

En Blender dispone de varios tipos de luz, con características distintas que se explican a continuación:

▼ *Point:* también conocida como luz de punto. Este tipo de luz es el más sencillo de todos y que emite luz en todas direcciones. Esta luz representaría una bombilla y va perdiendo intensidad con la distancia.

Figura 6.2. Lamp point

▼ **Sun:** esta luz recibe el nombre de sol pero también se le conoce como luz direccional. Este tipo de luz ilumina todos los objetos desde el mismo ángulo, sin importar dónde se coloque el objeto en relación con la luz.

Figura 6.3. Lamp sun

▼ **Spot:** también conocido como foco de luz. Es un tipo de luz muy utilizado y representan luz radiante desde un punto. A diferencia del punto el foco no emite luz en todas direcciones si no que está limitado por un cono o rayo de luz apuntando hacia una dirección.

Figura 6.4. Lamp Spot

▼ *Hemi:* esta luz intenta simular la luz ambiental que es aquella que se encuentra por todas partes en un determinado ambiente. Para que te hagas una idea este tipo de luz ilumina los objetos de una forma uniforme y poco realista, aplicando el mismo color sobre cada parte de la superficie.

Figura 6.5. Lamp Hemi

▼ *Area:* las luces de área suelen ofrecer una variedad en el tamaño de la fuente de luz. Si intentas escalar una luz de punto la intensidad y el efecto de la luz serán el mismo, por lo contrario si escalas una luz de área obtendrás un resultado distinto.

Figura 6.6. Lamp Area

6.1.2 Cómo funciona la luz

La luz cuando impacta contra un material, el material absorbe una parte de luz y otra la refleja. Se puede reflejar de manera difusa o de manera especular. Cuando un material refleja la luz de manera difusa los rayos de luz se dispersan en todas direcciones como por ejemplo la escayola o cualquier material que no sea brillante. Por lo contrario un material que refleja la luz de manera especular, los rayos de luz se reflejan de forma paralela, creando una zona de la superficie más brillante.

Figura 6.7. Diferencia entre luz especular y difusa

6.1.3 Parámetros de la luz en Blender

Según qué tipo de luz utilices podrás cambiar ciertos parámetros para crear el ambiente que desees. A continuación se te explica que realiza cada uno y después se profundizará en detalle con cada tipo de luz.

▼ *Color:* este parámetro te permite teñir la luz de un color distinto, no tiene más secreto. Es importante saber armonizar y equilibrar los colores para poder crear ambientes agradables.

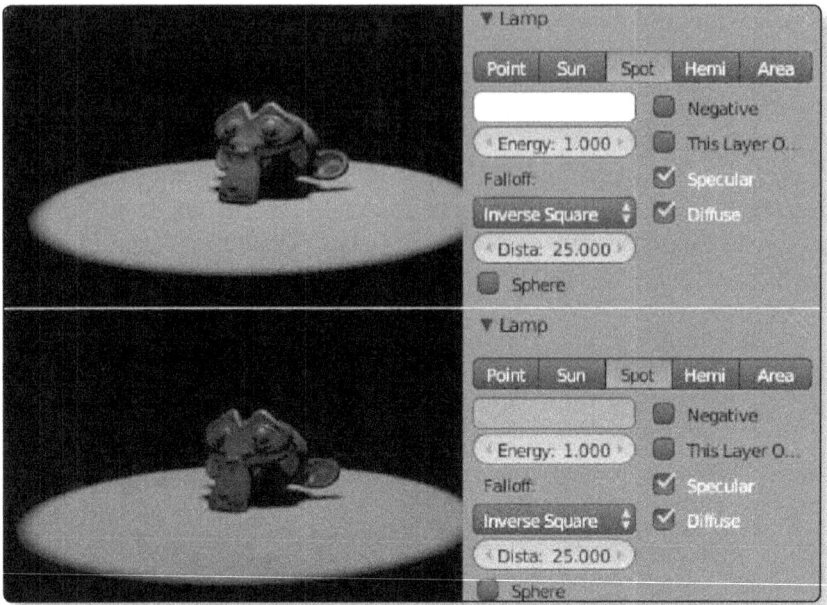

Figura 6.8. Parámetro Color

▼ *Energy:* te permite modificar la intensidad de la luz. Recuerda que si aumenta mucho la intensidad de la luz puede que quemes la imagen. Dependiendo de qué tipo de luz o lámpara utilices tendrás que incrementar más este valor.

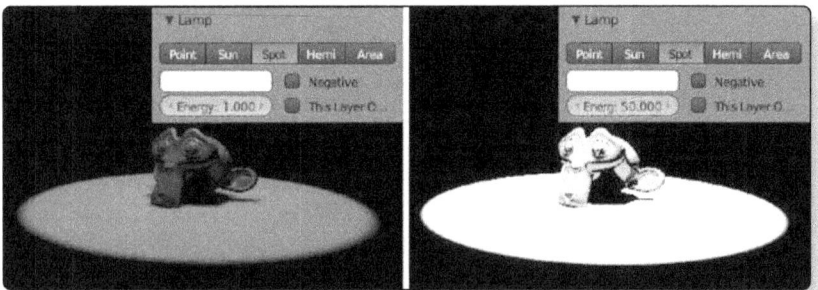

Figura 6.9. Parámetro Energy

▼ *Falloff:* es la atenuación. La atenuación es un parámetro que permite cuantificar la perdida de intensidad de la luz respecto a la distancia. Dispones de varias opciones pero la que más se aproxima al comportamiento real de la luz es la opción ***Inverse Square.***

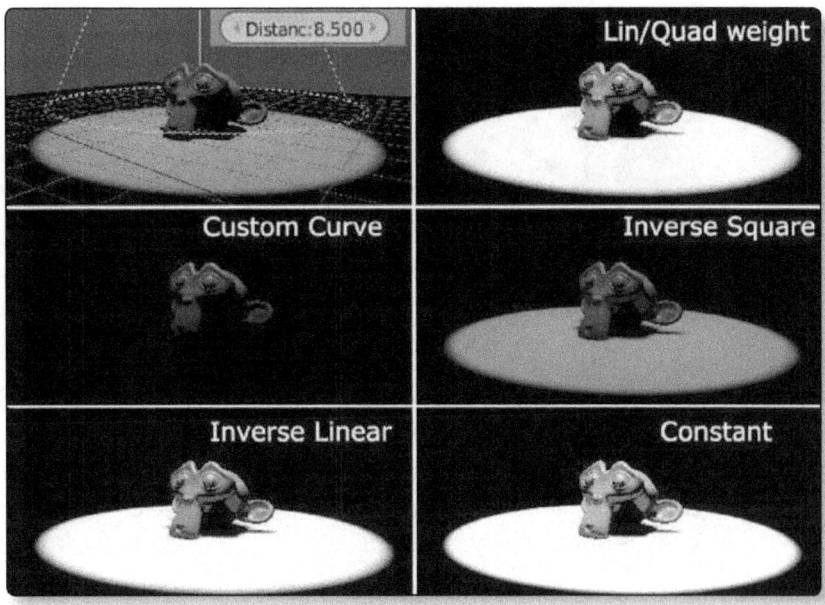

Figura 6.10. Parámetro Falloff

▼ *Diffuse Specular*: estos dos parámetros conviene tenerlos activados, aunque puede que en algún momento quieras desactivar alguna de las opciones.

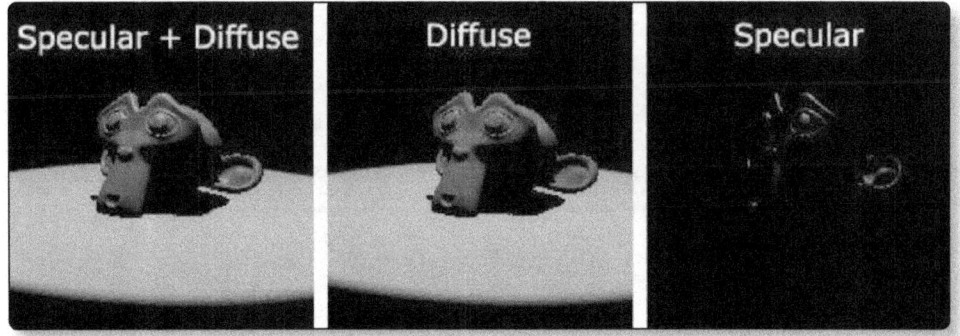

Figura 6.11. Parámetros Diffuse Spacular

▼ *Luz negativa:* otro parámetro a tener en cuenta es el *Negative*. Esta opción por defecto esta desactivada y se utiliza para que la luz oscurezca partes de la escena. En algún momento puede que te interese oscurecer una zona sin tener que cambiar la iluminación de la escena. Puedes utilizar esta opción para oscurecer determinadas zonas, pero cuidado se aconseja desactivar las sombras y la opción especular.

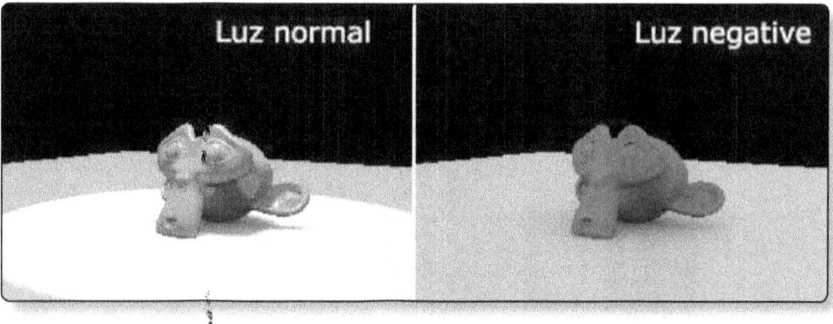

Figura 6.12. Parámetros Negative

▼ *Shadow:* este apartado te permite manipular la calidad de las sombras que los objetos proyectan con la luz.

Figura 6.13. Parámetros Shadow

6.2 LAS SOMBRAS EN BLENDER

Es un parámetro muy importante a la hora de iluminar porque nos revela información de la posición de los objetos la profundidad o también podemos dirigir la mirada del espectador hacia un punto en concreto.

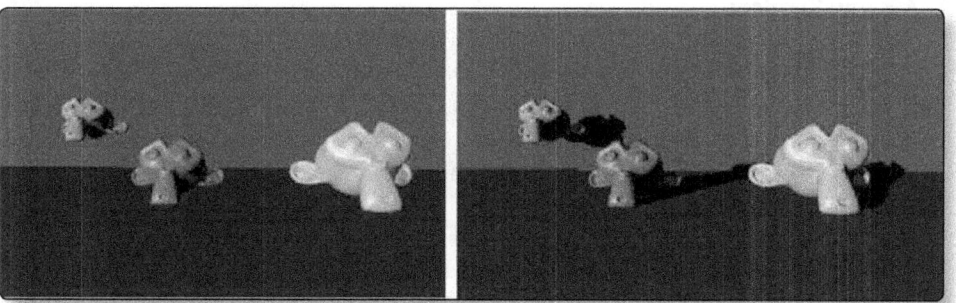

Figura 6.14. Izquierda sin sombras, derecha con sombras

6.2.1 Opciones de la sombra

▼ *Color:* por si no te has dado cuenta las sombras también se tiñen de colores. Por defecto el color es negro (neutro), quiere decir que la luz es bloqueada por el objeto y este queda sin iluminar. Si el color es blanco, tendría la misma función que si estuviera activada la opción No Shadow.

Figura 6.15. Sombras con distintos colores

▼ *Ray Shadow:* esta opción realiza un cálculo de la dirección de los rayos de luz entre la lámpara y el objeto. Las sombras *Ray Shadow* tienen parámetros para ayudar a mejorar la calidad de las sombras.

▼ *Buffer Shadow:* esta opción te proporciona cuatro formas de generar sombras. Solamente encontraras esta opción en las luces Spot.

6.2.2 Ray Shadow

La mayoría de las luces dispone de este parámetro y utiliza el procesador para hacer cálculos y dependiendo del valor de sus parámetros puede que tarde más en realizar un render. Esta opción lo que hace es que las sombras que están más lejos del objeto se difuminan, en cambio las sombras que se encuentran cerca del objeto son más perfiladas.

- ▼ *Samples:* define la calidad de la sombra. El valor de los samples se basa en el muestreo de cada rayo que emite la cámara por cada pixel. Es decir si tenemos una caja y la dividimos en 4 porciones y le damos al valor 1 a la opción samples, por cada porción pasará 1 rayo, si ahora le damos un valor de 5 unidades, por cada porción pasarán 5 rayos. Cuanto mayor sea el valor de samples más tiempo necesitará para renderizar.

- ▼ *Soft Size:* el valor de este parámetro se encarga del radio de suavidad de las sombras. Por defecto el valor es 0 y te mostrará una sombra dura. Cuanto mayor sea el valor más suave será la sombra.

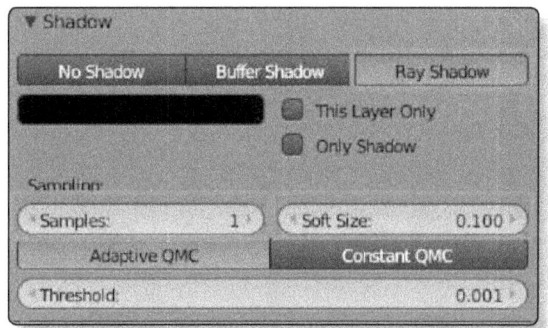

Figura 6.16. Parámetros de Ray Shadow

6.2.3 Buffer Shadow

También se conoce como mapa de sombras suele ser una manera más rápida de procesar sombras, pero su resolución es limitada y a veces hay que ajustarlos manualmente para evitar errores.

- ▼ *Classical:* esta opción puede cometer algunos fallos al calcular la sombra.
- ▼ *Classic-Halfway:* esta opción es la clásica a medio camino. Comete menos fallos y tiene acabados más precisos.

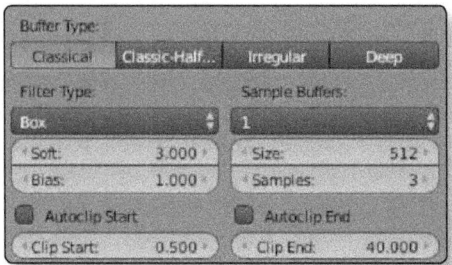

Figura 6.17. Parámetros de Ray Shadow opción Classical y Classic-Halfway

▼ *Irregular:* sombra caótica pero que tiene un buen acabado.

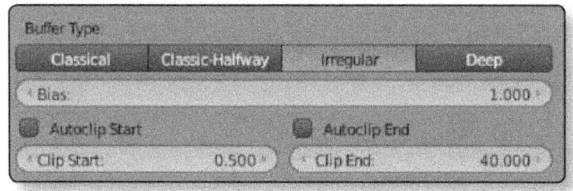

Figura 6.18. Parámetros de Ray Shadow opción Irregular

▼ *Deep:* está pensado para crear acabados con una sombra de área de mucha calidad pero que a su vez tiene un alto consumo de recursos.

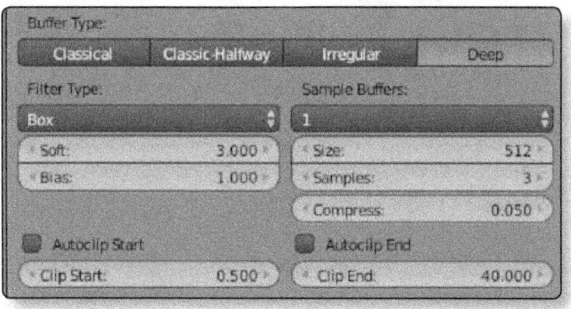

Figura 6.19. Parámetros de Ray Shadow opción Deep

Algunas de las características importantes que tienen la mayoría de las opciones anteriores son:

▼ *Soft:* esta característica te permite suavizar la sombra.
▼ *Size:* esta característica te permite controlar la calidad de cada muestra individual.
▼ *Samples:* define la calidad de la sombra.

6.2.4 La forma de las sombras

El nombre que se muestra en el programa es (*Shape*) y es una característica que tienen las luces Spot y las de Área.

6.2.5 Spot Shape

▼ *Size:* esta característica te permite cambiar el tamaño del cono de luz, para que pueda abarcar más espacio o centrarse en un objeto en concreto.

▼ *Blend:* difumina el borde iluminado.

▼ *Halo:* crea una niebla espesa o suave según la intensidad.

▼ *Square:* te permite crear una forma cuadrada como foco de luz.

▼ *Show cone:* en la ventana o visor 3D se te mostrará la luz spot en forma de cono.

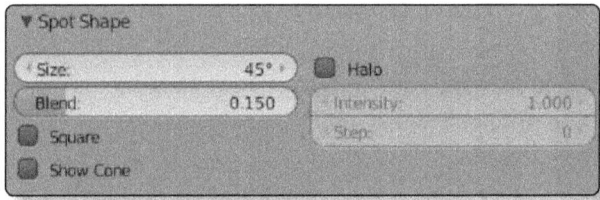

Figura 6.20. Parámetros de Spot Shape

6.2.6 Area Shape

En este apartado puedes escoger si quieres una luz de área rectangular o cuadrada.

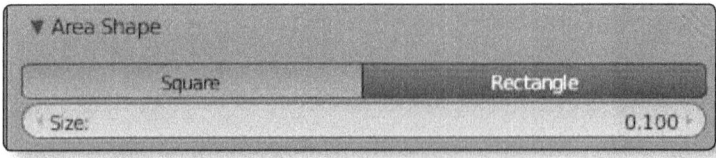

Figura 6.21. Parámetros de Area Shape

6.3 CIELO & ATMÓSFERA

Los siguientes parámetros los encontrarás dentro del tipo de luz Sun y te permiten recrear ciertos que intentan imitar a los de la vida real.

Figura 6.22. Muestra de la opción Sky & Atmosphere

6.3.1 Sky

Al activar la opción Sky podrás acceder a sus parámetros. Puedes seleccionar entre las opciones *classic, desert y mountain*.

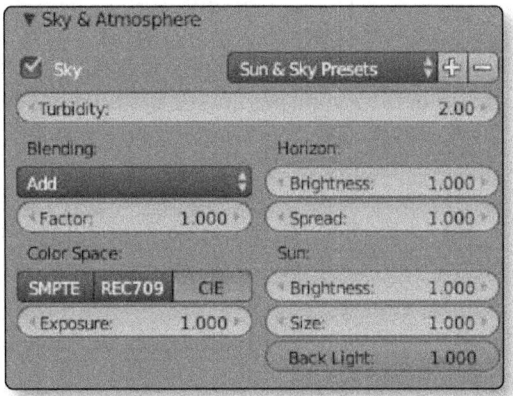

Figura 6.23. Parámetros de Sky

- **Turbidity:** especifica si es un día despejado o nublado. Con valores mayores el cielo se mostrará más nublado o turbio.
- **Bending:** este parámetro permite mezclar el cielo y el sol con el fondo definido en la configuración de opciones mundo que se verá después. También dispones de una barra de valores para configurar la cantidad de mezcla.
- **Color Space:** dispones de 2 opciones de color el SMPTE, REC709, CIE y también puedes introducir el valor de exposición.
- **Horizont:** especifica el brillo y la propagación del horizonte.
- **Sun:** te permite cambiar el brillo y el tamaño del sol.

6.3.2 Atmosphere

Puedes configurar la atmósfera sin modificar el fondo, tratando de simular los efectos de un ambiente.

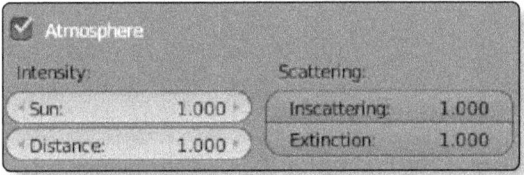

Figura 6.24. Parámetros de Atmosphere

- **Intensity:** especifica la intensidad que tiene el sol en los objetos y la distancia de este.
- **Scattering:** especifica la dispersión que crea la luz en los objetos.

6.3.3 Tabla resumen

Lamps	Parámetros generales	Parámetros Sombras	Parámetros Forma	Parámetros Sky&Atmosfear
Point	• Colour • Energy • Falloff • Specular • Diffuse	Ray Shadow	X	X
Sun	• Colour • Energy • Specular • Diffuse	Ray Shadow	X	SI
Hemi	• Colour • Energy • Specular • Diffuse	X	X	X
Spot	• Colour • Energy • Falloff • Specular • Diffuse	Buffer Shadow Ray Shadow	Spot shape	X
Area	• Colour • Energy • Distance • Gamma • Specular • Diffuse	Ray Shadow	Area shape	X

6.3.4 Entorno

Para cambiar el fondo de nuestra escena podemos hacerlo desde el botón **World,** que encontraras en el panel derecho de propiedades.

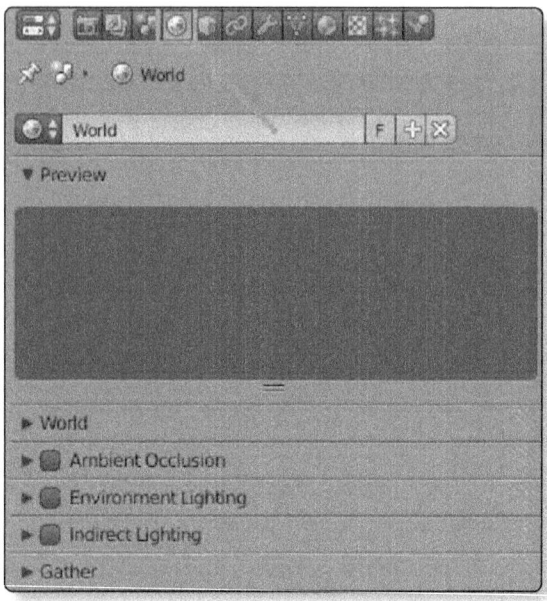

Figura 6.25. Botón world

Dentro de las opciones de *world* encontraremos multitud de opciones que no solamente nos permiten crear un entorno sino que también podemos mejorar los acabados de iluminación.

6.4 OPCIONES DE WORLD

6.4.1 Preview

Es un visor que te muestra el resultado aproximado de cómo se verá en el render.

Figura 6.26. Visor Preview

6.4.2 World

En esta sección encontramos una serie de opciones en donde podrás configurar el aspecto del cielo.

- ▼ *Horizont Color:* es el color del horizonte como su nombre indica.

- ▼ *Zenith Color:* es el color que se muestra en lo más alto del cielo, es decir en un atardecer verás que el cielo es más claro donde se esconde el sol y en cambio en donde comienza la noche es más oscuro, pues la zona más alta es el color Zenith. Esta opción se activará cuando tengamos seleccionada la opción *Blend Sky*.

- ▼ *Ambient Color:* es el color en que se tiñe un ambiente, por ejemplo para un ambiente frio podemos utilizar colores azulados. Este color tiene que utilizarse con tonos muy oscuros porque al abusar de él con valores claros podemos estropear una escena.

- ▼ *Paper Sky:* esta opción mantiene en una posición estática las características de cualquier gradiente. Es decir que si rotamos la cámara no afectará en movimiento al cielo.

- ▼ *Blend Sky:* el color de fondo se fusiona de horizonte a cenit y el gradiente irá de abajo a arriba de la imagen procesada, sin tener en cuenta la orientación de la cámara.

- ▼ *Real Sky:* el color de fondo tendrá dos degradados que van de la parte baja del cielo al horizonte y finalizando en el zenith. La posición de la cámara influirá en la fusión de colores.

6.4.3 Ambient Occlusion

La oclusión ambiental, es un método de sombreado que ayuda a añadir contraste de sombras teniendo en cuenta la atenuación de la luz debido a la oclusión. También podemos decir que la oclusión ambiental es un método global, en el sentido de que la falsa iluminación que se produce en cada punto de contacto funciona según la proximidad de los demás objetos en la escena, a mayor distancia se determinará las áreas claras y a menor distancia las oscuras.

La oclusión diremos que es la acción y resultado de cerrar u obstruir algo, como por ejemplo grietas esquinas donde dos objetos están muy juntos y la luz no acaba de profundizar.

No tiene nada que ver con la luz en absoluto; es puramente un truco de representación que tiende a verse bien, porque por lo general en las superficies de la vida real que están muy juntas serán más oscura que las superficies que no tienen nada delante de ellas, a causa de las sombras, suciedad, etc

Las opciones de Ambient Occlusion son las siguientes:

▼ *Opción desactivada*: la iluminación que tenemos por defecto en la escena. Es decir las lámparas que existan son las que nos darán la iluminación.

Figura 6.27. Ambient Occlusion desactivado

▼ *Opción Ambient Occlusion (Multiply):* la iluminación que tenemos por defecto en la escena y se oscurecerán las superficies que estén más próximas entre sí.

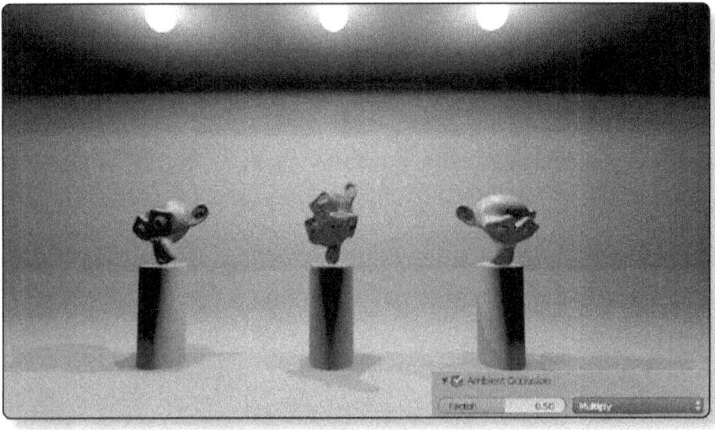

Figura 6.28. Ambient Occlusion Multiplay

▼ **Opción Ambient Occlusion (Add):** la iluminación que tenemos por defecto en la escena y se añadirá claridad según la proximidad de los objetos entre si y del factor que introduzcamos, en este caso 0.5 es el valor de la siguiente imagen.

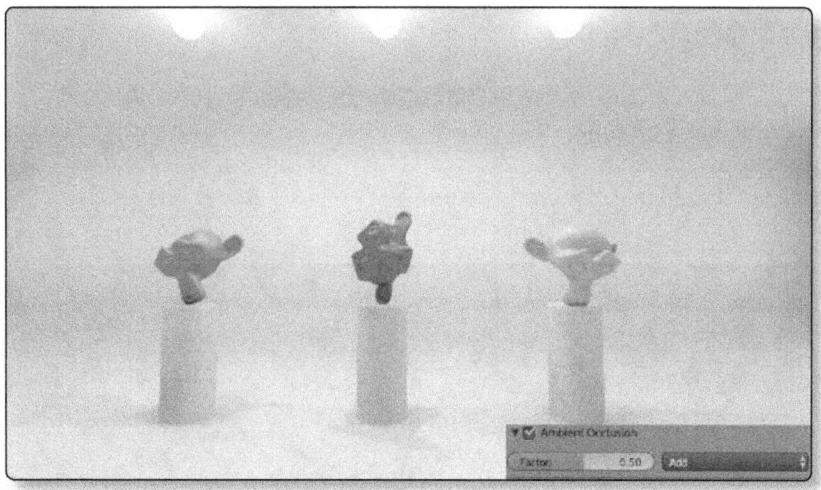

Figura 6.29. Ambient Occlusion Add

6.4.4 Environment Lighting

Como el nombre indica esta es una opción que sirve para iluminar basándose en el parámetro Ambient Color, que hemos visto anteriormente.

Con esta opción activada podemos indicar la cantidad de luz y color ambiente que reciben los materiales de los objetos que tengamos en la escena.

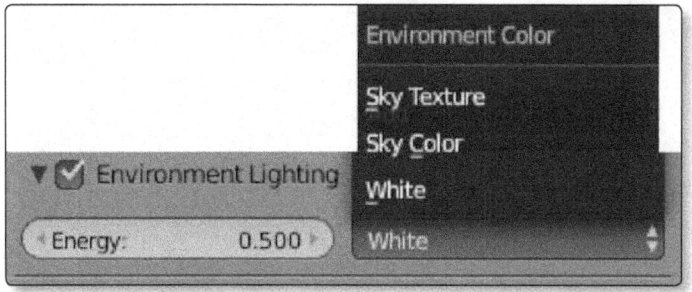

Figura 6.30. Panel de controles de Environment Lighting

▼ *Energy:* podemos configurar la intensidad de la luz ambiente.

▼ **Menú** desplegable: en este menú puedes seleccionar el lugar de donde proviene el color (blanco, el color del cielo, cielo textura).

6.4.5 Indirect Lighting

Esta opción agrega luz que rebota Indirectamente de los objetos circundantes. Es un modo de reflejar la luz que se proyecta de otras superficies. También se puede utilizar para que un objeto que tenga un material con valores de emisión muy altos puedan iluminar zonas como se muestra en la siguiente imagen.

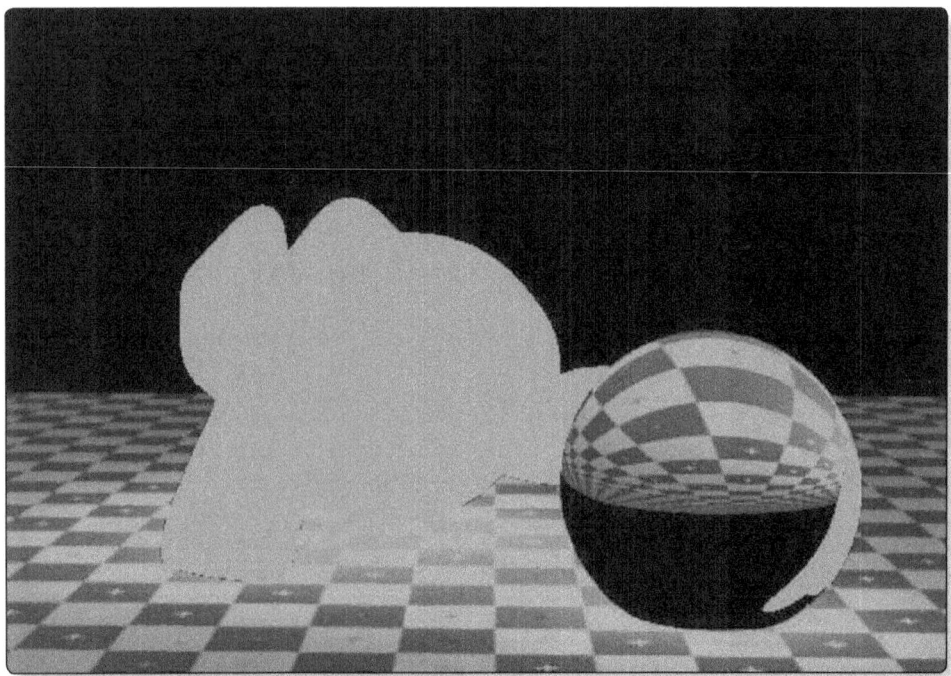

Figura 6.31. Un ejemplo de luz indirecta

▼ *Factor:* se encarga de definir la contribución que hacen los objetos a la luz.

▼ *Bounces (rebotes):* el número de rebotes que da la luz indirecta al ser difuminada.

Esta opción solamente será aplicada cuando tengamos activada la opción *Gather Approximate* que se explica a continuación.

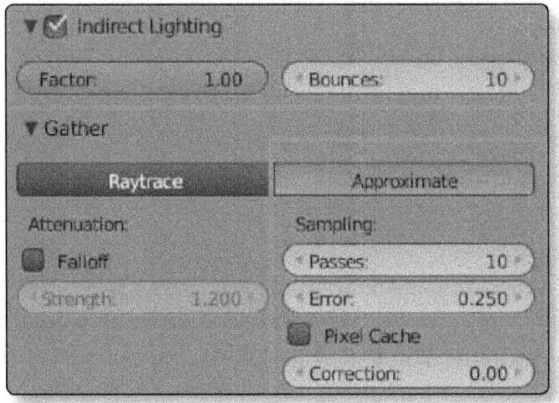

Figura 6.32. Panel de propiedades de Indirect Lighting

6.4.6 Gather

Esta opción utiliza un trazado de rayos que se emiten por toda la escena para calcular la iluminación. Esta opción dispone de dos formas de cálculo.

6.4.6.1 APPROXIMATE

Este método da un resultado mejorado pero como su nombre indica, es sólo una aproximación del método **Raytrace** y no se puede utilizar la textura del cielo como la base de color.

En la sección *Sampling* tenemos los siguientes parámetros

- ▼ *Los pases:* establece el número de preprocesamiento de pases, entre 0 (sin procesamiento previo) a 10. Mantener el preprocesamiento de pases en un valor alto aumentará el tiempo de render, pero también borrará imperfecciones y sobre-oclusiones.

- ▼ *Error:* este es el factor de tolerancia para el error de aproximación (es decir, la diferencia máxima permitida entre resultado aproximado y el resultado totalmente renderizado). Cuanto más bajo, más lento es el render pero más precisión en los resultados... oscila entre 0.0 y 10.0, por defecto es 0.250.

- ▼ **Pixel Cache**: cuando está activado, mantendrá los valores de los píxeles calculados para interpolar con sus vecinos. Esto además acelera el render, por lo general sin pérdida visible en la calidad ...

- ▼ **Correction:** el factor de corrección ayuda a reducir la sobreoclusión. Oscila entre 0,0 (sin corrección) a 1,0.

- ▼ **Falloff:** cumple con la función de atenuar la iluminación cuando se activa pudiendo introducir valores.

6.4.6.2 RAYTRACE

El método *Raytrace* da los resultados más precisos, pero también los resultados con más granito en el render (ruido). Para obtener resultados sin ruido tenderemos que sacrificar tiempo de render es decir más tiempo. También es la única opción que utiliza los colores y texturas del cielo.

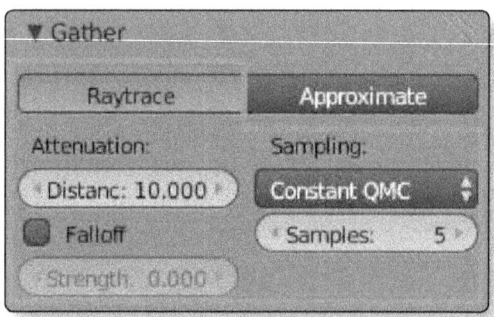

Figura 6.33. Panel de propiedades de Gather

- ▼ **Attenuation :** define a qué distancia la longitud de los rayos se encuentran los otros objetos para poder tener un efecto de oclusión. Cuanto más larga sea la distancia, mayor es el impacto que la geometría lejana tendrá sobre el efecto de oclusión. Un valor muy alto en distancia también significa que el procesador tiene que buscar un área mayor para la geometría que ocluye, por lo que el tiempo de renderizado se puede optimizar haciendo esta distancia tan corta como sea posible para el efecto visual que se desea.

- ▼ **Sampling:** el número de rayos que se utiliza para detectar si un objeto está ocluido. Los valores más altos de *samples* dan resultados más suaves y precisos, pero el tiempo de render aumenta. El valor por defecto es 5 y generalmente nos da buenos resultados para las vistas previas.

Dispones de tres opciones de sampling estándar:

▼ *Constante QMC*: la base Quasi-Monte Carlo, da rayos distribuidos uniformemente y aleatoriamente.

▼ *Adaptable QMC*: Una versión mejorada de QMC, que trata de determinar cuándo la frecuencia de muestreo se puede bajar o se puede omitir, basado en sus dos posiciones.

- *Threshold*: el límite por debajo del cual la muestra se considera totalmente ocluida ("negro") o no ocluida ("blanco"), y saltó.
- *Adaptar a Speed:* Un factor para reducir el muestreo AO en movimiento rápido píxeles.

▼ *Constante jitterered*: el parámetro Bias te permite controlar cómo aparecerán las caras lisas "suaves" en renders con AO (*Ambient Oclusion*).

6.4.7 Mist

Mist puede mejorar bastante la ilusión de profundidad en su renderizado. Para crear niebla, Blender hace los objetos lejanos más transparentes (disminuyendo su valor Alpha) mezclándose más el color del fondo con el color del objeto. Con *Mist* activado, cuanto más lejos esté el objeto de la cámara menor será su valor alfa.

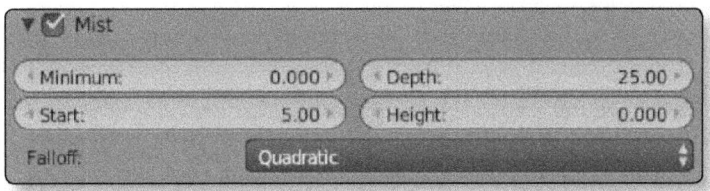

Figura 6.34. Panel de propiedades de Gather

Opciones:

▼ **Minimum:** intensidad mínima general, o fuerza, de la niebla.

▼ **Start**: la distancia desde la cámara en la que empieza la niebla a hacer su efecto.

▼ **Depth:** la distancia que comienza desde Start, y que hace desaparecer los objetos. Objetos lejanos de la cámara más allá de *Start+Depth* desaparecerán completamente.

- **Height:** hace que la niebla disminuya la densidad, para un efecto más realista. Si es mayor de 0, sitúa, en unidades Blender, un intervalo alrededor de z=0 en la escena; en el que la niebla por debajo está a máxima intensidad y por encima es controlada por *Height*.

- **Falloff:** es el índice de caída de la niebla (Quadratic/Linear/Inverse Quadratic). Esas configuraciones controlan cómo cambia la niebla de forma regular según se avanza en la distancia.

6.4.7.1 DISTANCIAS DE LA NIEBLA

Para visualizar las distancias de niebla en la vista 3D, selecciona la cámar, dirígete al menú cámara, y activa Mist.

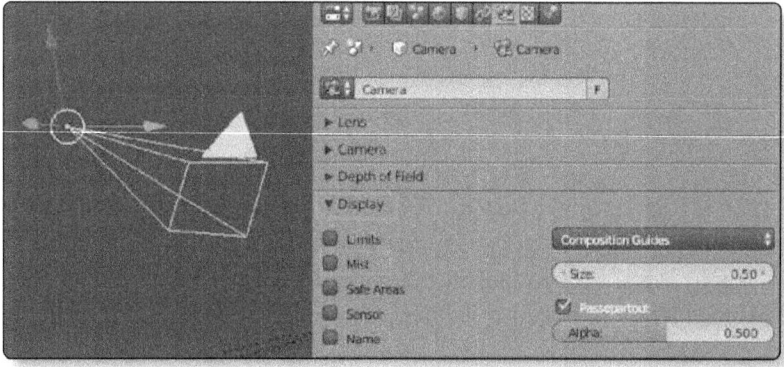

Figura 6.35. Panel de propiedades de la cámara

La cámara mostrará los límites de la niebla como una línea proyectada desde la cámara comenzando con **Start** y con distancia de **Depth**.

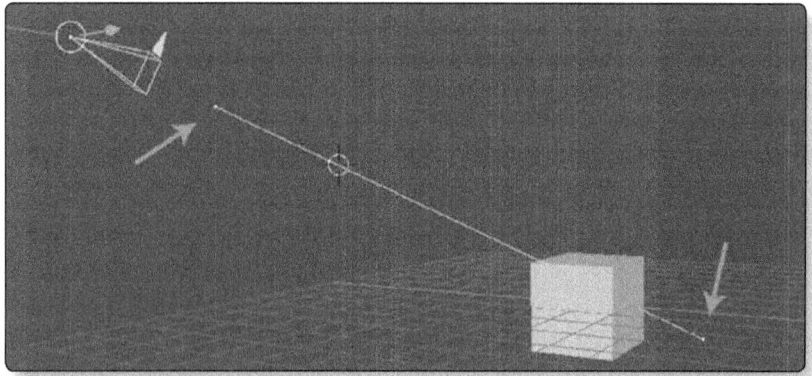

Figura 6.36. Vector que muestra el inicio y el final de la opción Mist

PROYECTO PRÁCTICO

6.5 PROYECTO ILUMINACIÓN

6.5.1 Iluminación de un interior

La mejor forma de aprender a iluminar es la observación así que para seguir con el aprendizaje de Blender vamos a utilizar lo que tenemos hecho hasta el momento. Utilizaremos el escenario creado con distintos objetos para practicar lo que hemos visto en el capítulo.

En este proyecto en concreto también se hablara de cómo podemos renderizar nuestra escena para ir viendo los resultados.

> (i) **NOTA**
> Recuerde que la práctica te llevará a mejorar los resultados en menor tiempo y seguramente serás más exigente contigo mismo.

6.5.1.1 ABRIENDO EL PROYECTO

Si abrimos el proyecto ***Pro_6_Start*** verás que tienes el escenario con las cámaras y con los objetos puestos. La escena está preparada para que pongas las luces y puedas experimentar con distintos tipos de lámparas.

Figura 6.37. Escenario para iluminar

6.5.1.2 EL CIELO

Antes de poner ninguna lámpara en el escenario, crearemos el cielo. Nos dirigimos al panel de propiedades de World y activamos las opciones Blend Sky y Real Sky.

- Horizon Color: Blanco
- Zenith Color: (R= 0.002, G= 0.314, B=0.662)
- Real Sky: negro.

Figura 6.38. Propiedades del cielo

6.5.1.3 EL SOL

La primera luz que vamos a poner en la escena va a ser de tipo *Sun* para que entre por la ventana, también podíamos utilizar luces de tipo *spot*.

Creamos una luz **sun** pulsando **SHIFT+A** seleccionamos la opción *Lamp > Sun* y posicionamos la lámpara lo más parecido a las imágenes, que los rayos apunten al interior de la ventana.

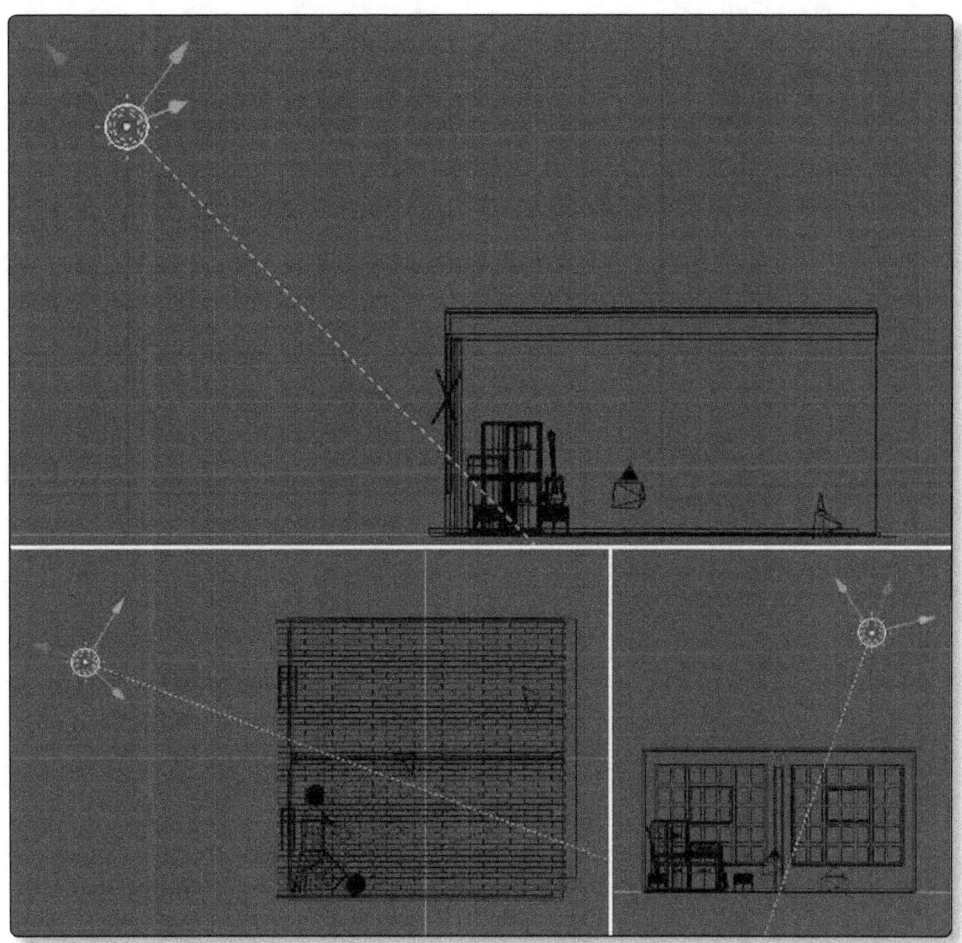

Figura 6.39. Posición de la lamp Sun

Ahora que tenemos puesta la primera luz vamos al panel de propiedades de la luz sun y cambiaremos los siguientes parámetros.

▼ *Color:* (R=1, G=0.708, B=0.550)

▼ *Energy= 4*

▼ *Shadow*:
- Opcion Ray Shadow
- Samples = 4
- Opcion Constant QMC

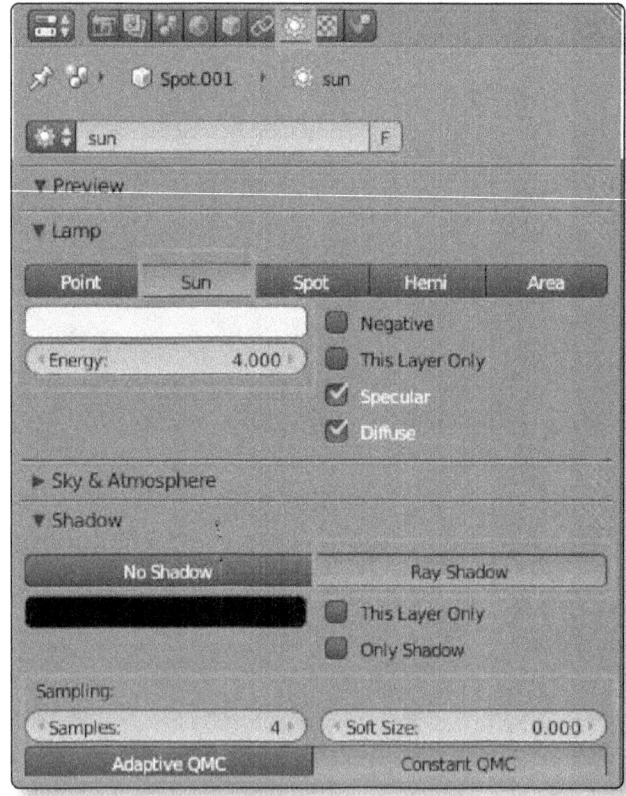

Figura 6.40. Opciones de Sun

Si quieres visualizar la imagen para ver cómo te va quedando o para empezar a ver resultados puedes utilizar la opción **Rendered** que encontrarás en el menú *Wiewport Shading* dentro de la cabecera del visor 3D.

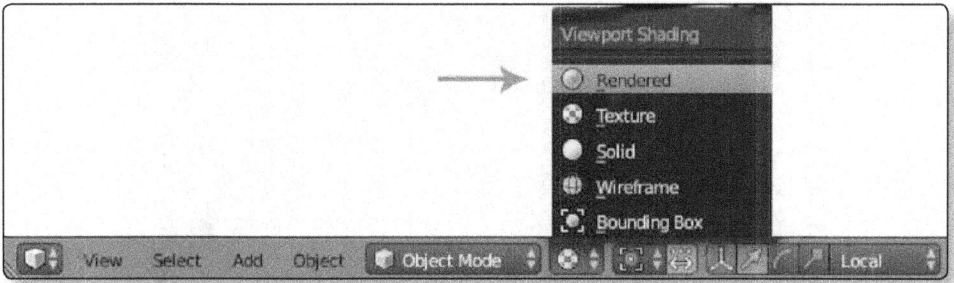

Figura 6.41. Opciones de render en el visor 3D

Verás que el render se ejecuta en tiempo real es una de las ventajas que tiene Blender. En lo que se refiere a la iluminación de momento tenemos una escena bastante oscura, así que vamos añadir luz del cielo que va a entrar por las ventanas.

Figura 6.42. Render con solo la iluminación de Sun

6.5.1.4 LUZ DEL CIELO

Para que entre luz azul del cielo por la ventana utilizaremos dos lámparas de área que posicionaremos delante de las ventanas. Primero crearemos una y la posicionaremos en la ventana que está detrás de los objetos.

Figura 6.43. Lampara de Area

Para escalarla y que nos dé una luz suave azulada entraremos en sus propiedades y lo configuraremos de la siguiente manera.

- *Color:* (R=0.172 G=0.282, B=0.359)
- *Energy* = 0.9
- *Distance* = 2.41
- *Gamma* =1.2
- *Shadow* = Ray Shadow, color (R=0.017 G=0.026, B=0.031)
- *Sampling*:
  - Para los samples de (X,Y) les daremos el valor 16.
  - Modo Adaptive QMC.
- *Area shape* : rectangle (X=3.7, Y=4.19)

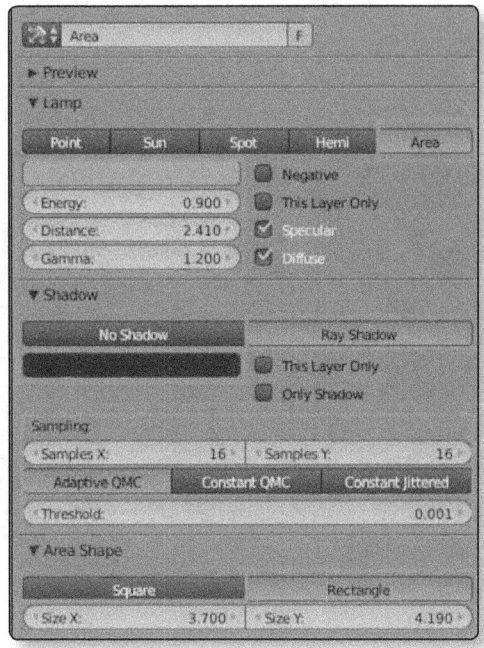

Figura 6.44. Propiedades de la lamp Area

Cuando tengamos configurada una luz de área y colocada en su lugar la duplicamos y la posicionamos en la otra ventana.

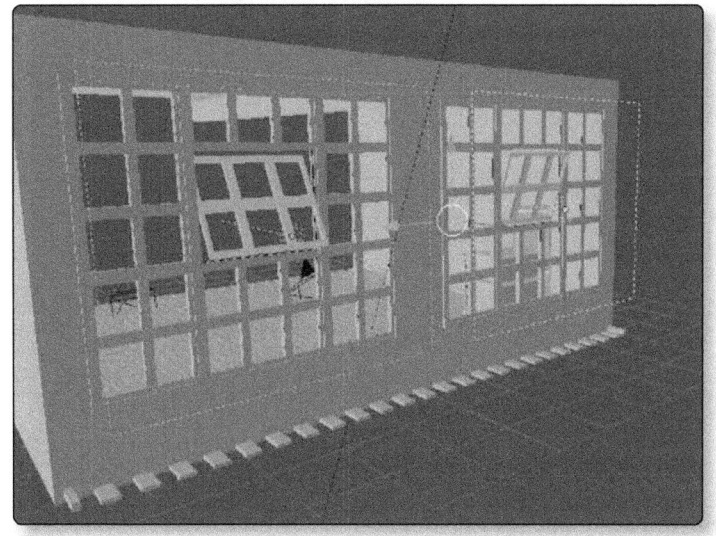

Figura 6.45. Duplicado de la luz Area

Para ver el resultado de nuestra configuración también podemos utilizar el botón F12 del teclado para que nos realice un render. En este proyecto está configurado el render para que te aparezca en una ventana flotante. Como podrás apreciar en la pared se ve la luz azulada y suave que entra por la ventana.

Figura 6.46. Render con dos tipos de luces (Sun y Area)

6.5.1.5 ENVIRONMENT LIGHTING

Como puedes ver en la imagen anterior la escena está muy oscura y casi no se puede distinguir los objetos. Para solucionar este problema vamos a las propiedades de Entorno y activaremos la opción ***Environment Lighting*** con los siguientes parámetros:

▼ Energy: 1.8
▼ Opción: sky Color

Figura 6.47. Opciones de Environment Lighting

Cuando activamos esta opción también se activa la opción Gather en donde lo configuraremos de la siguiente manera:

▼ Activaremos la opción *Raytrace*.
▼ Attenuation: 50
▼ Sampling Constant QMC
▼ Samples = 20

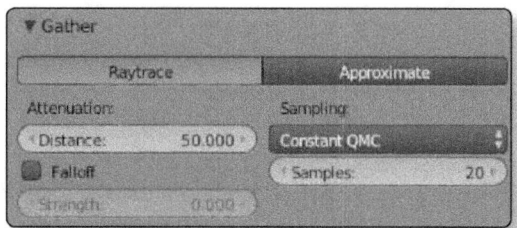

Figura 6.48. Opciones de Environment Lighting

6.5.1.6 AMBIENT OCCLUSION

Para finalizar activaremos la opción *Ambient Occlusion* con valor 1 como Factor y con la opción *Multiply*.

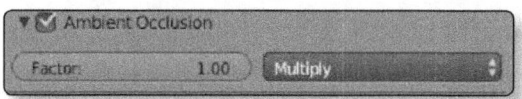

Figura 6.49. Opciones de Ambient Occlusion

6.5.1.7 RENDER FINAL

Para que puedas hacer un render y guardarlo como una imagen en las opciones de Render pulsa el botón de render.

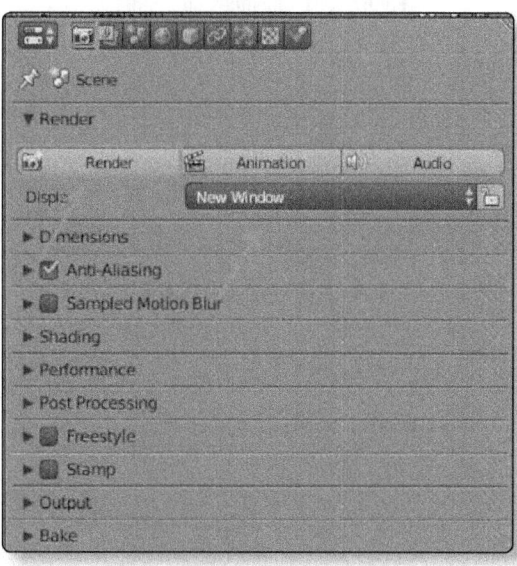

Figura 6.50. Opciones de Render

En este caso cuando aparezca la ventana con el render finalizado, en la cabecera de la nueva ventana accede al menú *Image > Save_As_Image* o pulsa **F3**. Se te abrirá para guardar archivos en ordenador.

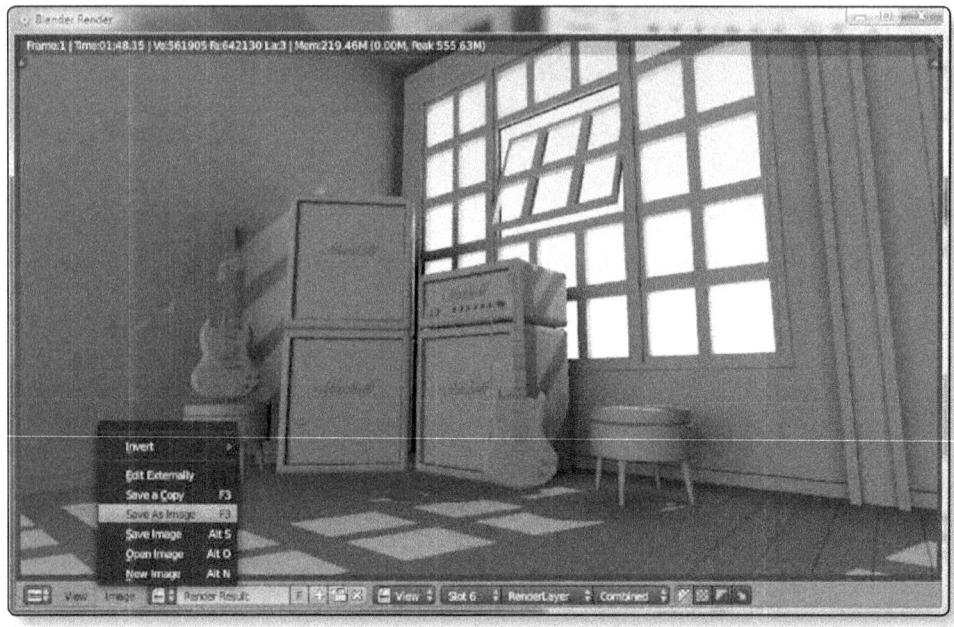

Figura 6.51. Opciones de Render

> ⓘ **NOTA**
> Eso es todo. Ahora que ya sabes cómo funcionan las luces te será más fácil aprender a crear materiales que es el próximo capítulo.

7

MATERIALES

El tema que trata los materiales es bastante extenso, pero en este capítulo vas a aprender aspectos básicos sobre los materiales: cómo añadir uno o varios materiales a un objeto cómo configurar ese material para se comporte como un cristal, un metal o cualquier otro. Si entiendes cómo reacciona una superficie a la luz sabrás aplicar los materiales correctamente.

En este tema aprenderá lo siguiente:

- ▼ Cómo actúan los materiales a la luz.
- ▼ Añadir materiales a los objetos.
- ▼ Crear nuevos materiales.
- ▼ Configurar los parámetros de los materiales.
- ▼ Multimateriales en un objeto.

7.1 MATERIALES

Cada objeto necesita un material. Para entendernos, el termino Material lo utilizaremos para referirnos a la acumulación de efectos que son producidos por la luz, que en Blender se conectan por medio de nodos y que alteran la apariencia del objeto. Todos los objetos de una escena están definidos como mínimo por un material.

Figura 7.1. Objeto con distintos materiales

7.1.1 Concepto básico

En el mundo real un objeto de un solo color no presenta al ojo un solo color. Por ejemplo una pelota azul iluminada por el sol, la parte iluminada no es azul, sino que es más cercana al color blanco y la parte que queda en la penumbra es más oscura. Para empezar a entender un material tenemos que distinguir 3 componentes del color.

- ▼ *Specular*: el brillo de la luz.
- ▼ *Diffuse :* el color del material
- ▼ *Shading:* la parte de la penumbra

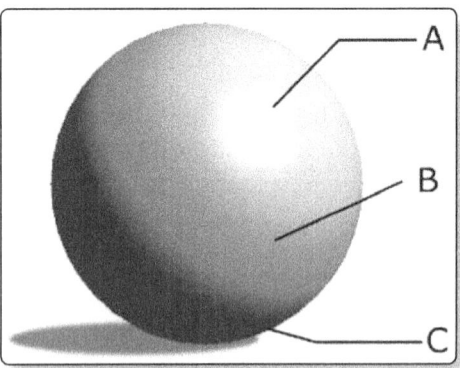

Figura 7.2. Esfera iluminada

7.1.2 Crear y asignar un material

Para crear un nuevo material seleccionamos un objeto e iremos al botón de materiales y pulsaremos el botón *New*. Automáticamente el programa le asigna un material por defecto al objeto que teníamos seleccionado.

Figura 7.3. Creación de un material

7.1.3 Panel de propiedades

Para poder editar cualquier material deberemos dirigirnos a la ventana de propiedades en el botón de Materiales. En esta sección podemos crear y editar cualquier material.

Vamos a dividir el editor de propiedades en 3 secciones para que sea más fácil de entender:

7.1.3.1 SECCIÓN 1

Como se ha resumido anteriormente, en esta parte del editor disponemos de herramientas para organizar el material o materiales de un objeto.

Cuando creamos un material automáticamente aparece el nombre de Material.001 en la ranura de materiales. Los símbolos de (+) y (-) nos permiten añadir un nuevo material o eliminarlo.

Con el botón de material podemos acceder a todos los materiales creados y en la caja de textos del lateral renombrar el material.

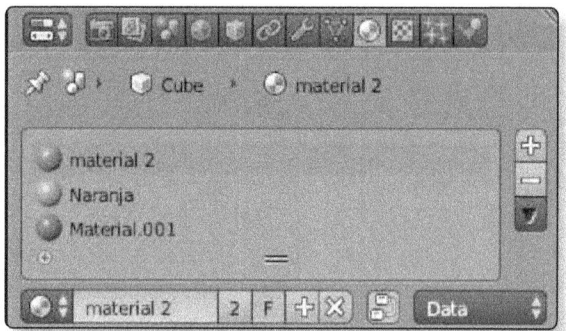

Figura 7.4. Sección 1

7.1.3.2 SECCIÓN 2

Esta sección está compuesta por un panel de muestra donde puedes ver el resultado del material. Los botones de la parte superior son distintos modos de visualización que podemos utilizar según el tipo de elemento le dotamos de material es decir si es un objeto con superficie, si es alámbrico, volumétrico, o de tipo niebla.

También disponemos de distintos objetos para ver el resultado aparte de la esfera, como por ejemplo un cubo la cara de un mono, pelo, con un fondo o plano.

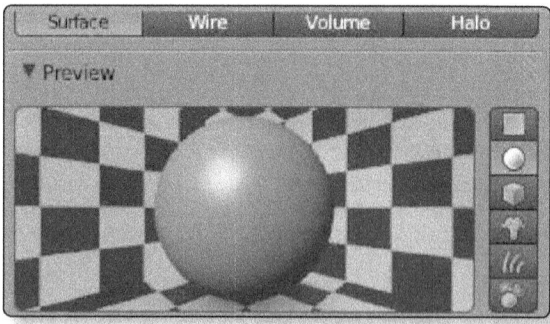

Figura 7.5. Sección 2

7.1.3.3 SECCIÓN 3

La tercera sección son todos los parámetros del material. Estos parámetros nos permiten determinar cómo reaccionará el material a la luz y determinar qué tipo de sombra proyectará. A continuación se detallará cada uno de los parámetros.

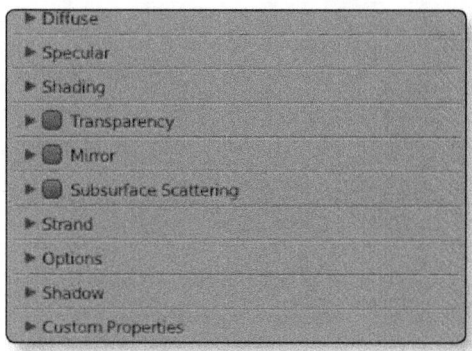

Figura 7.6. Sección 3

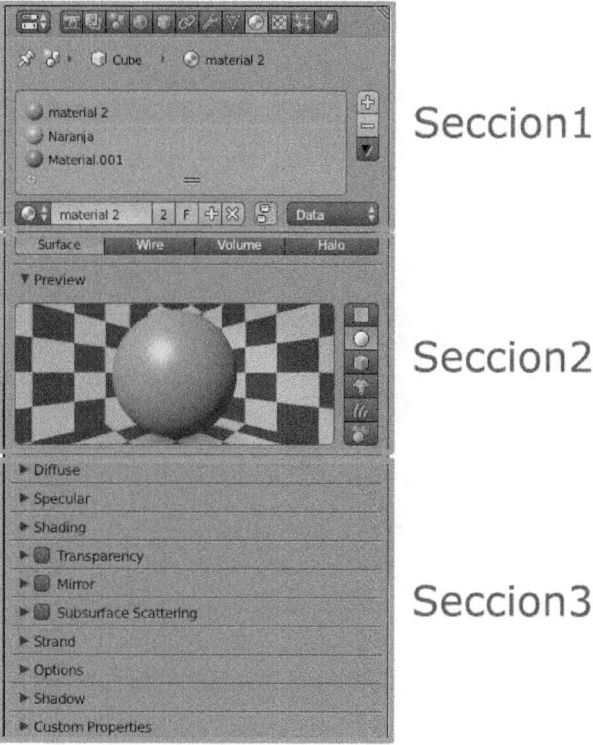

Figura 7.7. El panel de propiedades de los materiales

7.1.4 Diffuse

Este apartado se encarga de controlar el color del material configurando los siguientes parámetros.

Figura 7.8. Propiedad Diffuse

▼ *Color:* si hacemos clic en la caja de color blanco por defecto se nos abrirá un selector en donde podemos configurar el color que queramos o con el cuenta gotas podemos seleccionar un color de la escena.

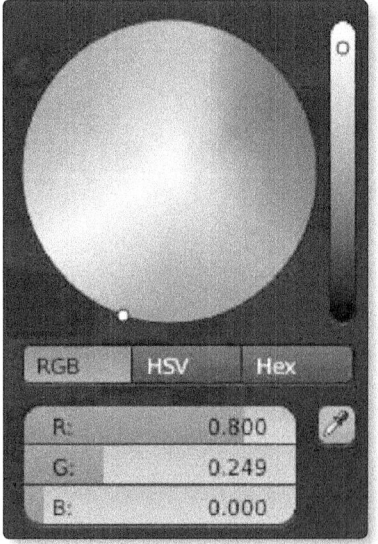

Figura 7.9. Selector de color

- ▼ *Intensity:* la intensidad es un parámetro que nos indica la intensidad del color del material. Si ponemos este parámetro a cero el material se verá negro.
- ▼ *Sombreadores:* esta lista nos muestra distintos comportamientos que tiene el color en un material.

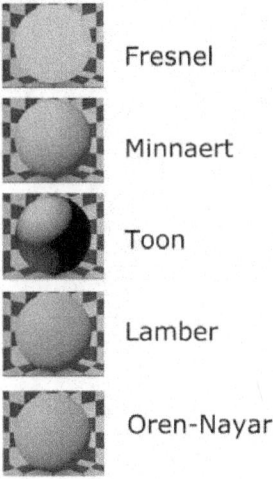

Figura 7.10. Sombreadores de color

- ▼ Ramp: al activar esta opción se nos aparece una barra con un degradado de color, en donde podemos añadir tantos colores como queramos.

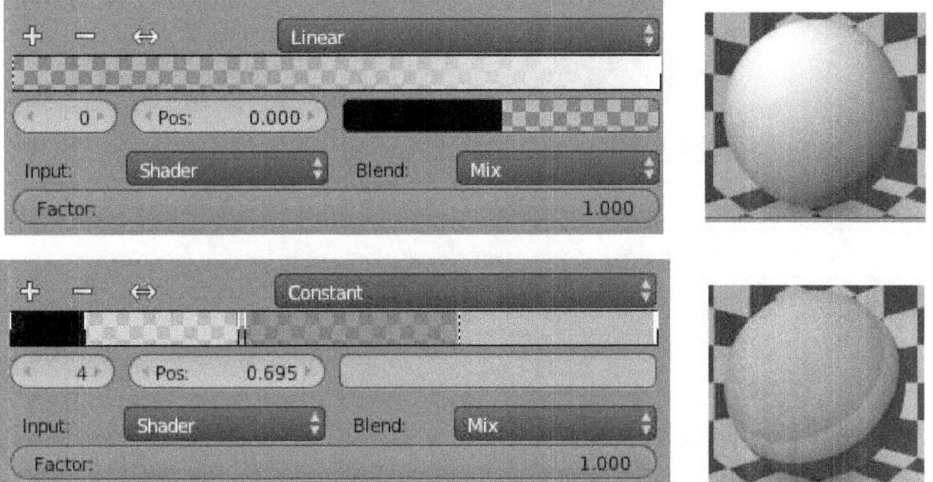

Figura 7.11. Rampa de colores

7.1.5 Specular

Cuando controlamos la especularidad del material estamos refiriéndonos al brillo del material.

Figura 7.12. Parámetro Specular

▼ *Color:* podemos cambiar el color del brillo o en otras palabras la zona quemada que normalmente es blanca.

Figura 7.13. Color Specular

▼ *Sombreadores:* al lado de donde se encuentra el color encontraremos una lista con distintos formas de representar el brillo del material.

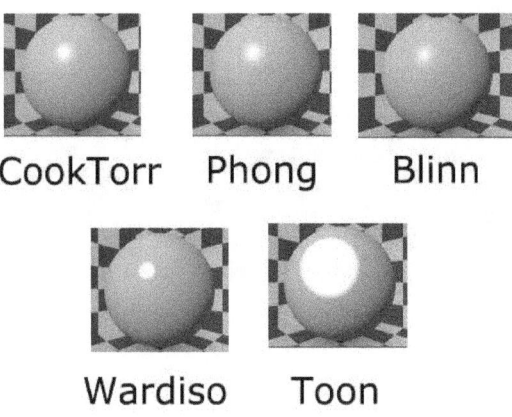

Figura 7.14. Distintos sombreadores de brillo

▼ *Intensity*: con este parámetro controlaremos la fuerza con la que brilla el material. Si el valor es 1 el brillo es máximo si queremos que apenas tenga brillo el valor deberá ser próximo a 0.

Figura 7.15. Valores de la intensidad

▼ *Ramp:* en el caso del parámetro especular también podemos añadir una gama de colores como en el parámetro diffuse.

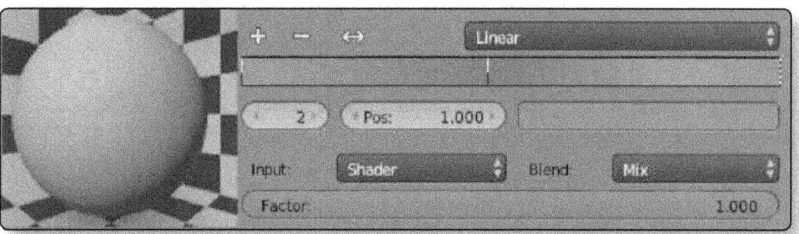

Figura 7.16. Valores del parámetro ramp

7.1.6 Shading

Esta opción nos permite controlar el reflejo de luz que proyecta el material.

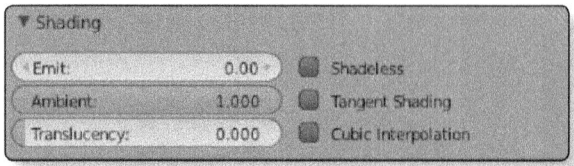

Figura 7.17. Parámetros de shading

▼ ***Emit:*** esta opción nos permite controlar la cantidad de luz que emite el material.

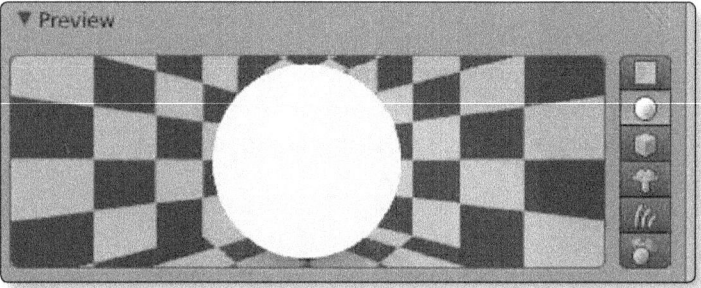

Figura 7.18. Emit

▼ ***Ambient:*** es la cantidad de luz del entorno que recibe el material. Por defecto este parámetro tiene el valor 1.

▼ ***Translucency:*** es la cantidad de diffuse que tendrá el material en su parte posterior.

Figura 7.19. Valores de translucency

▌ **Shadeless:** se refiere a sin sombra, cuando activamos esta opción el material se insensibiliza a la luz y toma un color plano.

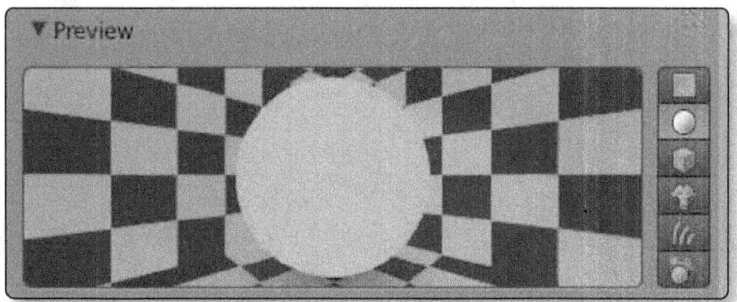

Figura 7.20. Shadeless

▌ **Tangent Shading:** esta opción nos da la oportunidad de utilizar un vector tangente en lugar de la normal para el brillo. Se utiliza para efectos de sombreado anisotrópico (el cabello suave, metal pulido, etc.)

Figura 7.21. Tangent Shading

▌ **Cubic Interpolation:** este parámetro al estar activado nos da una mejora en el contraste entre zonas iluminadas y zonas oscuras.

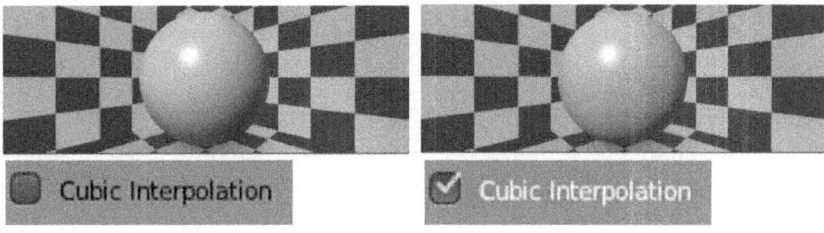

Figura 7.22. Cubic interpolation

7.1.7 Transparency

La opción transparencia nos permite crear objetos con materiales que pueden dejar pasar la luz. En Blender podemos utilizar tres modos de transparencia.

Figura 7.23. Opciones de transparencia

7.1.7.1 MASK

Se utiliza el canal alfa para mezclar el color del plano del objeto activo con el color del de fondo, de acuerdo con el canal alfa. Es decir si alfa = 1, el color del objeto es visible pero si alfa = 0, veremos el fondo y cualquier otro objeto detrás del objeto activo desaparecerá.

7.1.7.2 ZTRANSPARENCY

Es un modo de transparencia poco realista donde el valor alfa determina el grado de transparencia. El más realista y el que da mejores resultados es el *raytrace* que comentaremos a continuación.

7.1.7.3 RAYTRACE

Es la opción más realista y la que te permite crear refracciones en el material. *Raytrace* lo que hace es lanzar un rayo desde la cámara por toda la escena este rayo impactara con los distintos objetos, si el primer objeto con el que impacta no es transparente este rayo toma el color del objeto, si el objeto es transparente el rayo lo atraviesa. El rayo que atraviesa el objeto transparente puede ser desviado de su trayectoria según el índice de refracción (IOR) del material.

▼ *IOR:* el índice de refracción será el valor que le daremos para que el material transparente adquiera un comportamiento en concreto. Por ejemplo:

Figura 7.24. Índices de refracción

▼ *Filter:* nos permite dejar ver el color del parámetro *diffuse* cuanto mayor sea el valor de 0 más color tendrá el la transparencia.

Figura 7.25. Filter

▼ *Falloff:* cómo de rápido se absorbe la luz a medida que pasa a través del material. Da profundidad y espesor al vidrio.

▼ *Limit*: materiales más gruesos que no son transparentes. Esto se utiliza para controlar el umbral donde el color del filtro comienza a entrar en juego.

▼ *Depth:* el valor que se introduzca establecerá el número de materiales transparentes que puede atravesar un rayo *raytrace*.

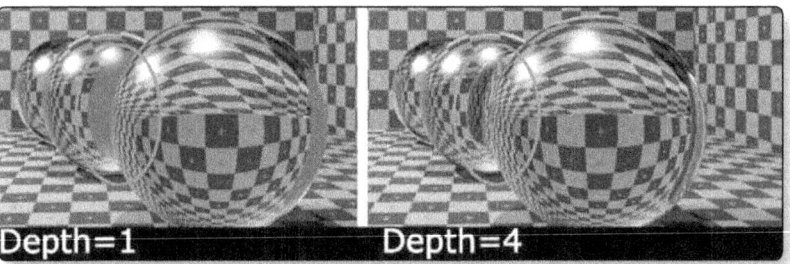

Figura 7.26. Valores de Depth

▼ *Gloss:* son los ajustes para el brillo.

Figura 7.27. Valores de Gloss

- *Amount* (cantidad) Claridad de la refracción.
- *Threshold* (umbral)
- *Samples* (muestras)

7.1.8 Mirror

El trazado de rayos se puede utilizar para hacer que un material sea reflexivo y actúe como un espejo. El funcionamiento es similar al parámetro *Raytrace*, la cámara proyecta un rayo hacia la escena este cuando impacta contra un material reflexivo este rebota desde su ubicación actual y se desplaza hacia otro objeto, esto se repite hasta que se unen todos los rayos con toda la cadena de información.

Figura 7.28. Propiedades Mirror

▼ **Reflectivity:** establece la cantidad de reflexión del objeto. El valor 1 nos muestra un espejo perfecto y el valor 0 quita toda la reflexión al material.

▼ **Color:** el color puede teñir el material de algún color, como el oro o el cobre bien pulidos podrían ser un ejemplo de materiales reflexivos teñidos.

▼ **Fresnel:** este parámetro nos permite determinar la zona reflexiva dependiendo de superficie normal y la dirección en la que se observa. En algunos materiales se crea un efecto en donde según el ángulo donde se mire se puede ver reflexión o no.

▼ **Depth:** el parámetro profundidad es muy importante, porque determina el número máximo de veces que un rayo de luz puede rebotar. Un valor adecuado es 4 o 5 en el caso de tener varios materiales reflexivos en una escena.

▼ *MaxDist:* este parámetro sirve para determinar la distancia de los rayos reflejados fuera de cámara. El parámetro inferior que pone **Fade to** nos permite escoger entre dos opciones *Sky* para escenas de exterior y **Material** para escenas de interior.

▼ *Gloss:* nos permite dispersar la luz y dar un reflejo borroso. Existen muchos materiales reflexivos y no todos transmiten una reflexión perfecta, por ejemplo una mesa de madera pulida y encerada que puede dejar entre ver el reflejo de los objetos que se posan encima sin crear una imagen espejo.

- *Amount:* es la cantidad de brillo de la reflexión. Los valores <1.0 difusos dan reflexiones borrosas y activan las siguientes opciones.
- *Threshold:* el umbral en otras palabras. Si elevamos mucho este parámetro las reflexiones podrían presentar más ruido.
- *Samples:* es el muestreo de la reflexión borrosa, mayor valor resultados más suaves pero mayor tiempo de renderizado.
- *Anisotropic:* la forma en que queremos la reflexión con valores 0.0 forma circular valor 1 forma completamente estirada.

Figura 7.29. Ejemplo de materiales reflexivos

7.1.9 Subsurface Scattering

Esta sección trata un parámetro bastante complejo y es que muchos materiales sobre todo el tejido orgánico no llegan a ser totalmente opaco, es decir deja pasar algo de luz. A este fenómeno se le llama transluminiscencia y un ejemplo es la oreja humana a contraluz puedes ver que no toda la luz se absorbe.

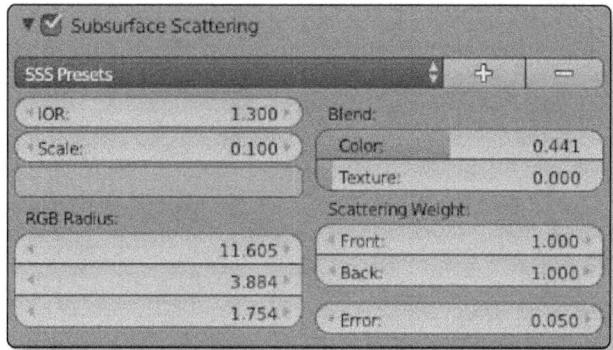

Figura 7.30. Parámetros de transluminiscencia

Para empezar disponemos de una lista con varios materiales predeterminados como son la piel de manzana, kétchup, patata, piel humana, etc..

Los botones más y menos nos permiten crear la configuración del material y añadirlo a la lista o en el caso del botón menos eliminarlo.

Figura 7.31. Ejemplo de distintos presets

7.1.10 Strand

Esta sección es específica para partículas de pelo, **Strands** se representan con el material de la cara subyacente o vértice, incluyendo el sombreado con una textura UV. Se puede asignar más de un material a cada cara y cada sistema de partículas puede tener su propio material y el material de la cara subyacente puede ser diferente del material de los hilos.

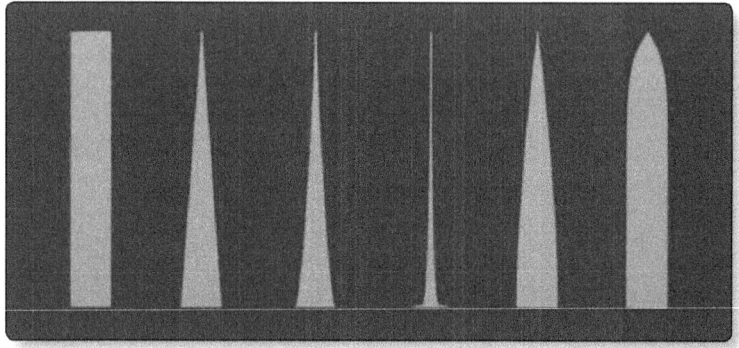

Figura 7.32. Ejemplo de strand

7.2 MÚLTIPLES MATERIALES EN UN OBJETO

En Blender algunos objetos pueden tener más de un material. A continuación realizaremos un sencillo ejercicio donde pondremos varios materiales distintos en la cabeza de mono.

Figura 7.33. Múltiples materiales en mono

Crearemos un objeto cabeza de mono y con el objeto seleccionado accederemos al panel de propiedades> botón materiales y pulsaremos en el botón New para crear el primer material.

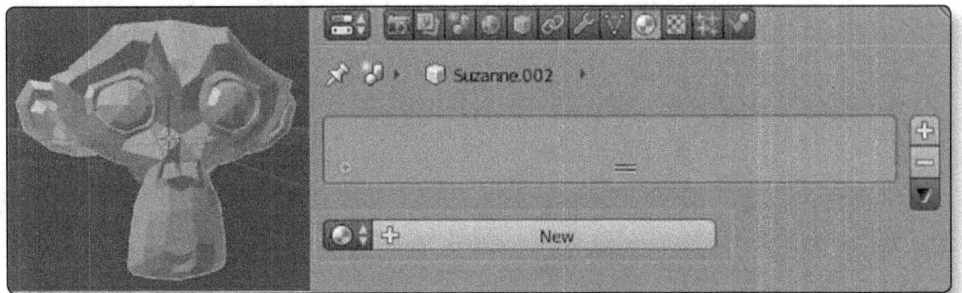

Figura 7.34. Aplicar un material al mono

En la primera sección donde está la lista con los nombres de los materiales pulsaremos en el botón con el símbolo más cinco veces de manera que tengamos cinco materiales en un mismo objeto. Si hacemos clic encima de los nombres de la lista podemos cambiarles el nombre.

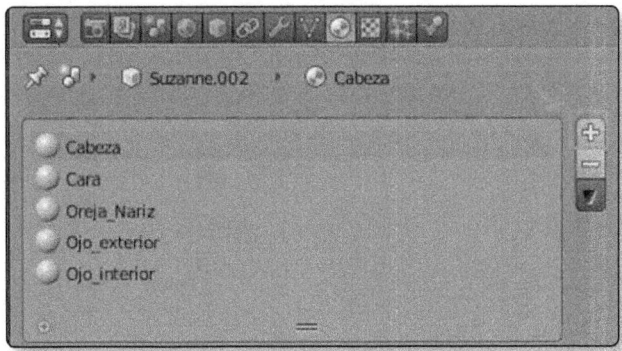

Figura 7.35. Crear múltiples materiales

Es el momento de configurar los materiales en esta actividad solamente cambiaremos el color de los materiales. La cabeza de mono en un principio tomará solo el color del material cabeza.

- **Cabeza:** (R=0.064, G=0.015, B=0.000)
- **Cara:** (R=0.800, G=0.431, B=0.088)
- **Oreja_Nariz:** (R=0.800, G=0.448, B=0.555)
- **Ojo_exterior:** color blanco
- **Ojo_interior:** color negro

Una vez tenemos los materiales configurados entramos en modo edición y seleccionamos las caras que formarían cada parte del objeto. En el panel de materiales se nos aparece tres botones debajo de la lista; **assign, select, deselect**, eso es porque el objeto está en modo edición. Seleccione el material cara y seleccione las caras que formarían el rostro del mono y la parte exterior de la oreja.

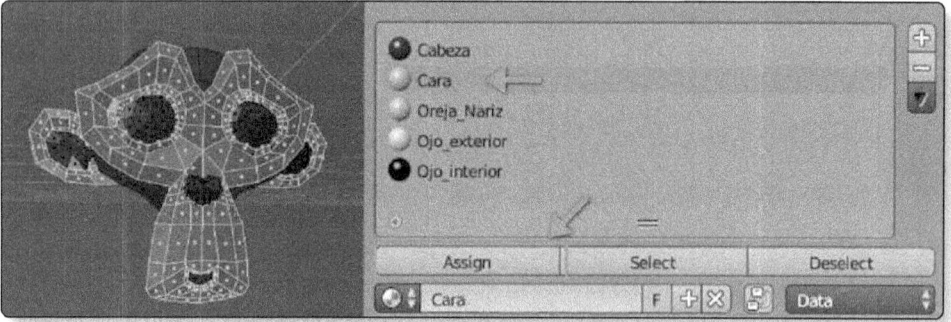

Figura 7.36. Asignar material a la selección

Una vez haya pulsado el botón Assign las caras seleccionadas tomaran ese material y el mono debería quedar parecido a la imagen que se muestra a continuación.

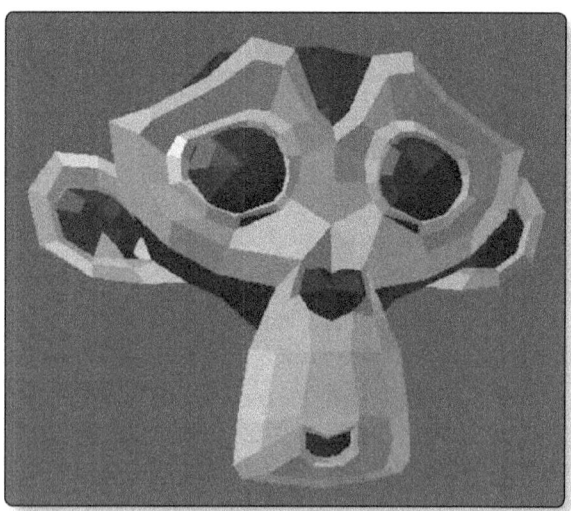

Figura 7.37. Material cara

A continuación seleccionamos la nariz y la parte interior de las orejas y le asignamos el material Oreja_Nariz.

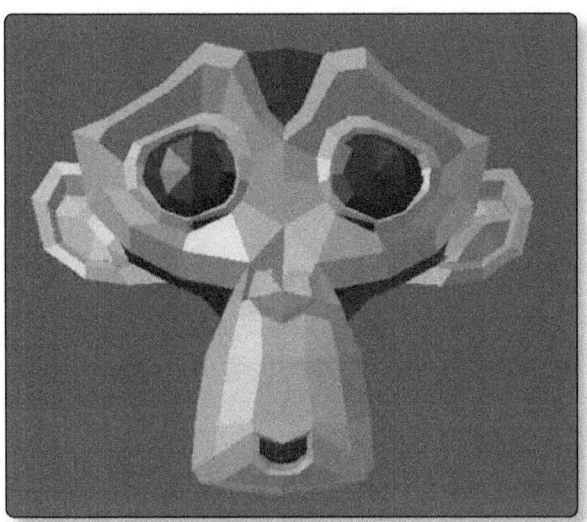

Figura 7.38. Material Orejas_Nariz

En los ojos también deberemos realizar la misma acción selecciona la parte interior que sería la forma del globo ocular y la parte externa que sería la pupila. En el caso del ejemplo he dejado una de las caras de la pupila del mismo material que el ojo para darle un toque de brillo.

Figura 7.39. Mono terminado

PROYECTO PRÁCTICO

7.3 PROYECTO MATERIALES

7.3.1 Creación de materiales para la escena

En este primer capítulo vamos a practicar lo aprendido hasta ahora con una escena en donde solamente nos concentraremos en crear materiales para los siguientes objetos. Algunos objetos no serán del todo reales porque necesitaríamos de texturas que se explicaran en el próximo capítulo.

Cada proyecto tiene la finalidad de que puedas practicar lo que te enseña la teoría. Solo si practicas conseguirás mejorar los aspectos básicos y pasar al siguiente nivel.

>  **NOTA**
> Recuerde que este libro está dirigido no solo a las personas que quieran iniciarse a Blender si no también a las personas que quieran aprender 3D desde cero.

7.3.2 Abriendo el proyecto

Si abrimos el proyecto Pro_7_Start verás que tienes un escenario muy simple con la cámara posicionada y preparada y que dispones de dos formas de iluminación, una interior y otra exterior que están distribuidas en distintas capas.

Figura 7.40. Escenario simple

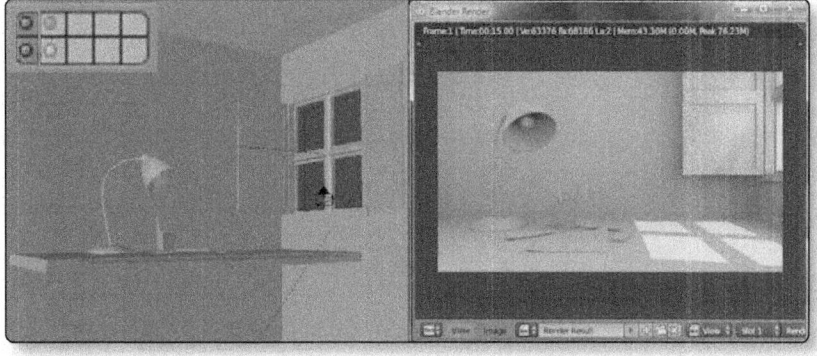

Figura 7.41. Muestra la iluminación exterior

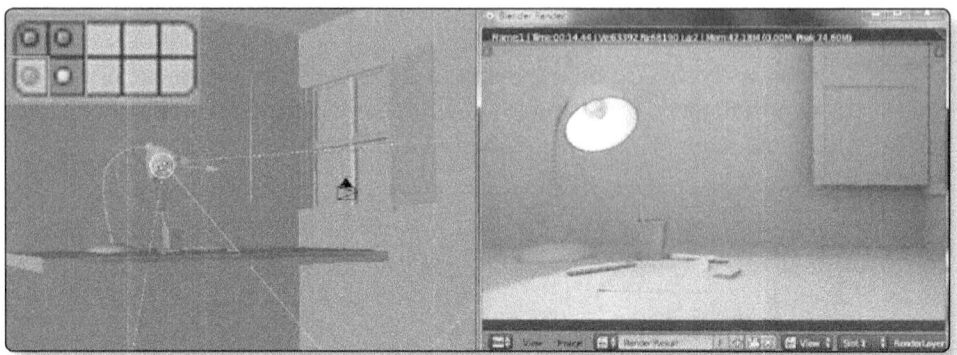

Figura 7.42. Muestra la iluminación interior con los cristales de la ventana

7.3.3 Lámpara

Para la lámpara crearemos 3 materiales, que son un metal rojo para el exterior, un plástico que utilizaremos para el cuello y el soporte de la bombilla y un metal blanco para el interior de la campana de la lámpara.

Seleccionamos la campana de la lámpara y nos dirigimos al panel de materiales y crearemos pulsando el botón con el símbolo de suma 3 materiales nuevos.

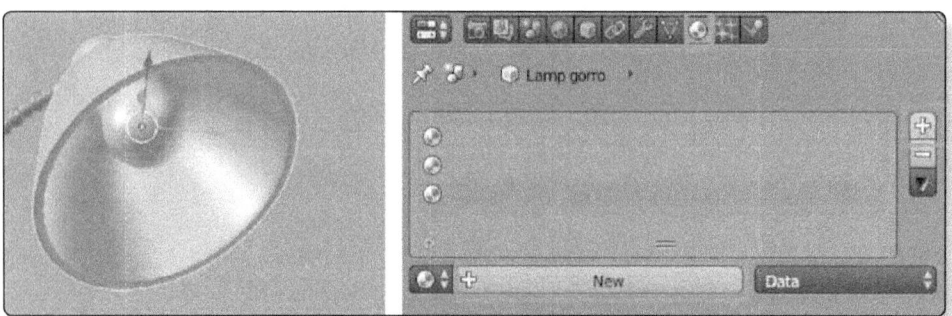

Figura 7.43. Creación de varios materiales para la lámpara

7.3.3.1 PRIMER MATERIAL

Seleccionamos el primero de los materiales y pulsamos el botón **New** y seguidamente le ponemos el nombre de *Metal_rojo*.

Figura 7.44. Primer material con nombre Metal_rojo

Ahora es el momento de configurar el material:

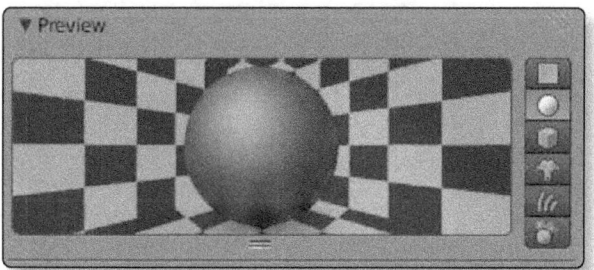

Figura 7.45. Muestra del Metal_rojo

▼ **Diffuse**: el color es rojo *(R=0.26, G=0.00, B=0.0004539),* la intensidad *0.8* y tipo de difusión **Lambert**.

▼ **Specular**: el color blanco, la intensidad de 0.358 con un valor en *Hardness=8* y de tipo **Phong**.

▼ **Shading:** la única opción con valor es *Ambient=1.*

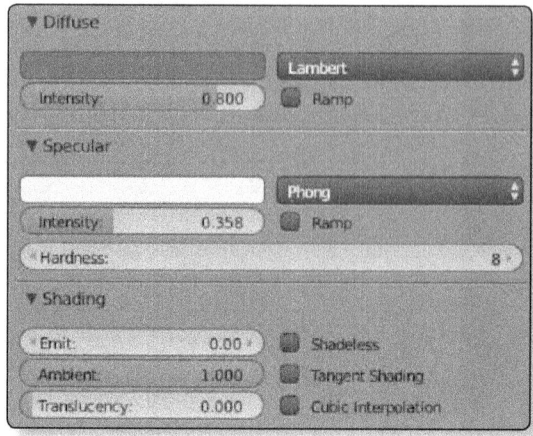

Figura 7.46. Configuración de Diffuse, Specular y Shading

▼ **Mirror**: la opción **Reflectivity = 0.150**, color blanco, con un **Depth=5** y en el apartado **Gloss** con un valor en **Amount=0.633** y **samples=18**.

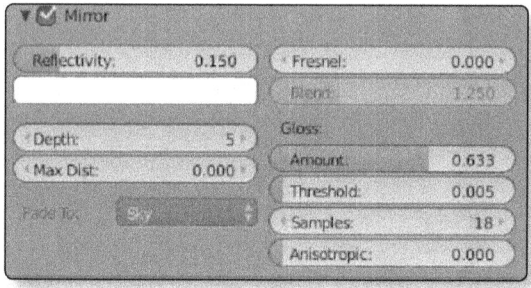

Figura 7.47. Configuración de Mirror

7.3.3.2 SEGUNDO MATERIAL

Seleccionamos el segundo de los materiales y pulsamos el botón **New** y seguidamente le ponemos el nombre de **Metal_interior_lamp**.

Figura 7.48. Muestra del Metal_interior_lamp

▼ **Diffuse**: el color es blanco, la intensidad *0.8* y tipo de difusión **Lambert**.

▼ **Specular:** el color blanco, la intensidad de 0.358 con un valor en **Hardness=8** y de tipo **Phong.**

▼ **Shading:** la única opción con valor es **Ambient=1**.

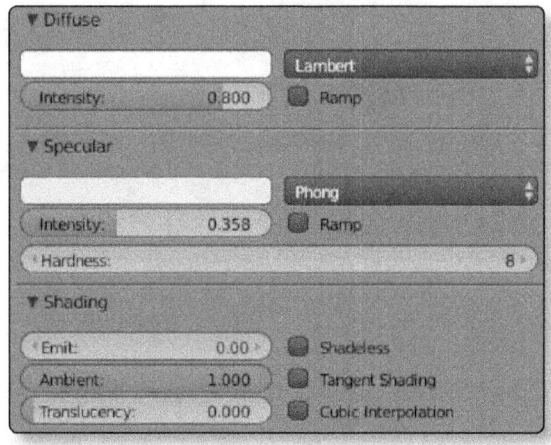

Figura 7.49. Configuración de Diffuse, Specular y Shading

▼ **Mirror:** la opción **Reflectivity** = *0.150*, color blanco, con un **Depth=5** y en el apartado **Gloss** con un valor en **Amount=1**.

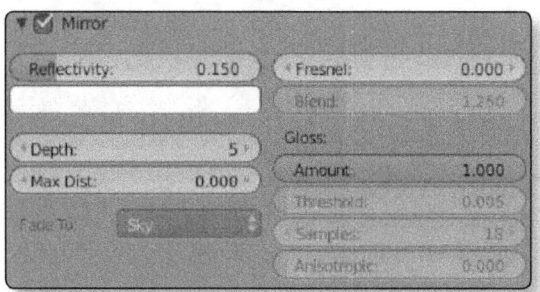

Figura 7.50. Configuración de Mirror

7.3.3.3 TERCER MATERIAL

Seleccionamos el tercero de los materiales y pulsamos el botón **New** y seguidamente le ponemos el nombre de ***Plastico_bombilla***.

Figura 7.51. Muestra del Plastico_bombilla

▼ *Diffuse:* el color es negro, la intensidad 1 y tipo de difusión *Oren-Nayar*.

▼ *Specular:* el color blanco, la intensidad de *0.358* con un valor en *Hardness=98* y de tipo *Blinn* con *IOR=4*.

▼ *Shading:* la única opción con valor es *Ambient=1*.

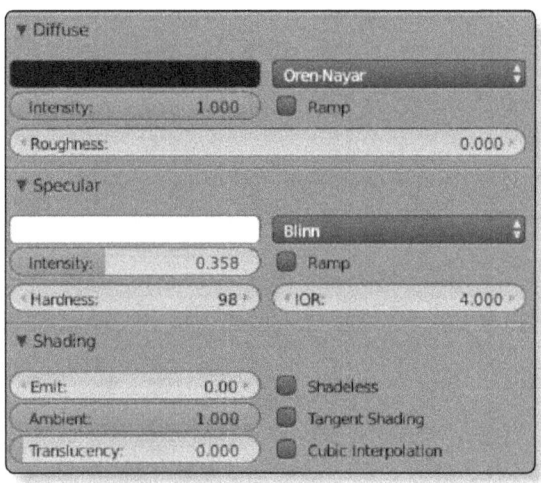

Figura 7.52. Configuración de Diffuse, Specular y Shading

7.3.4 Aplicando los materiales al objeto

Cuando tengamos los materiales configurados entraremos en modo edición del objeto y seleccionaremos las caras del objeto que deseamos que tengan un tipo de material. Por defecto se aplica a todo el objeto el primer material de la lista.

Figura 7.53. Material Metal_rojo

En modo edición seleccionamos las caras internas de la campana de la lámpara y en la lista de materiales seleccionamos el segundo material que hemos llamado *Metal_interior_lamp* y pulsamos en el botón *Assign*.

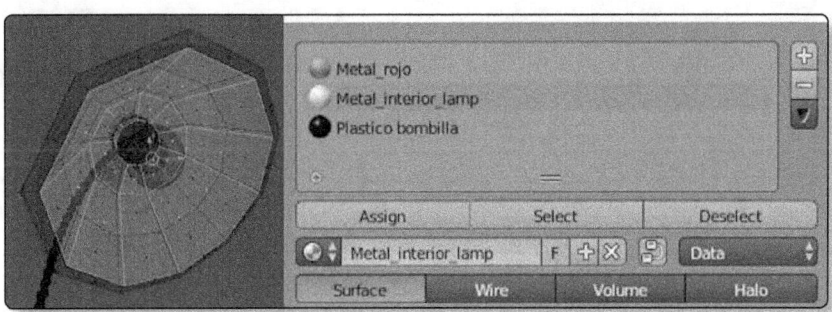

Figura 7.54. Material Metal_interior_lamp

Ahora seleccionamos las caras que formarían la rosca de la bombilla y le asignamos el tercer material.

Figura 7.55. Material Plástico bombilla

7.3.4.1 CUELLO DE LA LÁMPARA

Para el cuello de la lámpara utilizaremos el material con el nombre **Plástico bombilla**. Para utilizar el mismo material seleccionamos el objeto y en el panel de materiales seleccionamos el botón que hay antes del botón New y en la lista que se nos despliega seleccionamos el material con el nombre **Plastico bombilla**.

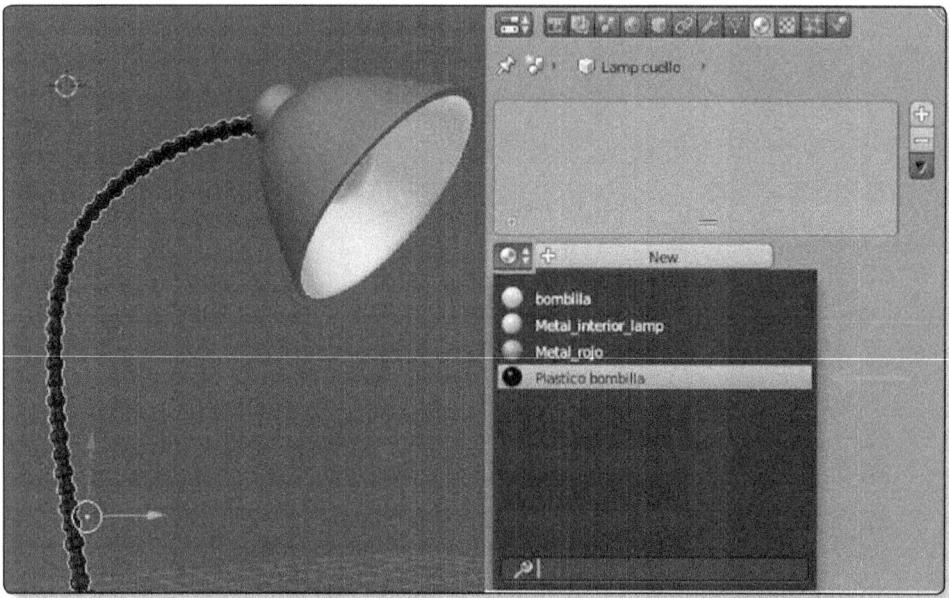

Figura 7.56. Aplicar un material ya creado

7.3.4.2 BASE DE LA LÁMPARA

Para la base de la lámpara añadiremos los materiales **Metal_rojo** y **plástico bombilla** y seleccionaremos las caras para los distintos materiales como se muestra en la siguiente imagen.

Figura 7.57. Base de la lámpara

7.3.4.3 BOMBILLA APAGADA

Para el material de la bombilla primero seleccionamos la bombilla y nos dirigimos al panel de materiales, pulsamos **New** y le damos el nombre de Bombilla al material.

Figura 7.58. Material de la bombilla

La configuración del material es la siguiente:

▼ **Diffuse:** el color es blanco, la intensidad **0.8** y tipo de difusión **Lambert**.

▼ **Specular**: el color blanco, la intensidad de 0.5 con un valor en **Hardness=50** y de tipo **CookTorr.**

▼ **Shading:** la única opción con valor es **Ambient=1, Emit= 0** (Bombilla apagada) o **Emit= 1** (Bombilla encendida).

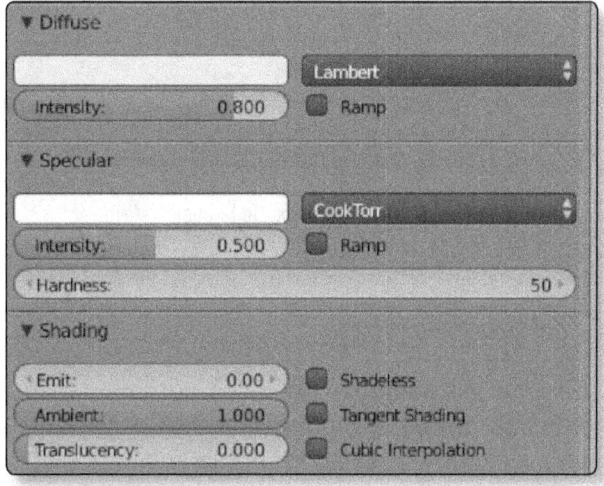

Figura 7.59. Configuración de Diffuse, Specular y Shading

▼ *Transparency:* la opción *Raytrace*, con un valor de Alpha=0.834, Fresnel=1.500, Specular=1, Blend=1.250, IOR=1, Falloff =1 , con un *Depth=5* y en el apartado *Gloss* con un valor en *Amount=1*.

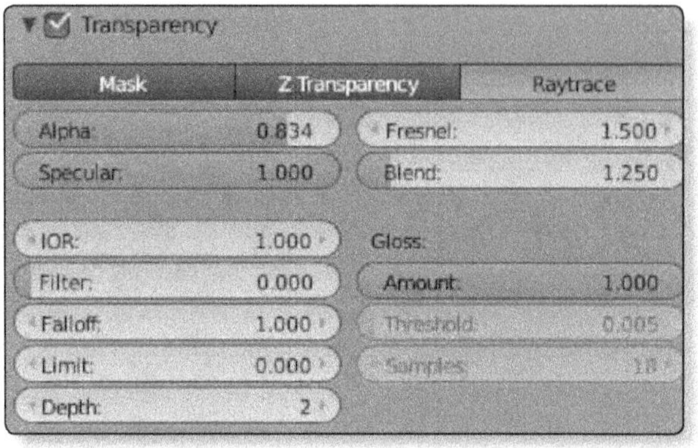

Figura 7.60. Configuración de la transparencia

▼ *Mirror:* la opción *Reflectivity = 0.349* color blanco, con un *Depth=2* y en el apartado *Gloss* con un valor en *Amount=0.574*.

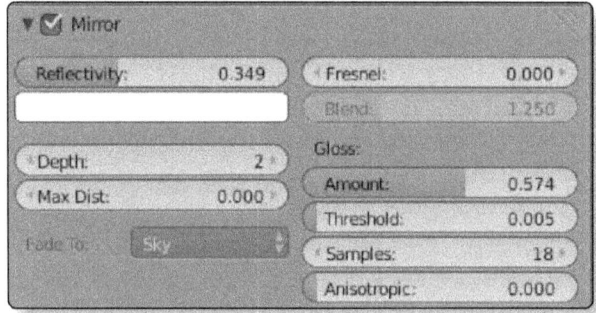

Figura 7.61. Configuración de la opción Mirror

7.3.5 Materiales del bolígrafo cristal

Para el material del bolígrafo de cristal utilizaremos tres materiales. El modo de aplicarle los materiales es similar al que hemos hecho anteriormente con la lampara. También aplicaremos un material a la tinta que está en el interior del bolígrafo.

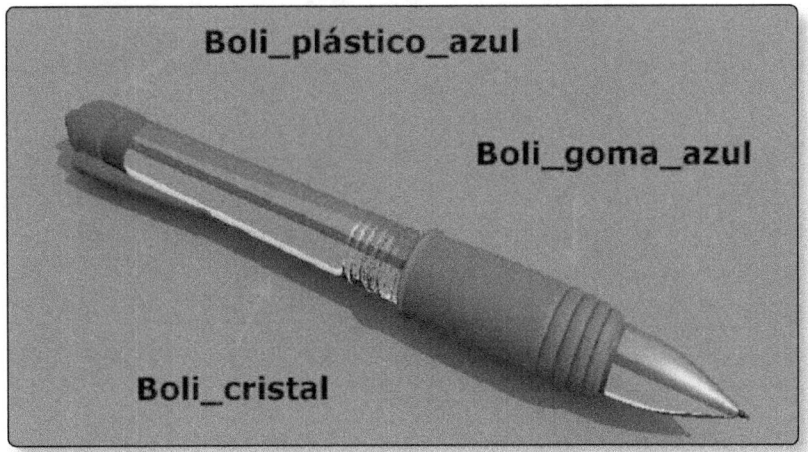

Figura 7.62. Distintos materiales

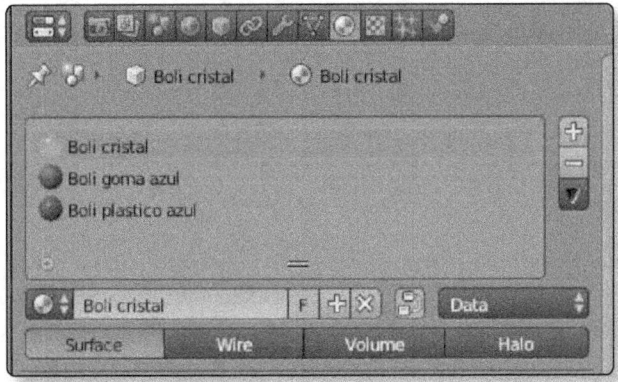

Figura 7.63. Varios materiales

7.3.5.1 BOLI CRISTAL

La configuración del material es la siguiente:

- **Diffuse**: el color es blanco, la intensidad *0.8* y tipo de difusión *Lambert*.

- **Specular**: el color blanco, la intensidad de 0.5 con un valor en *Hardness=50* y de tipo *CookTorr.*

- **Shading:** la única opción con valor es *Ambient=1*.

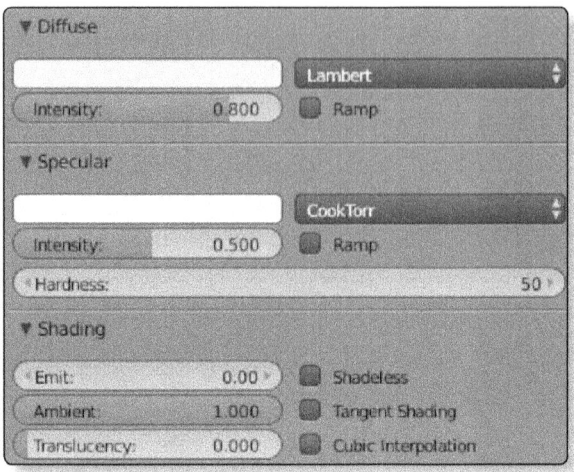

Figura 7.64. Configuración de Diffuse, Specular y Shading

▼ **Transparency:** la opción **Raytrace**, con un valor de **Alpha=0.1**, **Fresnel**=0, **Specular=1**, **IOR=1**, **Falloff** =1, con un **Depth=2** y en el apartado **Gloss** con un valor en **Amount=1**.

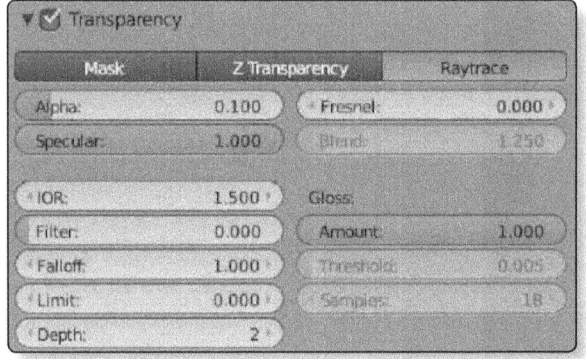

Figura 7.65. Configuración de la transparencia

7.3.5.2 BOLI GOMA AZUL

La configuración del material es la siguiente:

▼ **Diffuse**: el color azul (R=0.015, G= 0.126, B=0.402), la intensidad **0.8** y tipo de difusión **Lambert**.

▼ **Specular**: el color azul igual que en diffuse, la intensidad de 0.0.849 con un valor en **Hardness=12** y de tipo **CookTorr.**

▼ **Shading:** la única opción con valor es *Ambient=1*.

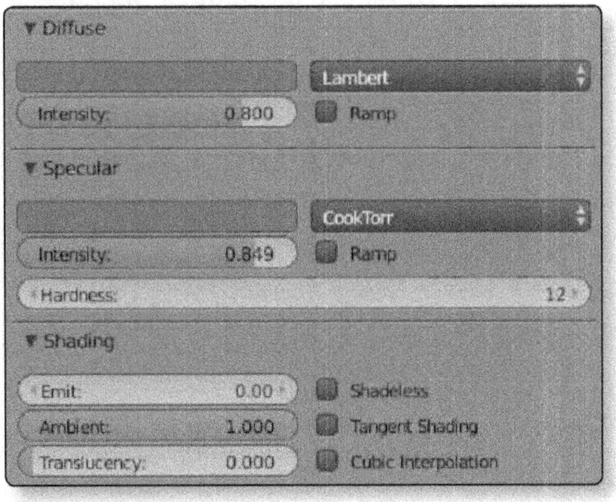

Figura 7.66. Configuración de Diffuse, Specular y Shading

7.3.5.3 BOLI PLÁSTICO AZUL

La configuración del material es la siguiente:

▼ **Diffuse:** el color azul (R=0.015, G= 0.126, B=0.402), la intensidad *0.611* y tipo de difusión *Lambert*.

▼ **Specular:** el color blanco, la intensidad de 0.0.601 con un valor en *Hardness=192* y de tipo *CookTorr.*

▼ **Shading:** la única opción con valor es *Ambient=1*.

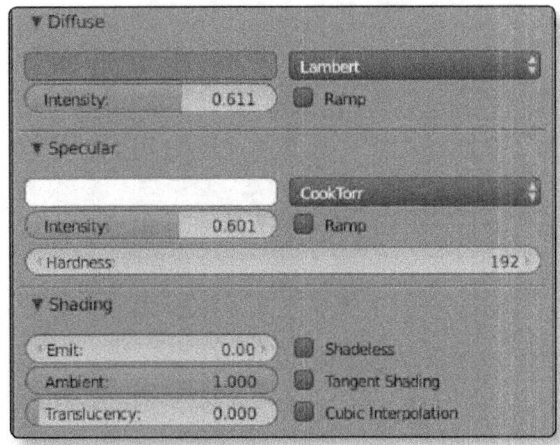

Figura 7.67. Configuración de Diffuse, Specular y Shading

▼ **Mirror:** la opción *Reflectivity = 0.018* color blanco, con un *Depth=2* y en el apartado *Gloss* con un valor en *Amount=0.787*.

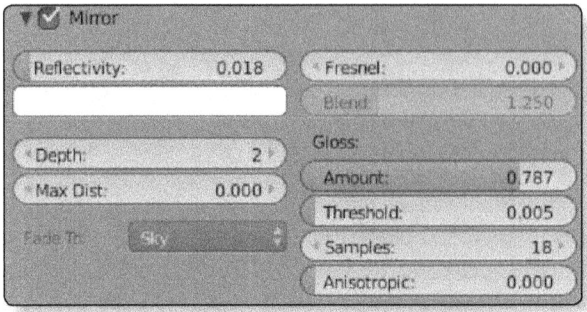

Figura 7.68. Configuración de la opción Mirror

7.3.6 El bote de los lápices

El lapicero está formado por dos objetos uno es la estructura o esqueleto que llamaremos metalizado y el otro es un plano que hace de metacrilato y llamaremos Cristal bote.

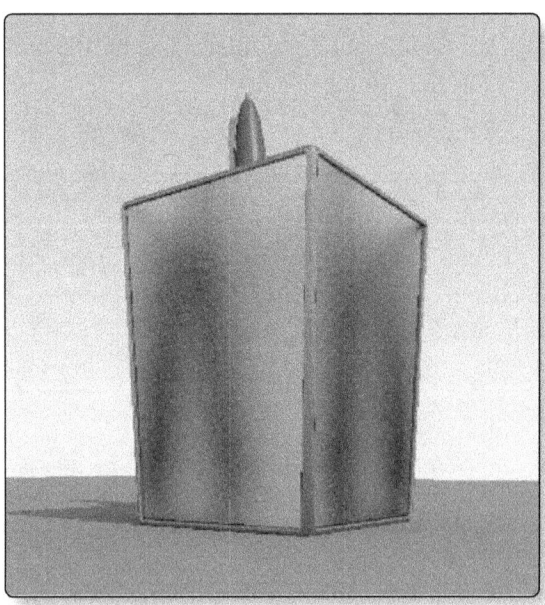

Figura 7.69. El bote de lápices.

7.3.6.1 CRISTAL BOTE

La configuración del material es la siguiente:

▼ **Diffuse**: el color azul (R=0.004, G= 0.042, B=0.124), la intensidad *0.8* y tipo de difusión *Lambert*.

▼ **Specular**: el color blanco, la intensidad de 0.737 con un valor en *Hardness= 50*, de tipo *Blinn* y un IOR=4.

▼ **Shading:** Un valor de *Ambient=1* y la *Traslucency=1*.

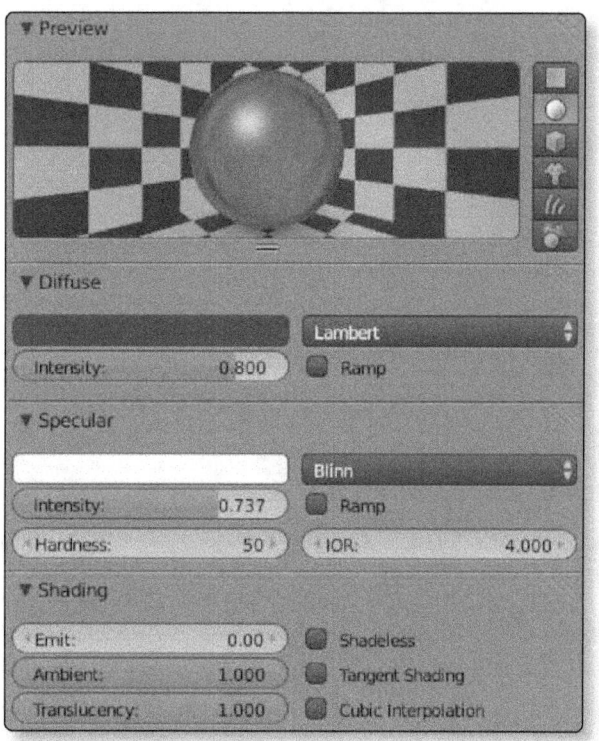

Figura 7.70. Configuración de Diffuse, Specular y Shading

▼ **Transparency:** la opción *Raytrace*, con un valor de *Alpha=0.320*, *Fresnel*=0.1, *Specular=1*, *Blend= 1*, *IOR=1.5*, *Falloff =1*, con un *Depth=2* y en el apartado *Gloss* con un valor en *Amount=0.734*, *Threshold=0.005* y *samples=30*.

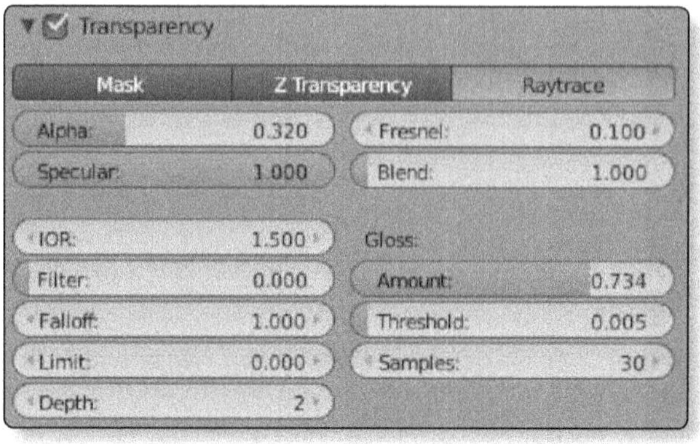

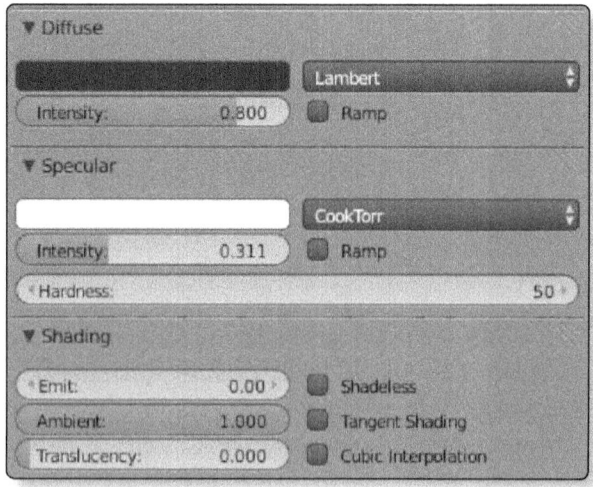

Figura 7.71. Configuración de la transparencia

7.3.6.2 METALIZADO

La configuración del material es la siguiente:

- **Diffuse**: el color azul (R=0.017, G= 0.017, B=0.017), la intensidad *0.8* y tipo de difusión *Lambert*.

- **Specular**: el color blanco, la intensidad de 0.311 con un valor en *Hardness= 50,* de tipo *CookTorr*.

- **Shading:** Un valor de *Ambient=1*.

Figura 7.72. Configuración de Diffuse, Specular y Shading

▼ **Mirror:** la opción *Reflectivity = 0.675* color gris (R=0.56, G= 0.56, B=0.56), Fresnel=1.1, Blend=1.250, un *Depth=2* y en el apartado *Gloss* con un valor en *Amount=0.763, Threshold=0.005* y *samples=35*.

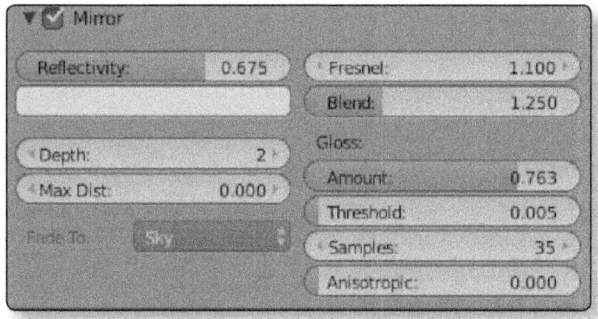

Figura 7.73. Configuración de la opción Mirror

7.3.7 El bolígrafo naranja

Este modelo de bolígrafo está duplicado dos veces y el materia es el mismo, lo único que se le ha cambiado al otro es el color naranja por verde. En este caso hay objetos dentro del bolígrafo a los que se les ha añadido el material metalizado que hemos visto anteriormente.

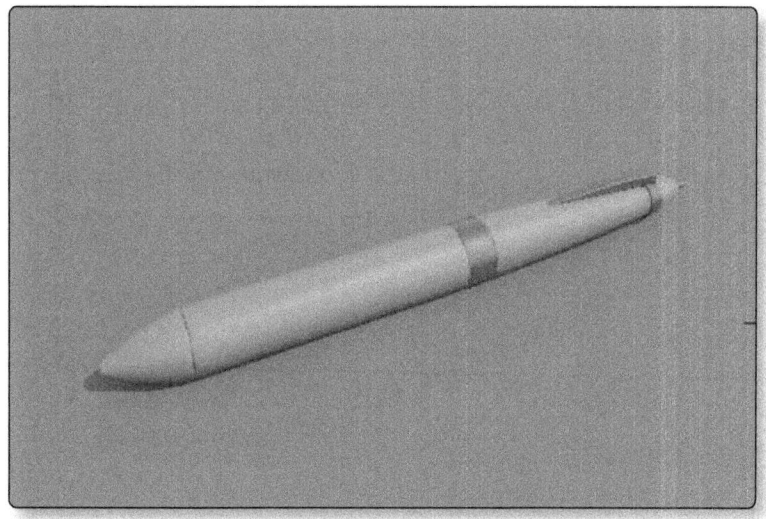

Figura 7.74. Imagen bolígrafo naranja con dos materiales

7.3.7.1 BOLI NARANJA

La configuración del material es la siguiente:

▼ **Diffuse**: el color azul (R=0.8, G= 0.111, B=0), la intensidad *0.8* y tipo de difusión *Lambert*.

▼ **Specular**: el color blanco, la intensidad de 0.109 con un valor en *Slope = 50,* de tipo *Wardlso.*

▼ **Shading:** Un valor de *Ambient=1.*

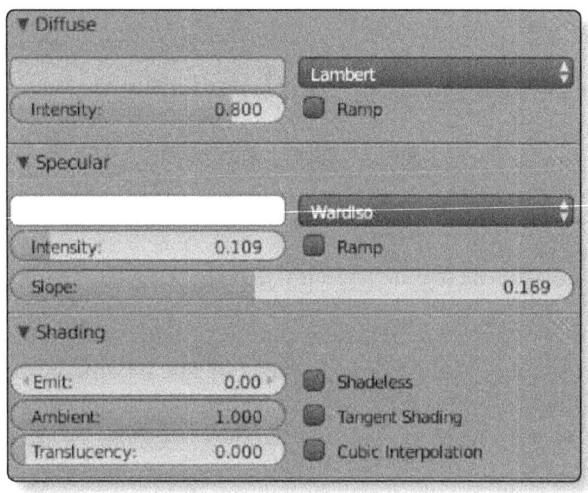

Figura 7.75. Configuración de Diffuse, Specular y Shading

▼ **Mirror:** la opción *Reflectivity = 0.250* color carne (R=10, G= 0.533, B=0.402), Fresnel=0, Blend=1.250, un *Depth=2* y en el apartado *Gloss* con un valor en *Amount=0.657, Threshold=0.005* y *samples=35*.

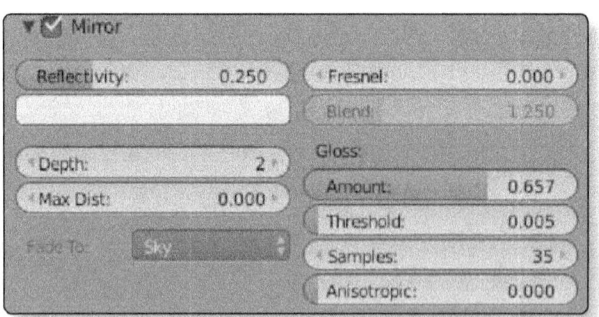

Figura 7.76. Configuración de la opción Mirror

7.3.8 La goma y el papel

Los materiales de estos objetos los llamaremos igual que los objetos es decir la goma tendrá un material llamado goma y el papel un material llamado papel.

Figura 7.77. Imagen del papel y goma con sus materiales

7.3.8.1 LA GOMA

La configuración del material es la siguiente:

- ▼ **Diffuse**: el color blanco (R=0.8, G= 0.8, B=0.8), la intensidad *0.8*, tipo de difusión *Oren-Nayar* y *Roughness=0.5*.

- ▼ **Specular**: el color blanco, la intensidad de 0.228 con un valor en *Hardness = 12*, de tipo *Phong*.

- ▼ **Shading:** Un valor de *Ambient=1*.

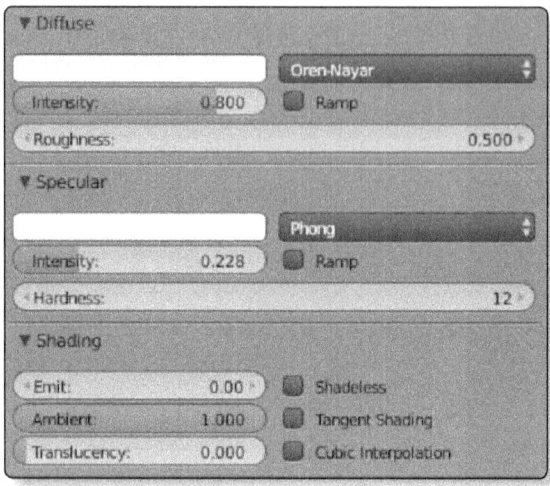

Figura 7.78. Configuración de Diffuse, Specular y Shading

7.3.8.2 EL PAPEL

La configuración del material es la siguiente:

▼ **Diffuse**: el color blanco (R=0.8, G= 0.8, B=0.8), la intensidad **0.8**, tipo de difusión **Lambert.**

▼ **Specular:** el color blanco, la intensidad de 0.228 con un valor en **Hardness = 6,** de tipo **Phong.**

▼ **Shading:** Un valor de **Ambient=1 y Translucency=1.**

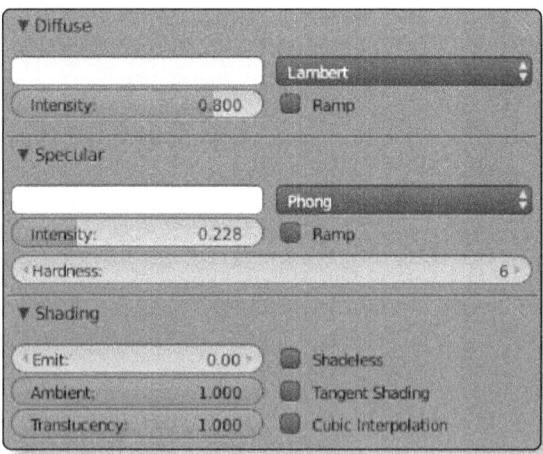

Figura 7.79. Configuración de Diffuse, Specular y Shading

Subsurface Scattering

- **IOR**: 1.300
- **Scale**: 0.1
- **Blend**: el color=1, Texture=0.
- **Color:** Blanco.
- **RGB Radius:** (11.605, 3.884, 1.754)
- **Scattering Weight:** Front=1, Back=1, Error= 0.05

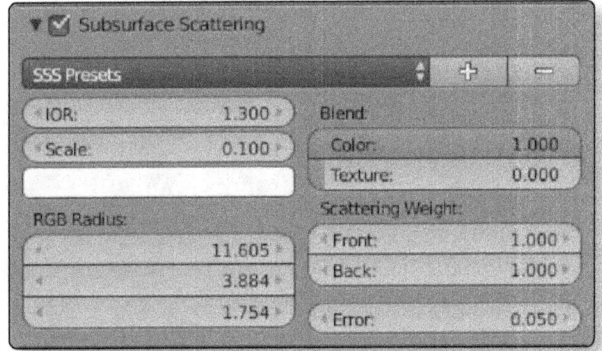

Figura 7.80. Configuración de Subsurface Scattering

7.3.9 La mesa

El material de la mesa será un material con una reflexión muy tenue que deja entrever el reflejo de los objetos que tenga encima.

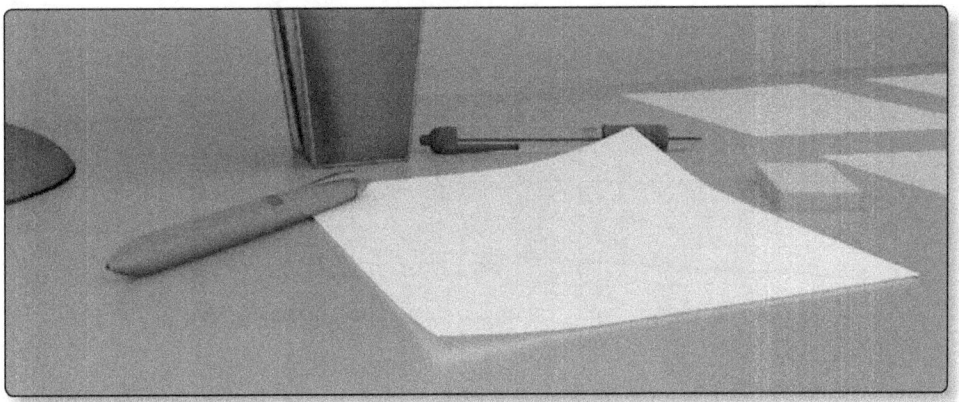

Figura 7.81. Imagen de cómo reacciona el material de la mesa

7.3.9.1 MESA

La configuración del material es la siguiente:

- **Diffuse:** el color blanco (R=0.8, G= 0.576, B=0.332), la intensidad *1*, tipo de difusión **Lambert.**

- **Specular:** el color blanco, la intensidad de 0.713 con un valor en *Hardness = 31*, de tipo *CookTorr.*

- **Shading:** Un valor de *Ambient=1*.

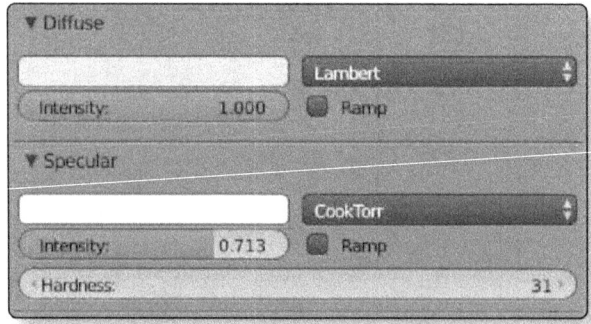

Figura 7.82. Configuración de Diffuse, Specular

- **Mirror:** la opción **Reflectivity = 0.5** color carne (R=0.8, G= 0.576, B=0.332), Fresnel=0, un **Depth=2** y en el apartado **Gloss** con un valor en *Amount=0.821, Threshold=0.005* y *samples=18*.

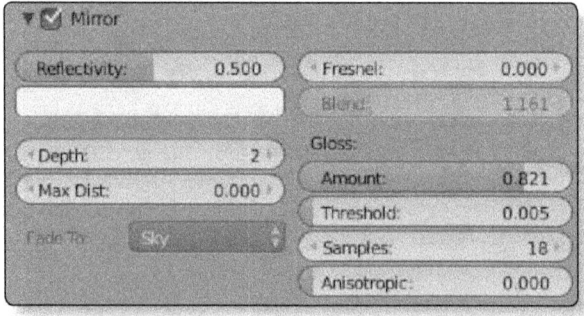

Figura 7.83. Configuración de la opción Mirror

7.3.10 La ventana y el cristal

Esta ventana es poco realista porque de momento solo estamos trabajando con materiales. Cuando combinamos materiales con texturas podemos crear objetos muy realistas. En este caso para la ventana solo vamos a darle un color verde y que la especularidad sea muy baja para que no brille. En cambio, para el vidrio de la ventana vamos a tener que configurarlo para que deje pasar los rayos de luz.

Figura 7.84. Imagen de cómo reacciona el material cristal de la ventana a la luz

7.3.10.1 CRISTAL VENTANA

La configuración del material es la siguiente:

- ▼ *Diffuse:* el color blanco (R=0.8, G= 0.8, B=0.8), la intensidad **0.8**, tipo de difusión **Lambert**.

- ▼ *Specular*: el color blanco, la intensidad de 0.5 con un valor en **Hardness = 50**, de tipo **CookTorr**.

- ▼ *Shading:* Un valor de **Ambient=1**.

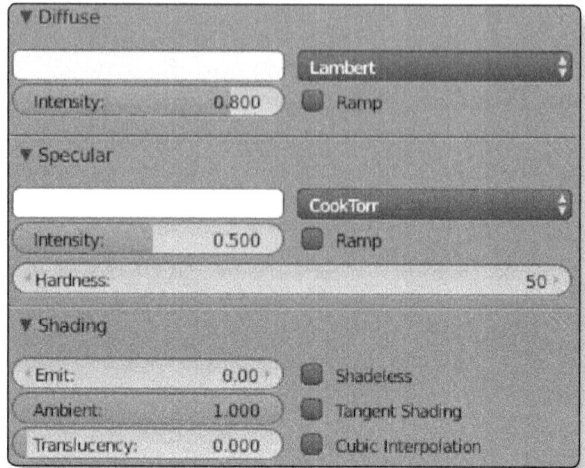

Figura 7.85. Configuración de Diffuse, Specular y Shading

▼ *Transparency:* la opción *Raytrace*, con un valor de *Alpha=0, Fresnel*=0, *Specular=0, Blend= 1, IOR=1.53, Falloff =1*, con un *Depth=2* y en el apartado *Gloss* con un valor en *Amount=1.*

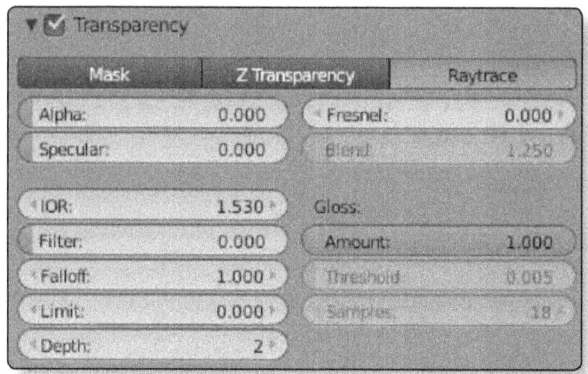

Figura 7.86. Configuración de Transparency

▼ *Mirror:* la opción *Reflectivity = 0.5* color Blanco (R=0.7, G= 0.7, B=0.7), Fresnel=0, un *Depth=2* y en el apartado *Gloss* con un valor en *Amount=1*.

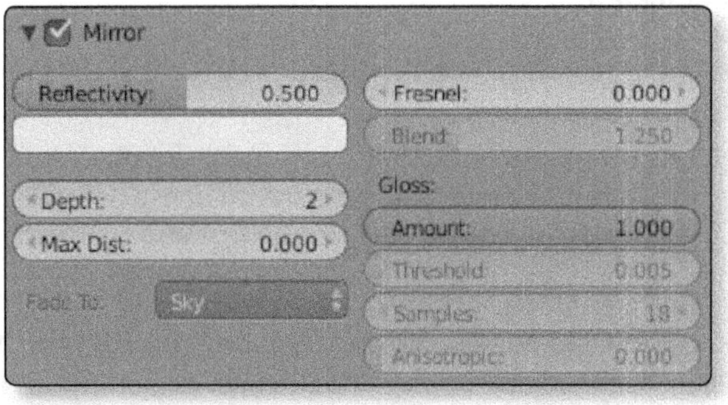

Figura 7.87. Configuración de Mirror

Ahora que tenemos configurado el material tenemos que cambiar dos opciones, una en el apartado **Options** que encontraras más abajo de la opción Mirror, en donde desconectaremos la opción **Traceable** para que el objeto ignore los rayos de luz. La otra opción a desconectar en el apartado **Shadow** es **Receive**. Con estas dos opciones desconectadas ya podemos pulsar F12 y ver cómo queda nuestro render.

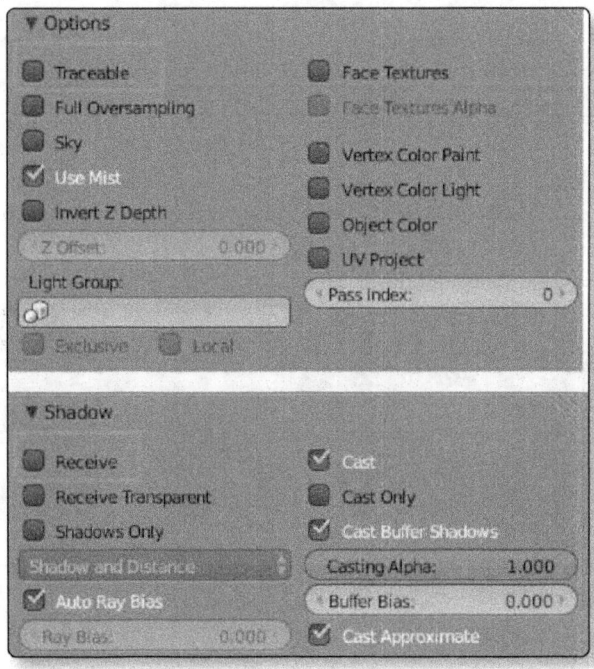

Figura 7.88. Configuración de las opciones de trazado de rayos y sombras

7.3.11 Conclusión

Los valores que se han facilitado para realizar este proyecto no son valores definidos como reales, simplemente se han utilizado empíricamente para que se aproximaran lo más posible a cómo reaccionan los materiales al mundo real. Para mejorar en esta habilidad es necesario observación y práctica.

De momento hemos visto que es importante modelar los objetos para que sean fieles a los reales, también sabemos que si la iluminación es pobre, no vamos a tener ningún tipo de impacto en la escena y por último que los objetos dependiendo de qué material estén hechos reaccionarán de distinta manera, pero en la próxima lección veremos que los materiales también tienen textura, colores y profundidad o relieve.

La combinación de todas estas habilidades nos permitirá crear ambientes de todo tipo, diurnos, nocturnos, alegres, tristes, etc. Hasta el próximo capítulo.

Figura 7.89. Escena diurna

Figura 7.90. Escena nocturna

8

TEXTURAS

En este capítulo veremos cómo utilizar texturas en un material. Especificaremos cómo proyectar estas imágenes según el tipo de geometría, para una correcta posición de la textura en el objeto. Aprenderemos a modificar las coordenadas UV de un objeto para poder proyectar o pintar las texturas en objetos más complejos.

En este tema aprenderá lo siguiente:

- ▼ Cómo funciona el apartado texturas.
- ▼ Trabajar con el editor de UVs.
- ▼ Pintar texturas.
- ▼ Utilizar texturas para simular relieve y texturas para transparencia.
- ▼ Texturas para crear objetos transparentes.

8.1 LAS TEXTURAS

En Blender podemos decir que utilizaremos dos tipos de textura: las texturas de imagen, que son archivos externos como una fotografía y las texturas procedurales que son calculadas matemáticamente.

8.1.1 Texturas de Imagen

Antes de las imágenes como texturas, explicaremos algunos conceptos básicos.

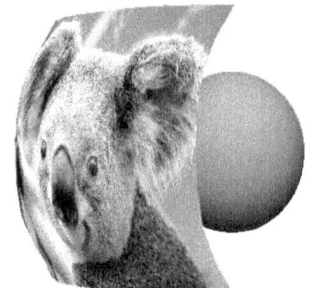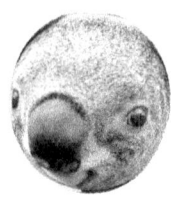

Figura 8.1. Ejemplo de textura de imagen

8.1.1.1 IMÁGENES RASTERIZADAS

Son imágenes de mapa de bits que se muestran en forma de píxeles coloreados o puntos de color en las impresoras. Estos píxeles o puntos se disponen de forma precisa para representar una imagen. La resolución de estas imágenes viene definida por el número de píxeles por pulgada (u otra unidad de medida) en las direcciones horizontal y vertical. Con esto quiero decir que si escalamos una imagen de pequeña resolución a grande, la imagen se verá pixelada así que es aconsejable utilizar imágenes de gran resolución.

8.1.1.2 IMÁGENES VECTORIALES

Las imágenes vectoriales son creadas mediante algoritmos y funciones matemáticas. A diferencia de las imágenes rasterizadas, las vectoriales no tienen que memorizar el color de cada píxel sino que utilizan coordenadas y fórmulas geométricas para indicar los puntos que nos definen las áreas, volúmenes y formas. Estas son las imágenes con las que trabaja Blender. Después estas imágenes se renderizan y se convierten en imágenes rasterizadas.

8.1.1.3 ARCHIVOS DE IMAGEN

Los archivos de imagen almacenan el color de cada píxel con tres valores representados en el famoso acrónimo RGB (red, green, blue) que son el rojo, el verde y el azul. Para saber qué tipo de imagen se trata dependerá de cuánta capacidad esté asignada a cada píxel, en otras palabras la profundidad del color.

- ▼ *Escala de grises:* la imagen es en blanco y negro con varias tonalidades de gris, normalmente 256.
- ▼ *Color alto:* esta imagen utiliza 5 bits de espacio en cada canal de color RGB para almacenar su valor y también un rango limitado de sombras. Puede mostrar un máximo de 32.768 colores.

▼ *Archivo de imagen de 8 bits:* también conocido como el color verdadero de las configuraciones de escritorio para las plataformas Windows. Cada canal de color tiene 8 bits para un rango de 256 sombras de cada canal, para un total de 16 millones de colores en la imagen.

▼ *Archivo de imagen de 16 bits:* contiene 16 bits de información por cada canal de color, es decir una imagen muy agradable para la vista.

▼ *Archivo de imagen de 32 bits:* se utilizan para trabajos de películas. Estos archivos disponen de una gran cantidad de rango en cada uno de los canales de color, esto permite una gran variedad de tonos y matices.

▼ *Imágenes de Alto Rango Dinámico (HDRI):* se crean al combinar varias fotos digitales en un archivo de imagen. Es decir se toman las fotos de un objeto con diferentes niveles de exposición a la luz. De esta forma se obtiene una serie de imágenes que oscilan entre el oscuro (mínima exposición), normal (exposición adecuada) y para aumentar la luz (sobre exposición). Toda esta información se compila en un único archivo el HDR.

8.1.1.4 FORMATOS DE ARCHIVO

Además de los tipos de imagen anteriores, se encuentran disponibles varios formatos de archivos. La diferencia entre formatos es la de cómo se almacena la imagen. Algunos formatos comprimen el archivo para reducir el tamaño. Pero cuanto más se comprime menor es la calidad del color. Los formatos Targa Tiff o Png son algunos formatos que se aconsejan.

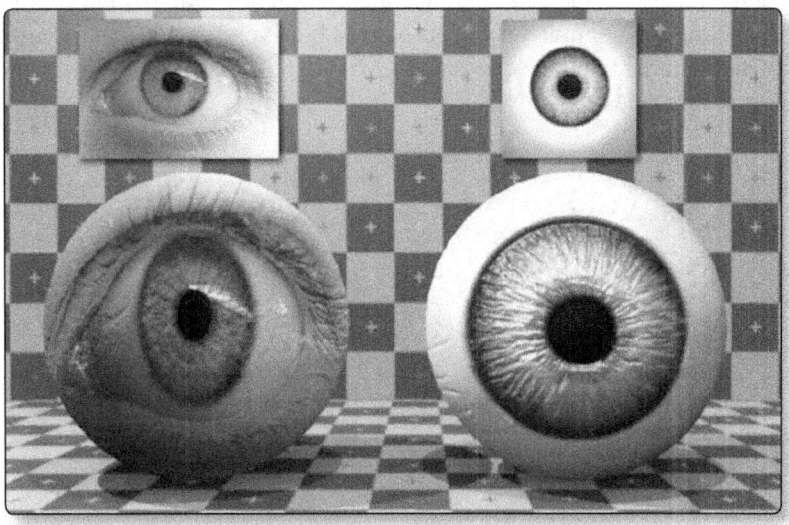

Figura 8.2. Textura imagen proyectada

8.1.2 Texturas Procedurales

Las texturas procedurales están generadas matemáticamente por un algoritmo en particular. Estas texturas se utilizan normalmente para crear degradados, repetir patrones como cuadriculas y los fractales intentan imitar patrones de la naturaleza como la madera, nubes o mármol.

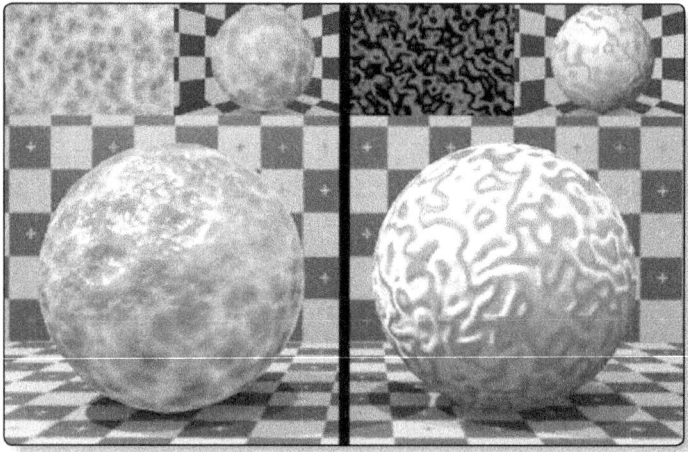

Figura 8.3. Objetos con texturas procedurales

8.1.3 Panel de texturas

Igual que en los materiales también existe un apartado para la configuración de texturas, con un conjunto de propiedades que veremos a continuación. Para acceder a dicho panel tenemos que pulsar el botón texturas que encontraremos en la ventana de propiedades.

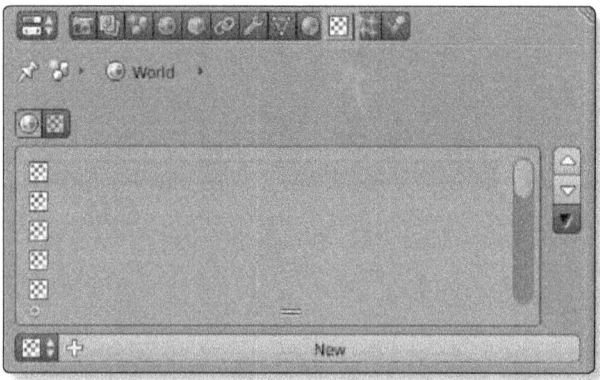

Figura 8.4. Panel de propiedades de texturas

8.1.4 Propiedades de las texturas

Si pulsamos el botón New este panel de propiedades por defecto se verá de la siguiente manera.

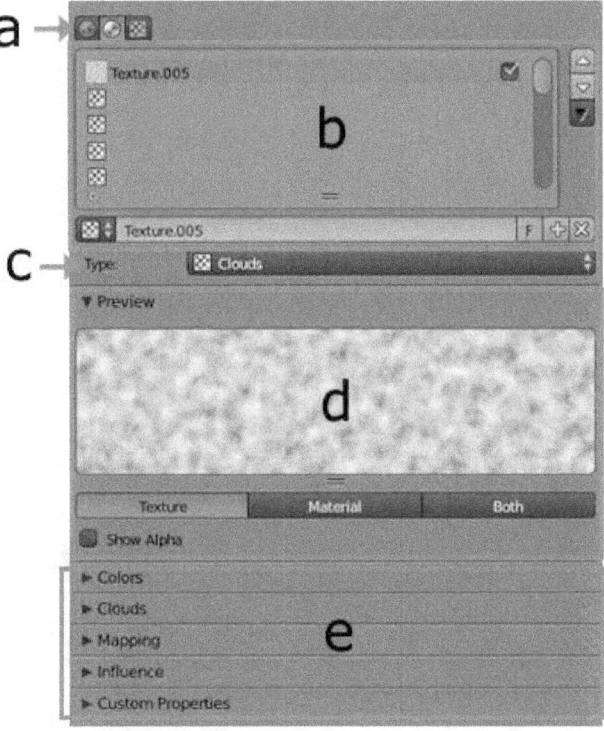

Figura 8.5. Secciones del panel de propiedades de las texturas

1. En esta parte encontraremos tres botones cada botón representa la textura en un conjunto el primer botón hace referencia al entorno por eso tiene el mismo símbolo que el botón entorno o mundo, el segundo se refiere al material que en principio es el que se va a trabajar y el ultimo hace referencia a la texturas pintadas o máscaras.

2. En esta sección tenemos la lista con las distintas texturas que tiene el objeto y donde podemos ponerle nombre.

3. La sección type es un listado donde indicamos qué tipo de textura vamos a utilizar. A continuación se explicará esta sección con más detalle.

4. La sección **Preview** donde tenemos tres modos de visualizar la textura:
   - **Texture** en donde se muestra la textura como imagen plana.
   - **Material** en donde se muestra la textura puesta en un objeto y cómo reacciona con las propiedades del material.
   - **Both** parte el visor en dos y nos muestra las dos anteriores.

5. El conjunto de propiedades de la textura como el color, el tipo de textura, el mapeado, qué influencia tiene.

8.1.5 Grupos de texturas

Esta opción nos permite seleccionar qué tipo de textura queremos utilizar. Básicamente encontraremos dos tipos las procedurales y las texturas de imagen que pueden ser fotografías o dibujos que tengamos externas.

8.1.5.1 WOOD

Es una textura procedural creada matemáticamente. Esta textura se creó para simular la veta de la madera

Figura 8.6. Propiedades de Wood

En la primera hilera de opciones encontramos la distancia o grosor de la veta en algunos lugares dicen que es la forma.

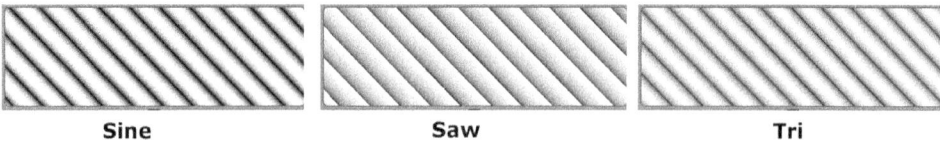

Figura 8.7. Propiedades de Wood

En las opciones de abajo disponemos de la distribución de las vetas de la madera, como por ejemplo si quieres que sean lineales con ondulaciones o en forma de anillo.

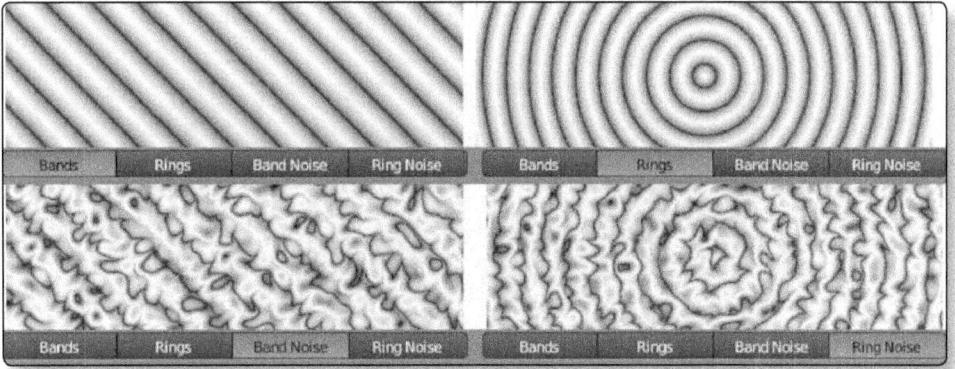

Figura 8.8. Propiedades de Wood

En las dos últimas opciones mostradas anteriormente, es decir las opciones **Band Noise** y **Ring Noise**, te permitirán activar las opciones de **Noise.** En estas opciones podrás determinar el tipo de procedural en el que quieres que se base Noise (Ruido), que por defecto esta en Blender Original, el tamaño, la turbulencia y la opción nabla que nos define la lejanía de las posiciones entre U y V.

Figura 8.9. Ejemplo de textura Wood

8.1.5.2 VOXEL DATA

Esta textura procedural se utiliza para las propiedades del volumen de texturizado, como la densidad y color. Por defecto esta textura aparece como tipo, Smoke(Humo), se utiliza para los renders de simulación de humo.

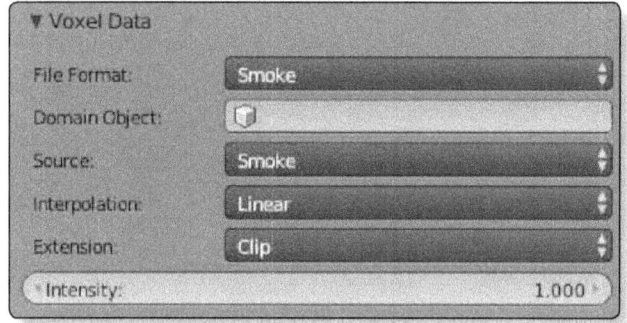

Figura 8.10. Propiedades de Voxel Data

8.1.5.3 VORONOI

Esta textura procedural se utiliza para crear superficies irregulares como podría ser un pedazo de metal o también una piel humana muy porosa.

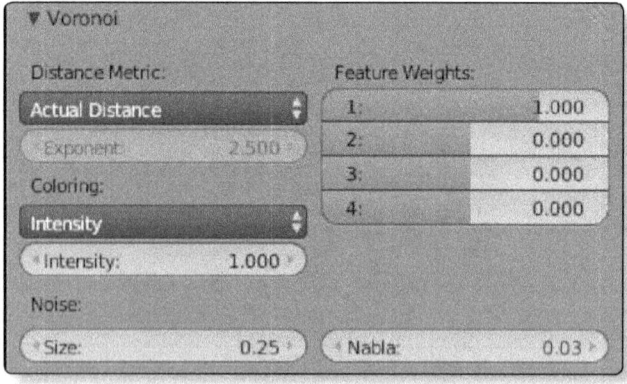

Figura 8.11. Propiedades de Voronoi

Estas propiedades se agrupan en 3 secciones:

Distance Metric: se caracteriza por determinar el algoritmo para encontrar la distancia entre celdas de la textura.

- Minkowski, Minkowski 4, Minkowski1/2
- Chebychev
- Manhattan
- Distance Squared
- Actual Distance

Coloring: dispones de cuatro bases diferentes como métodos para calcular el color y la intensidad de la textura de salida.

- Intensity
- Position
- Position and Outline
- Position, Outline and Intensity

Feature Weighs: moviendo los deslizadores y probando distintos valores obtendrás diferentes texturas. El resultado viene definido por la distancia que hay entre las distintas celdas.

Figura 8.12. Ejemplo de textura Voronoi

8.1.5.4 STUCCI

Es una textura muy utilizada para crear mapas de relieve o superficies granuladas, como por ejemplo una naranja o el suelo asfaltado.

Figura 8.13. Propiedades de Stucci

- ▼ *Plastic:* (plástico) El Stucci estándar.
- ▼ *Wall In, Wall out:* (pared adentro, pared afuera) Es la típica textura de pared con relieve tan conocida como estucado.
- ▼ *Soft Noise, Hard Noise:* (ruido suave, ruido duro) Hay dos métodos disponibles para trabajar con Ruido.
- ▼ *NoiseSize:* la dimensión o tamaño del Ruido.
- ▼ *Turbulence:* la profundidad de los cálculos Stucci.

Figura 8.14. Ejemplo de textura Stucci

8.1.5.5 POINT DENSITY

La textura *Point Density* o Punto de densidad hace de un punto una nube (vértices objeto o sistema de partículas) como un volumen 3D, utilizando un punto con un radio definido por el usuario.

Los puntos utilizados son esféricos por defecto, con varias opciones de difuminado, así como las opciones de turbulencia simples para desplazar el resultado con el ruido, la adición de detalles finos. Cuando se utiliza por densidad de puntos con un sistema de partículas, de partículas información adicional, tal como velocidad de las partículas, la edad y puede ser visualizado usando un gradiente de rampa de color / alfa.

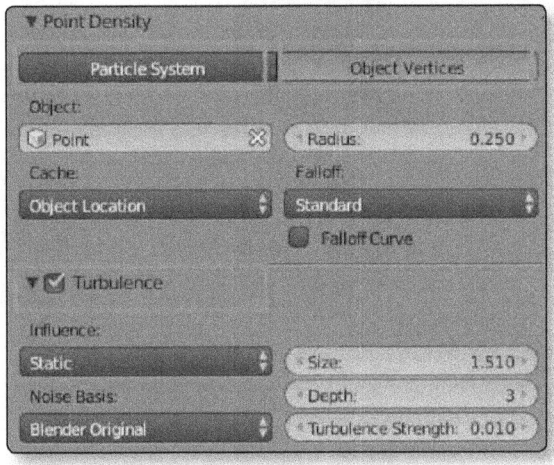

Figura 8.15. Propiedades de Point Density

▼ *Particle System*: genera un punto de densidad a partir de un sistema de partículas.

▼ *Object Vertices:* genera un punto de densidad a partir de los vértices de un objeto.

▼ *Turbulence panel:* al activar esta opción añade a cada punto de densidad ruido de forma que la textura varía.

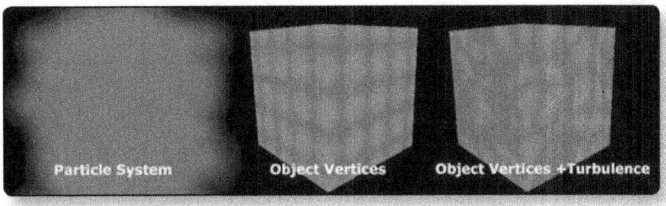

Figura 8.16. Ejemplo de textura con Point Density

8.1.5.6 NOISE

Cada textura de Blender basada en ruido (con la excepción de **Voronoi** y **Noise simple**) tiene un parámetro **Noise Basis** que permite al usuario seleccionar qué algoritmo debe usarse para generar la textura. Esta lista incluye el algoritmo Blender original. Para dar una idea de los diferentes tipos, se lista a continuación una imagen de cada tipo como base para una textura **Clouds**. **Noise Basis** gobierna la apariencia estructural de la textura.

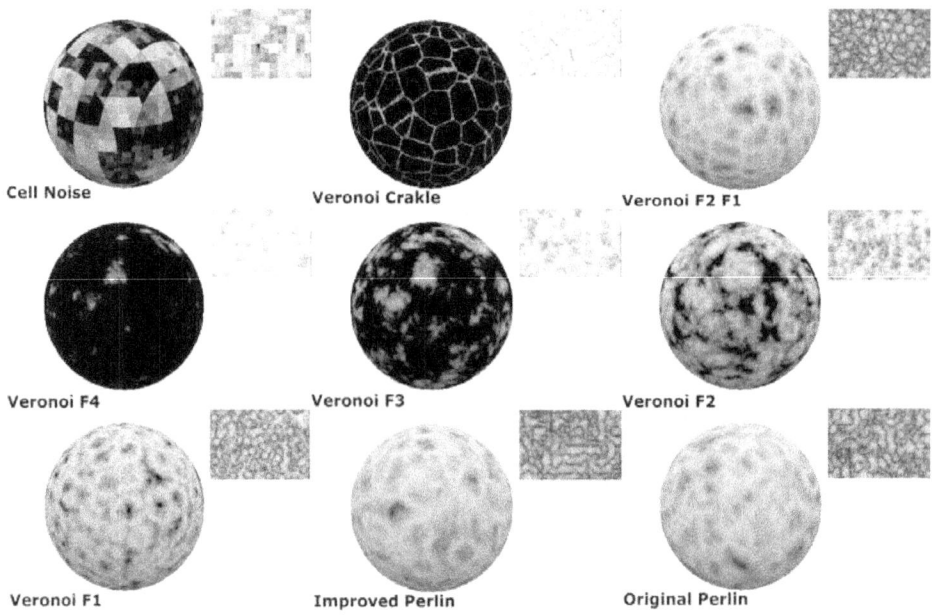

Figura 8.17. Tipos de Noise Basis

8.1.5.7 MUSGRAVE

Esta textura procedural tiene cinco tipos de ruido en los que puede basarse el diseño resultante, y son seleccionables en un menú desplegable en la parte superior del panel. Los cinco tipos son:

- Multifractal
- Ridged Multifractal
- Hibrid Multifractal
- fBm
- Hetero Terrain

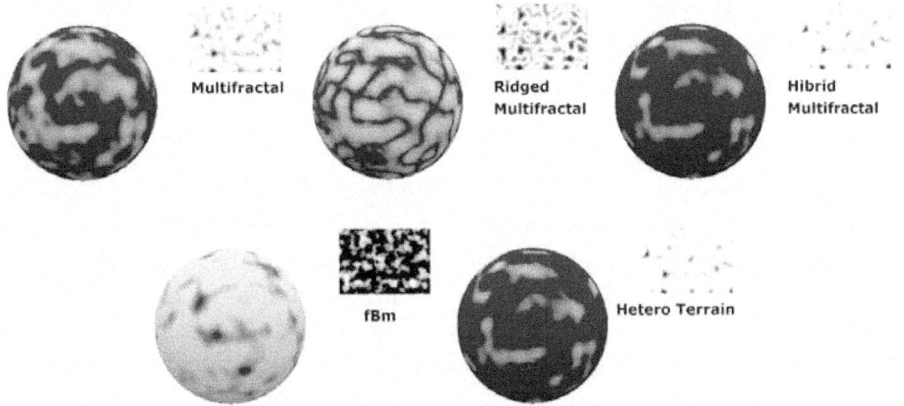

Figura 8.18. Tipos de ruido Musgrave

Además de los cinco tipos de ruido, *Musgrave* tiene un ajuste de ruido base que hemos mostrado anteriormente. Los tipos de ruido principales tienen cuatro características que pueden establecerse en los botones numéricos debajo de la lista desplegable.

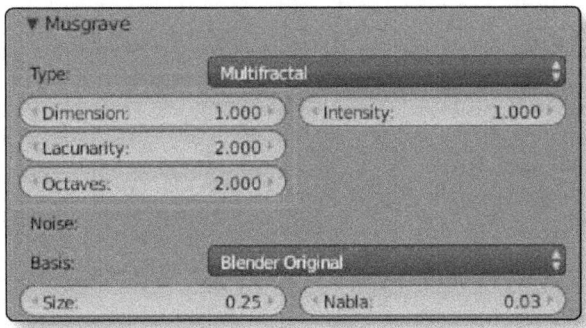

Figura 8.19. Opciones de configuración de Musgrave

▼ *Dimensión Fractal:* controla el contraste de una capa relativo a la capa anterior en la textura. Cuanto más alta es la dimensión, más alto es el contraste entre cada capa, y así mayor detalle se muestra en la textura.

▼ *Lagunaridad:* controla el escalado de cada capa de la textura, de tal modo que cada capa adicional tendrá una escala que es la inversa del valor que se muestra en el botón.

▼ **Octavo**: controla el número de veces que el diseño de ruido original es sobrepuesto sobre sí mismo y escalado/contrastado con la dimensión fractal de los ajustes de *lagunaridad*.

Los tipos **Hybrid Multifractal, Ridged Multifractal, y Hetero Terrain** tienen ajustes adicionales. Los tres tienen un botón "Fractal Offset" (desplazamiento fractal) etiquetado Ofst. Esto sirve como un ajuste de "nivel del mar" e indica la altura base del mapa de relieve resultante. Los valores de relieve por debajo de este umbral se devolverán como cero. **Hybrid Multifractal y Ridged Multifractal** tienen ambos un ajuste **Gain** (ganancia) que determina el rango de valores creados por la función. A más alto el número, más alto el rango. Es un modo rápido de hacer aflorar detalles adicionales en una textura donde los extremos son normalmente recortados.

8.1.5.8 MARBLE

Esta textura como su nombre indica es utilizada frecuentemente para: mármol, fuego, ruido con una estructura.

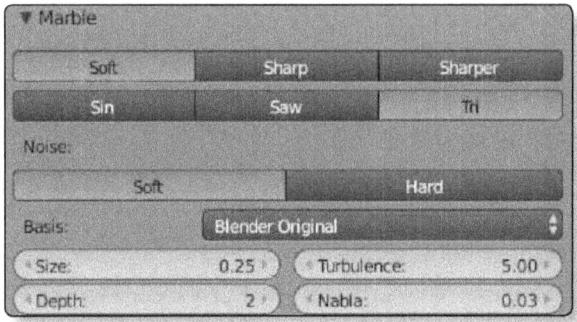

Figura 8.20. Opciones de Marble

▼ *Soft, Sharp, Sharper*: (suave, definido, más definido) Tres botones de configuración para mármol suave a más claramente definido.

▼ *Soft Noise, Hard Noise*: (ruido suave, ruido duro) La función Ruido trabaja con dos métodos.

▼ *Size*: las dimensiones de la tabla de Ruido.

▼ *Depth:* la profundidad del cálculo Marble. Un valor más alto resulta en un tiempo mayor de cálculo, pero también en detalles más finos.

▼ *Turbulence*: la turbulencia de las bandas senoidales.

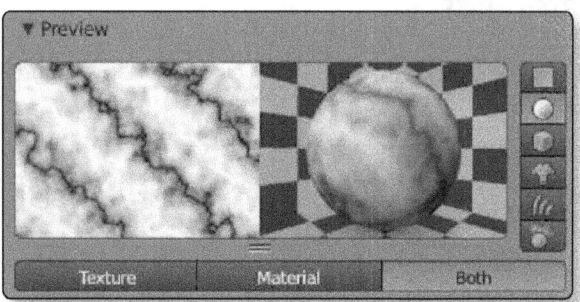

Figura 8.21. Vista de la textura y el material Marble

8.1.5.9 MAGIC

Esta textura especialmente y sinceramente no he encontrado una utilidad definitiva.

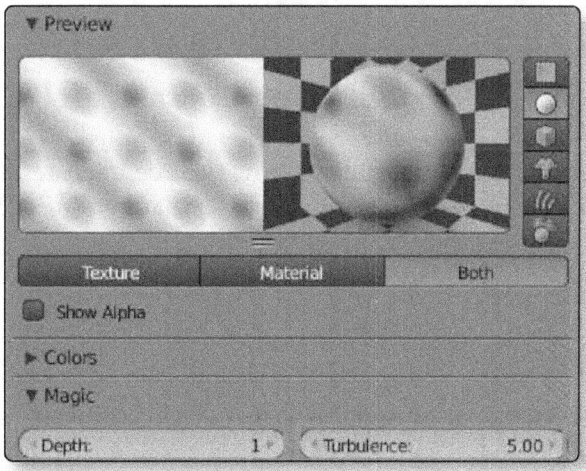

Figura 8.22. Opciones de Magic

▼ ***Depth:*** la profundidad del cálculo. Un número más alto resulta en un tiempo de cálculo largo, pero también en detalles más finos.

▼ ***Turbulence:*** la fuerza del diseño.

8.1.5.10 DISTORTED NOISE

Esta textura tiene dos opciones entre las que elegir: ***distortion Noise*** (ruido de distorsión), y ***Noise Basis*** (ruido base).

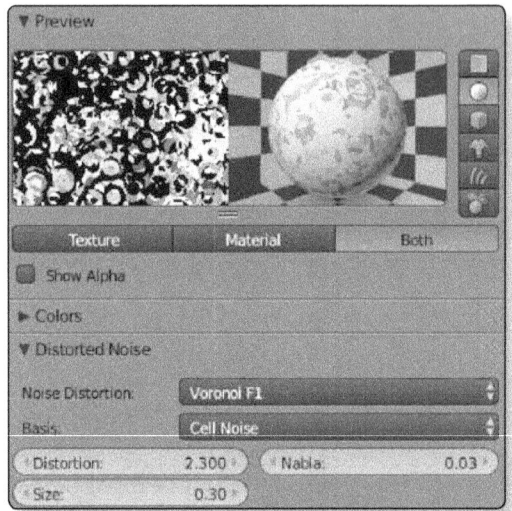

Figura 8.23. Opciones de Distorted Nois

Ambas permiten elegir entre la lista de tipos de ruido de Blender. Tenemos también las opciones en ***Distorted Noise*** para trabajar con ***Noise Size*** (tamaño de ruido) y ***Distortion Amount*** (cantidad de distorsión). Esto permite ajustar el tamaño del ruido generado y la cantidad de ***Distortion Noise*** afecta a ***Noise Basis***.

8.1.5.11 CLOUDS

Es la textura que aparece por defecto cuando pulsamos en el botón New. Es, como su nombre indica, un generador de nubes al que se puede utilizar para múltiples materiales.

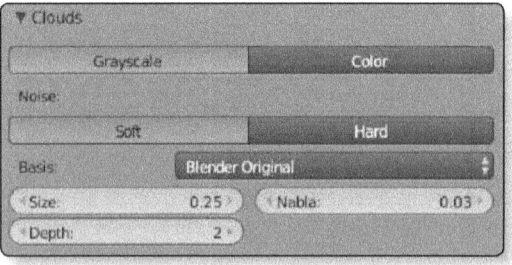

Figura 8.24. Opciones de Clouds

▼ **Soft Noise, Hard Noise:** hay dos métodos disponibles para la función Ruido.

▼ **Size:** la dimensión de la tabla de Ruido.

▼ **Depth:** la profundidad del cálculo Cloud. Un número alto resulta en un tiempo de cálculo largo, pero también en detalles más finos.

8.1.5.12 BLEND

Las texturas Blend pueden usarse para mezclar otras texturas entre sí.

▼ **Linear:** Una progresión lineal.

▼ **Quadratic:** Una progresión cuadrática.

▼ **Easing:** Una progresión no lineal, fluida.

▼ **Diagonal:** Una progresión diagonal.

▼ **Spherical:** Una progresión con la forma de bola.

▼ **Quadratic Sphere:** Una progresión cuadrática con la forma de una bola tridimensional.

▼ **Radial:** la dirección de la progresión es rotada un cuarto de vuelta.

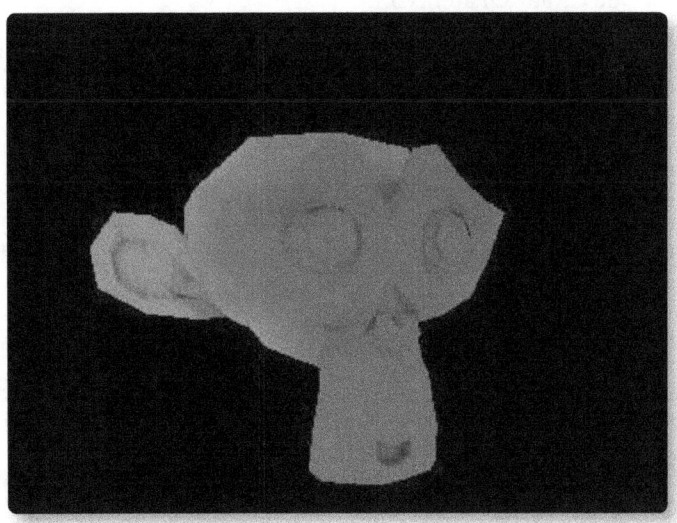

Figura 8.25. Ejemplo de textura con Blend

8.1.5.13 ENVIRONMENT MAP

Mapas de entorno es una textura de un render de la escena 3D que se aplica para simular reflexiones.

Blender crea un mapa de imagen cúbica de la escena en los seis puntos cardinales desde cualquier punto. Cuando estas seis imágenes se mapean en un objeto utilizando las coordenadas de reflexión, simulan un reflejo artificial parecido al de los objetos brillantes.

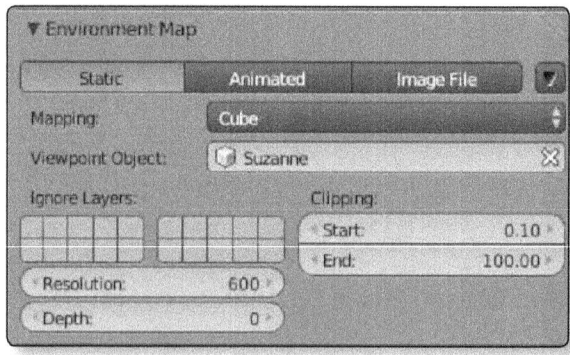

Figura 8.26. Opciones de environment Map

- ▼ *Static:* el mapa sólo se calcula una vez durante una animación o después de cargar un archivo.

- ▼ *Animated:* el mapa se calcula cada vez que se lleva a cabo un render. Esto significa que los objetos en movimiento se visualizan correctamente en superficies reflejantes.

- ▼ *Image File:* cuando se guarda como un archivo de imagen, los mapas de entorno se pueden cargar desde el disco. Esta opción permite que los renders sean más rápidos, y también nos da la posibilidad de modificar o utilizar el mapa de entorno en una aplicación externa.

- ▼ *Viewpoint Object:* se crean a partir de la perspectiva de un objeto especificado. La ubicación de esta entidad determinará la forma "correcta" en que se ve el reflejo, aunque se necesitan diferentes ubicaciones para diferentes superficies reflectantes.

- ▼ *Ignore Layers*: las capas se deben excluir de la creación entorno mapa.

- **Resolution:** la resolución del mapa renderizado del entorno cúbico. Las resoluciones más altas se dan una textura más nítida, pero será más lento el render.

- **Depth:** si hay varios objetos que reflejan a través de mapas de entorno en la escena, algunos pueden parecer sólidos, ya que no se hacen reflexiones de cada uno. Con el fin de mostrar reflexiones dentro de reflexiones, los mapas de entorno deben hacerse varias veces, de forma recursiva, de modo que los efectos de un mapa de entorno se pueden ver en otro mapa de entorno.

- **Clipping Start/End:** los límites de recorte de la cámara virtual cuando se representa el mapa medio ambiente. Establece el mínimo y máximo de distancia de la cámara que será visible en el mapa.

8.1.5.13.1 Environment Map Sampling

Este apartado permite configurar el muestreo de la imagen de entorno con las siguientes propiedades:

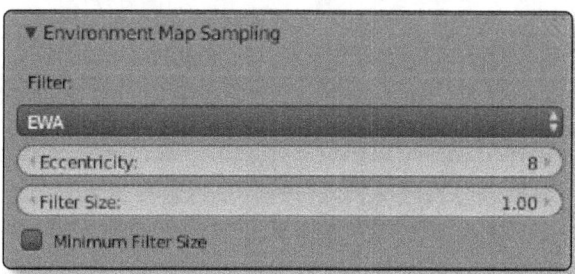

Figura 8.27. Opciones de Environment Map Sampling

- **Box:** caja de filtro

- **EWA:** uno de los algoritmos.

- **Eccentricity:** excentricidad máxima (superior da menos desenfoque en ángulos oblicuos / distantes, pero también es más lento)

- **FELINE (Fast Elliptical Lines):** utiliza varias sondas isotrópicas en varios puntos a lo largo de una línea en el espacio de textura para producir un filtro anisotrópico para reducir los brillos de *aliasing* sin aumentar considerablemente el tiempo de renderizado.

- ▼ *Probes:* número máximo de muestras (superior da menos desenfoque en ángulos distantes / oblicuos, pero es también más lento)
- ▼ *Area:* área de filtro a utilizar para el muestreo de imágenes.
- ▼ *Eccentricity:* excentricidad máxima (superior da menos desenfoque en ángulos oblicuos / distantes, pero también es más lento)
- ▼ *Filter Size:* la cantidad de desenfoque aplicado a la textura. Los valores más altos difuminar el mapa de entorno a las reflexiones borrosas falsas.
- ▼ *Minimum Filter Size:* Utilizar tamaño del filtro como un valor mínimo filtro en píxeles

8.1.5.14 IMAGE OR MOVIE

La imagen de textura término simplemente significa que una imagen gráfica –una cuadrícula de píxeles integrada por valores Alpha R, G, B, y, a veces– se utiliza como fuente de entrada a la textura. Como con otros tipos de texturas, esta información se puede utilizar en un número de maneras, no sólo como una simple "calcomanía".

Figura 8.28. Muestra de textura con imagen

Cuando se selecciona el tipo de textura de imagen o película, tres nuevos paneles presentan que nos permite controlar la mayoría de los aspectos de cómo se aplican las texturas de imagen: imagen, imagen de muestreo y mapeo de imagen.

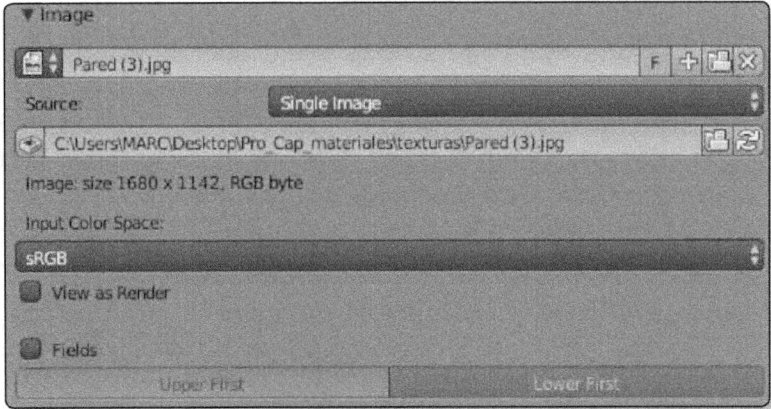

Figura 8.29. Propiedades de Image

8.1.5.14.1 Image Sampling

En el panel de muestreo de imagen podemos controlar cómo se recupera la información de la imagen.

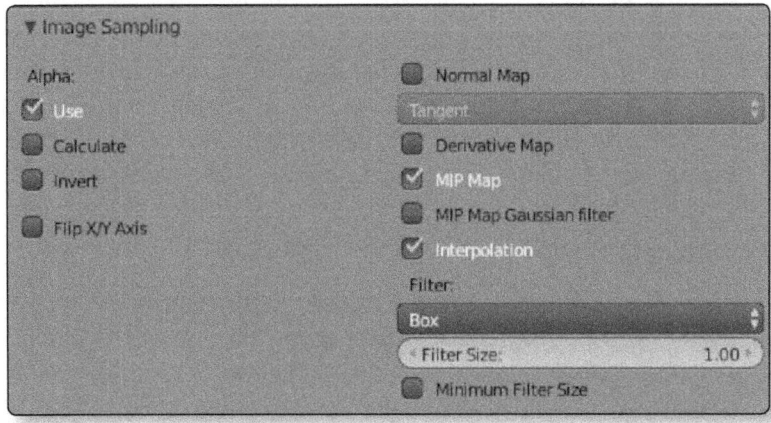

Figura 8.30. Propiedades de Imag Sampling

▼ *Alpha:* son opciones relacionadas con los canales de transparencia de la imagen
  - **Use:** trabaja con archivos PNG y TGA, ya que pueden guardar la información de transparencia. Cuando el valor alfa de la imagen es

inferior a 1,0, el objeto será parcialmente transparente y las cosas de detrás se mostrará.

- *Calculate:* calcular un alfa basado en los valores RGB de la imagen. Negro (0, 0,0) es transparente, blanco (1, 1, 1) opaco. Habilita esta opción si la textura de la imagen es una máscara. Tienes que tener en cuenta que las imágenes de la máscara pueden utilizar tonos de gris que se traducen en una semitransparencia, como fantasmas, las llamas y el humo / niebla.

- *Invert:* invierte el valor alfa. Utiliza esta opción si la imagen tiene una máscara blanca en la que deseas que sea transparente y viceversa.

- *Flip X/Y Axis:* Gira la imagen 90 grados hacia la izquierda cuando se renderiza.

▼ *Normal Map:* esto le dice a Blender que la imagen se va a utilizar para crear la ilusión de una superficie con relieve. Se necesitan imágenes preparadas para este sistema : *(Tangent, Object, World, Camera)*

▼ *Derivative Map:* Utiliza el rojo y el verde como valores derivados.

▼ **MIP Map**: MIP mapas que son precalculados, texturas más pequeñas filtradas de un cierto tamaño. Se genera una serie de imágenes, cada mitad del tamaño de la anterior. Esto optimiza el proceso de filtrado. Por defecto, esta opción está habilitada y acelera el render (especialmente útil en el motor del juego). Cuando esta opción está desactivada, por lo general obtiene una imagen más nítida, pero esto puede aumentar significativamente el tiempo de render si la dimensión del filtro se hace grande. Sin MIP Mapas puedes obtener las imágenes de diferentes ángulos de cámara, cuando las texturas se vuelven muy pequeñas.

▼ *MIP Map Gaussian filter:* Utilizado conjuntamente con MIP Mapa, permite al MIP mapa hacerse más pequeño basándose en similitudes de color. En el motor del juego, seguramente desearás que tus texturas sean lo más pequeñas posible para aumentar la velocidad del renderizado y la velocidad de fotogramas.

▼ *Interpolation:* esta opción interpola los píxeles de una imagen. Esto se hace visible cuando se agrandan las imágenes. Por defecto esta opción esta activada. Desactiva esta opción para mantener los píxeles individuales visibles y si están correctamente suavizados. Esta última característica es útil para los patrones regulares, tales como líneas y azulejos.

- ▼ *Filter:* el tamaño del filtro utilizado en el render. También para las opciones *Mipmap* y de interpolación. Si observas líneas grises o contornos alrededor del objeto con textura, particularmente donde la imagen es transparente, es conveniente convertir este valor de 1,0 a 0,1 o menos.

- ▼ *Texture filter*: al igual que un píxel representa un elemento de la imagen, un *texel* representa un elemento de textura. Cuando una textura (textura espacio 2D) se proyecta sobre un modelo 3D, diferentes algoritmos pueden ser utilizados para calcular el valor de cada píxel basado en muestreos de varios texels. *(Box, EWA, Eccentricity, FELINE, Probes, Further Reading, Area, Eccentricity.)*

- ▼ *Minimum Filter Size*: Utiliza tamaños del filtro con un valor mínimo de píxeles.

8.1.5.14.2 Image Mapping

Podemos controlar cómo se asigna o proyecta la imagen sobre el modelo 3D.

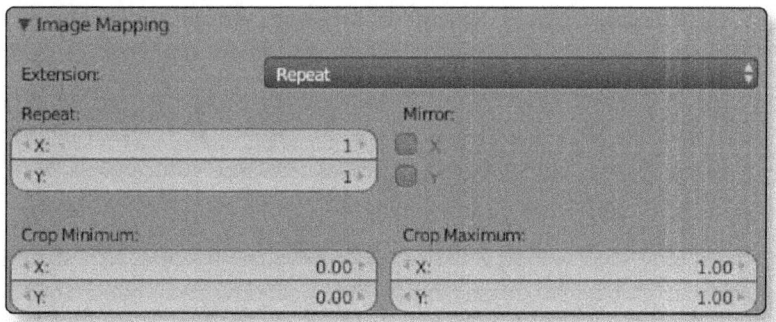

Figura 8.31. Propiedades de Image Mapping

8.1.5.14.3 Extension

- ▼ *Extend:* Fuera de la imagen de los colores de los bordes se extienden.

- ▼ *Clip:* es el tamaño de la imagen y establecer los píxeles exteriores como transparente. Fuera de la imagen, se devuelve un valor alfa de 0.0. Esto te permite "pegar" un pequeño logo en un objeto grande.

- ▼ *Clip Cube:* clips de área de forma cúbica en torno a las imágenes y define los píxeles exteriores como transparencia. Es el mismo Clip, pero ahora la 'Z' de coordenadas se calcula también. Un valor alfa de 0,0 devuelve un área en forma de cubo alrededor de la imagen.

▼ *Repeat:* la imagen se repite horizontal y verticalmente.

▼ *Checkerboards:* puedes utilizar el tamaño de opción en el panel desplegable así para crear el número deseado de cuadros.

▼ *Repeat X/Y:* repetición en los ejes x e y.

▼ *Mirror:* copia espejo en los ejes X / Y.

▼ *Even/Odd*

▼ *Distance:* rige la distancia entre los cuadros en partes del tamaño de la textura

▼ *Crop Minimum/Crop Maximum:* el desplazamiento y el tamaño de la textura en relación con el espacio de textura. Se ignoran píxeles fuera de este espacio.

8.1.6 Mapping

Las texturas necesitan coordenadas de mapeado, para determinar cómo se aplican al objeto. El mapeo especifica cómo va a envolver la textura en el objeto.

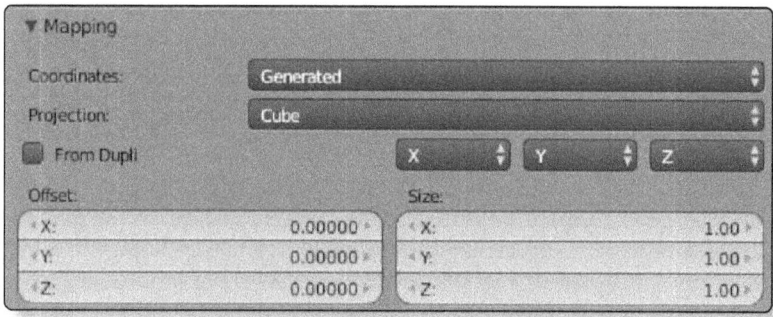

Figura 8.32. Propiedades de Mapping

8.1.6.1 COORDINATES

El menú de asignación de coordenadas nos permite seleccionar entre un conjunto de opciones con distintos procesos de mapeo. Estas coordenadas hacen referencia por lo general al objeto al que se aplica la textura.

▼ *Global:* toma como referencia las coordenadas de la escena. Esto también es útil para las animaciones; si mueves un objeto, la textura se mueve a través de él.

▼ *Object:* Utiliza un objeto como fuente de coordenadas. A menudo se utiliza con un objeto vacío (Empty), esta es una manera fácil de colocar una imagen pequeña en un punto dado en el objeto. También puede ser animado, para mover una textura alrededor o a través de una superficie.

- *Object:* esta opción aparece y permite seleccionar el nombre del objeto.

▼ *Generated:* las coordenadas se generan a partir del objeto. Esta es la opción predeterminada para texturas de mapeo.

▼ *UV*: mapeado UV es una forma muy precisa de mapear una textura en 2D a una superficie 3D. Cada vértice de la malla tiene sus propias coordenadas UV que pueden ser desplegadas como el envoltorio de un caramelo. Se puede utilizar varias texturas con un único despliegue de coordenadas UV.

▼ *Layer:* selecciona tu capa UV para el mapeo.

▼ *Strand/Particle:* se utiliza cuando se aplica textura a los cabellos o partículas.

▼ *Sticky:* son una forma de coordenadas UV por vértice.

▼ *Window:* renderiza las coordenadas de la ventana.

▼ *Normal:* Utiliza la dirección del vector normal de la superficie en forma de coordenadas. Esto es muy útil cuando se crean ciertos efectos especiales que dependen de ángulo de visión.

▼ *Reflection:* Utiliza la dirección del vector de la reflexión como coordenadas. Esto es útil para añadir mapas de reflexión.

▼ *Stress:* utiliza la diferencia de la longitud del borde en comparación con las coordenadas originales de la malla por ejemplo, cuando una malla se deforma por modificadores.

▼ **Tangent:** Utiliza el vector tangente opcional como coordenadas de textura.

8.1.6.2 PROJECTION

▼ *Flat:* da los mejores resultados en las caras planas individuales. No produce efectos interesantes en una esfera, pero en comparación con una esfera asignada, el resultado se ve plano. En las caras que no están en el plano del mapeado el último píxel de la textura se estira y provoca que se vean rayas en un cubo y un cilindro.

▼ *Cube:* da buenos resultados cuando los objetos no son demasiado curvados ni de tipo orgánico.

- **Tube:** esta proyección asigna una textura como si de una etiqueta de botella se tratara. Sin embargo, esto no es un mapeado cilíndrico del todo, de modo que los extremos del cilindro son indefinidos.

- **Sphere:** como su nombre indica, la proyección o mapeado de Sphere es óptimo para todos los objetos esféricos y de tipo orgánico.

8.1.6.3 FROM DUPLI

Heredar coordenadas de textura de sus padres.

8.1.6.4 COORDINATE OFFSET, SCALING

- **Offset:** las coordenadas de textura pueden ser interpretadas por un desplazamiento. La ampliación de la Offset mueve la textura en la parte superior izquierda.

- **Size:** permite escalar las coordenadas de textura.

8.1.7 Influence

Este apartado configura la influencia que tiene la textura en sus distintas opciones. Estas opciones están agrupadas y puedes activarlas o desactivarlas según te convenga. Para graduar la influencia dispones de un deslizador a su lado.

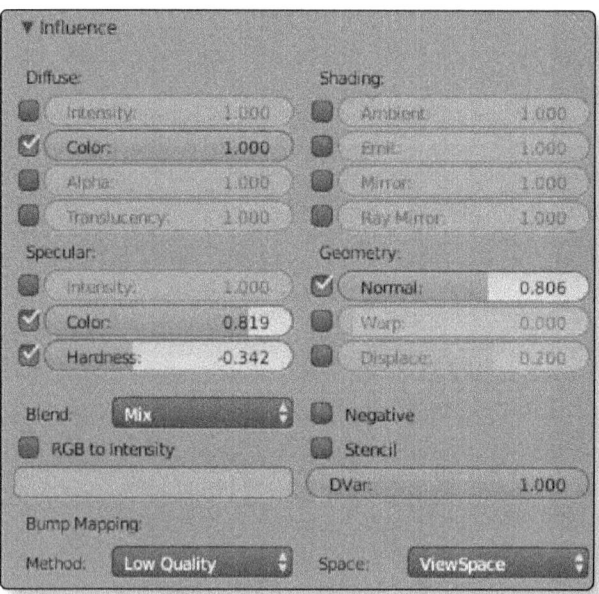

Figura 8.33. Propiedades de Influence

8.1.7.1 DIFFUSE

- ▼ *Intensity*: cantidad de textura que afecta a la reflectividad difusa.
- ▼ *Color:* cantidad de textura que afecta al color de base o al valor RGB del material.
- ▼ *Alpha:* influencia de la opacidad en el material. También se usa la transparencia Z para una luz y se puede combinar con múltiples canales.
- ▼ *Translucency:* influye en la opacidad del materia.

8.1.7.2 SPECULAR

- ▼ *Intensity:* cantidad de textura que afecta a la reflectividad especular.
- ▼ *Color:* influye en el color especular y el color de las reflexiones creadas por las luces de escena sobre un material brillante.
- ▼ *Hardness:* influye en la cantidad de dureza especular.

8.1.7.3 SHADING

- ▼ *Ambient:* influye en la cantidad de luz ambiental que el material recibe.
- ▼ *Emit:* influye en la cantidad de luz emitida por el material.
- ▼ *Mirror:* influye en el color de un espejo. Esto funciona con mapas de entorno y reflexión *raytrace*d.
- ▼ *Ray Mirror*: influye en la fuerza de *raytrace*d espejo y reflexión.

8.1.7.4 GEOMETRY

- ▼ *Normal:* comúnmente llamado mapa de relieve, esto altera la dirección de las normales de la superficie. Se utiliza para imperfecciones de la superficie falsos desniveles mediante ***bump mapping***, o para crear relieves.
- ▼ *Warp:* permite texturas para influenciar / distorsionar las coordenadas de la textura de un canal próximo de la textura. La distorsión se mantiene activa en todos los canales posteriores, hasta que un nuevo *Warp* se establezca de nuevo.
- ▼ *Displace:* influye en el desplazamiento de los vértices, para el uso de mapas de desplazamiento.

8.1.7.5 OTROS CONTROLES

- ▼ *Blend:* realiza una operación de fusión. Se compone de una lista de filtros con distintas operaciones en las que podemos combinar la textura. Los filtros son parecidos a los de Photoshop.

- ▼ *RGB to intensity:* con esta opción habilitada, una textura RGB (afecta a color) se utiliza como una textura de intensidad (afecta a un valor).

- ▼ *Blend Color:* Si la textura se mapeara, ¿con qué color se mezcla en función de la intensidad de la textura? Haz clic en la muestra o conjunto de los deslizadores RGB.

- ▼ *Negative:* el efecto de la textura es invertido. Normalmente el blanco es positivo y el negro es negativo, si en una textura quisieras invertir las zonas negras a blancas o viceversa puedes activar esta opción.

- ▼ *Stencil:* la textura activa se utiliza como una máscara para todas las siguientes texturas. Es útil para texturas semitransparentes y "Maps de suciedad". El Negro establece el píxel a "no texturizable". El modo Stencil funciona de forma similar a una máscara de capa en un programa 2D. El efecto de una textura que funciona como plantilla no se puede sobre poner, sólo extender. Para esto se necesita un mapa de intensidad como entrada.

- ▼ *DVar:* valor destino (no para RGB). El valor con el que la textura Intensidad combina con el valor actual.

8.1.7.6 BUMP MAPPING

Ajustes para los mapas de *bump*.

- ▼ *Method:* Best Quality, Default, Compatible, Original
- ▼ *Space:* texture Space, Object Space, View Space

8.2 EDITOR DE UV

Para entender cómo funciona este editor primero se explicará cómo podemos extraer las coordenadas UV de un objeto y seguidamente cómo podemos trabajar con ellas.

8.2.1 Extraer las UV de un objeto

Primero vamos a poner uno de los tipos de interface predeterminado de Blender accediendo a la cabecera principal o barra de herramientas y seleccionamos la opción ***UV Editing***.

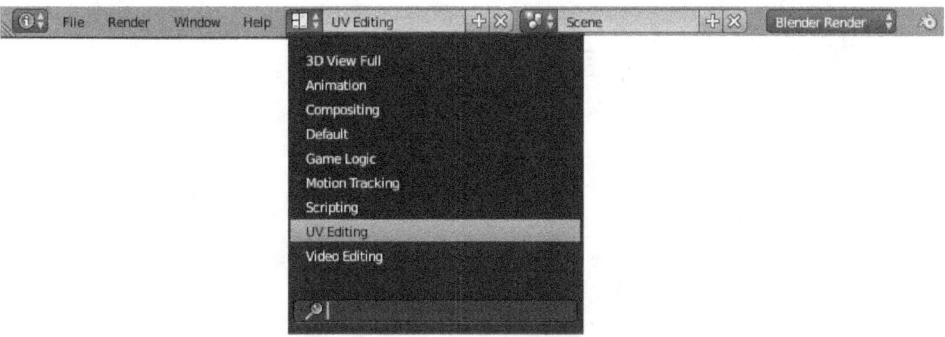

Figura 8.34. Interfaz de UV Editing

La interfaz se dividirá en dos ventanas en la izquierda el editor ***UV/imagen*** en donde podremos pintar y texturizar los objetos y en la derecha el visor **3D** que ya conoces.

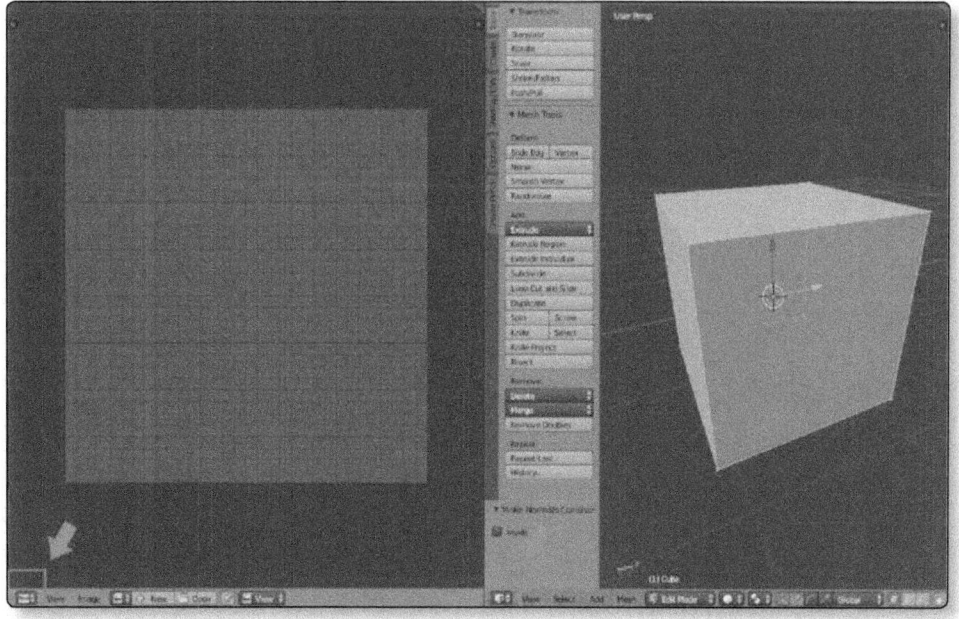

Figura 8.35. Ventana UV Editing y Visor 3D

Crearemos un cubo pulsando **SHIFT+A** y seleccionando la opción *Mesh >Cube*. Con el cubo seleccionado accedemos al panel izquierdo en la pestaña *Shading/UV* del visor 3D. Esta pestaña contiene un apartado dedicado a las UVs.

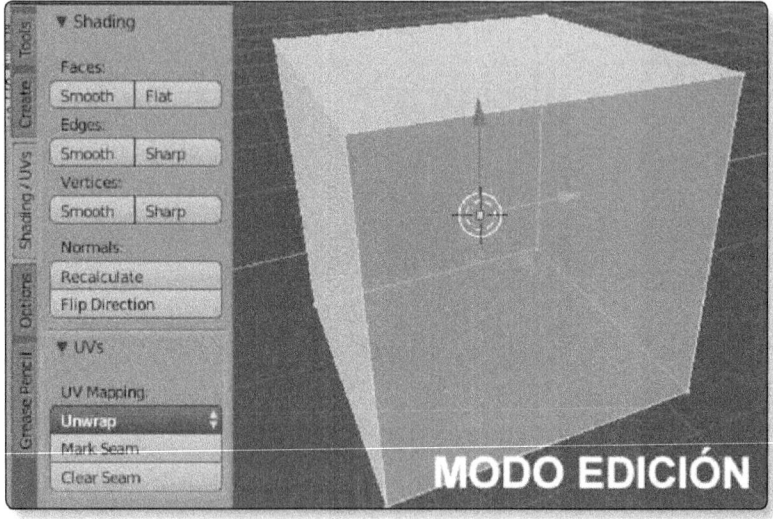

Figura 8.36. Panel de propiedades Shading/UVs

Para extraer las **UVs** tenemos que decirle a Blender qué caras queremos que nos extraiga para poder texturizar después. Seleccionamos todas las aristas y pulsamos el botón *Mark Seam*. Las aristas quedarán marcadas con un color rojo. En el caso de que nos equivocáramos, seleccionamos la arista que está marcada por equivocación y pulsando con el botón *Clear Seam* podemos hacer que deje de estar marcada.

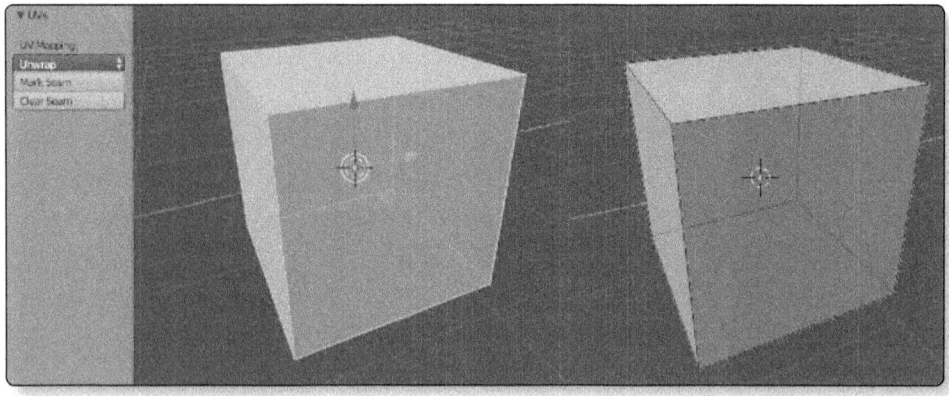

Figura 8.37. Marcado de las aristas que queremos desplegar

Imagínate que ahora este cubo tenía varias pegatinas empegadas en cada cara y que le hemos pasado un cúter para quitarle las pegatinas de cada cara. Es el siguiente paso, con el botón desplegable *Unwrap* seleccionamos el modo de despliegue de las **UVs**. Primero seleccionamos todas las caras del objeto y después seleccionamos la opción *Unwrap,* para que en la ventana del visor **UV Editing** se muestre la proyección de las **UVs**.

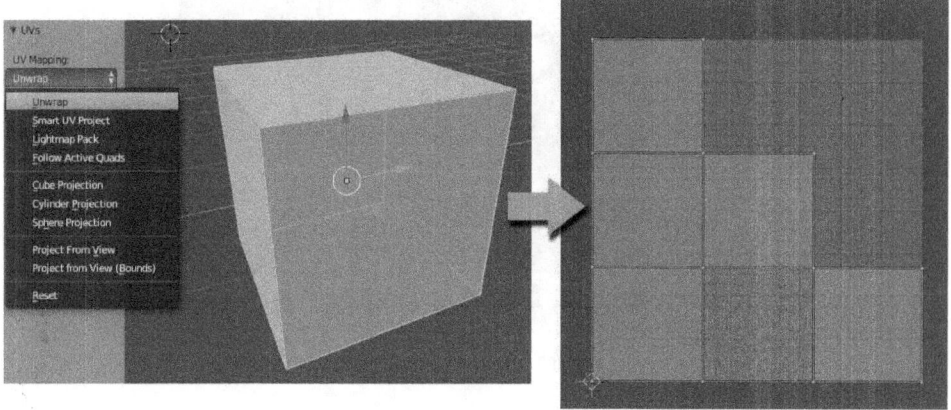

Figura 8.38. Herramienta Unwrap

8.2.2 Tipos de proyecciones avanzadas

▼ *Unwrap:* esta opción despliega de una forma proporcional o en todo caso de buscando la "mejor proyección", eso no quiere decir que sea la mejor opción para todos los casos, pero sí que ayuda mucho.

▼ *Smart UV Project:* anteriormente esta opción se llamaba *Archimapper*, y nos proporciona un control más preciso de cómo podemos crear las costuras automáticas de la proyección. Puede ser muy útil para objetos arquitectónicos y objetos mecánicos.

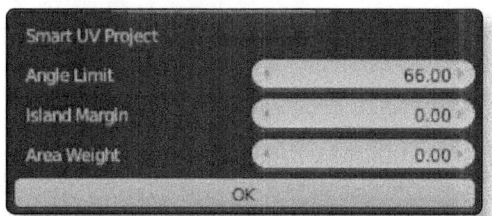

Figura 8.39. Opciones de Smart UV Project

▼ **Lightmap Pack:** coge cada una de las caras seleccionadas y las empaqueta dentro de los límites UV. Los **Lightmaps** se utilizan principalmente en juegos, donde la información de la luz se suele utilizar en los mapas de textura.

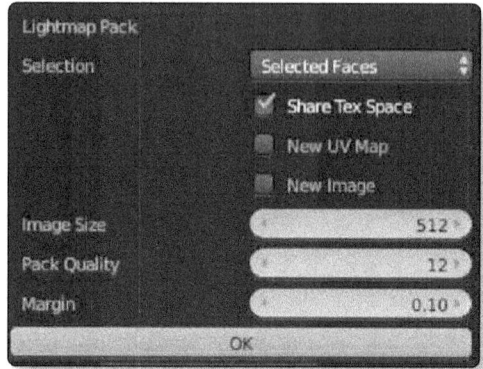

Figura 8.40. Opciones de Lightmap Pack

▼ **Follow Active Quads:** toma las caras seleccionadas y las coloca siguiendo bucles continuos, incluso si las caras son irregulares. A pesar de la colocación no se respeta el tamaño de la imagen, por lo que es muy posible que se tenga que escalar un poco para adaptarse a la zona de la imagen.

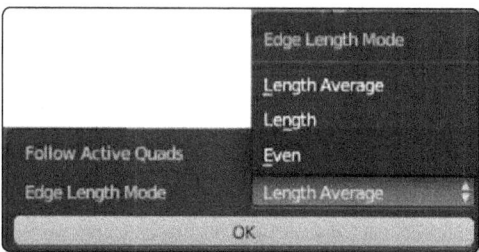

Figura 8.41. Opciones de Folow Active Quads

8.2.3 Tipos de proyecciones Básicas

▼ **Cube Projection:** proyecta seis planos separados aunque en el editor UV se muestren solapados, cada isla se puede mover.

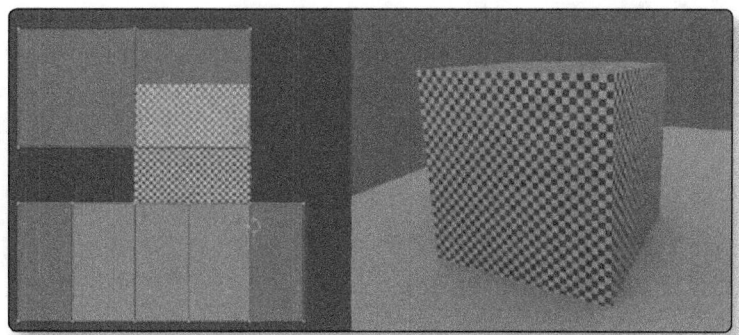

Figura 8.42. Proyección cubica

▼ *Sphere Projection:* proyecta la malla en forma de esférica de forma que la textura que pongamos se mostrará correctamente en objetos esféricos.

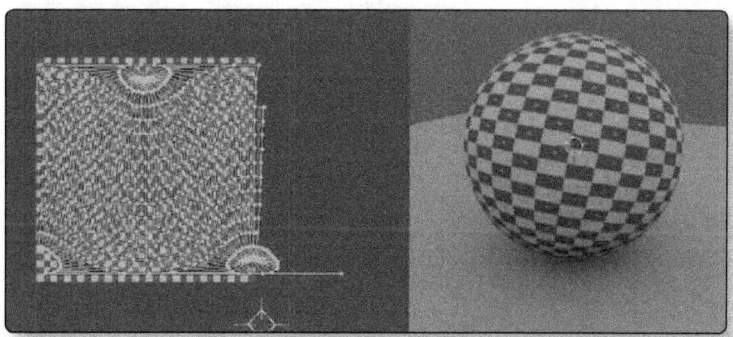

Figura 8.43. Proyección esférica

▼ *Cylinder Projection:* proyecta la malla en forma de cilindro de forma que la textura que pongamos se mostrará correctamente en objetos cilíndricos.

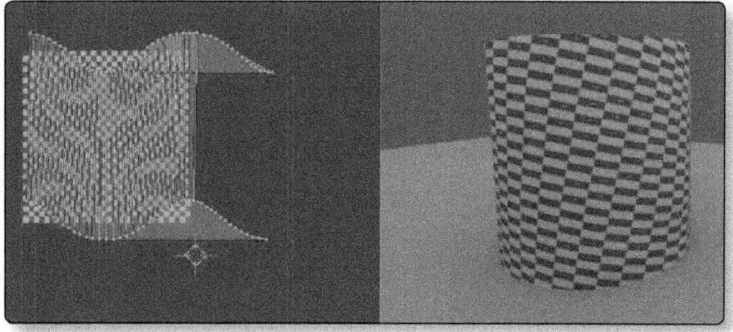

Figura 8.44. Proyección cilíndrica

▼ *Project From View*: toma como referencia la vista que tengas en el visor 3D. Esta opción puede ser muy útil para crear texturas pintadas.

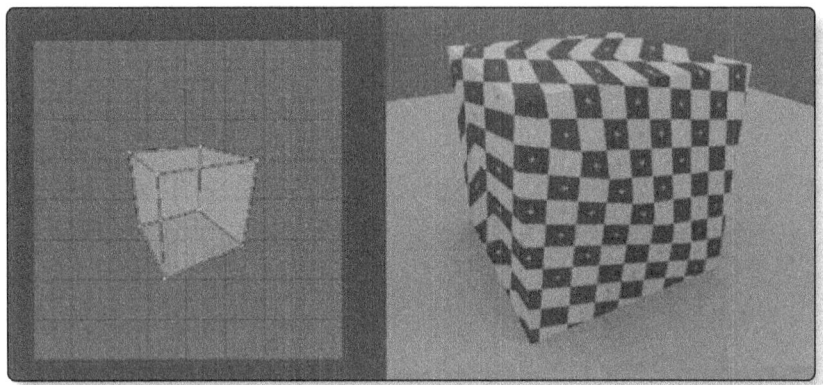

Figura 8.45. Proyección según la vista del visor 3D

8.3 APLICAR UNA TEXTURA

A continuación haremos un pequeño ejercicio que encontrarás en el proyecto de este capítulo. Sigue los pasos que se describen a continuación para crear una caja de almacén en donde las caras de la caja son de distinto color y con un mensaje diferente.

Figura 8.46. Ejemplo de cajas texturizadas

Crea un cubo y escálalo con el tamaño que desees. Añádele un material con el color que quieras.

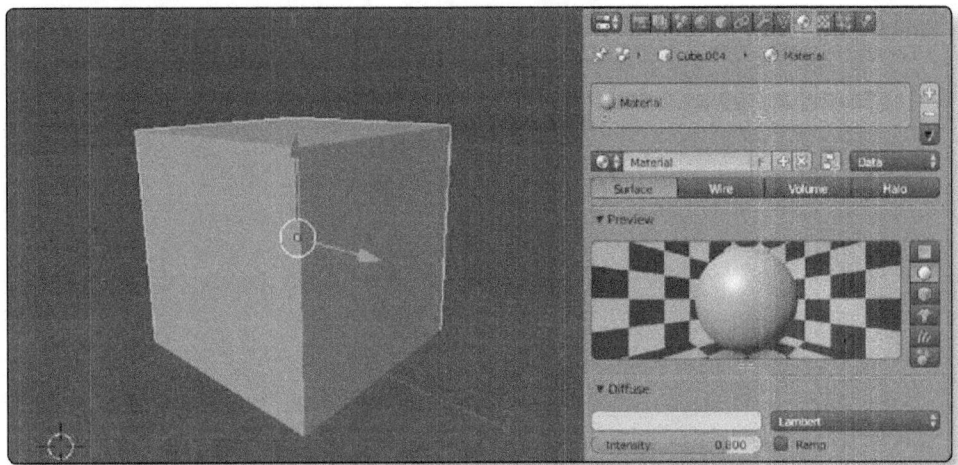

Figura 8.47. Añadir un material al cubo

En el apartado de texturas le añadiremos una textura imagen y le añadiremos la textura caja que viene preparada en el ejercicio y que encontrarás en la carpeta Texturas del proyecto de este capítulo.

Figura 8.48. Añadir la textura para el cubo

En un principio no veremos ningún tipo de cambio en la caja, vamos a preparar el visor 3D para poder ver los resultados en pantalla:

Primero tendrás que poner el visor en modo de visualización de texturas desde el menú *Viewport Shading*, que se encuentra en la cabecera o barra de herramientas del visor 3D.

Figura 8.49. Modo Texture

Para acabar de ver cómo está quedando la textura accedemos en el panel derecho del visor 3D y en el apartado *shading* seleccionamos la opción **GLSL**. Asegúrate de tener algún tipo de luz en la escena para poder iluminar el objeto.

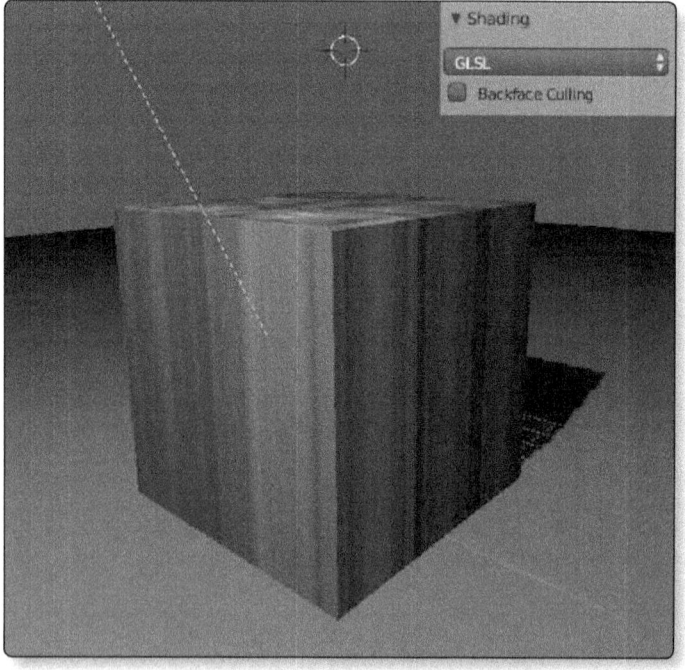

Figura 8.50. Shading GLSL

Seleccionamos el cubo y entramos en modo edición. Seleccionamos todas las aristas y las marcamos con la herramienta *Mark Seam*. Seguidamente seleccionamos la opción *Unwrap*, para que nos despegue las **UVs**.

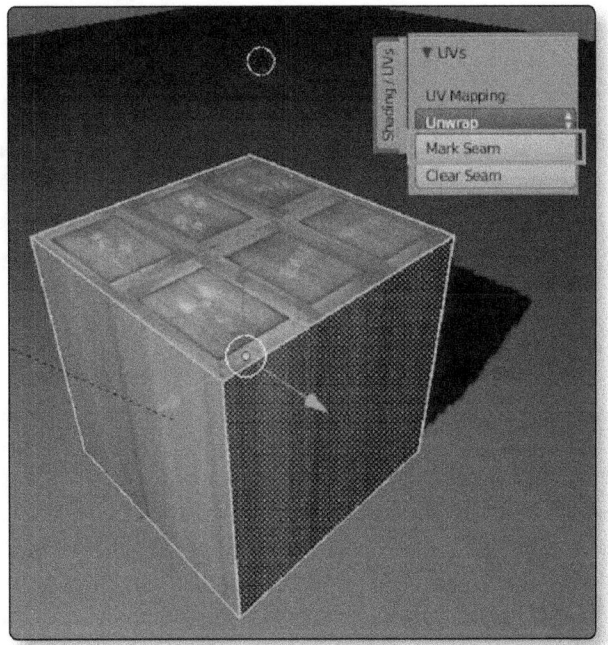

Figura 8.51. Shading GLSL

A continuación en el editor de UVs e imágenes, veremos cómo se despliegan las UVs del objeto, siempre que estemos en modo edición y tengamos seleccionadas todas las caras, aristas o vértices del objeto. Si queremos ver la textura de fondo podemos buscarla en el cabezal o barra de herramientas de la parte inferior en el menú de texturas que se muestra a continuación.

Figura 8.52. Editor de imágenes/UV

Para que en el visor 3D podamos apreciar el cambio de la proyección tendremos que entrar en las propiedades de textura y en la sección de *Mapping* configuraremos las coordenadas en *UV* y el tipo mapeado *UVMap*.

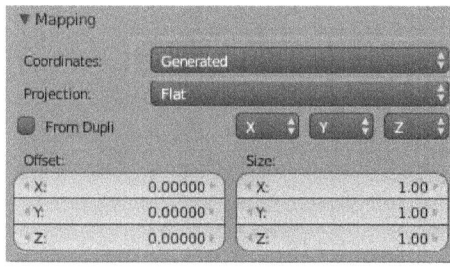 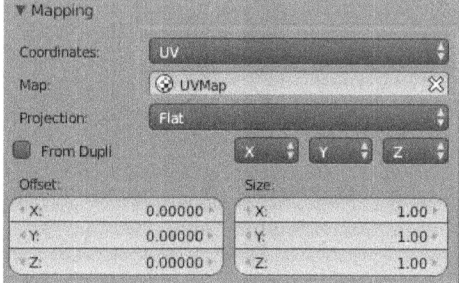

Figura 8.53. Propiedades de la textura Mapping

El editor de imágenes UV podemos acabar de configurar la malla proyectada desplazando, escalando y rotando las pequeñas secciones en las que se ha dividido el cubo. Solamente disponemos de dos Ejes el (X) y el (Y) es decir no existe (Z). Para seleccionar una cara en concreto y desplazarla solamente tienes que pulsar el botón caras (se muestra en la imagen siguiente), seleccionar la sección que deseas y pulsar **TECL_G** para desplazarla en el lugar correcto. A continuación escalar en el eje (Y) pulsando la **TECL_S**.

Figura 8.54. Editor de imágenes/UV

La idea general es la misma que la de un puzzle seleccione las distintas secciones o islas y posiciónalas y escálalas de manera que encajen con los cubos de la textura.

Figura 8.55. Editor de imágenes/UV con el mapeado finalizado

8.3.3.1 HERRAMIENTAS DEL EDITOR DE IMÁGENES/UV

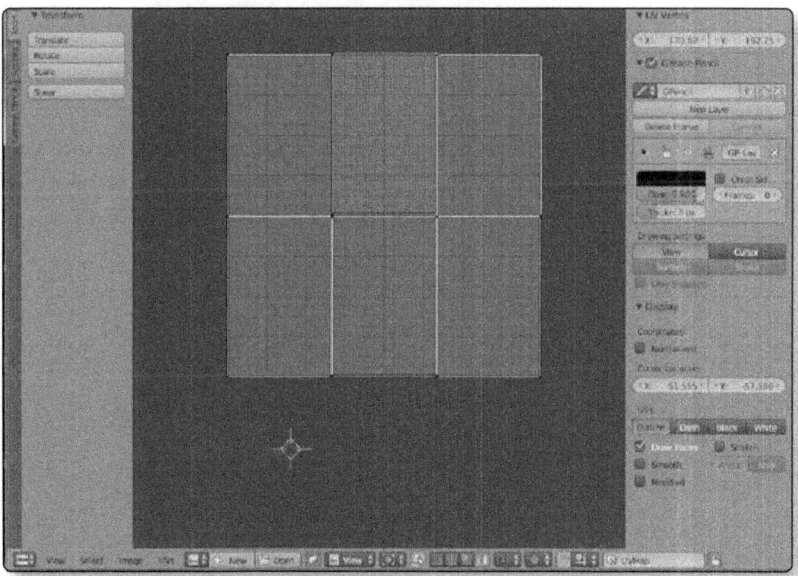

Figura 8.56. Editor de imágenes/UV

En la cabecera o barra de herramientas encontraremos agrupados distintas herramientas que te permitirán organizar y manipular el despliegue de UVs.

▼ *View:* si despliegas este menú tendrás acceso a todas las herramientas que hacen referencia a la visualización del editor.

- ▼ *Select:* muchas de las opciones que contiene este menú ya las hemos visto. En este menú, como su nombre indica, se proporcionan todas las herramientas para poder seleccionar y deseleccionar vértices, aristas y caras.

- ▼ *Image:* encontrarás todas las herramientas necesarias para abrir una imagen, crear una de nueva, remplazar, recargar, guardar o hacer un pack con la textura.

- ▼ *UVs:* contiene todo lo necesario para trabajar con las *UVs* proyectadas desde suavizar, alinear, transformar o hacer *snap*. También existe la posibilidad de exportar la proyección de las *UVs* para poderlas pintar después en otro programa, como *Gimp* o *Photoshop*.

- ▼ *Menú selector:* permite seleccionar desde un submenú de texturas que anteriormente ya han sido cargadas en Blender, puedes abrir texturas desde tu PC o también puedes crear una textura nueva.

Figura 8.57.

- ▼ *Chincheta:* muestra la imagen actual independientemente del objeto seleccionado, es decir si este botón esta desactivado cuando en el visor 3D selecciones otro objeto la textura desaparecerá, del visor.

Figura 8.58.

- ▼ *View Mode:* son las distintas opciones que tienes de visualizar el editor, para pintar, máscara o para mostrar imágenes.

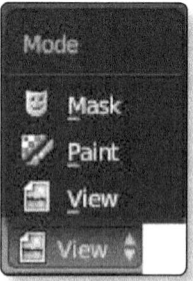

Figura 8.59.

▼ *Pivot Point:* el punto pivote funciona exactamente como en el visor 3D.

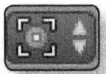

Figura 8.60.

▼ *Sync Selection:* son los modos de selección. Puedes seleccionar vértices, aristas, caras y conjunto de caras unidas que se llaman Islas.

Figura 8.61.

▼ *Sticky Selection:* esta opción controla cómo son seleccionadas las *UVs*

Figura 8.62.

▼ *Edición Proporcional*: Funciona como en el visor 3D.

Figura 8.63.

▼ *UV Snapping:* también funciona como en el visor 3D

Figura 8.64.

▼ *Selector de Mapas de Textura UV:* aunque no se ha explicado, un objeto puede tener varias proyecciones UV con distintos nombres; en este selector podemos seleccionar cuál nos conviene en el caso de que tengamos más de una.

Figura 8.65.

▼ *El canal de imagen de dibujo:* contiene distintos canales; Color, Color y Alfa o solo Alfa.

Figura 8.66.

▼ *Candado:* refleja automáticamente los cambios producidos durante la operación que se esté realizando en el editor.

Figura 8.67.

8.3.1 Pintar una textura

Para pintar una textura realizaremos el siguiente ejemplo.

Tenemos un objeto (*Puedes crear el objeto que desees*), al que le aplicamos un material.

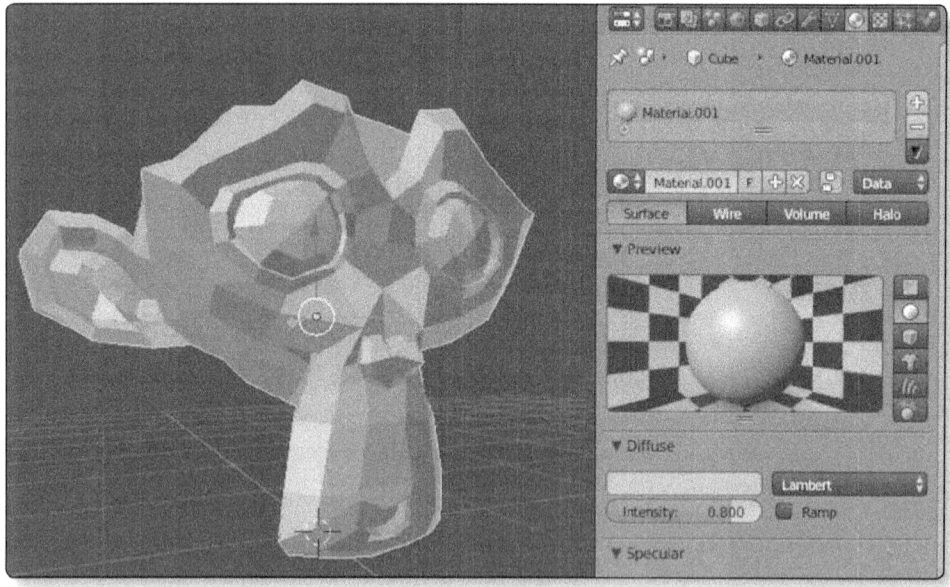

Figura 8.68. Aplicar un material a un objeto

El objeto tiene que tener desplegada sus UVs

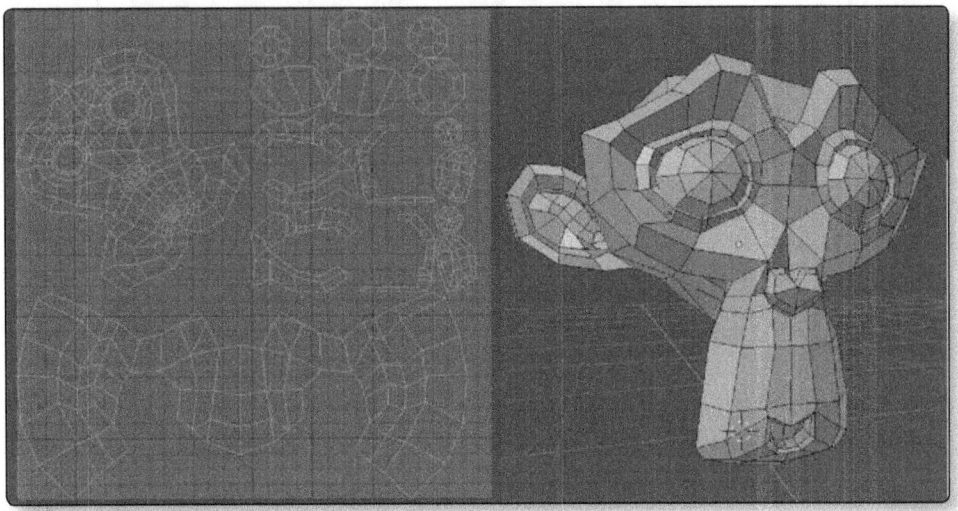

Figura 8.69. Despliegue de las UVs

En el editor de UVs crearemos una textura de fondo blanco, la renombraremos con textura para pintar y la guardaremos en nuestro disco duro.

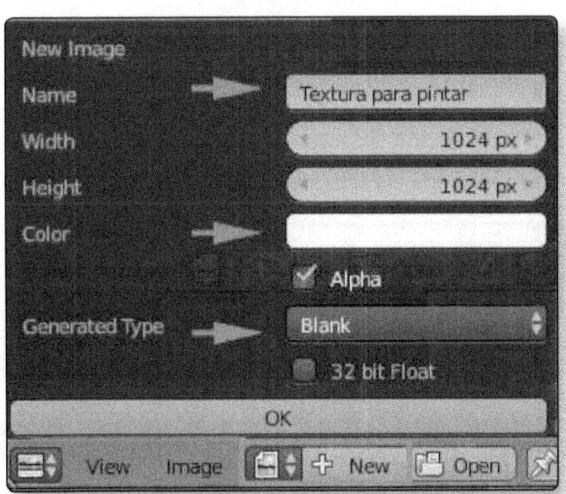

Figura 8.70. Creación de una nueva textura

En el apartado de propiedades de texturas del objeto le añadiremos esta textura que hemos creado al objeto.

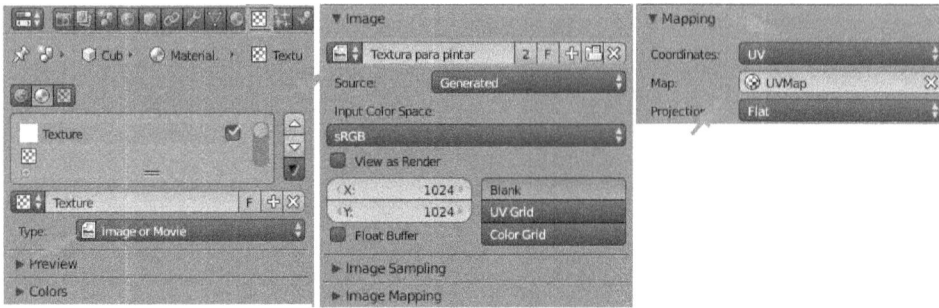

Figura 8.71. Aplicamos la nueva textura al objeto

Para poder ver los resultados en el visor 3D activaremos la opción textura en el *viewport shading* y en el panel derecho en el apartado **Shading** y con el objeto en modo edición seleccionamos la opción **GLSL.** Acuérdate de que debes de tener algún tipo de lámpara que te ilumine el objeto.

Figura 8.72. Modo de visualización

Volvemos al editor de UVs y seleccionamos la opción Paint del *View Mode*. Pulsando la **TECL_T** abriremos el panel lateral Izquierdo dentro del Editor de UVs en donde encontraremos todas las herramientas necesarias para pintar.

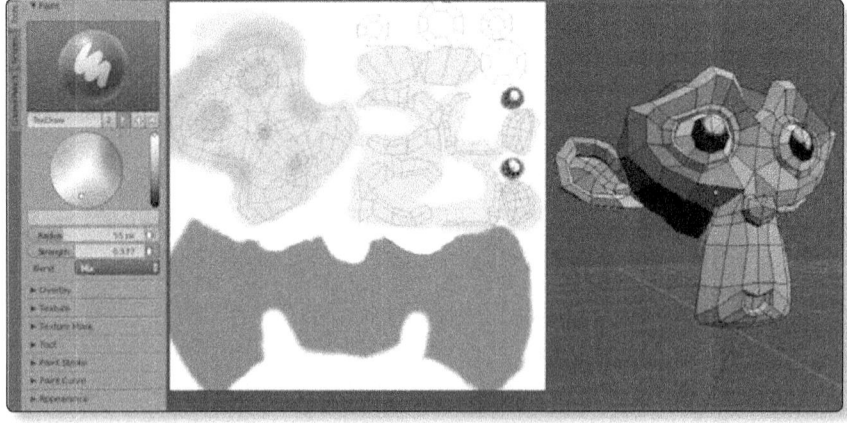

Figura 8.73. Textura pintada

8.3.1.1 HERRAMIENTAS DE PINTADO

En el caso de que prefieras ensuciar una textura o pintar alguna zona para resaltarla puedes utilizar la gran variedad de herramientas para pintar.

8.3.1.1.1 Configuración de los pinceles (Brush)

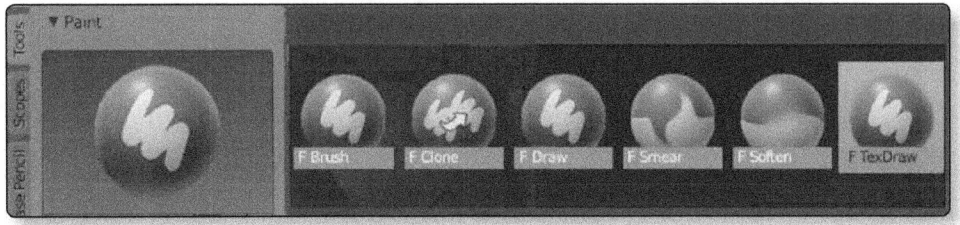

Figura 8.74. Tipos de pincel

- ▼ *Draw* : el pincel normal, permite pintar con un color.
- ▼ *Soften:* mezcla dos colores entre bordes.
- ▼ *Smear:* cuando el cursor se encuentra entre dos colores este los mezcla en la dirección en que se mueve.
- ▼ *Clone:* copia los colores de la imagen activa.

8.3.1.1.2 Configuración del color

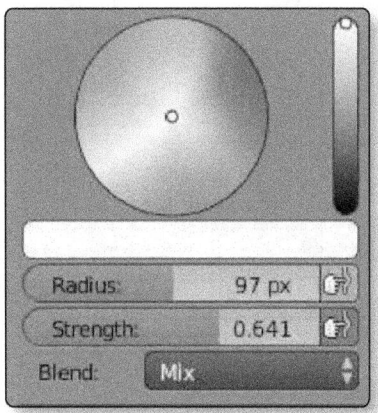

Figura 8.75. Tipos de pincel

- **Selector de color:** puedes seleccionar el color con el que quieres pintar o dibujar.
- **Radius:** es el valor con el que le damos grosor a nuestro pincel.
- *Strength:* es el valor de fuerza con la que hacemos el trazo con el pincel
- *Blend:* es un menú extensible en donde podemos seleccionar el comportamiento del color.

8.3.1.2 OVERLAY

Permite personalizar la pantalla de la curva y la textura que se aplica para el pincel.

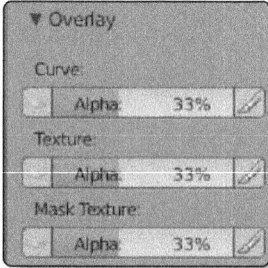

Figura 8.76. Opción overlay

8.3.1.3 TEXTURE

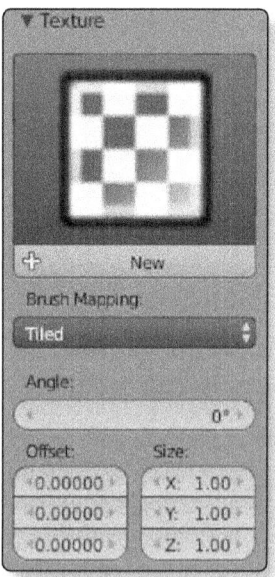

Figura 8.77. Opción Texture

En el caso de que quieras utilizar una textura para pintar solamente tienes que pulsar en *New* y seleccionar una textura. Antes de poder utilizar una textura externa tienes que tener un material marcado y la textura que deseas definida en el botón texturas, de esta forma te aparecerá en el menú. Para cambiar de textura pulsa encima de la imagen.

Brush Mapping: este apartado se encarga de cómo vas a pintar la imagen de textura.

- ***Stencil:*** crea una imagen de la textura que puedes mover, rotar y escalar según necesites. Para mover la imagen utiliza el **BDR,** para rotar la imagen utiliza **CTRL+BDR** y para escalar pulsa **SHIFT+BDR.**

- ***Random:*** pintas la textura repetidas veces y aleatoriamente es muy útil cuando pintas superficies irregulares o con colores bastante opacos para ensuciar.

- ***Tiled :*** crea un patrón de la textura para pintar

- ***View Plane:*** crea una vista plana de la textura.

8.3.1.3.1 Texture Mask

Es el mismo caso que el anterior con la diferencia de que la textura se utiliza como máscara para pintar. Las texturas que se utilizan en este caso son en blanco y negro y las zonas blancas son pintadas y las oscuras no.

Paint Stroke

Se trata del trazado del dibujo. Puedes seleccionar entre tres modos de trazado:

- ***Dots:*** trazado por puntos
- ***Airbrush:*** trazado tipo espray
- ***Space:*** trazado según la distancia.

En todos los modos puedes variar el suavizado y el valor de samples.

Paint Curve

Es la curvatura del trazado del pincel, es decir según la forma que le des a la curva obtendrás un pincel más blando o más duro.

8.3.2 Texturas de relieve

8.3.2.1 BUMP MAP

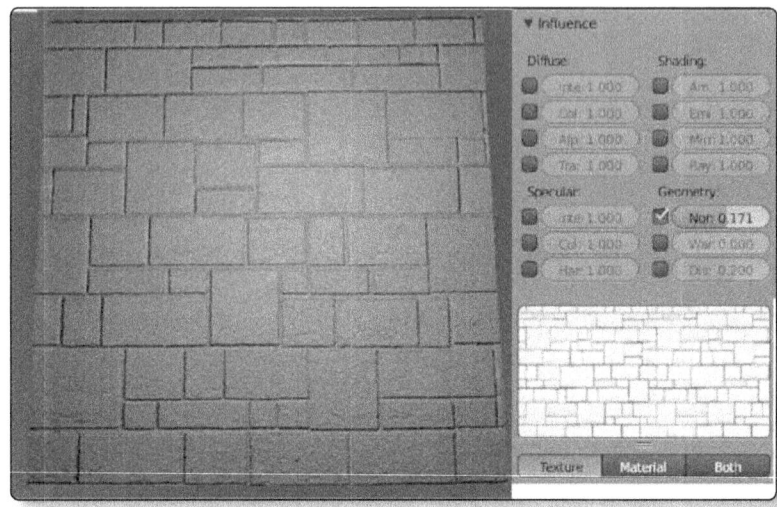

Figura 8.78. Textura Bump Map

Mediante una imagen en escala de grises podemos simular relieve en una superficie sin tener que modificar la geometría del objeto. No se ven los resultados de esta técnica, hasta que hagamos un render de nuestra imagen.

El *bump* utiliza las zonas más claras de las imágenes en escala de grises para simular un relieve elevado y las zonas más oscuras para simular un relieve en forma de profundidad.

8.3.2.2 NORMAL MAP

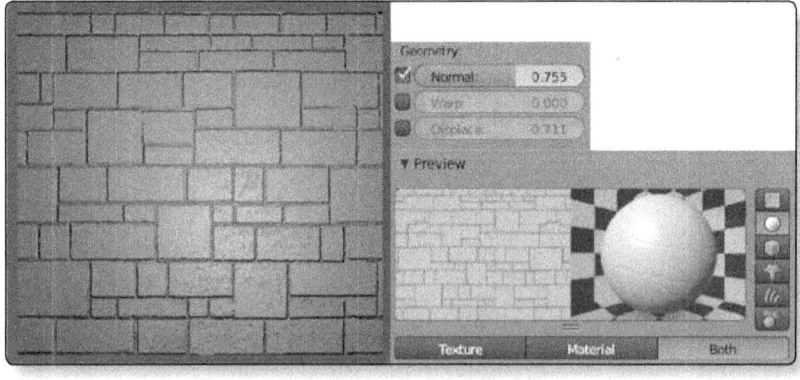

Figura 8.79. Textura Normal Map

Las Normals maps son imágenes que están provistas de colores a diferencia de los Bumps. Estos colores son el Rojo el Verde y el Azul (RGB) que corresponden a las direcciones **(x y z)**. De esta forma podemos crear relieves mucho más detallados que los bumps simples.

8.3.2.3 DISPLACEMENT

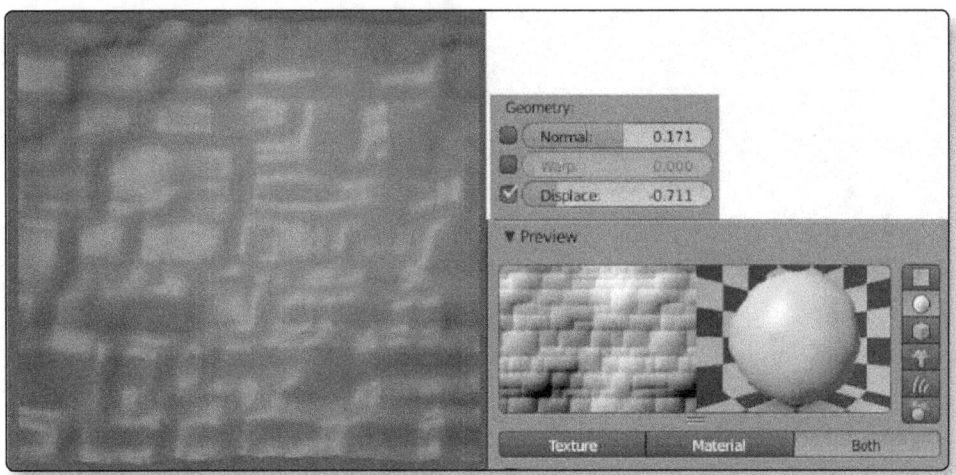

Figura 8.80. Textura Displace Map

El *Displace Map* es similar al *bump Map*, la diferencia principal es que modifica la geometría del objeto al que se le aplica al hacer un render. El *displace Map* es una imagen en escala de grises que desplaza una superficie en la dirección de las normales y la geometría de esta se distorsiona adaptándose a la imagen.

8.3.2.4 ACTIVIDAD BÁSICA

Para crear un material con textura de color y textura de relieve crearemos un cubo y escalaremos su superficie en el eje da las (z) y en el eje de las (x) para darle la forma de tablón de madera.

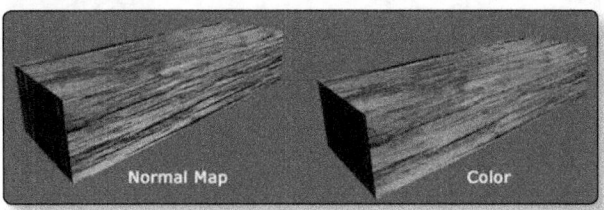

Figura 8.81. Cubo

Le aplicamos un material básico con el color por defecto y desplegamos las UVs del objeto cortando las aristas siguientes que se muestran en la siguiente imagen.

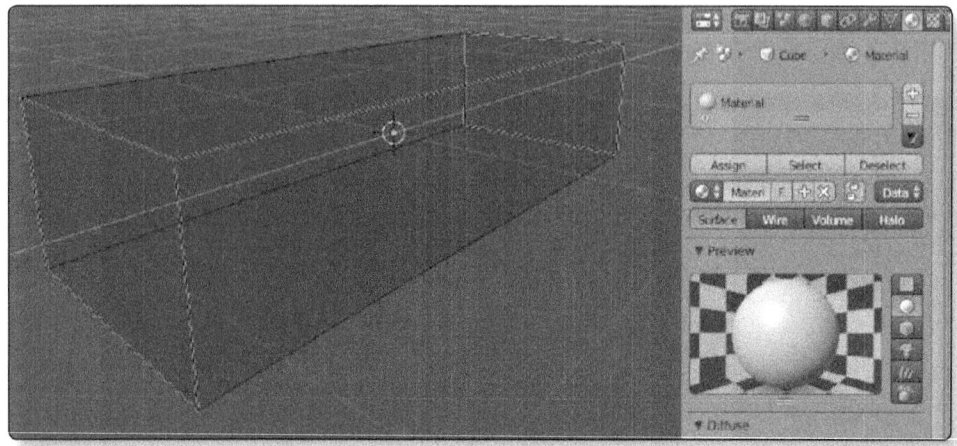

Figura 8.82. Mark Seam de las aristas seleccionadas

Las UVs puedes modificarlas como creas conveniente, en este ejemplo las he dispuesto de la siguiente manera.

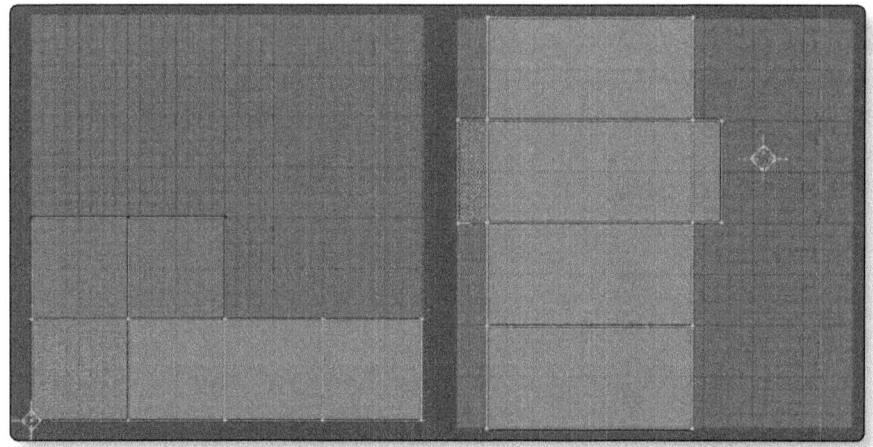

Figura 8.83. Manipulación de las Uvs del objeto

En el panel de propiedades botón texturas añadimos una textura de imagen y buscamos una imagen de madera. Si no tienes ninguna puedes sacarla de internet.

Recuerda que para poder ver por el visor 3D cómo queda la textura tienes que poner el visor en modo textura y acceder al panel derecho en el apartado **Shading** seleccionar la opción **GLSL**. También es conveniente que tengas puesta una luz para iluminar.

Figura 8.84. Textura de madera

La textura no se verá correctamente porque en el botón texturas apartado **Mapping** no hemos configurado las coordenadas de proyección. Tenemos que ponerlas en UV y seleccionar el tipo de proyección. Automáticamente se posicionará la textura.

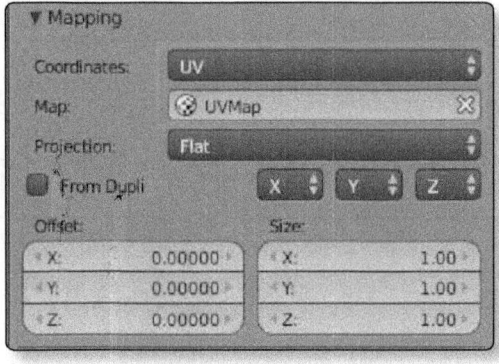

Figura 8.85. Apartado Mapping

Seguimos en el botón de texturas y añadimos otra textura de imagen en este caso una textura ***Normal Map*** de la madera que puedes encontrar en el proyecto de este capítulo. Configuramos las opciones de esta textura igual que hemos hecho en el de la textura de color. El único cambio que tenemos que hacer para la textura normal es desactivar la opción color del apartado ***Influence***, activar la opción Normal y en el apartado de ***Image Sampling*** activar la opción ***Normal Map***.

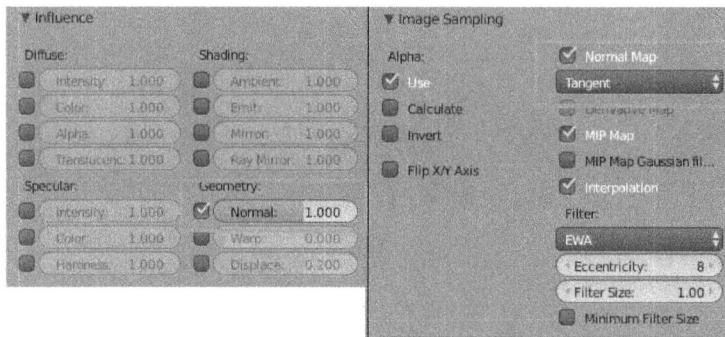

Figura 8.86. Configuración Normal map

8.3.3 Transparencias con Texturas

Es cuando utilizamos una imagen para que una superficie sea opaca o transparente según el dibujo de la imagen. A estas imágenes también se les suele llamar texturas alfa. Se utilizan para crear cristales rotos, plantas o todo tipo de cosas en que se transparenten algunas partes y otras no.

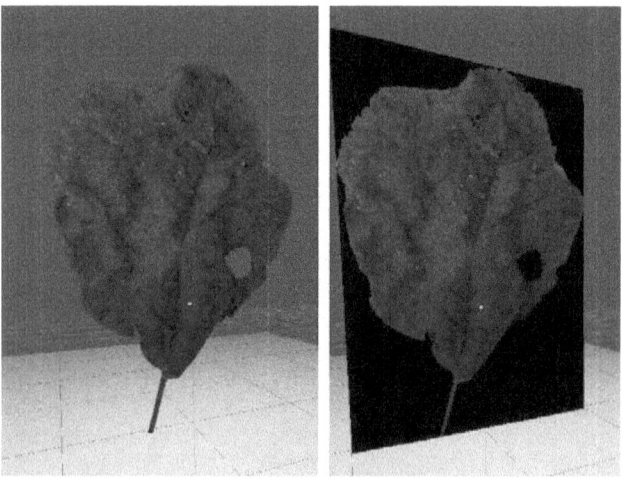

Figura 8.87. Textura alfa

8.3.3.1 APLICAR UNA TEXTURA ALFA

Para aplicar este tipo de texturas simplemente utilizamos un material en un objeto plano y en el apartado de *Transparency* activamos la opción *ZTransparency* y ponemos la opción *Alpha* con el valor 0.

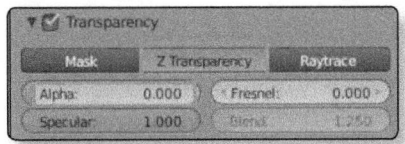

Figura 8.88. Opción transparency

En este material se le aplicaran dos tipos de textura de imagen: una que será el color y tendrá la influencia de color en el apartado **Diffuse** y la otra textura, también de imagen que influirá en el canal **Alpha**.

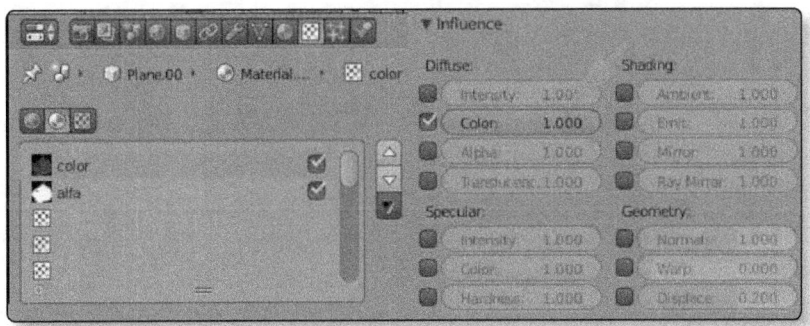

Figura 8.89. Textura color

En la textura alfa tendremos que desactivar la opción **Alpha** del apartado **Image Sampling** para que produzca el efecto deseado.

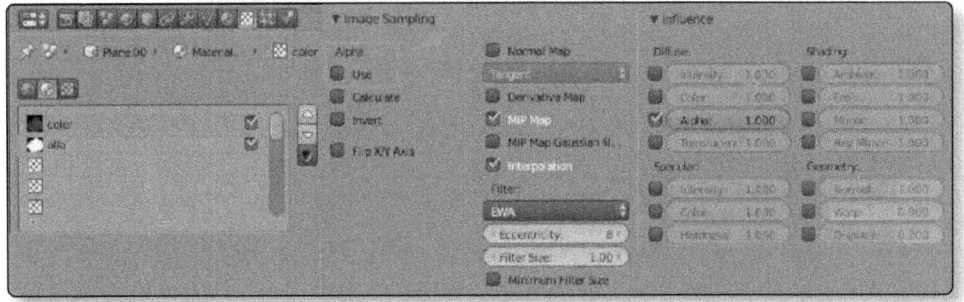

Figura 8.90. Textura alfa

> **ⓘ NOTA**
>
> Recuerda que para conseguir un material completo necesitas 3 texturas básicas una que te dé el color, otra que controle la especularidad y por ultimo una textura que simule el relieve. Con estas tres texturas y una iluminación correcta puedes obtener resultados realistas.

PROYECTO PRÁCTICO

8.4 PROYECTO MATERIALES

8.4.1 Creación de texturas para la escena

En este capítulo vamos a practicar lo aprendido hasta ahora con una escena en donde crearemos materiales y en algunos objetos utilizaremos imágenes en forma de textura para dar color y realismo a nuestra escena. El siguiente proyecto se basa en texturizar una guitarra.

Si puedes texturizar la guitarra también podrás texturizar el resto de objetos de la escena. Sin embargo podrás ver cómo se texturiza toda la escena en el video del DVD que acompaña el libro.

> **ⓘ NOTA**
> Recuerde que este libro está dirigido no solo a las personas que quieran iniciarse a Blender si no también a las personas que quieran aprender 3D desde cero.

8.4.1.1 GUITARRA ELÉCTRICA

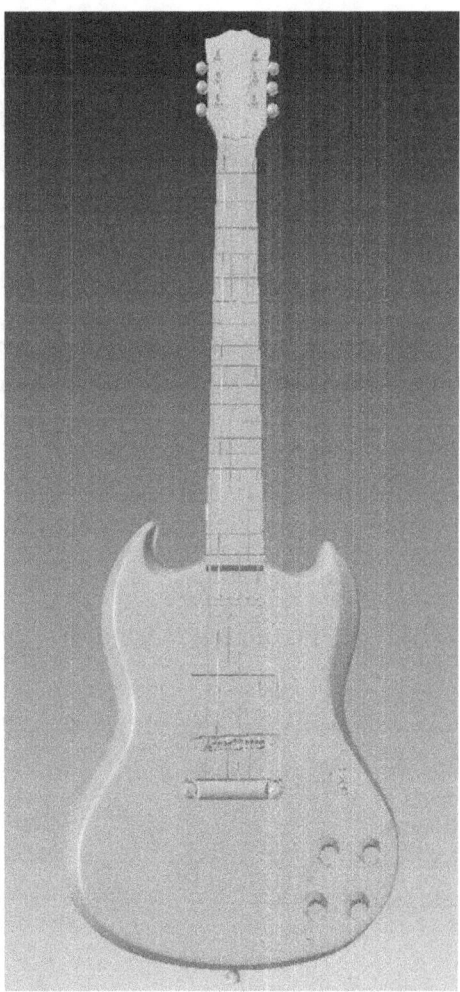

Figura 8.91. Textura

Empezaremos por crear materiales que compongan las partes de la guitarra es decir todos los tornillos pueden llevar el mismo material. A continuación veremos uno a uno cómo se crean y cómo texturizamos las partes de la guitarra.

8.4.1.1.1 Guitarra croma

Figura 8.92. Textura guitarra croma

Diffuse	Specular	Shading	Mirror
Color RGB = 0.147	Color blanco,	Emit=0	Reflectivity = 0.359
opción Lambert,	opción Blinn,	Ambient=1	Color = blanco
intensidad 0.8	intensidad = 0.5,	Traslucency=0	Depth=2
	Hardness =50,		Gloss Amount= 1

8.4.1.1.2 Plástico Negro Guitarra

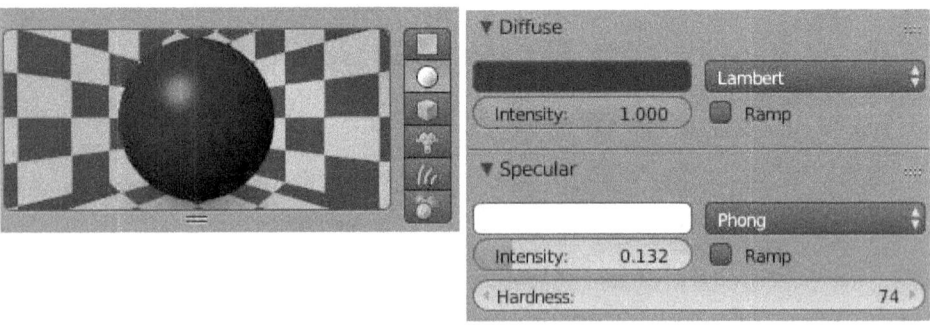

Figura 8.93. Textura Plástico negro

Diffuse	Specular
Color RGB = 0.016	Color blanco
opción Lambert,	opción Phong
Intensidad = 1	intensidad = 0.132
	Hardness = 74

8.4.1.1.3 Plástico Blanco Guitarra

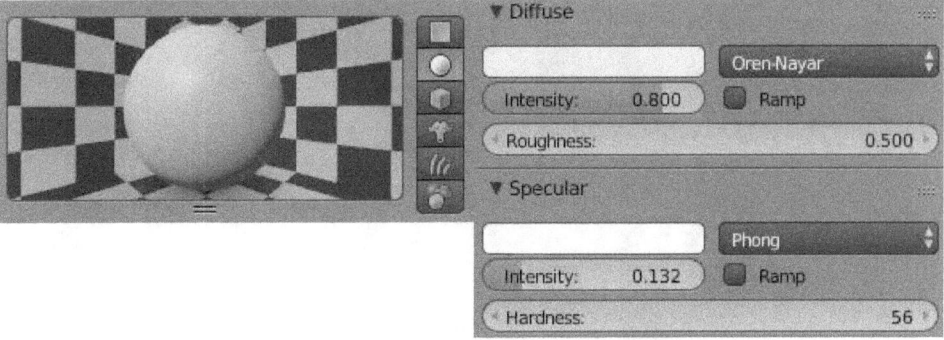

Figura 8.94. Textura Plástico blanco

Diffuse	Specular
Color RGB = 0.8	Color blanco
opción Oren-Nayar	opción Phong
intensidad 0.8	intensidad = 0.132
Roughness= 0.5	Hardness = 56

Con los materiales anteriores creados podemos empezar a darle color a la guitarra. Seleccione todos los tornillos y objetos de la guitarra que puedan ser metálicos y aplíqueles el material croma. Para el plástico blanco solamente la parte inferior del picador de la guitarra y las clavijas. Para el plástico negro el picador, la tapa posterior de la guitarra y el soporte de las pastillas e interruptor.

Figura 8.95. Partes con materiales

8.4.1.2 MÁSTIL

Seleccionamos el mástil le crearemos un material y lo nombraremos con el nombre mástil. Accederemos a las propiedades de textura con el mástil seleccionado y crearemos una nueva textura. Si descargas el proyecto podrás encontrar la textura dentro de las texturas del proyecto 8 en la carpeta Guitarra. Selecciona la textura mástil.

Si tienes activado en la ventana 3D el modo de visualización *texture* podrás ver la textura. Puede que parezca que está bien a primera vista pero podemos hacer dos cosas:

▼ Ponerle un mapeado cubico sin tener que desplegar las **UVs** como se muestra en la siguiente imagen.

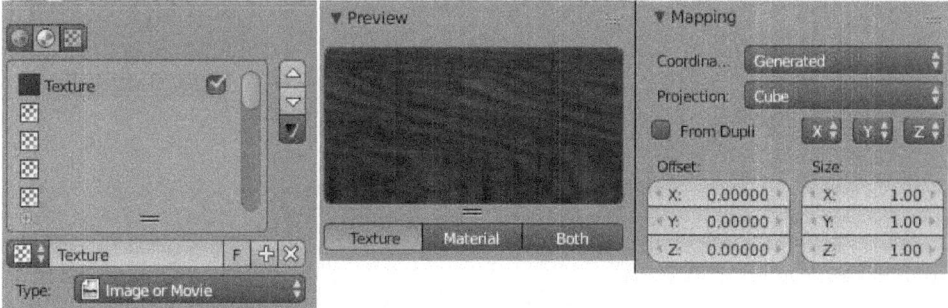

Figura 8.96. Mapeado generado con una proyección cubica

▼ Desplegar las **UVs** de la manera que mejor se adapte al objeto como se ha explicado en este tema.

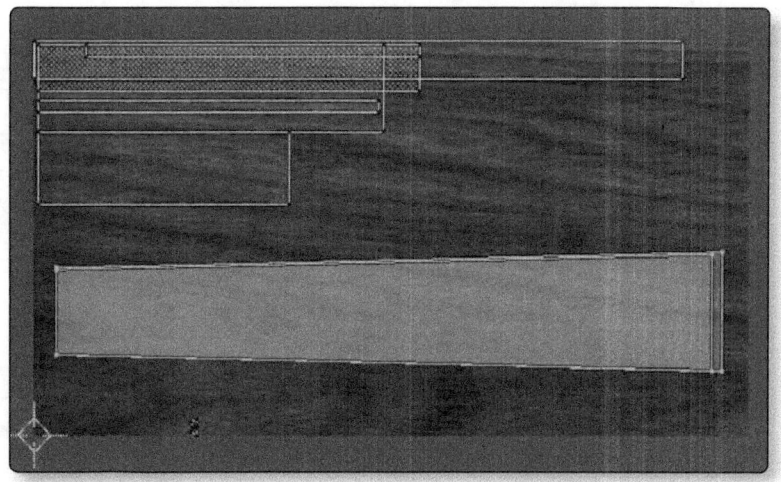

Figura 8.97. Mapeado generado con una proyección de UVs

Una vez tengamos puesta la textura activaremos en el apartado **Influence** las opciones Color de los grupos **Diffuse** y **Specular**.

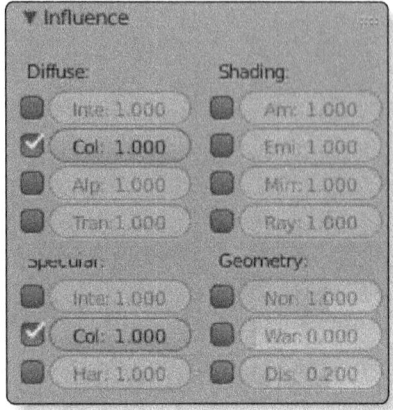

Figura 8.98. Influencia de la textura

8.4.1.3 BOTONES DEL TONO Y EL VOLUMEN

Seleccionamos los objetos y les añadimos un material que renombraremos con **Boton volumen.** En las propiedades de las texturas añadiremos la textura con el nombre **Botn Vol** de las texturas de la guitarra que encontrarás en la carpeta proyecto 8.

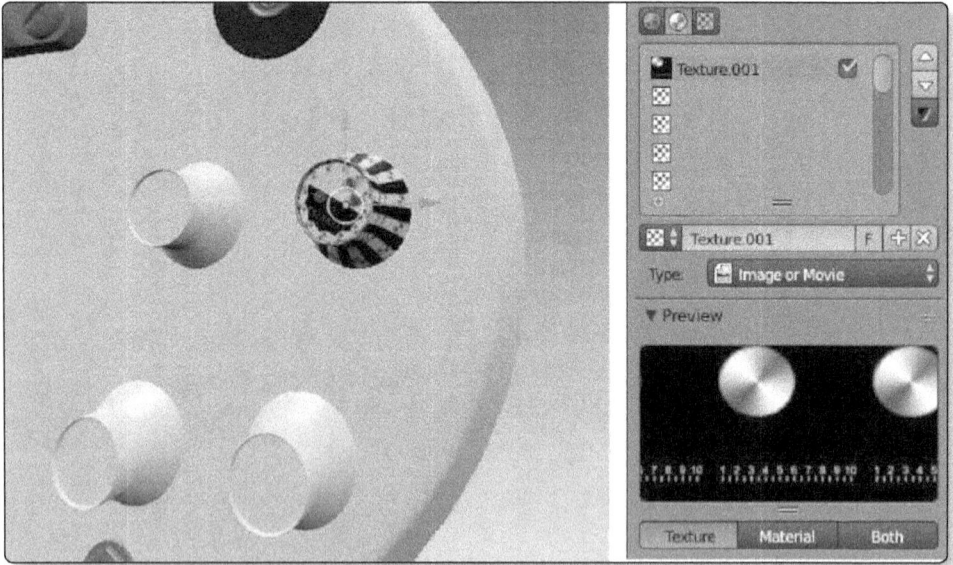

Figura 8.99. Textura

Como verás la textura no se adapta bien al botón de volumen. Tenemos que desplegar las **UVs** para que nos encaje con la textura, así que realizaremos los siguientes cortes en el objeto.

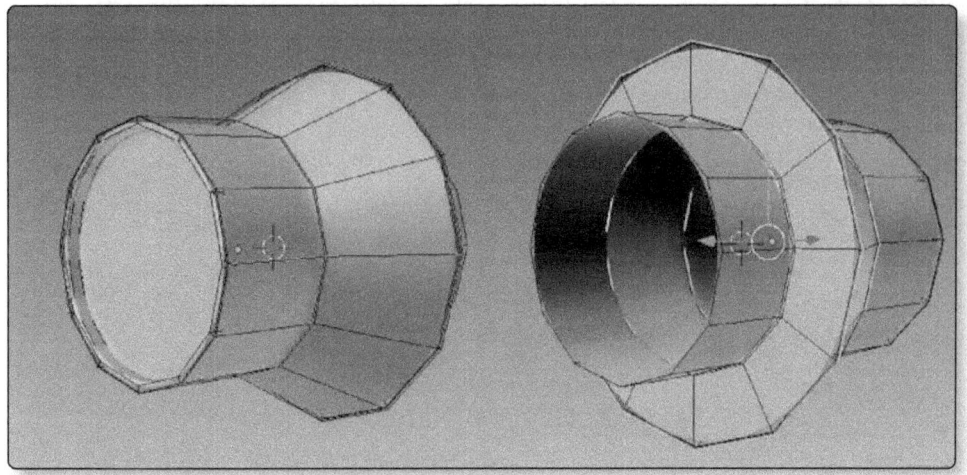

Figura 8.100. Cortes para desplegar las UVs

Una vez que tengamos desplegada las UVs trabajaremos con ella para adaptarla a la textura.

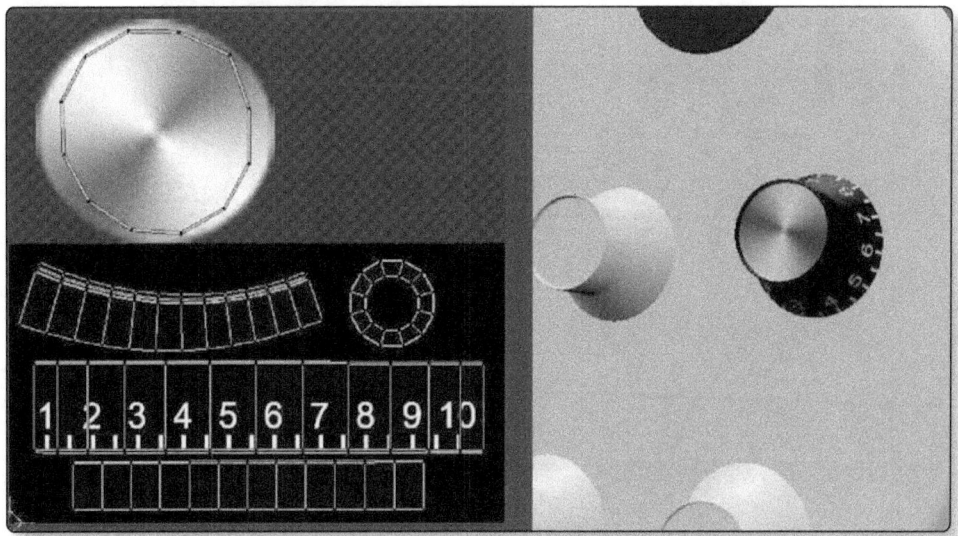

Figura 8.101. Adaptación de las UVs

8.4.1.4 TRASTES

Seleccionamos los trastes y les añadimos un material que renombraremos con **Trastes.** Este material tendrá activada la opción *Mirror* con el siguiente valor **Reflectivity= 0.063**. Los demás valores los dejamos como están por defecto.

En las propiedades de las texturas añadiremos dos textura una con el nombre **trastes** y la otra con el nombre **trastes reflexión.**

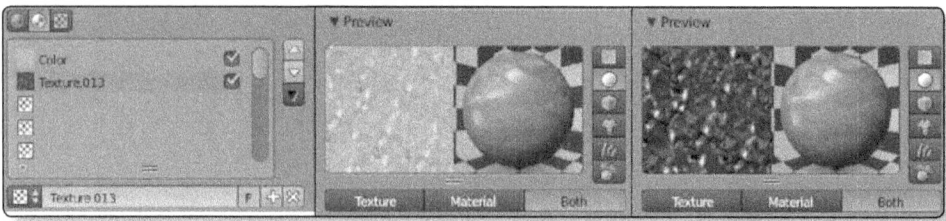

Figura 8.102. Dos texturas en un mismo material

Desplegamos las **Uvs** de manera que las caras de los trastes que están hacia afuera queden bien desplegadas, como se muestra en la siguiente imagen.

Figura 8.103. El resultado del despliegue de las UVs

En la segunda textura que hemos añadido, es decir, la que contiene la imagen traste reflexión, en el apartado de **Influence** desactivaremos la opción Color del **Diffuse** y activaremos en **Shading** la opción **Mirror** con valor 1 y en **Specular** activaremos la opción Color.

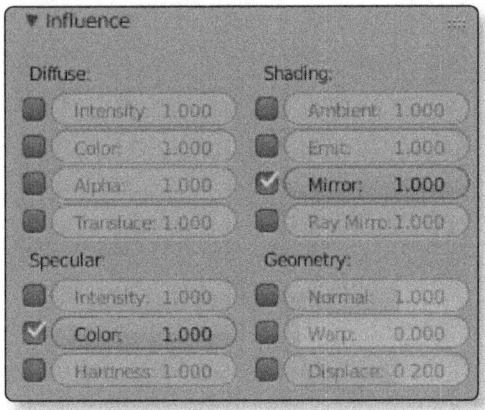

Figura 8.104. Opciones de Influence

8.4.1.5 CAJA DE LA GUITARRA

En este caso primero vamos a desplegar primero las Uvs de la guitarra para poder trabajar con la textura.

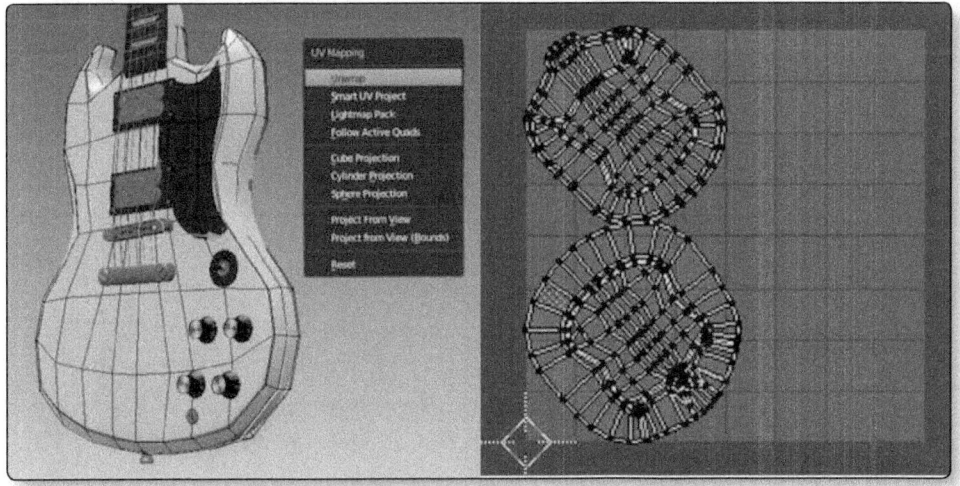

Figura 8.105. Despliegue de las UVs de la guitarra

Le añadimos un material al objeto y le ponemos el nombre de Guitarra. En este material activamos la opción *Mirror* y le damos un valor en *Reflectivity* = **0.05** y en el parámetro *Gloss Amount*= **0.950**.

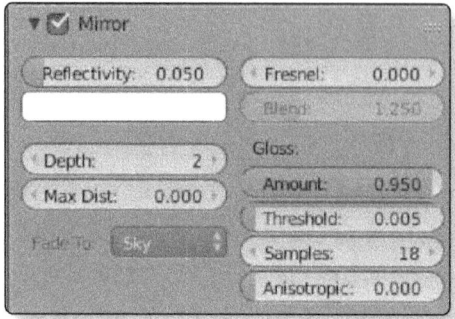

Figura 8.106. Parámetros de Mirror

En las propiedades de las texturas añadiremos la textura con el nombre **Guitarra maderapintado** de las texturas de la guitarra que encontrarás en la carpeta proyecto 8.

Esta textura en un principio era de madera solamente, posteriormente se pintaron los bordes para que quedara como una guitarra lacada. Con la textura puesta deberemos recolocar las Uvs como se muestra en la siguiente imagen.

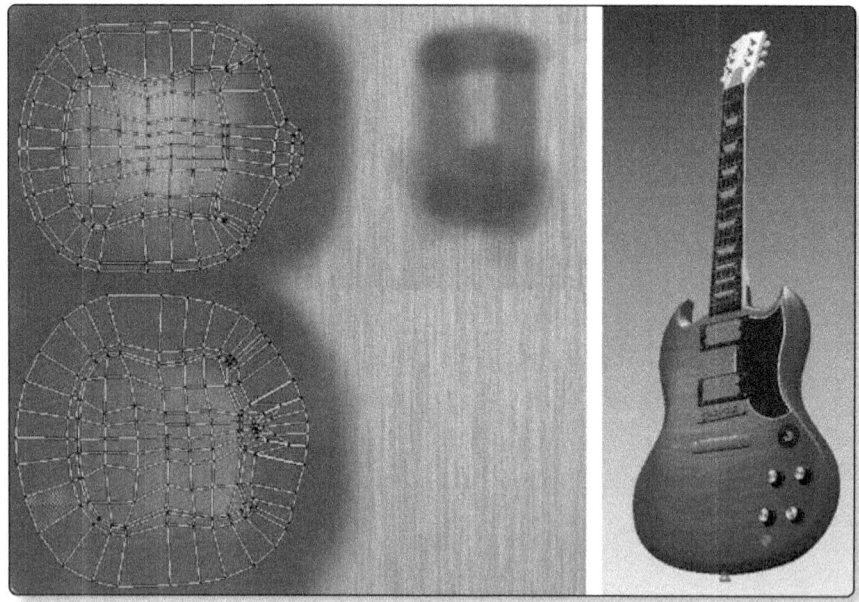

Figura 8.107. Resultado de la textura

8.4.1.6 MÁSTIL GENERAL

Seleccionamos el mástil general y ponemos el mismo material que a la guitarra. Este material ya viene con la textura porque la hemos puesto anteriormente, solamente hace falta desplegar las Uvs.

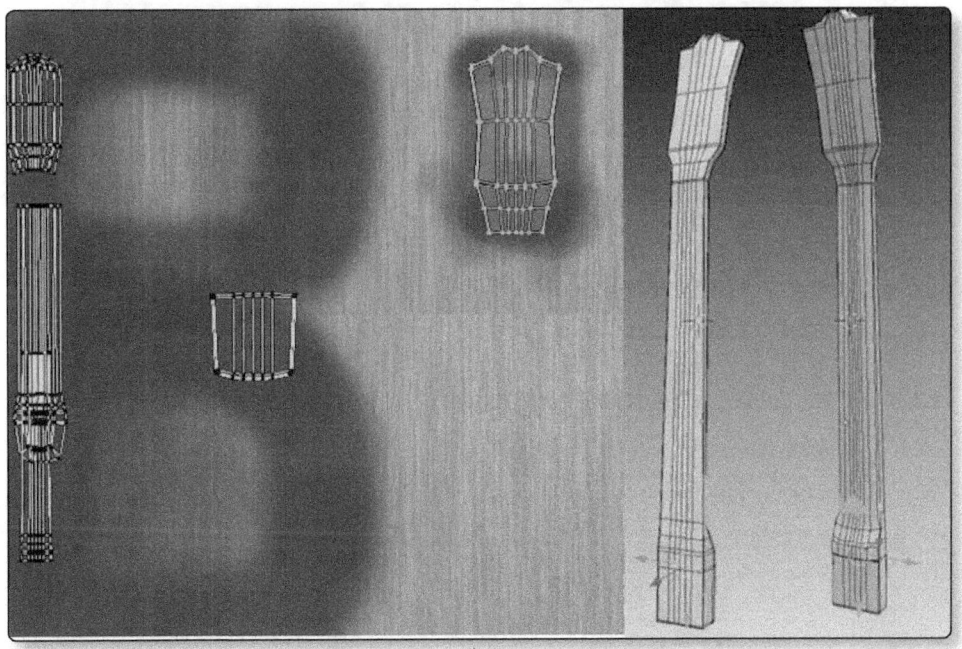

Figura 8.108. Proyección de las UVs

8.4.1.7 MARCA DE LA GUITARRA

La marca de la guitarra es la lengüeta que encontramos en la parte delantera del clavijero. Seleccionamos el objeto y le añadimos un material con el nombre Marca guitarra. Ponemos los siguientes valores al material:

- ▼ *Diffuse*: el **diffuse** lo dejamos tal y como aparece por defecto.

- ▼ *Specular:* ponemos dejamos en color blanco y con una intensidad=0.047. Los demás parámetros los dejamos tal y como aparecen por defecto.

- ▼ *Mirror:* activamos esta opción e introducimos un valor de 0.05 en Reflectivity.

El siguiente paso es añadir la imagen Gibson como textura y desplegamos las Uvs del objeto para que la imagen se vea correctamente.

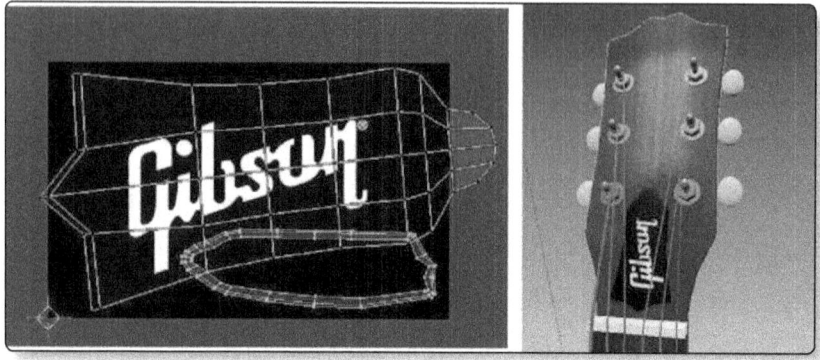

Figura 8.109. Proyección de las UVs y resultado de la textura

La guitarra finalizada debe de quedar parecido a la imagen que se muestra a continuación. Para el resto de objetos puedes intentarlo tú mismo o si no te ves capaz puedes realizarlo con la ayuda del video.

Figura 8.110. Resultado final

9
INTRODUCCIÓN A LA ANIMACIÓN

La animación es una etapa de la producción en donde podemos dotar a los objetos de movimiento. Dentro de este apartado existen multitud de conceptos a tener en cuenta como el tipo de armadura o esqueleto, conceptos como la anticipación, encoger y estirar, etc... Se necesitaría un libro entero para detallar mejor los aspectos de la animación, pero como es una introducción se le va a explicar cómo crear animaciones, que son las curvas IPO y para qué sirven, las restricciones entre objetos, los huesos, y una pequeña introducción al *rigging*. En este tema aprenderás lo siguiente:

- Mover objetos utilizando fotogramas clave.
- Utilizaremos las restricciones.
- Crear una animación de cámara.
- Hacer un *rig* sencillo a un teléfono.

9.1 ANIMACIÓN

Para entender los siguientes conceptos tienes que saber que las imágenes captadas por el ojo son retenidas unos 40 ms (milisegundos). Si mostramos una sucesión de imágenes estáticas con distintos dibujos con un movimiento de 20Hz obtenemos la magia del movimiento.

Cada una de estas imágenes son **Fotogramas** (Cine) o *Frames* (CG). Para determinar el índice de fotogramas de una animación tendremos que establecer la cantidad de fotogramas por segundo *(fps)*.

A continuación se muestran los índices de fotograma estándar para medios de comunicación:

- **NTSC:** 30fps (Americano)
- **PAL:** 25fps (Europeo)
- **Películas:** 34fps

9.1.1 Mover & Animar objetos

Antes de empezar con las animaciones es recomendable entender dos aspectos que creo que son muy importantes cuando hablamos de animación. No es lo mismo mover un objeto que animarlo a pesar de que en este capítulo lo llamemos igual.

Cuando un objeto se transforma (Desplaza, Rota, Escala) de un punto A hasta un punto B este objeto diremos que lo estamos moviendo, porque el objeto no tiene dramatismo ni transmite ninguna sensación al espectador.

Figura 9.1. Moviendo una pelota

Cuando un objeto se transforma (Desplaza, Rota, Escala) de un punto A hasta un punto B empatizando con el espectador, es decir, estirándose y encogiéndose de manera peculiar intentando transmitir sensaciones o sentimientos, diremos que es animación.

Figura 9.2. Animación de una pelota

Si le preguntas a un animador profesional cuál es su trabajo muchos te responden:

"Dar vida a los personajes"
"Soy un actor que se introduce en un personaje 3D"

Casi todas las respuestas son profundas y con un abanico de posibilidades. Creo que es importante diferenciar entre la animación de verdad y los conceptos que se van a dar en este capítulo. La intención principal de esta unidad es explicar que herramientas son las que se utilizan en la animación sin pretender llegar a niveles de animación. En otras palabras aprenderemos a mover objetos y a utilizar las herramientas básicas para poder empezar a introducirnos en la animación.

9.2 ANIMACIÓN KEY FRAME

El *Key frame* es la manera que tenemos de colocar posiciones de un objeto en el tiempo. Imagínate un corredor de atletismo que corre en línea recta por la pista de atletismo la distancia es 100 m y su entrenador tiene un cronómetro. La animación *Key frame* es lo mismo. Desplazaremos un objeto por el espacio y marcaremos su posición en la línea del tiempo como el corredor:

El corredor tendrá una posición de salida en el tiempo 0, cuando hayan pasado 12 segundos se habrá desplazado 50 m y su posición será la de correr.

Al final de su recorrido el tiempo será de 28 segundos y su posición será de entusiasmo porque ha finalizado el trayecto.

Figura 9.3. Animación de una pelota

¿Qué significado tiene esto?

A continuación vas a encontrarte con frames y Keyframes. Los frames serían los metros que recorre el atleta y un Keyframes sería la posición que tiene el atleta en una distancia determinada. El tiempo nos permite determinar la velocidad de la animación Frames por segundo.

9.2.1 Ventana Time line

La ventana línea de tiempo se representan los **Frames** de la animación. Puedes mover la línea de tiempo para ver la animación al completo antes de representarla.

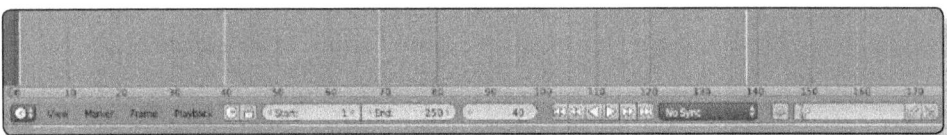

Figura 9.4. Time line

Entendiendo qué es cada cosa

1. *Línea de tiempo:* representada con un color verde encontrarás la línea de tiempo que te indicará en qué frame o punto del tiempo se encuentra tu animación.

2. *Frame*: el número de frames puede ser infinito tantos como la duración de tu animación. Están representados por números en la parte inferior.

3. *Key frame:* es un frame en donde se ha grabado la acción de un objeto. Cuando creamos Keys frames toman el color amarillo.

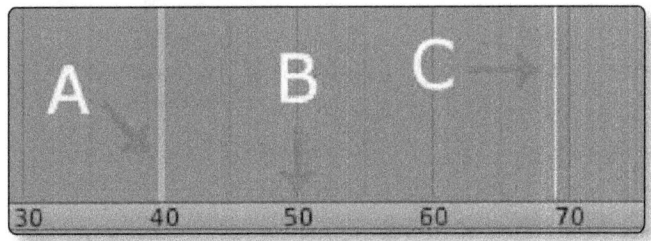

Figura 9.5. Time line

9.2.2 Herramientas de la cabecera

▼ *View:* conjunto de herramientas para una mejor visualización del visor.

▼ *Marker:* son herramientas que permiten poner marcas en la línea de tiempo para poder tener una visión más concreta de las acciones en la animación.

▼ *Frame:* varias herramientas para trabajar con los frames.

▼ *Playback:* conjunto de herramientas para configurar menú de reproducción.

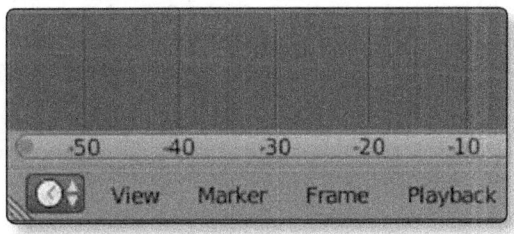

Figura 9.6. Herramientas

▼ *Range Control*

- *Range Control:* se trata de un rango alternativo para previsualizar animaciones. Esto funciona para la reproducción en la interfaz de usuario, pero no funcionará cuando realicemos un render de una animación.

- *Lock Time:* esto limita el tiempo del cursor en el intervalo de reproducción.

Figura 9.7. Range Control

▼ *Frame Control*

- *Start Frame:* el frame donde empieza la animación.
- *End Frame:* el frame donde termina la animación.
- *Current Frame:* es la posición en que se encuentra la línea de tiempo.

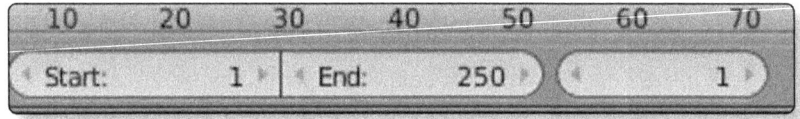

Figura 9.8. Frame Control

▼ *Player Control*

Es el conjunto de botones que nos permite manipular la animación, como rebobinar ir frame a frame, pausar la animación o reproducirla.

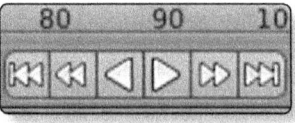

Figura 9.9. Player Control

▼ *Synchronize Playback*

Cuando reproducimos la animación se muestra en la parte superior izquierda de la ventana 3D los frames por segundo con un color rojo.

- *No Sync:* no sincroniza, reproduce cada frame por segundo.
- *Frame Dropping:* crea irregularidades si la reproducción es muy lenta.

- **AV-sync:** sincroniza el reloj de audio, pierde frames si la reproducción es muy lenta.

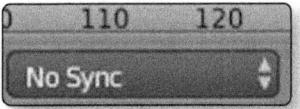

Figura 9.10. Synchronize Playback

▼ **Auto Keyframe**.

Es el botón Grabar, un punto rojo que permite añadir Keyframes cuando aplicamos una transformación a un objeto en la línea de tiempo. Este modo no sirve si queremos animar el color de un material.

Figura 9.11. Auto Keyframe

▼ **Keying Set**

Son un conjunto de canales con fotogramas clave que hacen referencia a una sector concreto de transformación. Es decir el usuario puede grabar al mismo tiempo múltiples *keyframes* de un conjunto en concreto.

Figura 9.12. Keying Set

9.2.3 Mover un objeto

La mejor forma de introducirse en la animación es empezar haciendo una simple animación. Abra el proyecto animación_1 en donde encontrará una esfera pintada como una pelota de playa.

Figura 9.13. Vista de la interfaz proyecto animacion_1

Una forma sencilla de grabar Keyframes en el tiempo es activar el botón de grabado automático .

Para crear un key frame en el frame 1 y la posición actual de la pelota pulsa la **TECL_I** y selecciona *Location*. Esto quiere decir que cuando estás en el frame 1 la pelota se quedará en esta posición.

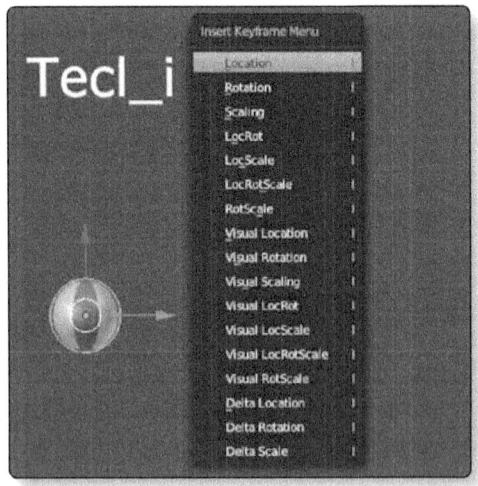

Figura 9.14. Menú insert keyframe

Ahora activa el botón de grabado automático, sitúa la línea del tiempo en el frame 200 haciendo clic encima del número 200 o arrastrando la línea del tiempo hasta dicho frame. Mueve la pelota en el eje de las (X) hasta el otro lado de la ventana. Desactiva el grabado automático.

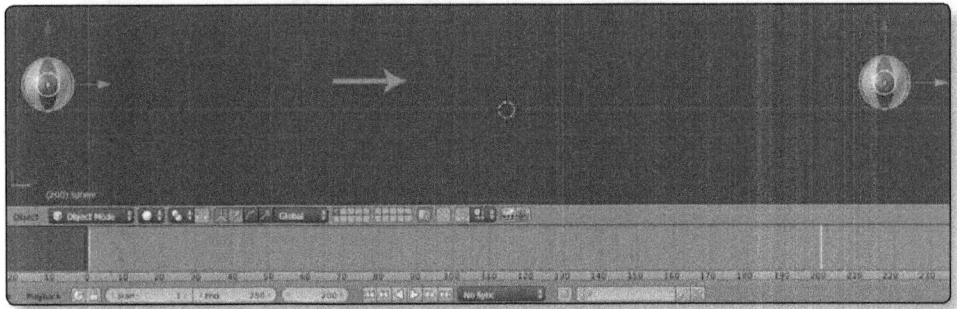

Figura 9.15. Desplazamiento de la pelota

Si pulsa el botón de play verás cómo la pelota se desplaza hacia la derecha. Es una animación muy sencilla.

Otra manera de insertar *Keyframes* es desde el panel Izquierdo en la pestaña *Animation* en donde dispones de los botones *Insert* y *Remove*

> (i) **NOTA**
> A continuación intenta hacer botar la pelota utilizando las herramientas de transformación y la línea de tiempo.

9.3 OTRAS HERRAMIENTAS

9.3.1 Grease Pencil

Esta herramienta es muy útil para marcar las posiciones o para tomar referencias sobre los movimientos que queremos crear en un objeto. También se puede utilizar para anotaciones o como una guía para el modelado

Figura 9.16. Desplazamiento de la pelota

9.3.1.1 DIBUJAR

Para utilizar esta herramienta pulsa la pestaña *Grease Pencil* del panel izquierdo del visor 3D. En este apartado encontrarás las siguientes opciones:

- ▼ *Draw:* cuando actives esta opción podrás dibujar encima de la ventana. El acceso rápido para esta herramienta es **TECL_D +BIR** y arrastrar para dibujar.

- ▼ *Line:* cuando actives esta opción podrás dibujar encima de la ventana líneas rectas. El acceso rápido para esta herramienta es **CTRL+D +BIR** y arrastrar para dibujar.

- ▼ *Poly:* cuando actives esta opción podrás dibujar líneas unidas entre sí como en un polígono. El acceso rápido para esta herramienta es **CTRL+D +BDR** y arrastrar para dibujar.

- ▼ *Erase:* cuando actives esta opción podrás borrar las líneas dibujadas. El acceso rápido para esta herramienta es **TECL_D +BDR** y arrastrar encima de las líneas para borrarlas.

9.3.1.2 PROPIEDADES

En el panel de la derecha encontrarás las propiedades de **Grease Pencil**. Estas propiedades te permiten crear tantas capas como desees, cambiar el color, el grosor, la opacidad de las líneas y también puede convertir las líneas dibujadas en curvas Bézier, curvas poligonales o de recorrido.

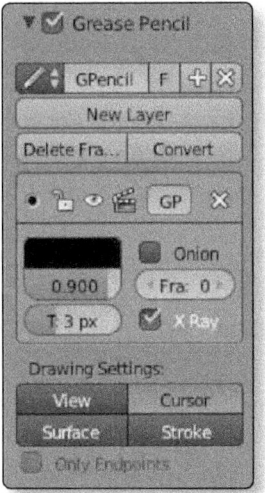

Figura 9.17. Desplazamiento de la pelota.

9.3.2 Dope sheet

El **Dope sheet** se traduce a veces como ficha de rodaje y se encarga de darnos una visión esquemática de cómo está organizada la animación en un objeto, es decir si tenemos un cubo y le hemos añadido **Keyframes** en la línea de tiempo para su desplazamiento, rotación y escalado, en el **Dope sheet** podremos ver estos frames ordenados en modo de lista.

Figura 9.18. Dope sheet

Esta ventana también nos permite editar los frames, moverlos de lugar copiarlos, cortarlos según nuestras preferencias.

9.3.2.1 PARTES DEL DOPE SHEET

9.3.2.1.1 Encabezado

En esta barra encontrarás los menús, con todas las herramientas necesarias para configurar y controlar el modo editor y un conjunto de botones relacionados con distintas acciones como los botones de copiar y pegar.

Figura 9.19. Dope sheet

9.3.2.1.2 Área de edición

Es una cuadrícula basada en la línea de tiempo que contiene los Keyframes en forma de diamantes para las distintas acciones del objeto animado.

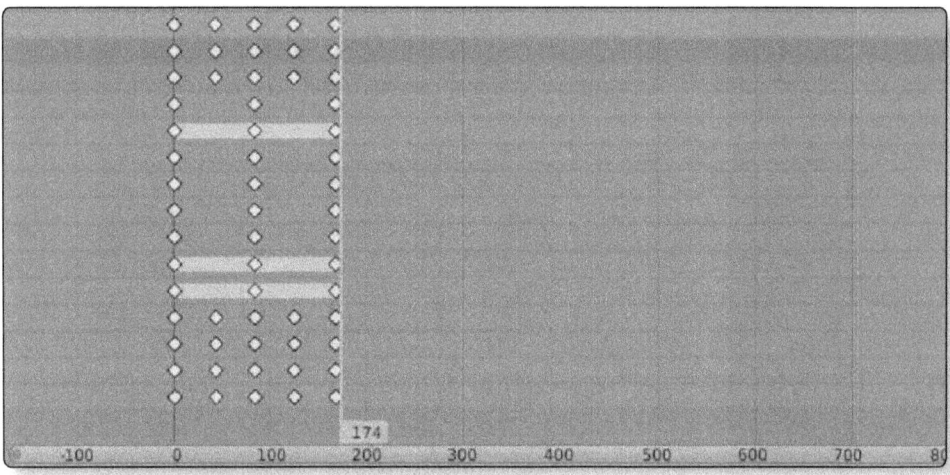

Figura 9.20. Dope sheet

En esta parte del editor podemos mover los **keyframes** en el tiempo, es decir que podemos alargar una acción para que sea más lenta o la podemos acortar para que sea más rápida podemos reutilizar acciones y visualizar de una manera general la animación.

Cada acción que realizamos a nuestro objeto es un canal de acción y las acciones las representamos con diamantes de colores. Los colores por defecto son el amarillo cuando tenemos seleccionado un **keyframe** o en blanco cuando no está seleccionado. También un aspecto muy curioso es el color entre dos Keyframes, cuando no varía el valor de la acción (es decir, no existe acción entre los dos keyframes), aparece una línea gris que une estos dos keyframes cuando no están seleccionados y una línea de color naranja cuando están seleccionados.

9.3.2.1.3 Region Channel

Es la parte de la izquierda del Editor que muestra los canales en forma de lista ordenada y que se organiza de la siguiente manera:

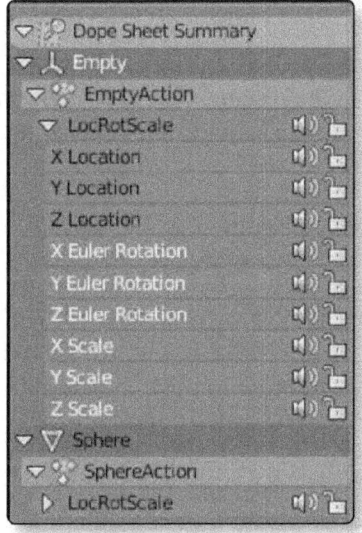

Figura 9.21. Dope sheet

El primer bloque en un azul oscuro encontraremos los bloques contenedores con el nombre del objeto. Estos bloques contienen todos los canales de acción y representan el objeto.

El segundo bloque es un subnivel del primer bloque con un color azul más claro que la única función que tiene es contener los bloques de los canales de acción no tiene ninguna otra función. Todos los bloques principales tienen este segundo bloque.

El tercer bloque es un subnivel del segundo bloque con un color verde y contiene todas las acciones con sus propios Keyframes.

Existen varias acciones para cada bloque como el de colapsar o desplegar mediante las flechas que encontramos en la izquierda al lado de cada nombre y en la parte derecha tenemos dos elementos un altavoz y un candado:

- **Altavoz:** te permitirá silenciar ese canal.
- **Candado:** te permitirá bloquear este canal.

9.3.2.2 ACCIONES BÁSICAS

- **Seleccionar:** para seleccionar cualquier **keyframe** hacer clic encima con BDR. Si deseas seleccionar varios pulsa **TECL_SHIFT** y hacer clic encima de varios **keyframes** con BDR. En el caso de que quieras seleccionar varias a la vez puedes pulsar con la **TECL_B** y hacer un recuadro con los **keyframes** que quieras arrastrando el ratón. Existen otras formas de selección que podrás encontrar en la barra de herramientas en el menú **Select**.

- **Mover los keyframes:** para mover uno o varios keyframes a la vez, seleccionar y pulsar la **TECL_G** y arrastrar.

- **Copiar o cortar:** selecciona el Keyframe o Keyframes y pulsar **CTRL+C** para copiar, seguidamente pulsa el lugar donde quieres colocar la copia y luego pulsa **CTRL+V**. También puedes utilizar los botones de copiar pegar en la cabecera o barra de herramientas.

- **Eliminar:** pulsar la **TECL_SUPR** o la **TECL_X**.

9.3.3 Editor de Curvas

El editor de curvas es como su nombre indica un editor en el cual podemos modificar una animación mediante la manipulación de curvas llamadas curvas **IPO** *(InterPOlation)*. Este editor tiene dos modos el de **F-Curve** para acciones y **Drivers** para controladores. Estos dos modos son muy similares pero en este capítulo no vamos a entrar mucho en detalle puesto que son herramientas muy necesarias para animaciones profesionales.

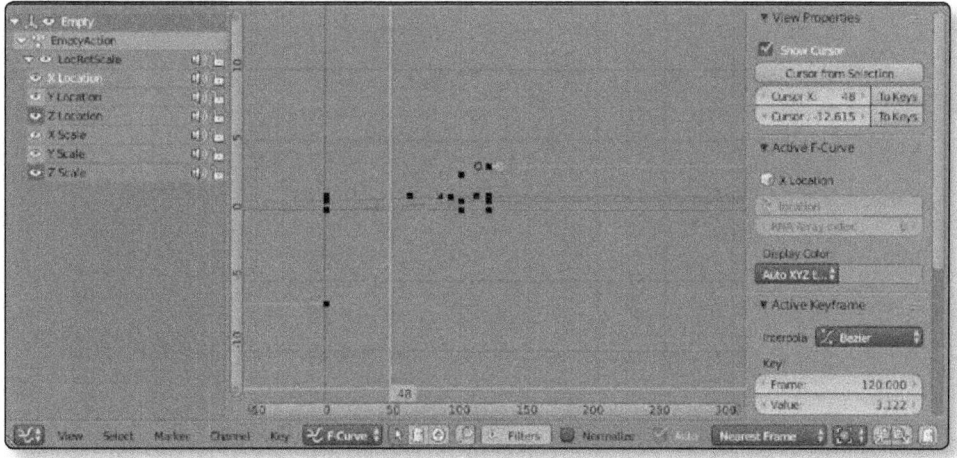

Figura 9.22. Graph Editor

9.3.3.1 PARTES DEL EDITOR DE CURVAS

9.3.3.1.1 Encabezado

En esta barra encontrarás los menús, con todas las herramientas necesarias para configurar las curvas IPO y varios aspectos del editor. Esta barra de herramientas es parecida al del **Dope sheet**.

Figura 9.23. Graph Editor encabezado

9.3.3.1.2 Área de edición de curvas

Es una cuadricula basada en un gráfico en el que el eje horizontal representa los frames (por tanto, el tiempo), y en el de ordenadas los valores que pueden tomar los objetos respecto de los canales que se indican en la columna de la izquierda (Rotación, Localización, Materiales, etc...).

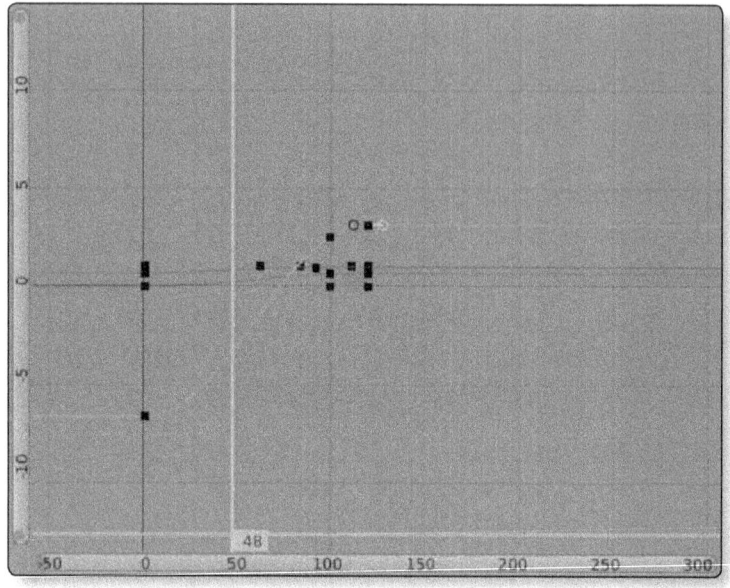

Figura 9.24. Graph Editor área de edición

En esta sección del editor encontramos las curvas de animación o curvas IPO en donde cada punto de la curva es un keyframe del objeto y cada curva representa una acción distinta.

9.3.3.1.3 Channel Region

Es la parte de la izquierda del Editor y muestra los canales en forma de lista ordenada y que se organiza de una forma similar al **Dope Sheet**. Una de las grandes diferencias es el símbolo del ojo y el color que tienen. El ojo permite activar o desactivar un canal en concreto y el color nos permite saber a simple vista a que coordenada se refiere (X = rojo, Y = verde, Z = azul).

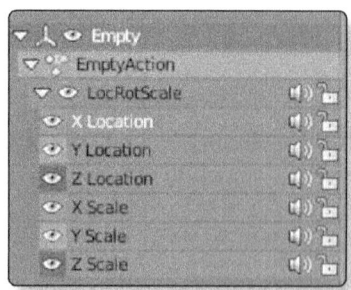

Figura 9.25. Graph Editor región chanel

9.3.3.1.4 Panel de Propiedades

Este panel lo puedes visualizar pulsando TECL_N con el cursor encima del editor. En general es un resumen de las propiedades del editor de curvas.

Figura 9.26. Graph Editor panel de propiedades

- ▼ *Wiew Properties:* son la propiedad del cursor, puedes activar o desactivar la opción del *Show Cursor* para mostrar o esconder el cursor. La opción *Cursor from Selection* posiciona el cursor en el Keyframe que tengas seleccionado. Las cajas de valores nos permiten introducir la posición exacta mediante valores.

- ▼ *Active F-Curve:* muestra qué tipo de curva tenemos seleccionada. También podemos variar su aspecto.

- ▼ *Active Keyframe:* muestra las propiedades de los fotogramas clave (Keyframe) como el tipo de interpolación que tiene, el frame donde se encuentra y qué valor tiene y los valores para configurar las manetas de los keyframes.

- ▼ *Modifiers:* permite añadir distintos modificadores a la curva como por ejemplo un ciclo infinito para que se repita la animación una y otra vez.

9.4 ARMATURE

Hasta el momento solamente hemos movido objetos y hemos guardado las posiciones en un espacio de tiempo, pero cuando tenemos un conjunto de objetos que forman otro más complejo y queremos animarlo empiezan los problemas. Para facilitar el trabajo a los animadores existe la figura del **Rigger** que es el que se encarga mediante restricciones y huesos de crear estructuras con controladores para que el animador le resulte más fácil animar o en nuestro caso mover una pequeña lámpara.

La marioneta sería un ejemplo de cómo con el movimiento de un objeto podemos mover varios objetos a la vez. La función de un **Rigger** es crear este objeto para que después el animador haga su magia.

Figura 9.27. Rig

EMPARENTAR

En teoría los hijos hacen caso de los padres "pero en la realidad no es así". Decimos que un objeto sea hijo de otro objeto, primero seleccionamos el objeto hijo y seguidamente pulsamos y mantenemos pulsada la **TECL_SHIFT** y seleccionamos el objeto que va a ser el padre pulsamos **CTRL+ P**, y seleccionamos la opción **Object**.

Estos dos objetos se verán unido por una línea punteada en el visor 3D y todas las transformaciones que sufra el padre repercutirán al hijo, por el contrario todas las transformaciones que sufra el hijo no tendrán efecto en el padre.

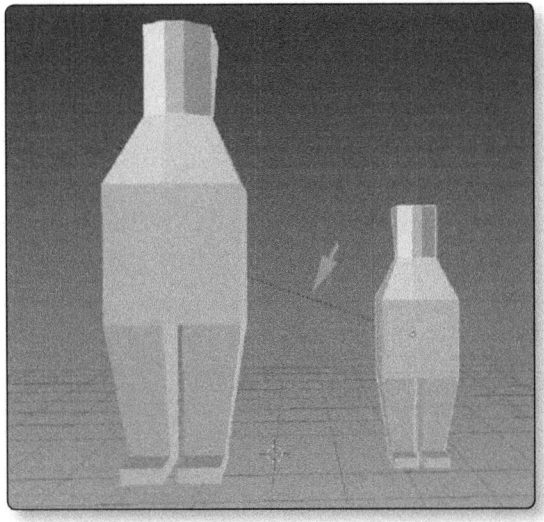

Figura 9.28. Emparentar dos objetos

Para eliminar la relación de parentesco seleccionar el objeto hijo y pulsar **ALT+ P** i seleccionar la opción **Clear Parent.**

9.4.1 Restricciones

Las restricciones nos permite controlar uno o varios objetos con otro objeto, es decir un objeto de la escena tendrá influencia en otro en determinados aspectos. A continuación se explica cómo funcionan. Las restricciones se añaden en la opción **Constraints** que encontrarás en el panel de propiedades

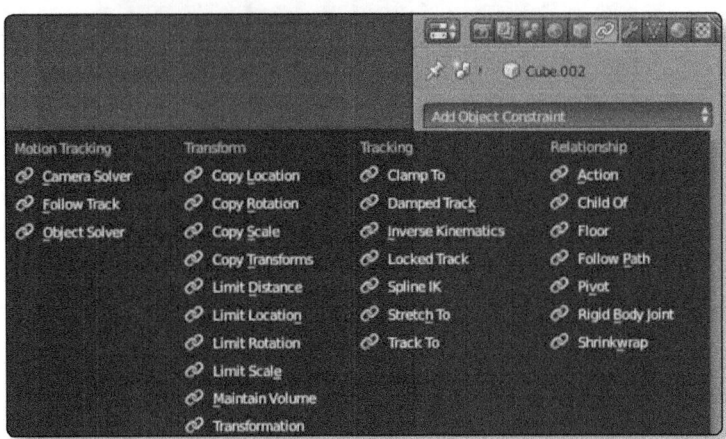

Figura 9.29. Constraints

Este panel agrupa las restricciones en los siguientes temas:

▼ *Motion Tracking:* estas restricciones se utilizan para rastrear el movimiento, como por ejemplo el seguimiento de una cámara.

▼ *Transform:* estas restricciones controlan directamente o limitando las propiedades de transformación del objeto.

▼ *Tracking:* estas restricciones intentan, ajustar las propiedades del padre para que "apunten" o "sigan" el objetivo.

▼ *Relationship:* estas contienen varias restricciones.

> ⓘ **NOTA**
>
> No es mi intención explicar cada una de las restricciones sin embargo se explicarán algunas de las opciones más comunes en el ejercicio final, de este modo se entenderá de una manera más sencilla y ordenada.

9.4.1.1 ARMATURE

El Armature es como se le llama al conjunto de huesos en Blender. Armature es el contenedor en donde se construye una estructura de huesos y permite que personajes u objetos articulados puedan ser manipulados con mayor facilidad por el animador.

Para crear un hueso simple puedes seleccionar la opción Armature del panel izquierdo del visor 3D en la pestaña **Create,** o pulsando la combinación de teclas **SHIFT+A** en modo objeto y seleccionar la opción **Armature > Single Bone**.

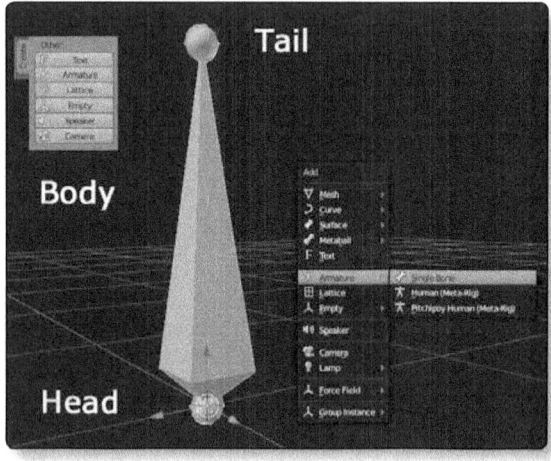

Figura 9.30. Emparentar dos objetos

9.4.1.1.1 Modos de visualizar el Armature

Blender dispone de una serie de opciones para visualizar los huesos del **Armature**. Para ello deberemos acceder a la pestaña armature de la ventana de propiedades, en la sección **Display**.

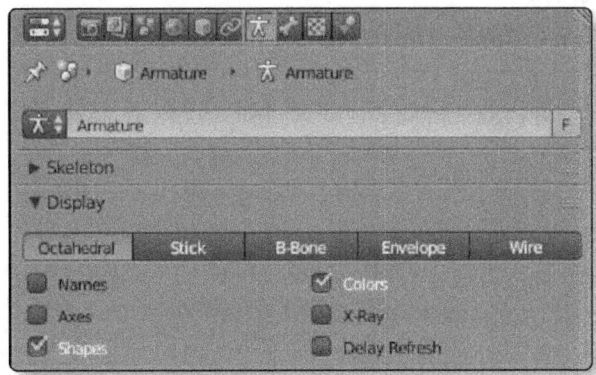

Figura 9.31. Propiedad Display

9.4.2 Los huesos

Los huesos en Blender se caracterizan por su plasticidad y facilidad de crear y configurar. Un hueso está compuesto por un Octahedral que es el cuerpo (*body*) del hueso y dos bolitas: una en la parte superior llamada cola (*tail*) y otra en la parte inferior llamada cabeza (*head*).

9.4.2.1 MODOS PARA TRABAJAR CON HUESOS

Tenemos otros dos modos de trabajar con huesos a más del modo objeto. Tenemos el modo edición si queremos editar o crear más huesos y el modo de pose para poder mover los huesos una vez tengamos hecho el *rig*.

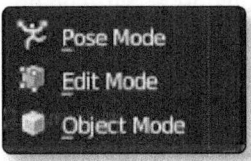

Figura 9.32. Modos

Cuando se seleccionan los huesos sus características se muestran en la ventana Propiedades, en el botón de hueso. Esto panel muestra diferentes propiedades que nos permiten configurar las funciones de cada hueso seleccionado; los paneles cambian en función del modo en el que está trabajando.

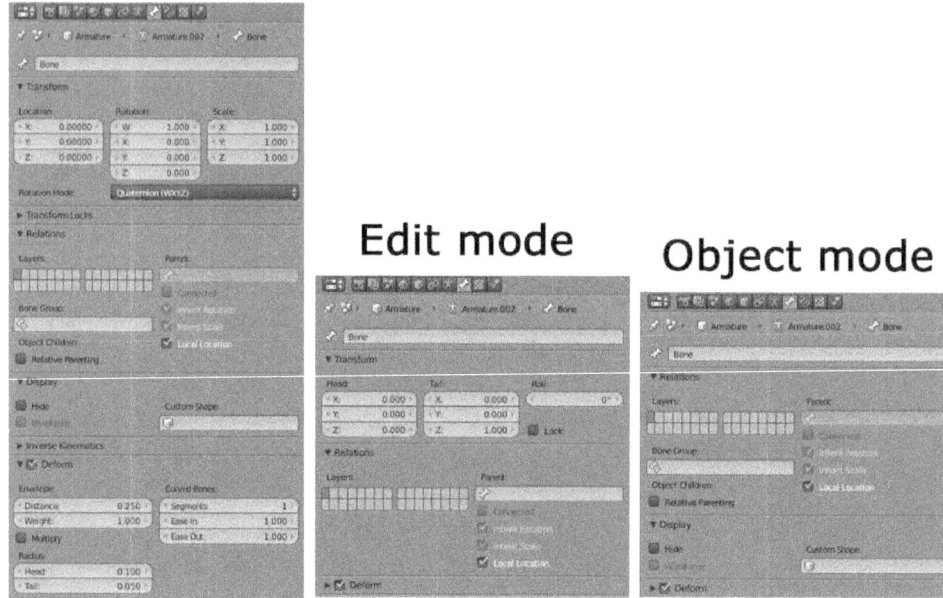

Figura 9.33. Propiedades según el Modo

9.4.2.2 EDIT MODE

En este modo construiremos una estructura de huesos que se adapte a nuestras necesidades. Cuando trabajamos en este modo podemos crear nuevos huesos, duplicarlos, moverlos, rotarlos y crear relaciones de parentesco entre ellos.

- **Seleccionar:** se selecciona igual que si fueran elementos de un objeto, puedes seleccionar cualquier parte de un hueso pulsando con el **BDR**.

- **Mover:** podemos mover independientemente la cola del hueso y la cabeza pulsando **TECL_G**.

- **Crear huesos:** puedes crear un nuevo hueso seleccionando la cola del hueso, pulsar TECL_E para hacer una extrusión y arrastrar. Otra forma es seleccionar la cola y hacer clic en otro punto del espacio pulsando **CTRL+BIR**.

- **Duplicar Huesos:** pulsando **SHIFT+D** podemos duplicar uno o varios huesos a la vez.

- **Borrar huesos:** seleccionamos el hueso o varios huesos pulsando la **TECL_X**.

- **Subdividir huesos:** si seleccionas un hueso, pulsas TECL_W y seleccionas la opción subdivide, en el panel lateral izquierdo de la ventana 3D podrás poner el número de subdivisiones.

- **Emparentar Huesos:** selecciona primero el hueso que quieres que sea el hijo y después el padre. Pulsamos **CTRL+P** y disponemos de dos opciones:
  - *Connected:* conecta los dos huesos.
  - *Keep Offset*: emparienta los dos huesos pero sin varia la posición de ninguno.

> ⓘ **NOTA**
>
> Para poder ver el resultado del emparentado es decir para ver los efectos del emparentado se deberá entrar en modo pose.

Todas estas opciones se verán mejor cuando realicemos el ejercicio final. La creación de un *rigging* es una de las disciplinas más complejas que existen en el mundo del 3D.

9.4.2.3 MODO POSES

Para modificar la posición de los huesos de una cadena se emplea el modo pose, accesible desde la cabecera de una ventana 3D. El modo pose también es accesible mediante el atajo de teclado **CTRL+TAB**. Cuando nos encontramos en modo pose, los huesos seleccionados aparecen remarcados en color azul.

Para utilizar un hueso con objetos rígidos basta con hacer los objetos hijos de cada hueso del esqueleto. Para ello, tendremos que tener el hueso en modo pose (y poder seleccionar huesos individualmente). Primero seleccionaremos el objeto al que queremos aplicar el hueso, después con **SHIFT** pulsado seleccionamos el hueso y pulsamos **CTRL+P**, seleccionando *Make parent to/ Bone*. Los huesos no tienen representación en la etapa de Render.

9.4.3 Los shapes

Los *shapes* son formas inalámbricas u objetos que substituyen a los huesos en modo pose. El principal objetivo es el de informar y mejorar la visualización de un *rig* para que al animador le resulte mucho más sencillo encontrar el controlador que necesita para animar. A continuación te muestro un ejemplo de *rig*.

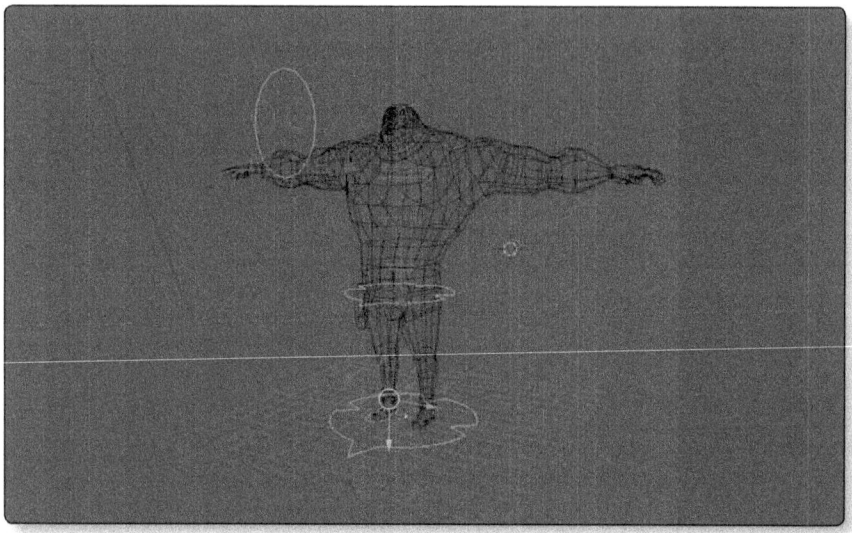

Figura 9.34. Muestra de shapes

Para crear una forma de este tipo debemos crear primero las formas de modo inalámbrico. Vamos a realizar un ejemplo:

Crea un plano y posiciónalo en el eje central de la ventana 3D.

Con ayuda de la herramienta **snap** y la vista top en modo orto, realiza una extrusión en una de las aristas del plano y mueve sus vértices para crear la forma de una flecha.

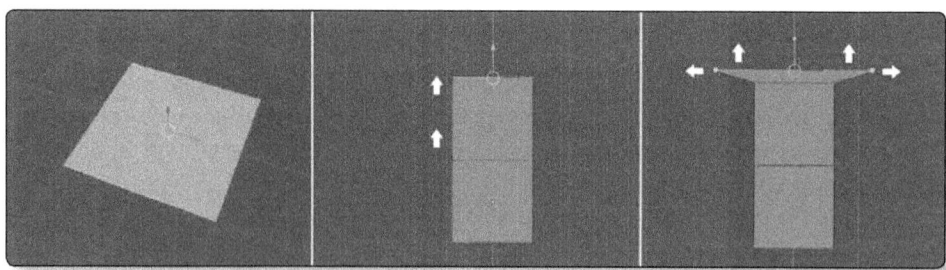

Figura 9.35. Creación de una forma shape

Cuando tengas la forma básica deberás eliminar solamente las caras del objeto en modo edición y eliminar las aristas interiores como se muestra en las siguientes imágenes.

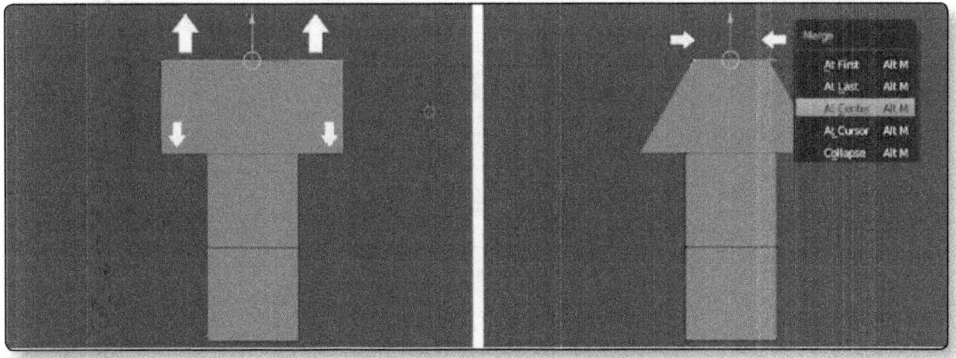

Figura 9.36. Creación de una forma shape

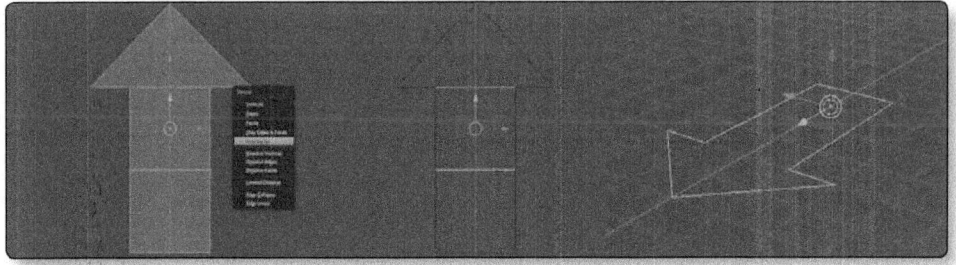

Figura 9.37. Creación de una forma shape

Para finalizar, dale un nombre a la forma para que resulte más fácil encontrarla a la hora de utilizarlo como shape. Por ejemplo **Shape_Flecha.**

Ahora creamos un Armature con un simple hueso, pulsando la combinación de teclas **SHIFT+A** en modo objeto y seleccionar la opción **Armature** > **Single Bone**.

Figura 9.38. Creación de un hueso

Con el hueso seleccionado accedemos al modo pose y nos dirigimos a las propiedades de los huesos como se muestra en la siguiente imagen. En el apartado **Dispay** encontraremos un menú selector donde deberemos encontrar el objeto que hemos creado con el nombre **Shape_Flecha.**

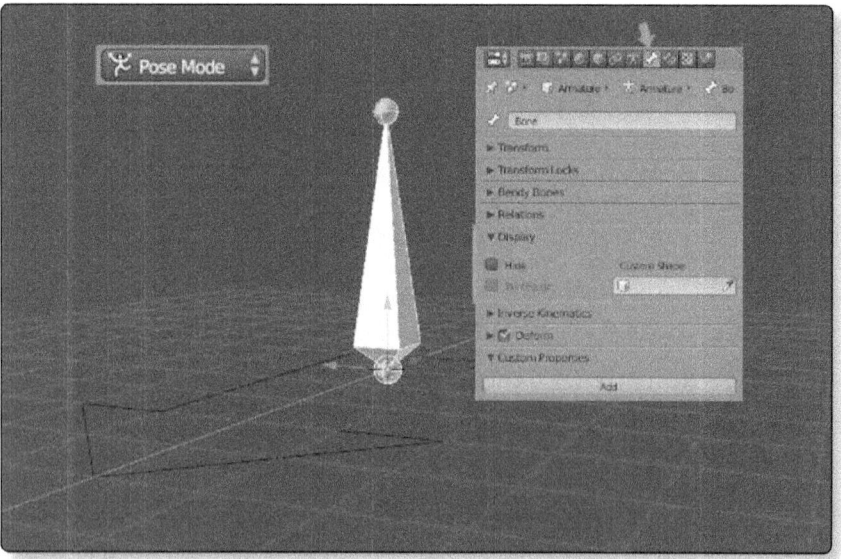

Figura 9.39. Propiedades del hueso

Cuando seleccionemos el Objeto Shape_flecha, el hueso desaparecerá del visor 3D.

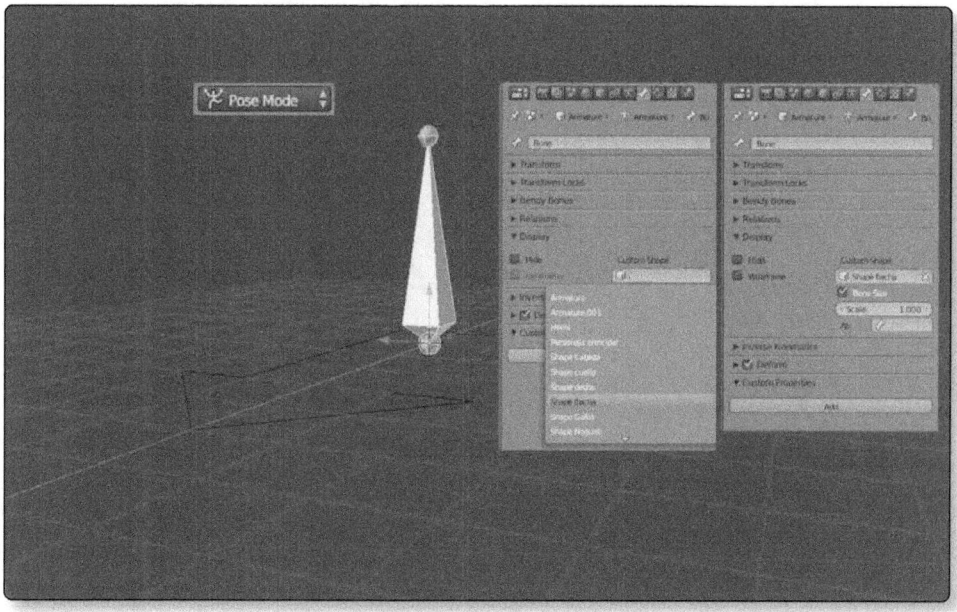

Figura 9.40. Propiedades del hueso

Para poder ver el **Shape** debemos activar la opción **Wireframe**. Seguramente que la forma que hemos creado no coincide con el tamaño del hueso, así que puedes cambiar el tamaño con el parámetro **scale**.

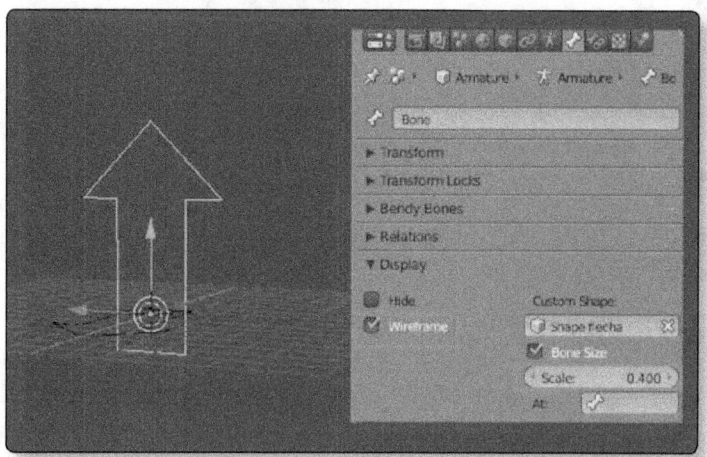

Figura 9.41. Propiedades del hueso

En algunas ocasiones este Shape lo tendremos que cambiar de posición o lo deberemos rotar en otro sentido, teniendo en cuenta que no podemos rotar el hueso.

Para que la flecha por ejemplo apunte hacia abajo sin tener que mover el hueso debemos seleccionar la forma modelada en modo edición y seleccionar todos sus vértices entrando en modo objeto.

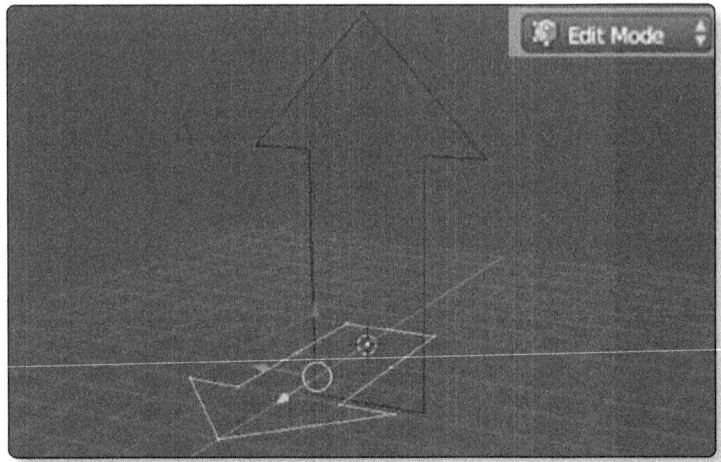

Figura 9.42. Objeto modelado

Cuando manipulamos el objeto modelado en modo objeto, este afecta al **Shape** del hueso, en este caso si rotamos el objeto en el eje (z) 180° el **Shape** de la flecha apuntará hacia el sentido contrario.

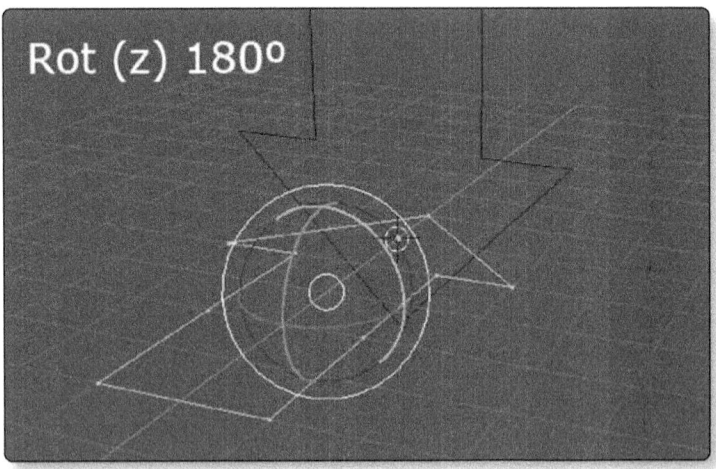

Figura 9.43. Objeto modelado

PROYECTO PRÁCTICO

9.5 ANIMAR UN PRODUCTO

Figura 9.44.

9.5.1 Recorrido de una cámara

Para esta última parte del capítulo he querido hacer un ejercicio de animación muy sencillo intentando integrar un poco de los elementos del capítulo.

El objetivo es crear un *loop* de cámara alrededor de un teléfono, que te proporciono en el CD. También te propongo que crees un pequeño rig a este teléfono con dos huesos y que realices una pequeña animación de movimiento arriba y abajo.

Aunque parezca sencillo y muy simple, en el próximo capítulo verás que con varios renders de cámara se puede hacer un pequeño video de animación.

> ⓘ **NOTA**
>
> Recuerde que este libro está dirigido no solo a las personas que quieran iniciarse a Blender si no también a las personas que quieran aprender 3D desde cero.

9.5.1.1 ESCENARIO

Cuando abras el proyecto del tema 9 te encontrarás una interfaz con dos ventanas 3D en modo objeto y una ventana Dope Sheet.

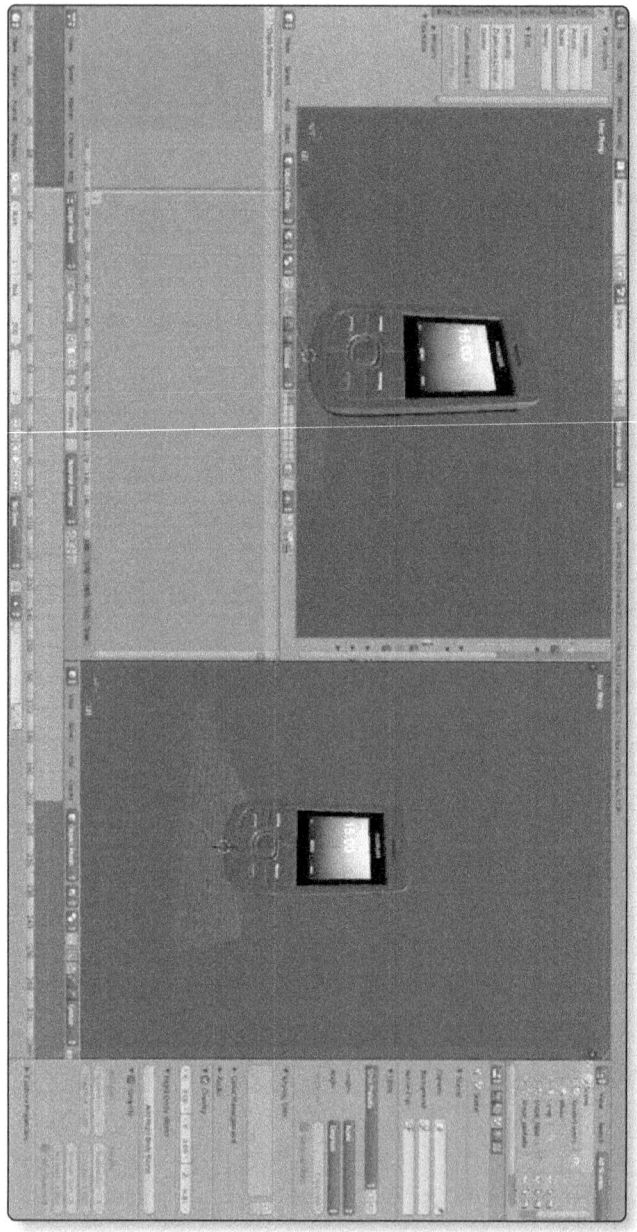

Figura 9.45. Imagen ventana 3D

El teléfono esta modelado por partes, pero tiene dos grupos diferenciados entre si, el bloque de pantalla y el bloque base. Dentro de cada bloque las piezas están emparentadas entre si hasta llegar a la pieza más grande.

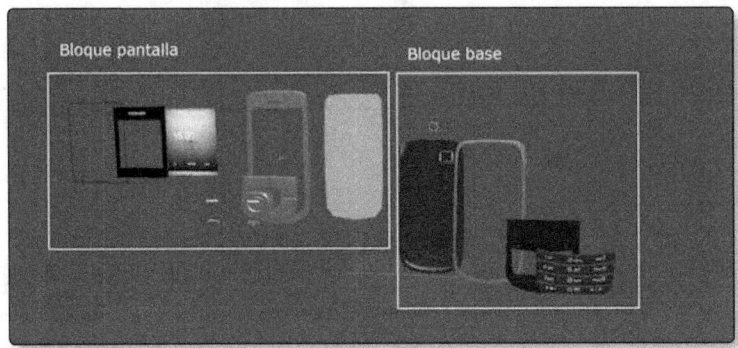

Figura 9.46. Imagen Piezas del modelo

9.5.1.2 CREAR UN RIG BÁSICO

Para crear un hueso simple puedes seleccionar la opción **Armature** del panel izquierdo del visor 3D en la pestaña **Create,** o pulsando la combinación de teclas **SHIFT+A** en modo objeto y seleccionar la opción **Armature > Single Bone**.

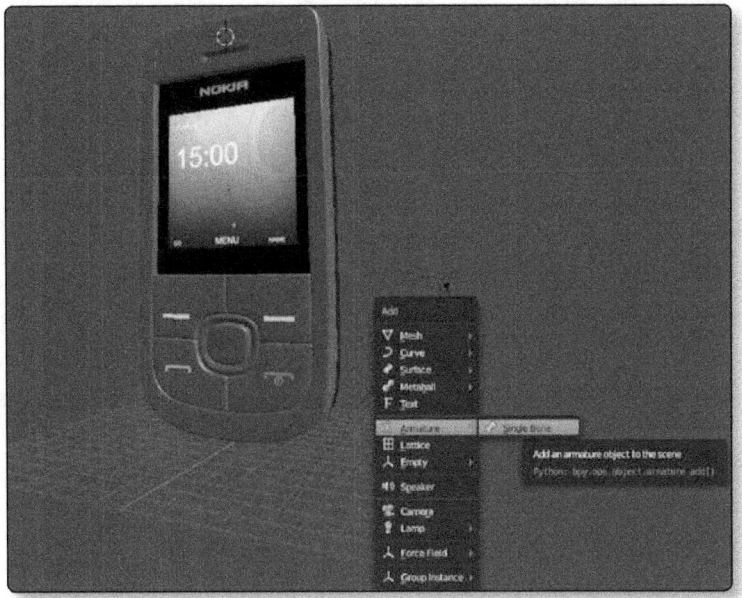

Figura 9.47. Crear bones

Seleccionamos el hueso y entramos en modo edición para escalar el hueso de la siguiente manera. Intenta posicionar el hueso como se muestra en la imagen.

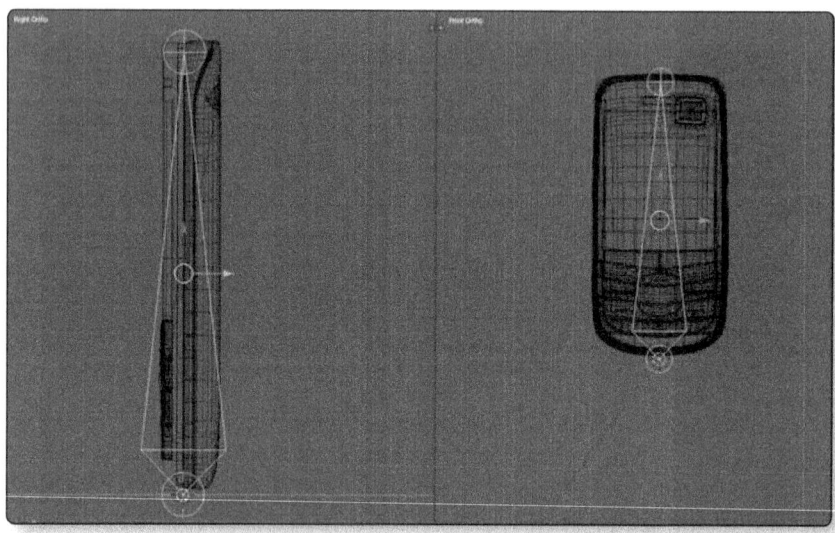

Figura 9.48. Escalado y posición del hueso

Ahora con el hueso colocado vamos a duplicarlo pulsando **SHIFT+D** escalamos y posicionamos el nuevo hueso como se muestra en la imagen. También podemos darles un nombre al hueso más grande lo llamamos Base y al más pequeño Pantalla.

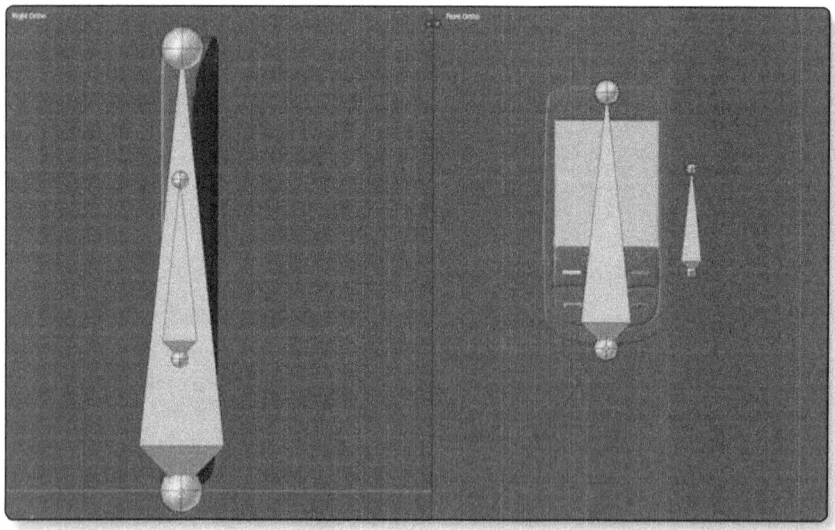

Figura 9.49. Escalado y posición del hueso

Seleccionamos los huesos y nos vamos a modo pose. Seleccionamos la pieza más grande de color azul del bloque de la pantalla y luego el hueso más pequeño. Seguidamente pulsamos **CTRL+P** y seleccionamos la opción **Bone**. Ahora hemos emparentado el bloque pantalla con este hueso.

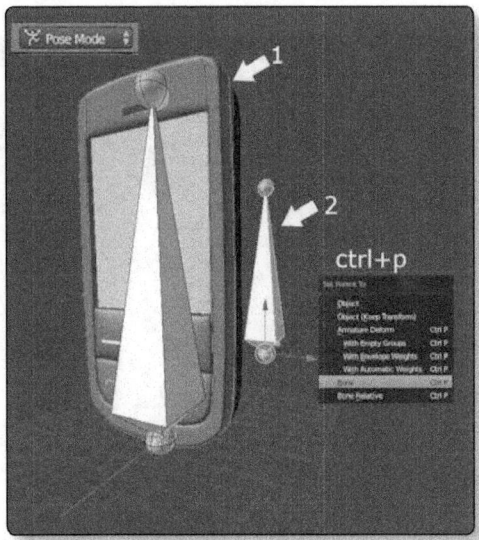

Figura 9.50. Emparentado

Realizamos la misma acción anterior con el bloque base y el hueso que se encuentra en el centro.

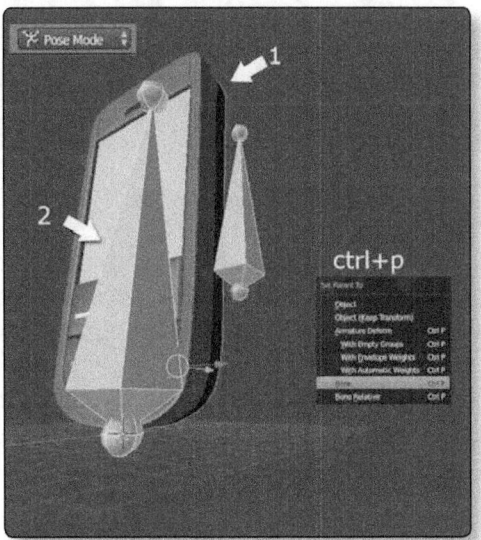

Figura 9.51. Emparentado

9.5.1.3 PONER SHAPES A LOS HUESOS

Seleccionamos el hueso base y en el modo pose accedemos a las propiedades de **armature**. En la sección **Bone Groups** añadimos un grupo que renombraremos con el nombre Base.

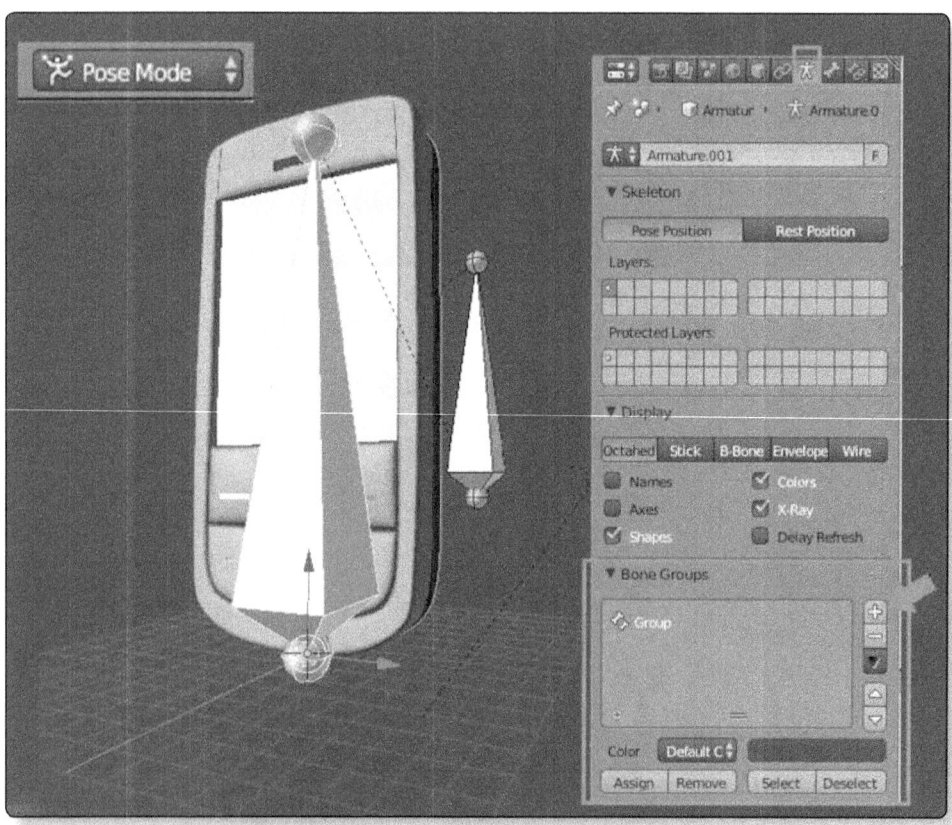

Figura 9.52. Grupo de huesos

Ahora al grupo le vamos a decir qué tipo de color debe tener. Primero en la caja menú seleccionamos la opción **Custom Color Set**. Lo segundo es seleccionar el color haciendo clic encima de la caja de color y escoger el color deseado en el panel selector de color. Para finalizar confirmamos todos los parámetros pulsando el botón **Assign** para que se refleje en el hueso seleccionado.

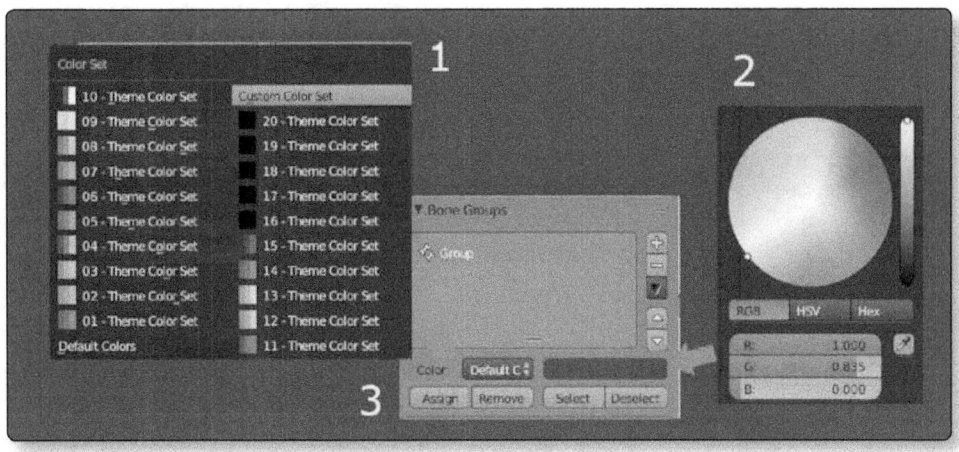

Figura 9.53. Grupo de huesos

Realiza la misma acción con otro color en el hueso pantalla. Los huesos deberían quedar como se muestra en la siguiente imagen.

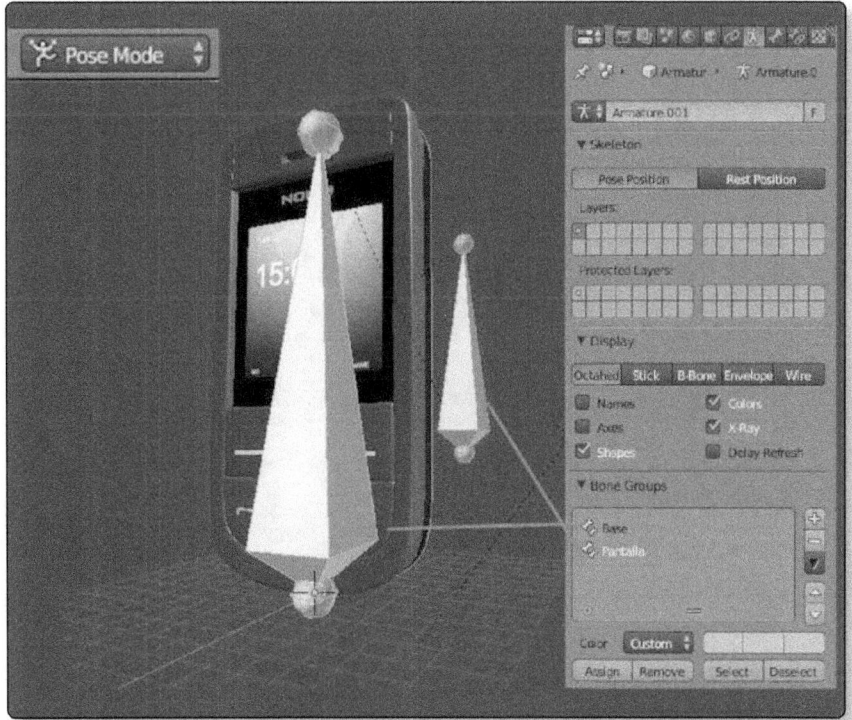

Figura 9.54. Grupo de huesos

Ahora crearemos a partir de un plano una flecha de doble sentido que utilizaremos como forma para sustituir el hueso pantalla. Recuerda que debes crearlo en el centro del visor 3D es decir en el eje (0,0,0).Le pondremos el nombre de **Shape_pantalla**.

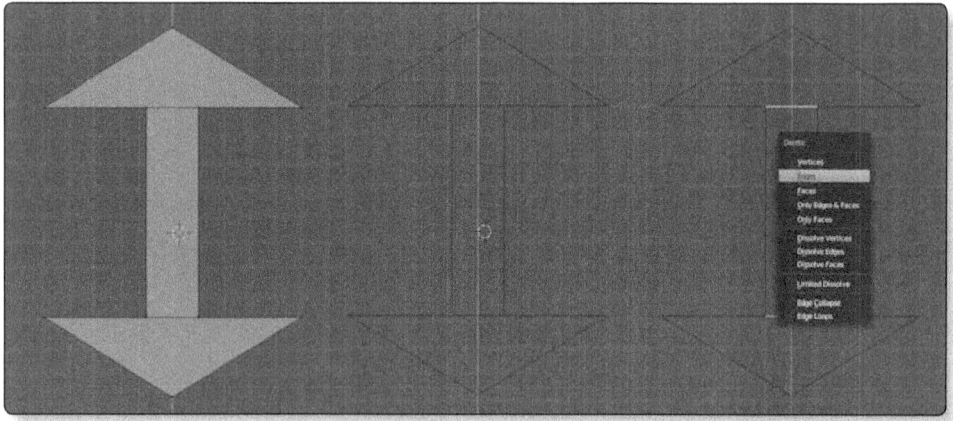

Figura 9.55. Grupo de huesos

Ahora volvemos al modo pose y seleccionamos el hueso pantalla y accedemos a las propiedades del hueso sección **Display** como se muestra en la siguiente imagen.

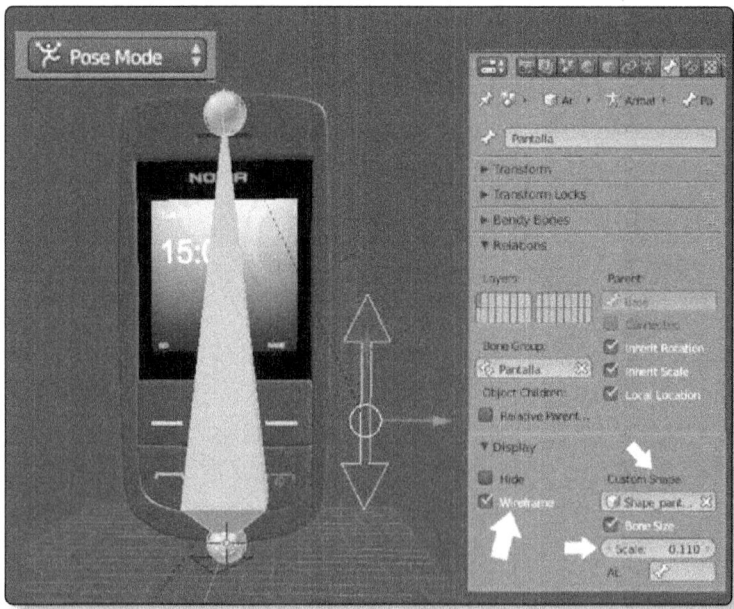

Figura 9.56. Shape pantalla

Ahora en modo objeto seleccionamos la forma que hemos modelado y la ponemos en otra capa pulsando **TECL_M** y seleccionando una capa distinta. El motivo es para limpiar la escena de objetos que no necesitaremos.

Creamos un circulo de tipo **Mesh** pulsando la combinación de teclas **SHIFT+A** en modo objeto y seleccionar la opción **Mesh** > **Circle**. Le ponemos de nombre **Shape_base**.

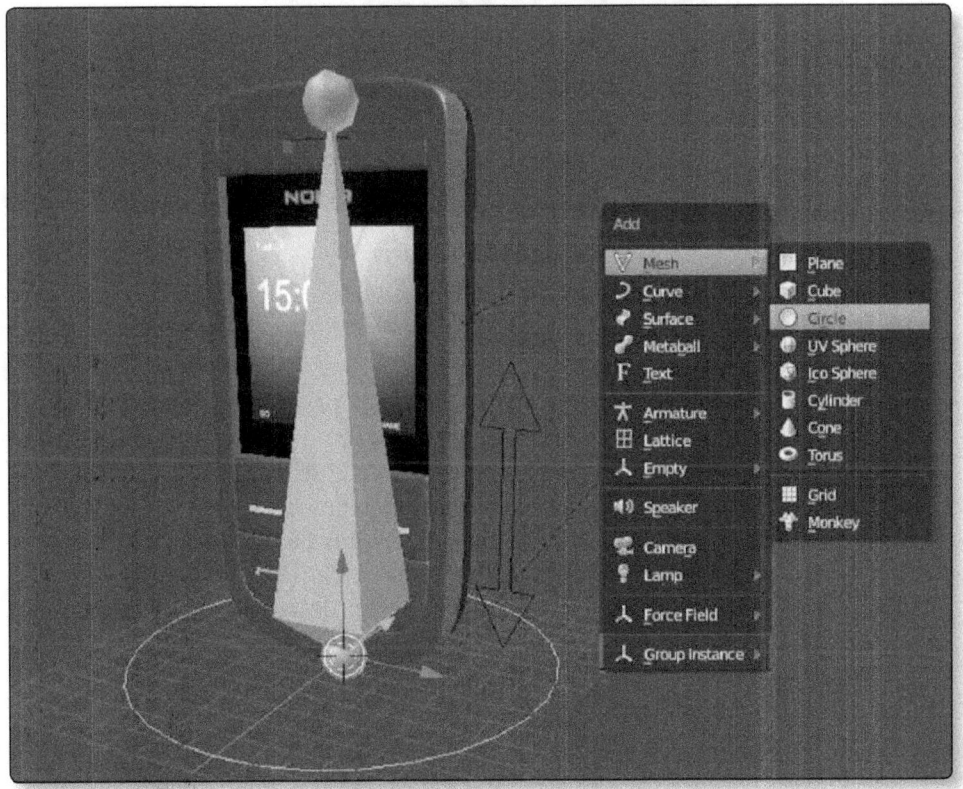

Figura 9.57. Shape base

En este caso seguramente la colocación del **Shape** no es la correcta, debemos rotar su posición desde el objeto modelado, es decir, desde el circulo en modo edición.

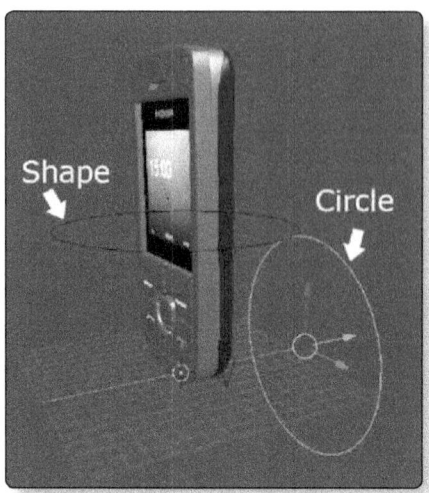

Figura 9.58. Shape base

9.5.1.4 ANIMACIÓN DEL BLOQUE PANTALLA

Si seleccionamos el Shape pantalla en el modo pose y movemos en cualquier dirección veremos que el bloque pantalla se mueve, pero queremos que solamente se mueva en el eje y en modo local. En el panel lateral derecho en las opciones de Transformación, disponemos de unas cerraduras que podemos activar o desactivar. Para que la animación solo funcione en el eje Y desactiva todas menos el eje Y de la sección Location. También debemos cambiar el modo de transformación en Local y para finalizar seleccionar la opción XYZ Euler de debajo de los parámetros de rotación.

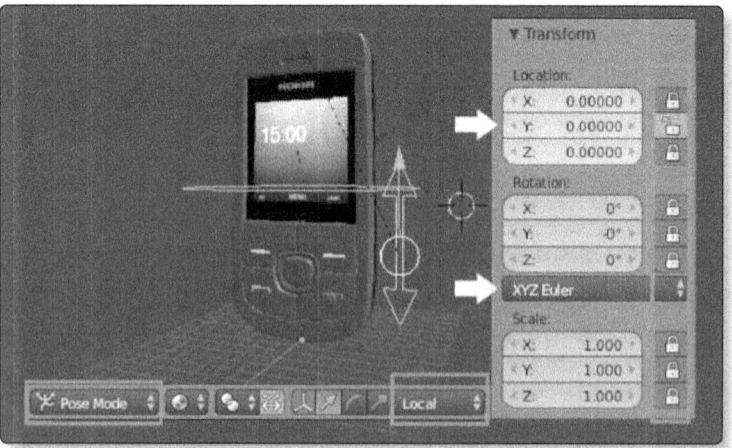

Figura 9.59. Restricción de movimiento

Posicionamos la línea de tiempo en el **Frame 1**. Seleccionamos el **Shape_pantalla** en modo pose y pulsamos **TECL_I > Location**. Se creara un **keyframe** con la posición 0.

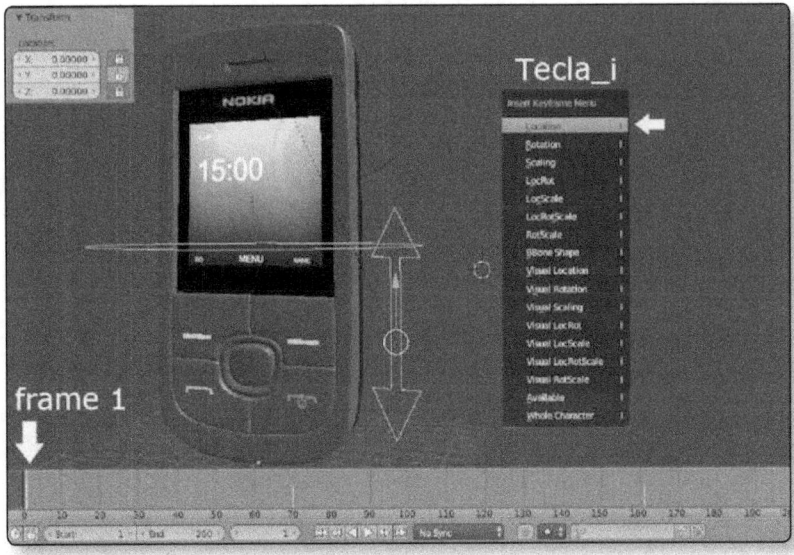

Figura 9.60. Key frame en el frame 1

Ahora posicionamos la línea de tiempo en el frame 70 y con el **Shape_pantalla** seleccionado en modo pose volvemos a pulsamos **TECL_I > Location** con la posición 0.

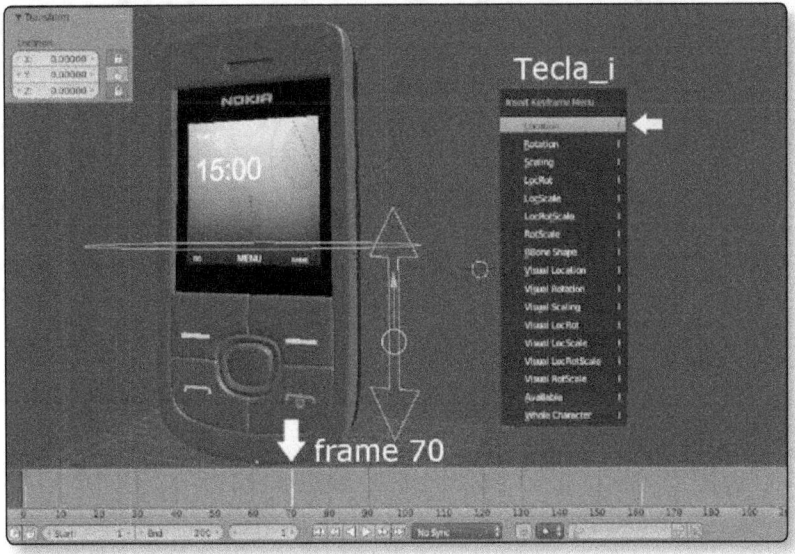

Figura 9.61. Keyframe en el frame 70

Para finalizar posicionamos la línea de tiempo en el frame 161 y con el **Shape_pantalla** seleccionado en modo pose lo desplazamos 5.3 unidades en el eje de las Y. Una vez tenemos el tiempo y la posición colocada volvemos a pulsamos **TECL_I > Location** para crear un Keyframe.

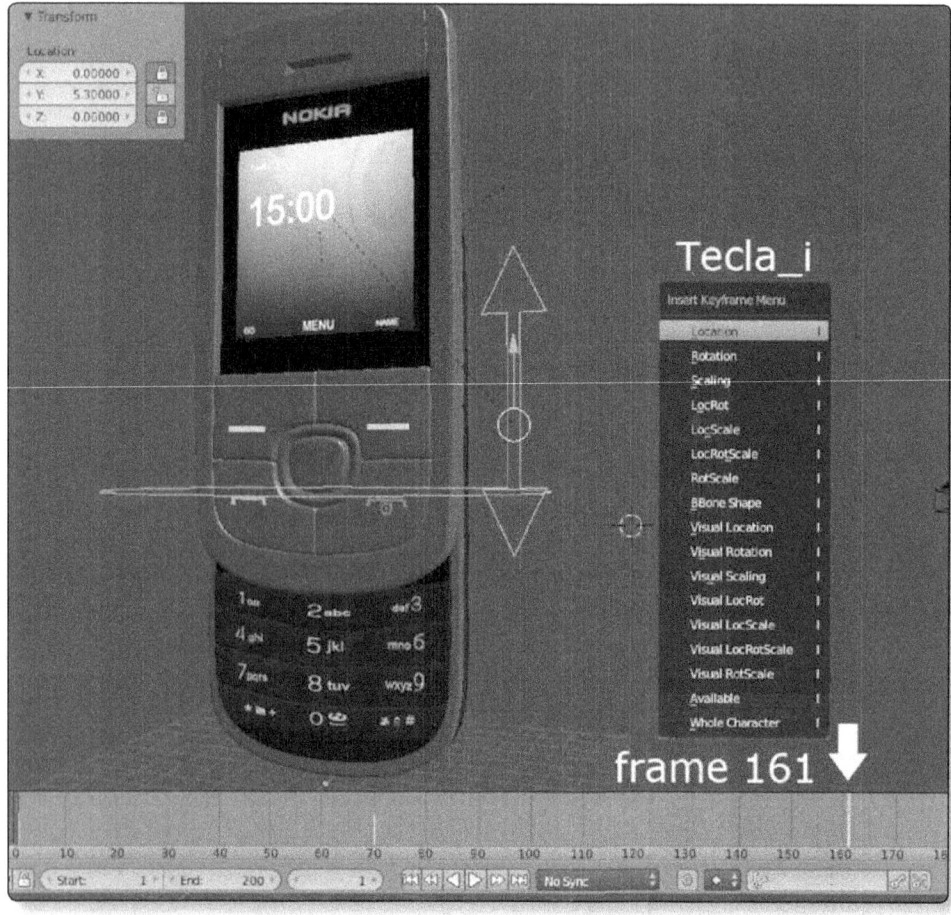

Figura 9.62. Key frame en el frame 161

Ahora puedes mover la línea de tiempo y ver cómo se reproduce la animación.

9.5.1.5 RECORRIDO DE CÁMARA

Crearemos una cámara que da vueltas alrededor del teléfono siguiendo el recorrido de un círculo. Este tipo de recorrido es muy utilizado por los modeladores para mostrar sus modelos.

Primero crearemos una cámara y la posicionaremos en el centro del 3D. Para crear la cámara puedes acceder pulsando la combinación de teclas +A en modo objeto y seleccionar la opción **Camera**.

También crearemos un círculo pulsando la combinación de teclas **SHIFT+A** en modo objeto y seleccionar la opción **Cuve > Circle**. Le ponemos el nombre de **Recorrido**. Este círculo puedes escalarlo para que tenga un tamaño parecido al que se muestra en la imagen.

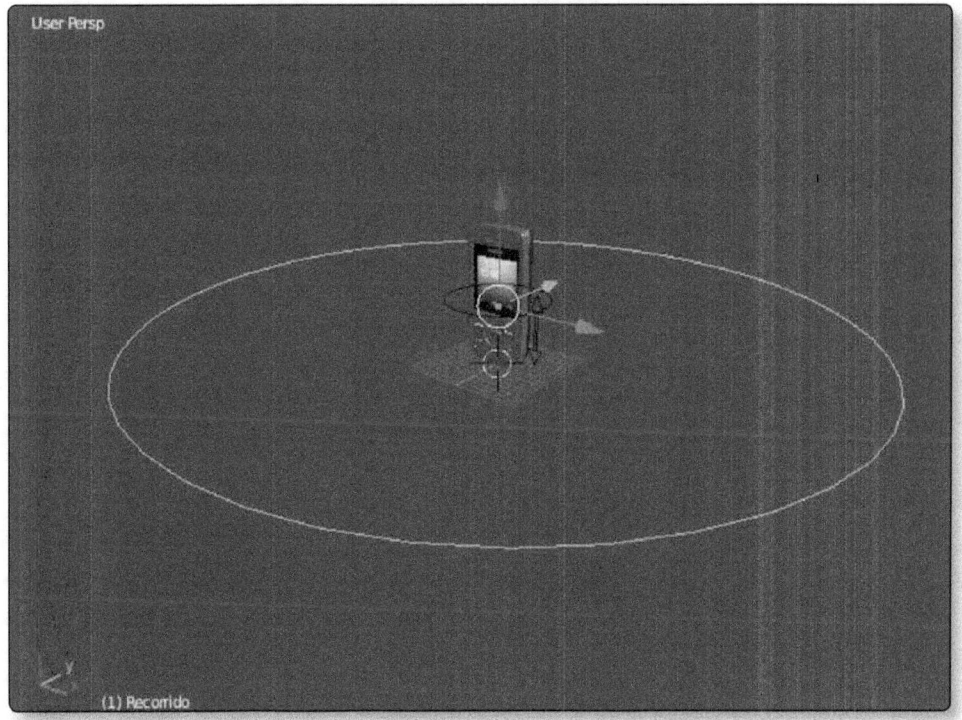

Figura 9.63. Circle

Ahora seleccionamos la cámara y en el panel propiedades, accedemos a la opción de restricciones y seleccionamos dentro del menú la opción **Follow Path.** Esta opción permite que un objeto en este caso la cámara siga un recorrido automáticamente. Activaremos también la opción de Follow Curve y la cámara se posicionara en la curva, solamente debemos rotarla de modo que apunte hacia el centro .

Figura 9.64. Constraint Follow Path

La escena debería quedar como se muestra en la siguiente imagen. De todas formas, la escena finalizada la puedes descargar del CD.

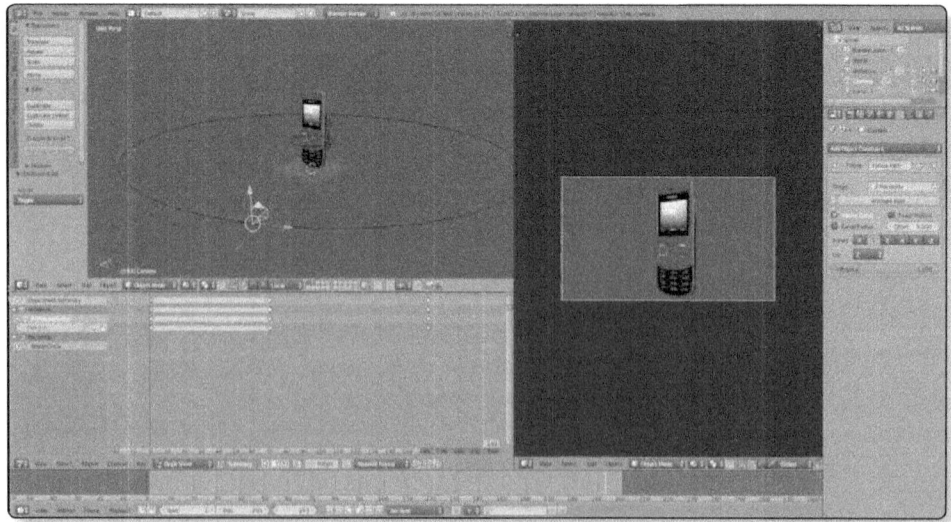

Figura 9.65. Escena final

10

CÁMARAS Y RENDER

En este capítulo veremos cómo configurar las opciones de Render para agrupar todo el trabajo hasta ahora aprendido y prepararlo para mostrarlo. La intención en este último capítulo es que puedas llevar a cabo un proyecto real de principio a fin, es decir, que empieces a ver qué posibilidades te presenta este programa. Como proyecto final deberás ponerte a prueba modelando, texturizando, animando e iluminando para después componer y renderizar un producto sencillo como si quisieras venderlo.

En este tema aprenderás lo siguiente:

▼ Configurar las opciones del motor Internal de Blender
▼ Como configurar las cámaras para tu escena.
▼ Componer tus renders.
▼ Como preparar un proyecto.
▼ Editar un video de un teléfono.

10.1 CÁMARAS

Por defecto en Blender cuando abres una escena siempre dispones de una cámara. Las cámaras son necesarias para renderizar nuestra escena y también es muy importante su posición y el modo en que están configuradas.

A veces una mala posición de cámara nos puede destrozar la escena o no transmitir las sensaciones que se desean, así que no creas que es una parte con menos importancia que las demás.

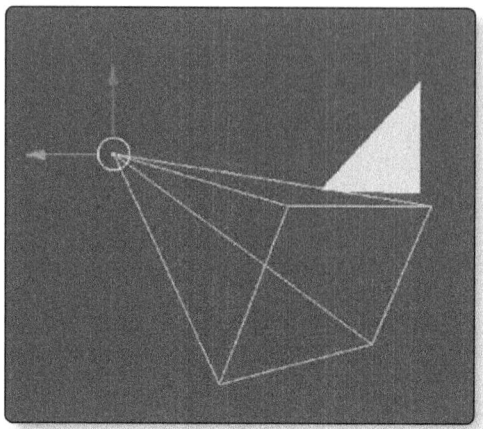

Figura 10.1. Imagen de representación de cámara

10.1.1 Creación

La cámara es un objeto más de la escena y como tal podemos crearla del mismo modo.

Accediendo con la combinación de teclas **SHIFT + A** y seleccionando la opción Camera.

Desde el panel lateral izquierdo en la pestaña *Create > Other > Camera.*

Debes crear tantas cámaras como necesites en una escena, piensa que son los ojos del espectador.

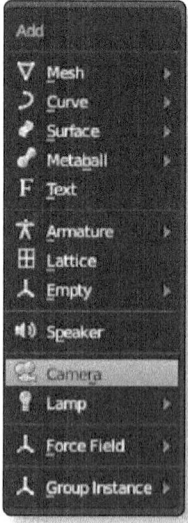

Figura 10.2. Menu Add

10.1.2 Manipulación

Otro aspecto a tener en cuenta de las cámaras es cómo las movemos en el espacio 3D y cómo se verá la escena a través de estas.

- ▼ *Caso 1*: seleccionar la cámara y moverla, rotarla y escalarla como un objeto normal. Para poder visualizar la escena a través de la cámara pulsamos **CTRL + 0.**

- ▼ *Caso 2:* pulsando directamente **CTRL + 0** para acceder a la vista de la cámara y luego desde el panel lateral derecho en el apartado **View** activamos la opción **Lock Camera to View**. De este modo quedará bloqueada la vista cámara y podremos desplazarnos cómodamente por el espacio 3D y buscar la vista que deseemos. Una vez que tengas la vista que deseas desactiva esta opción para volver a la vista del visor 3D normal.

- ▼ *Caso 3:* en modo vista de cámara, si seleccionamos el recuadro que enmarca esta vista y pulsamos :
  - **TECL_G** podrás desplazarte con la cámara.
  - **TECL_G + BCR** podrás acercar o alejar la cámara.
  - **TECL_R** rotaras la cámara
  - **TECL_R** dos veces rotarás en todas direcciones.
  - **SIFT+F** podrás desplazarte con la cámara como si de un videojuego se tratara. Puedes utilizar las teclas **W** adelante, **S** hacia atrás, **A** izquierda y **D** derecha. También puedes utilizar las teclas de dirección del teclado y con el ratón orbitas en el espacio o apuntas en la dirección.

- ▼ *Caso 4:* otra forma más sencilla de posicionar una vista con la cámara es en la vista perspectiva buscar una vista adecuada y pulsar CTRL+ALT+NUM_0 y la vista de la cámara se posicionará automáticamente en esa vista.

10.1.3 Configuración

Debes entender que la cámara va a ser los ojos del espectador y por eso mismo debes asegurarte de que lo que vas a mostrar es exactamente lo que quieres mostrar. En el apartado de propiedades encontrarás las siguientes opciones:

Figura 10.3. Botón de propiedades de la cámara

10.1.3.1 LENS

Es la lente de la cámara y podemos seleccionar entre 3 tipos de proyección.

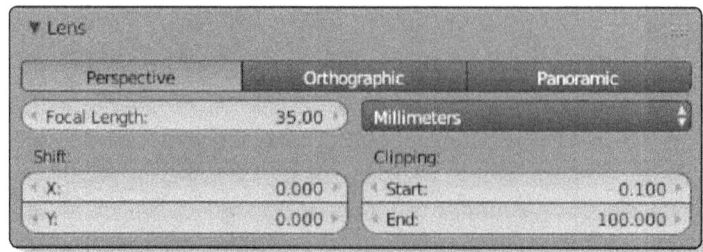

Figura 10.4. Apartado Lens

- ▼ *Perspectiva* es el que está activado por defecto y hace que los objetos más lejanos parezcan más pequeños.

- ▼ *Ortográfico* mantiene las medidas exactas de los objetos. Una proyección perspectiva es más similar a lo que obtenemos de una foto con una cámara real, mientras una proyección ortográfica es un punto de vista más técnico, mejor para los planos, pero peor para transmitir distancias entre los objetos.

- ▼ *Panorámica* hace que la escena esté hecha con una proyección cilíndrica.

Focal Legth: disponible en *Perspectiva* y tipos de cámaras panorámicas, representa la distancia focal del objetivo, y podemos determinar esta distancia en grados o milímetros. Cuando se selecciona el modo ortográfico, el ajuste de distancia focal cambia al ajuste Escala ortográfico. Esta configuración determina el tamaño del área visible de la cámara.

Shift X/Y: desplaza el visor de la cámara.

Clipping Start/End: establece los límites de recorte. Delimita la distancia en que los objetos dentro de los límites serán renderizados. Si la opción *Limits* del apartado **Display** está activada, se visualizarán en la pantalla los límites del *clipping* como dos puntos conectados de color amarillo que salen de la cámara.

10.1.3.2 DEPTH OF FIELD

Las lentes de una cámara son como un ojo y la luz se transmite a través de una lente (córnea) que dobla la luz, el iris limita la cantidad de luz, para enfocar la imagen sobre la que proyectamos mediante la retina. Debido a la interacción de la lente y el iris, los objetos que están a una cierta distancia están enfocados; objetos más cercanos y los objetos más alejados están desenfocados. Llamamos a esto Distancia de campo.

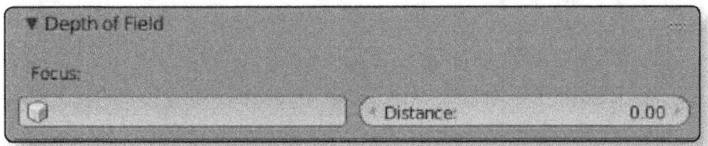

Figura 10.5. Depth of Field

- ▼ *Focus:* cuando vinculamos un objeto, la distancia a la que se encuentre este objeto de la cámara determinará el espacio enfocado. Al utilizar esta opción desactivamos la opción distancia.

- ▼ *Distance:* se muestra como una cruz amarilla en la línea de la cámara del visión. Los límites deben tener la posibilidad de ver la cruz. Se utiliza en combinación con el desenfoque del compositor de nodo.

10.1.3.3 DISPLAY

- ▼ *Limits*: muestra en el visor los limites en que la cámara verá.

- ▼ *Mist:* es la niebla, muestra en el visor los límites de la niebla mediante dos puntos blancos conectados a la línea de límites, para más opciones de Mist deberemos ir a las opciones de Entorno en el apartado Mist

- ▼ *Safe Areas:* cuando esta opción está activada, las tramas de puntos adicionales aparecen en la vista de la cámara y delimitan el área considerada como "segura" para las cosas importantes.

- ▼ *Sensor:* muestra un cuadro de puntos en la vista de la cámara.

- ▼ *Name:* activar y desactivar en la vista el nombre de la cámara. Muy útil cuando en tu escena tienes varias cámaras.

- ▼ *Size:* tamaño del icono de la cámara en la vista 3D. Este ajuste no tiene ningún efecto sobre el render de una cámara, y es más bien un ajuste para el aspecto que también podemos escalar utilizando **TECL_S.**

- ▼ *Passepartout, Alpha:* este modo oscurece el área de fuera del campo de visión de la cámara, en base a la configuración de Alfa.

▼ **Composition Guides**: están disponibles en el menú desplegable y pueden ser de ayuda a la hora de elaborar un encuadre.

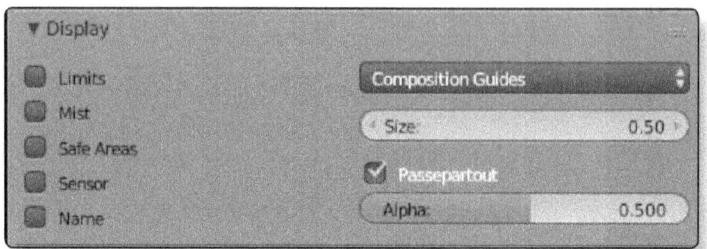

Figura 10.6. Display

10.2 PROPIEDADES DE RENDER

Vas a aprender cómo configurar el resultado de tu proyecto. Puedes configurarlo como tú quieras para después poder mostrar una imagen, un video o crearte un pase de imágenes para poder montar la escena en el editor de video de Blender.

Figura 10.7. Propiedades de render

10.2.1 Render

Es el primer apartado que encontramos al abrir el las propiedades de render y dispone de 3 botones:

Figura 10.8. Apartado Render

▼ *Render:* para realizar un render del primer frame o de un frame simple, es decir una imagen simple.

▼ *Animation:* este botón nos renderizará una animación en video o una secuencia de imágenes según tengamos configurada la escena.

▼ *Audio:* en el caso que tengamos el audio grabado podemos cargarlo en la escena.

A continuación tenemos el menú desplegable **Display** que nos permite seleccionar, el modo en qué se va a visualizar las opciones anteriores:

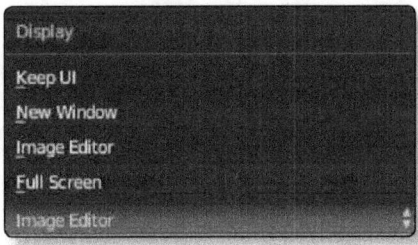

Figura 10.9. Menú display en las propiedades de render

▼ *New Window:* cuando pulsemos en Render o animación veremos que aparece una nueva ventana en donde empezará el renderizado de la escena.

▼ *Image editor:* en esta opción el render se lleva a cabo en el visor 3D, es decir, el visor 3D cambia a editor de imágenes y se *renderiza*. Si pulsas **Tecl_ESC** el render se cancelará y volverás al visor 3D.

▼ *Full Screen:* esta opción, como indica su nombre, *renderiza* ocupando toda la pantalla.

▼ *Keep Ui:* esta opción es parecida al *Image editor*, el render se produce en este tipo de ventana la diferencia es que si deseas ver el render tendrás que abrir manualmente el editor de imágenes, porque la interfaz no variará de como esté.

> (i) **NOTA**
> Este apartado normalmente es el último de ejecutar de todas las propiedades de Render, puesto que antes debemos configurar otros parámetros mas importantes.

10.2.2 Dimensions

Este apartado nos permite configurar las dimensiones que va a tener nuestra escena al ser renderizada. Disponemos de varias opciones:

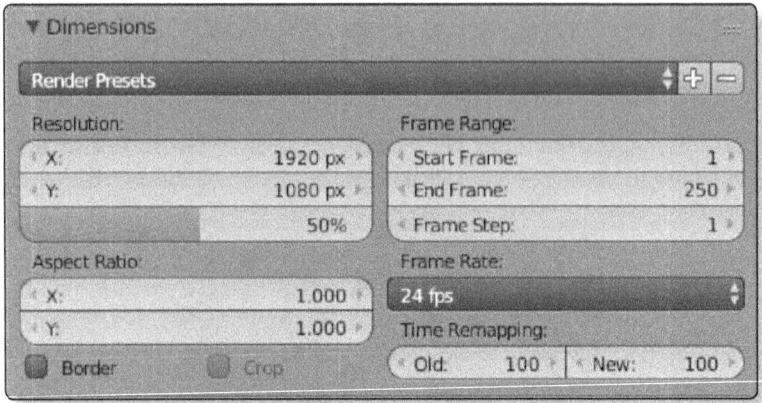

Figura 10.10. Apartado Dimensions

▼ **Render Presets:** en primer lugar disponemos de un menú desplegable con distintas dimensiones predefinidas en donde solamente tienes que escoger cual quieres y ya no debes tocar nada más de este apartado. Sería la forma más sencilla. Estas son las opciones

- DVCPRO HD 1080p ———— 1280x1080, 3:2par 24fps
- DVCPRO HD 720p ———— 960x720 4:3par 24fps
- HDTV 1080p ———— 1920×1080 square pixels 24fps
- HDTV 720p ———— 1280x720 square pixels 24fps
- HDV 1080p ———— 1440x1080 4:3par 23.98fps
- HDV NTSC 1080p ———— 1440x1080 4:3par 29.97fps
- HDV PAL 1080p ———— 1440x1080 4:3par 25fps
- TV NTSC 16:9 ———— 720x480 4:3.3par 29.97fps
- NTSC 4:3 ———— 720×480 10:11par. 29.97fps
- PAL 16:9 ———— 720x576 16:11par 25fps
- PAL 4:3 ———— 720x576 12:11par 25fps

▼ **Resolution:** la resolución nos permite especificar manualmente el tamaño que deseamos al renderizar. Introducimos el valor en (X) y en (Y). Una vez tenemos clara que proporciones va a tener podemos escalarla con los porcentajes de la barra inferior, es decir, si estás haciendo pruebas de render lo mejor que se puede hacer es reducir el tamaño final a un 50%

para que el render sea más rapido. Cuando tengas todo configurado y tu escena esté preparada para renderizar deberás poner el porcentaje a 100%

▼ *Aspect Ratio:* esta opción controla la forma de los píxeles a lo largo de los ejes. En el caso de tu ordenador son cuadrados, es decir, 1:1, pero en el caso de que quieras realizar un corto de animación para la televisión ya no son cuadrados y tendremos que cambiarlos en relación al estándar de video del destino; **PAL** para Europa y **NTSC** para América.

▼ *Border*: si nos ponemos en vista cámara dentro del visor 3D pulsando la el **NUM_0** del teclado numérico, podemos crear un recuadro específico para que solamente nos realice el render de esa zona. Para ello con la vista en cámara pulsa **CTRL+B** y realiza un recuadro en una zona en específico verás que queda un recuadro en rojo, cuando realice el render solamente se *renderiza* el lugar que ha seleccionado. También puedes activar la opción **Crop** que simplemente oscurece todo alrededor de la selección realizada por el **Bord**. Para deshacer el recuadro pulsa **CTRL+SHIFT+B**.

▼ *Frame Range:* esta opción va dirigida o relacionada directamente con el render de una animación. Podemos determinar en que frame vamos a empezar a renderizar la animación y en cual vamos a finalizar. El parámetro de *Frame Step* es como su nombre indica el paso de frame a frame, es decir, si tiene un valor 1 los frames se renderizará primero el 1 después el 2, 3, 4 y así sucesivamente. En cambio, si el valor es 5 empezaría por el frame 1 y después renderizará el frame 5, 10, 15 . y así sucesivamente. Este último nos serviría para simular una animación de **stop motion.**

▼ *Frame Rate*: es la velocidad de frame por segundos podemos variar entre una selección predeterminada.

▼ *Time Remapping*: se utiliza para asignar la longitud de una animación.

10.2.2.1 ANTI-ALIASING

Muchas veces vemos imágenes con zonas en donde se puede apreciar ciertos píxeles en los bordes donde queda una forma dentada, este efecto se produce porque se le asigna un solo color a cada píxel en base al objeto renderizado. La opción **Anti-Aliasing** no es más que una herramienta para suavizar estas imperfecciones haciendo que cada pixel se combina con los otros píxeles de modo que en vez de tener un color puro tenga un color "mezclado" entre los demás píxeles próximos, a este proceso se le llama sobre muestreo.

Figura 10.11. Apartado Anti-Aliasing

▼ **Muestreo:** la primera opción que disponemos es una caja con cuatro botones numéricos en donde podemos seleccionar qué tipo (*5,8,11,16*) de suavizado queremos. Recuerda que cuanto mayor sea el suavizado más recursos y tiempo necesitarás para renderizar.

▼ **Filtro:** el siguiente paso después del muestreo es definir cuanta información comparte cada muestra de píxel. Para que se entienda, cuando dibujas el contorno de una forma tu pulso te permite tener un trazado más limpio en ciertos momentos del trazado, pues el filtro es parecido a tu pulso; definirá un poco mejor el acabado del muestreo y disponemos de los siguientes tipos.

- **Box:** es de baja calidad y la curvatura tiene forma de caja.
- **Tent:** es bastante nítido y la curvatura tiene forma de carpa.
- **Quadratic:** la curva es cuadrática.
- **Cubic:** la curva es cúbica.
- **Catmull-Rom:** es el más nítido de todos.
- **Gaussian:** es el que más desenfoca
- **Mitchell-Netravali:** es el filtro por excelencia y el que produce resultados aceptables con una buena nitidez.

10.2.2.2 SAMPLED MOTION BLUR

Este método es lento, pero produce mejores resultados. Se puede activar en la sección de desenfoque de movimiento en el panel de opciones de renderizado.

Figura 10.12. Apartado Sampled Motion Blur

▼ *Motion Samples*: establecer el número de muestras a tomar para cada cuadro.

▼ **Shutter:** es una válvula en donde determina el tiempo empleado entre frames abierto y cercano.

10.2.2.3 SHADING

Este apartado nos proporciona la opción de desactivar varios aspectos del sombreado en el momento del render. Para entender mejor esta opción imagina que tienes una escena con varios objetos cada objeto tiene su propia textura y la escena esta iluminada por una lámpara Sun si desactivas la opción textura de este apartado al realizar un render verás que las texturas no aparecen. También puedes realizar renders sin el fondo o background.

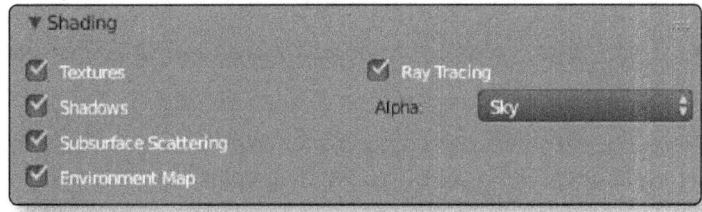

Figura 10.13. Apartado Shading

10.2.2.4 PERFORMANCE

Las siguientes opciones nos permiten controlar el rendimiento del motor de procesamiento con respecto a nuestra estación de trabajo o PC, como la memoria y el procesador.

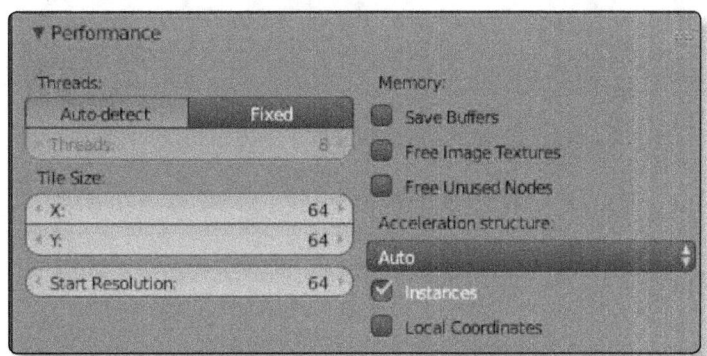

Figura 10.14. Apartado Performance

Estas características se distribuyen en cuatro grupos:

▼ *Threads:* determina la cantidad de **Threads** "hilos" que se utilizan en el render. Si utilizas la opción Autodetect, determina automáticamente un número de **threads** basado en tu CPU.

▼ *Tile Size:* determina el tamaño de la resolución

▼ *Memory:* opciones basadas en la memoria del PC.

- *Save Buffers:* guarda cálculos de render para todos Render Layers y escenas nodos a los archivos en el directorio de temporal.
- *Free Image Textures*: guarda las texturas en la memoria después de renderizar y antes de componerlas.
- *Free Unused Nodes:* los nodos que no se utilizan en el compositor se guardan.

▼ *Acceleration structure:* como su nombre indica, son distintas estructuras de aceleración del render. Recomiendo dejarlo en Auto.

10.2.2.5 POST PROCESSING

Con estas opciones podemos crear efectos a nuestra escena, como difuminar píxeles o crear bordes para dar efecto de dibujos animados.

Figura 10.15. Apartado Post Processing

10.2.2.6 STAMP

Esta opción nos imprime en el render información sobre el proceso, como el tiempo el día en que se ha realizado el render etc. También podemos darle un color a esta información.

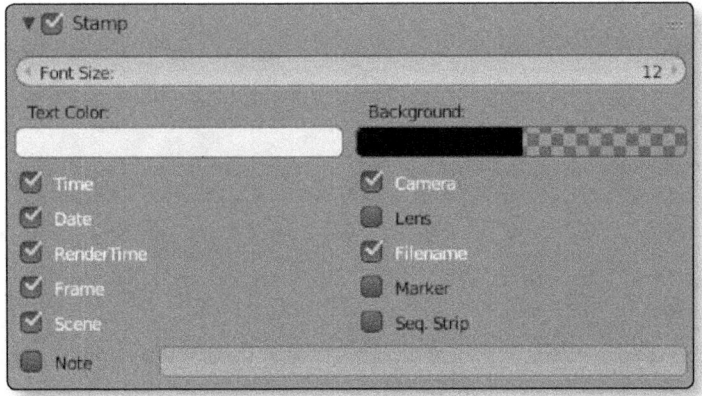

Figura 10.16. Apartado Stamp

10.2.2.7 OUTPUT

Definimos la ubicación de nuestros renders y en qué formato se van a guardar en el momento de realizar el render. Puedes definir si quieres una secuencia de imágenes que te servirá para después montar el video, o directamente un video.

Los botones de BW (escala de grises) RGB (Rojo verde y azul) y RGBA (Rojo, verde y azul con canal alfa) nos permiten determinar la salida de color.

El color Depth es la profundidad del color, dispones de 8 bits o de 16 bits.

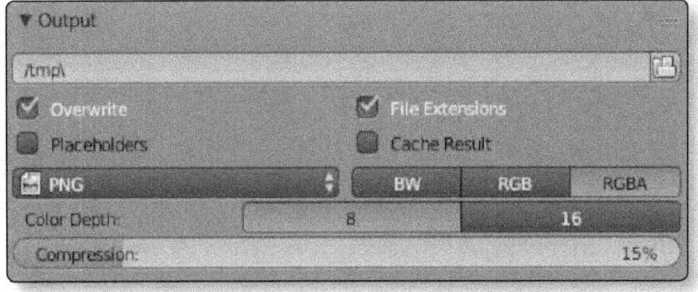

Figura 10.17. Apartado Output

10.2.2.8 BAKE

Es un método que crea archivos de textura que contienen efectos muy concretos como iluminación, sombras o color. Se utiliza mucho en la industria de videojuegos para trabajar con gráficos en tiempo real, ya que al calcular las sombras en la textura podemos prescindir de todo un set de iluminación que en circunstancias normales sí que sería necesario.

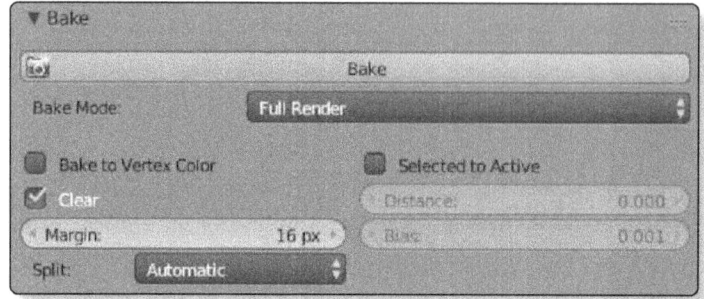

Figura 10.18. Apartado Bake

10.2.2.9 FREESTYLE

Nos permite crear escenas 3D con un acabado 2D generando líneas a través de una serie de opciones de las capas de procesamiento y el uso del compositor.

10.3 FREESTYLE

Muchas veces se le considera un motor de render, pero creo que es más recomendable considerarlo como un añadido dentro del motor de render de Blender. Para activar esta opción debemos acceder a la pestaña de propiedades de render y activar la opción Freestyle.

Figura 10.19. Render con Freestyle

Verás que dispones de dos tipos de líneas a elegir:

▼ Absoluta
▼ Relativa

La opción **line Thickness** se encarga de establecer el grosor de la línea.

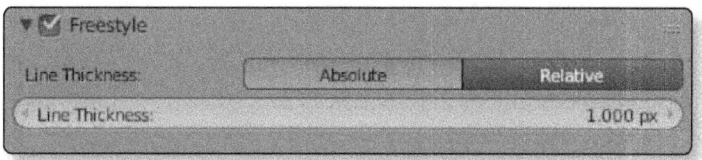

Figura 10.20. Apartado Freestyle

10.3.1 Configurar Freestyle

Para configurar las opciones de Freestyle una vez activado, tendremos que ir a la pestaña de propiedades de **Layer** (Capas), en donde disponemos de 3 paneles que se pueden colapsar:

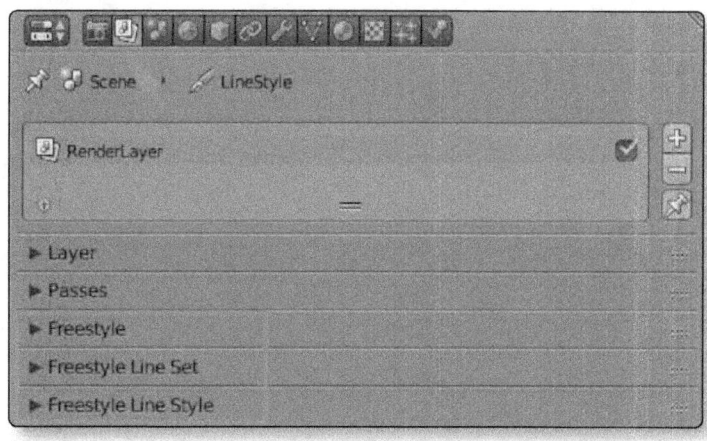

Figura 10.21. Configuración de las opciones de Freestyle

10.3.1.1 FREESTYLE

En este panel disponemos de dos modos de configurar Freestyle, el *Parameter Editor Mode* que es el que se va a explicar y el *Python Scripting Mode* para programadores.

- ▼ *Crease Angle:* crea el ángulo de las líneas cuanto mayor es el ángulo de las líneas más zonas del objeto perfilará en el render.
- ▼ *Face Smoothness:* toma en cuenta el suavizado de las caras de las mallas.
- ▼ *Culling:* sirve para excluir aquellos bordes de la escena 3D que estén fuera de los límites de la imagen 2D.

Figura 10.22. Opciones de Freestyle

10.3.1.2 FREESTYLE LINE SET

Estas opciones son utilizadas para escoger un subconjunto de rasgos del mapa de la vista y proporcionárselos al *Line Style*. La selección de bordes puede estar condicionada por:

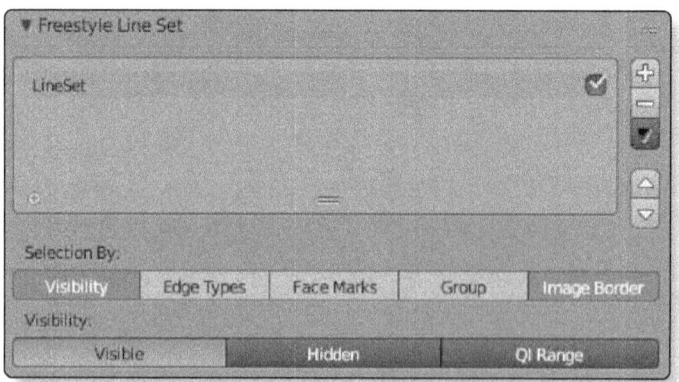

Figura 10.23. Opciones de Freestyle Line Set

- ▼ *Visible:* visibilidad de la línea (solo visibles, solo invisibles o aquellas dentro de un rango de invisibilidad cuantitativa);
- ▼ *Edge Types:* los tipos de bordes (de silueta, de pliegues y marcas de bordes);
- ▼ *Face Marks*: marcas de caras (para incluir o excluir los bordes de las caras marcadas);
- ▼ *Group:* grupos de objetos (para enfocarse en los bordes de un grupo de objetos); y
- ▼ *Image Border:* límite de la imagen (para excluir completamente los rasgos que estén fuera de los límites de la imagen). El criterio de selección puede ser combinado por medio de operaciones lógicas de conjunción (Y), disyunción (O) y de negación.

10.3.1.3 FREESTYLE LINE STYLE

Estas opciones son utilizadas para crear estilos de línea definidos por el usuario. Los rasgos seleccionados se unirán en cadenas continuas que formarán la geometría base (o trazos) de las líneas estilizadas.

Las opciones de encadenamiento disponibles son:

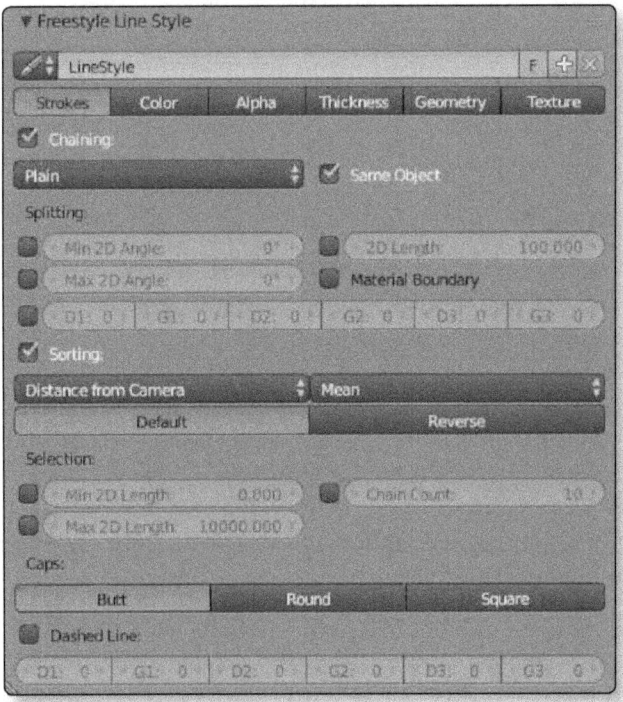

Figura 10.24. Opciones de Freestyle Line Style Strokes

10.3.1.3.1 Stroke

▼ **Chaining (Encadenar)**

Por defecto todas las líneas obtenidas de la configuración Freestyle Line se encadenan. Hay dos métodos básicos de encadenamiento: el método de encadenamiento por defecto se llama *Plain* y crear cadenas simples. La opción de encadenamiento *sketchy* permite generar cadenas de bordes con múltiples trazos esquemáticos y tiene una opción llamada *Rounds*. La opción *Rounds* especifica el número de rondas en el encadenamiento *sketchy*. **Chaining** también se puede activar para hacer cada línea por separado, que puede ser útil para darle un estilo de líneas típicas o parecidas a las de un dibujante.

▼ **Splitting**

Se pueden abrir hasta las cadenas de líneas Freestyle marcando una de las siguientes

- *Material Boundary:* es la división de cadenas para caracterizar las aristas o bordes si se cruzan de un material a otro.

- *Min / Max Angle y 2D 2D Length:* es la división de cadenas para caracterizar las aristas o bordes en función de un ángulo máximo y mínimo 2D y un límite de longitud.

- *Caps:* le permite utilizar tres tipos de tapas de línea: Butt (plana), Round (semicírculo) y Square (plana y extendida).

▼ **Dashed Line**

Al activar esta opción, puedes especificar tres pares de guión y espacio de longitud en la unidad de píxeles. Si agrupamos las cajitas de dos en dos, los valores de la primera cajita definen la longitud de los trazos de guión, mientras que los valores de la segunda especifican intervalos entre dos guiones o puntos. Si se especifica un espacio en cero, es decir, la caja de valores que controla la longitud (segunda cajita de cada grupo), entonces el tablero correspondiente se ignora incluso si tiene un valor distinto de cero. Los guiones o puntos son tratados como trazos separados, lo que significa que se puede aplicar remates de las líneas, así como el color, alfa y modificadores de espesor.

10.3.1.3.2 Color

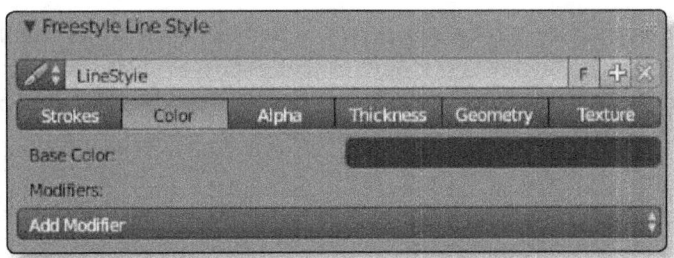

Figura 10.25. Opciones de Freestyle Line Style Color

▼ *Base Color*

Escoge el color base para el Line Style

▼ *Modifiers*

Hay cuatro modificadores del color, que se pueden mezclar con el color base utilizando diversos métodos.

▼ *Along Stroke:* el modificador altera el valor del color base por un nuevo valor que se define a lo largo del trazado. Supongamos que un punto se mueve a lo largo de un trazado desde el principio hasta el final, y la ubicación del punto viene dada por el parámetro **T** en el intervalo de **0** a **1**. Este modificador produce un nuevo valor basado en el valor **T**. Este modificador dispone de una rampa de color que se utiliza para traducir el valor de **T** a un nuevo color.

▼ *Distance from Camera:* cambia el valor de color base por un nuevo valor que se viene determinada en función de la distancia desde la cámara hasta el punto situado en el trazado. La distancia se mide en el espacio tridimensional y se expresa mediante el parámetro T en el intervalo de 0 a 1. La Distancia de modificador de color de la cámara tiene opciones **Range Min** y **Range Max**. La distancia del modificador de color de la cámara dispone de una opción de rampa de color para traducir el valor de T a un nuevo color, que se mezcla a continuación con el color base.

▼ *Distance from Object:* la distancia del modificador de objeto es similar a la distancia de modificador de la cámara, con la diferencia de que la distancia se mide desde un objeto especificado (más específicamente, desde el punto central del objeto) en lugar de la cámara. La Distancia de modificador de objeto tiene todas las opciones del modificador **Distance**

from Camera además de una entrada para especificar un objeto que sirve para medir la distancia a un punto situado en un trazo.

▼ *Material:* los modificadores de Materiales te permiten cambiar el color de la línea de trazos por objetos materiales. Si se utiliza con opción **Split by materials** en las opciones de trazos, el resultado no será borrosa entre los materiales a lo largo de los trazos.

10.3.1.3.3 Alphas

▼ *Base Transparency*

Define la transparencia base para el estilo de línea.

▼ *Modifiers*

Sus modificadores son los mismos que se han especificado anteriormente pero con la función enfocada en el canal alfa.

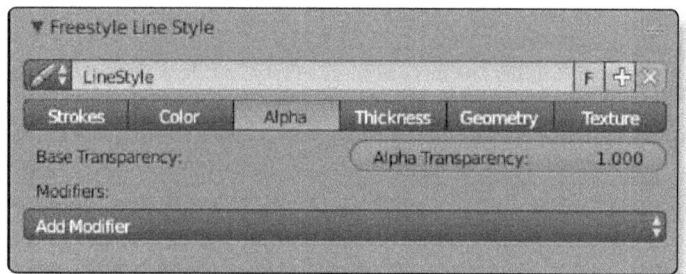

Figura 10.26. Opciones de Freestyle Line Style Alpha

10.3.1.3.4 Thicknees

▼ *Base Thicknees*

Define el espesor base para el estilo de línea. Puedes escoger si quieres que el espesor del trazado este en el centro, fuera, dentro o relativo respecto a la base del estilo de línea.

▼ *Modifiers*

Sus modificadores son los mismos que se han especificado anteriormente para **Alpha** y **Color** pero contiene un modificador más.

- **Calligraphy:** este modificador permite dar trazos variables como si se estuviera dibujando con una pluma ancha y plana de caligrafía.

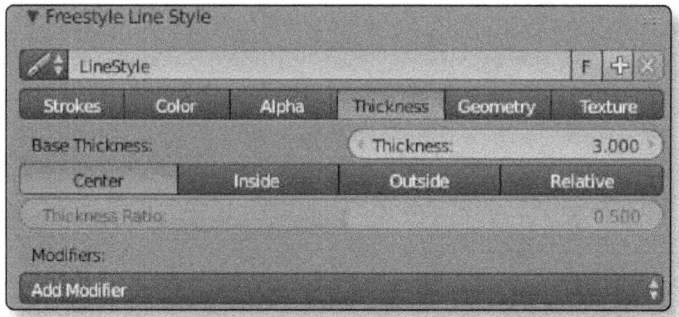

Figura 10.27. Opciones de Freestyle Line Style Thickness

10.3.1.3.5 Geometry

▼ *Modifiers*

Toman los trazos bidimensionales resultantes del Conjunto Freestyle Line y las desplazan en diversas formas;

- *Sampling*: cambia la resolución de los trazos de polilíneas.
- *Bézier Curve*: cambia la resolución de los trazos por una aproximación de curva en el trazado.
- *Sinus Displacement:* añade desplazamiento en el trazo.
- *Spatial Noise:* añade ruido espacial para modificar el trazado.
- *Perlin Noise 1D:* añade ruido unidimensional para modificar el trazado.
- *Perlin Noise 2D:* añade ruido bidimensional para modificar el trazado.
- *Backbone Stretcher:* estirar el principio y el final del trazado.
- *Tip Remover:* borra una parte de trazo al principio y en el final del recorrido.
- *Polygonization:* transforma los trazos en polilíneas dentadas con movimientos suaves. El parámetro "error" especifica cuánta desviación de la geometría se permite del trazo original.
- *Guiding Lines*: sustituye el recorrido del trazo con una línea recta que conecta los dos extremos del trazo original. Este modificador

nos brinda buenos resultados cuando la distancia de los trazos es razonablemente corta. Se recomienda utilizar este modificador conjuntamente con las opciones de **Splitting.**

- **Blueprint:** produce un modelo utilizando circulos, elípticas, y trazos de contorno cuadrados. Muy útil si queremos capturar la silueta de objetos de una forma básica.

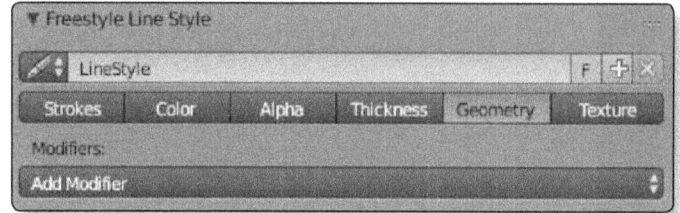

Figura 10.28. Opciones de Freestyle Line Style Geometry

10.3.1.3.6 Texture

La apariencia de los trazos es definida por una textura, que se puede configurar desde las opciones de textura.

Figura 10.29. Opciones de Freestyle Line Style Texture

10.4 EL EDITOR DE NODOS

El editor de Nodos es una ventana que nos permite componer materiales, texturas o escenas antes de realizar el render final por medio de nodos.

Primero vamos a entrar en el editor de nodos cambiando nuestro tipo ventana por el del editor de nodos, haciendo clic en el icono de tipo de ventana y seleccionando **Node Editor** de la lista desplegable. Otra forma de acceder a este editor es desde la barra principal en el botón de tipos de interface y seleccionando la opción **Compositing**.

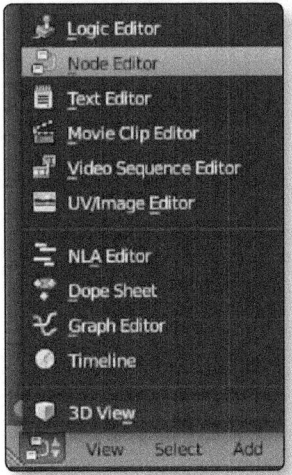

Figura 10.30. Ventana Node Editor.

10.4.1 Función de los nodos

Los nodos nos permiten trabajar en determinados aspectos como son los materiales, los mapas de textura o para hacer nuestra propia composición en nuestros renders.

Si quieres trabajar con un mapa de nodos de materiales, haz clic en la bola en el selector de conjunto de nodos de Composición.

Figura 10.31.

Si quieres trabajar con un mapa de nodos de composición, haz clic en las imágenes **overlaped** en el selector de conjunto de nodos de Composición.

Figura 10.32.

Si quieres trabajar con un mapa de nodos textura, haz clic en la imagen de cuadros en el selector de conjunto de nodos de Composición.

Figura 10.33.

Una vez tengas el apartado que deseas seleccionado deberás activar la opción **Use Nodes**.

Figura 10.34.

10.4.2 Funciones de teclado de Edit Node

Una de las características a tener en cuenta para trabajar es cómo podemos movernos dentro de la ventana del editor de Nodos cuando el cursor está dentro de la ventana, varias teclas de acceso rápido estándar de Blender y acciones del ratón están disponibles.

10.4.2.1 VENTANA

- Menús emergentes: **tECL_Barra espaciadora**
- Deshacer (Undo): **cTRL+Z**
- Rehacer (Redo): **cTRL+SHIFT+Z**
- Desplazarse por la ventana: **BCR** *(botón central del ratón)* y arrastrar puedes moverte por el espacio de la ventana
- Alejarse y acercarse: puedes utilizar la ruedecilla del ratón o pulsar **NUM_(+)** o **NUM_(-)**.

10.4.2.2 NODOS

- Esconder: **tECL_H**
- Crear un grupo de nodos: primero seleccionar varios nodos pulsando la **TECL_B** y luego encuadrar los nodos que queremos agrupar, seguidamente pulsar la combinación de teclas **CTRL+G**.
- Caja de selección (Box select): **tECL_B+BIR** y arrastrar o encuadrar para seleccionar.

- Duplicar un nodo: pulsa **SHIFT+D** y crearas una copia del nodo.
- Cortar conexiones: **cTRL+ALT+BIR** el cursor se convertirá en un cúter y podremos cortar las conexiones.
- Selección múltiple: **sHIFT+BIR** y para deseleccionar **SHIFT+BDR**
- Moverse (Grab): **tECL_G** mueves el nodo seleccionado.
- Borrar: **tECL_X** o **TECL_SUPR**

10.4.3 Barra de herramientas

La barra de herramientas del editor de nodos se compone de una serie de menus muy parecidos a los de la ventana 3D.

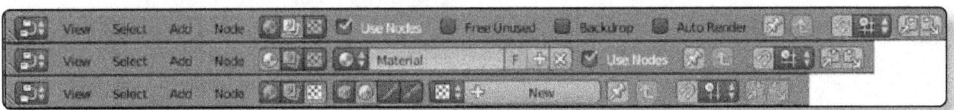

Figura 10.35. Barra de herramientas

- *View:* contiene todas las herramientas para visualizar mejor el contenido de la ventana.
- *Select:* contiene todas las herramientas de selección.
- *Add:* contiene todos los nodos que podemos añadir, organizados por tipos.
- *Node:* contiene todas las herramientas que podemos realizar a los nodos, como borrarlos moverlos agruparlos, etc.
- **Botón Material:** si activamos este botón podemos trabajar con los nodos de materiales.
- **Botón de capas de render:** si activamos este botón trabajaremos con nodos que nos permitirán realizar distintas funciones con nuestros renders.
- **Botón de texturas**: si activamos este botón podemos trabajar con los nodos de textura.
- **Botón *Parent:*** este botón se activa cuando agrupamos varios nodos en uno y nos permite salir del grupo cuando entramos.
- **Botón *Snap:*** realiza la misma función que el *snap* que utilizábamos en la ventana de 3D. Actúa como un imán entre los nodos seleccionados y el entorno.

▼ **Botones Copy & Paste**: puedes copiar y pegar un nodo como en un editor de textos.

10.4.4 Crear nodos

Para crear distintos nodos podemos hacerlo de varias maneras:

▼ Desde la cabecera o barra de herramientas accediendo al menú **Add** y seleccionando la opción que deseemos.

▼ Pulsando la combinación **SHIFT+A** dentro de la ventana editor de nodos y aparecerá un menú emergente con distintas opciones.

▼ Disponemos de todos los nodos agrupados en el panel izquierdo del editor de nodos. En el caso de que no estuviera desplegado pulsa **TECL_T** para verlo.

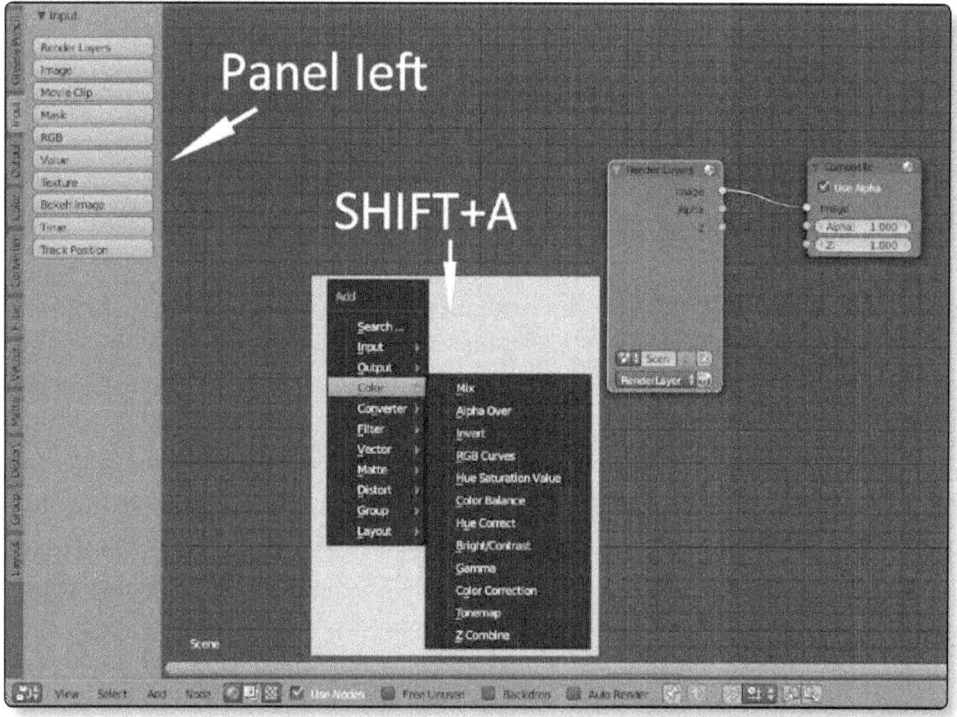

Figura 10.36.

10.4.4.1 PARTES DE UN NODO

Los nodos son funciones con forma de cajas que se interconectan con otras funciones para realizar una acción. Un nodo puede variar de otro dependiendo de la función que realice.

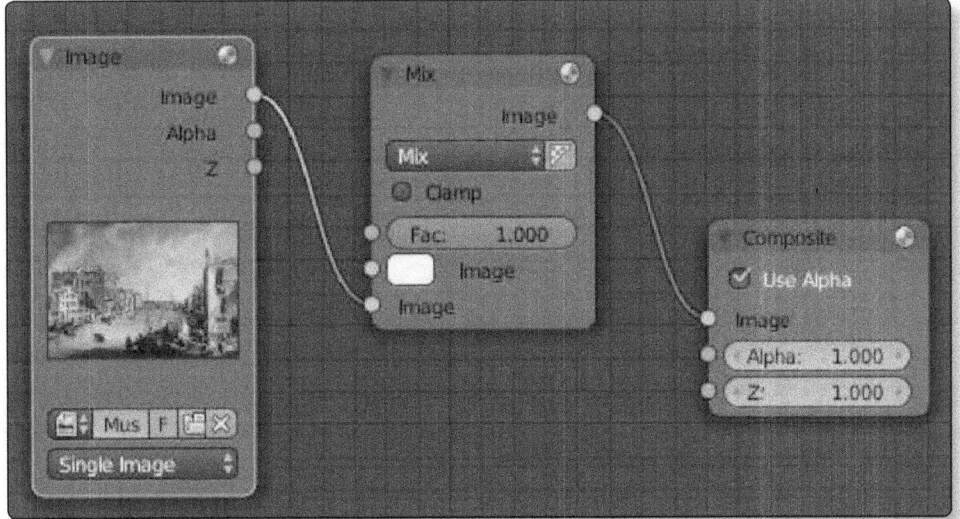

Figura 10.37. Nodos interconectados

- Puerto de entrada
- Puerto de salida
- Visor
- Barra de valores
- Caja de valores
- Contenedor
- Conector

10.4.4.2 GRUPOS DE NODOS

- ***Imput:*** en este grupo encontrarás todos los nodos que te permiten sacar un tipo de información y poder conectarte a otros nodos.

- ***Output:*** este grupo de nodos suelen recibir información de otros nodos y permiten traducir esta información de forma que puedas visualizarla o guardarla.

- ***Color:*** son nodos que permiten variar los valores del color.

▼ *Converter:* en este grupo de nodos encontramos nodos que permiten convertir los colores u otras propiedades de otros nodos, para poder adaptar mejor la información. También combinan los diferentes canales de color que componen una imagen, dándonos la posibilidad de trabajar en cada canal de forma independiente.

▼ *Filter:* en este grupo encontraremos nodos que suelen procesar la información de una imagen y variar los resultados resaltando distintos detalles o realizando un efecto de *post* procesamiento con algún efecto como los de Photoshop o Gimp.

▼ *Vector:* este grupo contiene nodos que mediante cálculos matemáticos nos permiten tener un medio de cuantificar la información acerca de cómo la luz interactúa con la escena, multiplicando conjuntos de vectores, y otras cosas útiles.

▼ *Matte:* contiene varios nodos con distintas funciones basadas en máscaras de color e iluminación. Estos nodos te proporcionan las herramientas esenciales para el trabajo con Cromas, donde la información se realiza frente a un fondo de color azul o verde para poder reemplazo por una pintura mate o fondo virtual.

▼ *Distort:* este grupo contiene nodos que distorsionan la forma de la imagen, escalándola rotándola o por medio de máscaras.

▼ *Group:* nos permite simplificar la red de conexiones de nodos. En ocasiones es posible que tengamos tantos nodos interconectados que dificulte el trabajo.

▼ *Layout:* contiene 3 nodos muy útiles:

- *Frame:* nos permite agrupar distintos nodos bajo un nombre que los identifique.

- *Reroute:* es un puerto en forma de punto en donde podemos conectar varios nodos que deseemos unir y conectar a otro nodo.

- *Switch:* nos permite conectar dos nodos y poder controlar la interacción entre ellos.

10.4.4.3 COMPOSITOR DE NODOS

Esta opción es la que nos va a permitir componer nuestros renders de una forma más profesional.

Figura 10.38. Ejemplo de composición de nodos

Utilizando un nodo de imagen podemos cargar la imagen que tengamos renderizada o una secuencia de imágenes que compongan una animación. Mediante la combinación de distintos nodos podemos retocar una secuencia animada como si lo hiciéramos en un editor de imágenes como el Photoshop.

Una vez que nos guste el resultado podemos representarlo o hacer un render y sacar la secuencia en formato de video, para después componer varios videos en uno con el compositor de video.

10.5 COMPOSITOR DE VIDEO

Cuando hacíamos una animación juntábamos una secuencia de imágenes ordenada para crear el movimiento en este apartado juntaremos pequeñas secuencias de animación para formar un video. En otras palabras podemos decir que un videoclip es el segmento corto de video que produces al renderizar una animación.

En este editor iremos colocando pequeños clips de película para crear una secuencia de video. Primero deberemos tener clips de película guardados en nuestro ordenador.

También tendremos que establecer el formato de salida de video y la ruta donde quieres guardar el archivo.

En primer lugar en la ventana propiedades accedemos a las opciones de render y en el apartado Output seleccionamos la ruta en donde queremos guardar nuestro archivo. A continuación, configurar vídeo de la película tipo de archivo, por ejemplo **Avi Codec**.

En segundo lugar seleccionamos en la barra principal de Blender en el menú de interfaces, la opción Video Editing. Ahora estamos listos para empezar a editar nuestro video.

Figura 10.39. Interfaz de edición de video

10.5.1 La interfaz de edición de vídeo

En Editor de secuencias de vídeo, haga clic en "Añadir" en la cabecera y seleccione "Movie" Se muestra la ventana del explorador de archivos. Vaya a la carpeta que contiene los clips de vídeo.

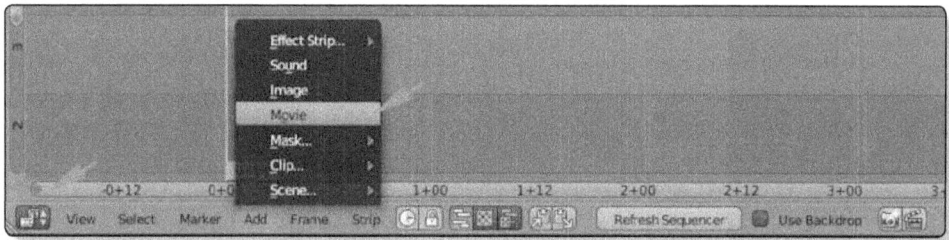

Figura 10.40. Añadir un video

El videoclip se introduce en el editor de secuencias de vídeo como una franja azul con un borde blanco. El borde blanco indica que se ha seleccionado.

Si seleccionas una de los extremos del clip y pulsas la **TECL_E** puede arrastrar el clip a derecha i a izquierda a lo largo de la pantalla. Para mover el clip de una pieza seleccionar todo el clip, pulsar **TECL_G** y arrastra.

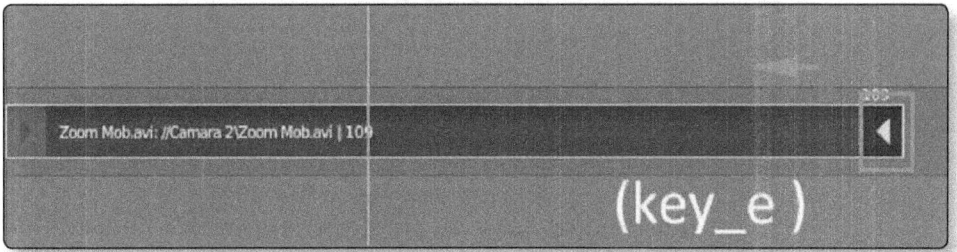

Figura 10.41. Acortar un clip de video

La línea verde vertical es un cursor y como se muestra se encuentra en la posición 0 + 01 que es el comienzo de la línea de tiempo. Arrastre el clip hasta el inicio de la pista que está en la posición 0,00.

Después de colocar el clip en el inicio de la línea de tiempo movemos el cursor verde a la derecha. En la posición 0,00 verás la línea vertical delgada negra. Este es el marcador de posición de 0.00. Al arrastrar el cursor verde te permite desplazarte a través de su videoclip que se observará en la ventana de vista previa. Si posicionas el cursor normal en la ventana de vista previa y pulsas **ALT + A** reproducirás el clip.

Vamos a añadir un segundo videoclip. El segundo clip se coloca en la misma línea como el primer clip.

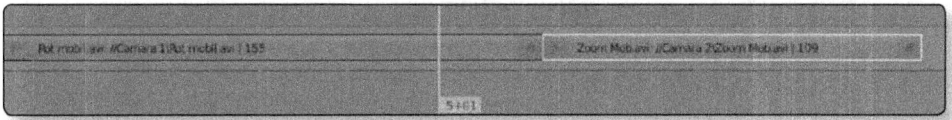

Figura 10.42. Dos clips alineados

10.5.1.1 EDITAR CLIPS DE VIDEO

Las líneas se llaman "canales". En el lado derecho de la ventana encontramos un panel que nos permite editar estos clips.

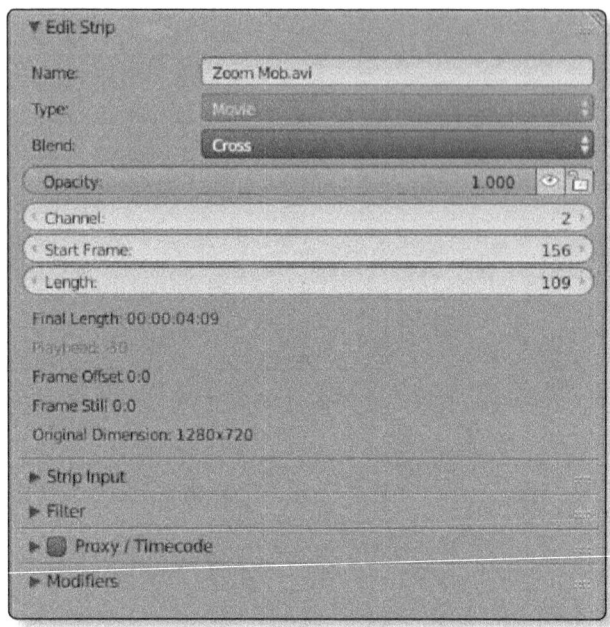

Figura 10.43. Panel de propiedades de la ventana

Disponemos del parámetro nombre, tipo de clip y en el parámetro *Blend* tenemos el modo en que se funde con otros clips.

- ▼ *Opacity:* este parámetro es un parámetro que se puede animar añadiendo Keyframes para variar la opacidad del clip.

- ▼ *Channel:* determina en qué canal se encuentra el clip.

- ▼ *Start Frame:* determina el frame donde empieza el clip.

- ▼ *Length:* determina la longitud del clip.

10.5.1.2 ENLAZAR CLIPS DE VIDEO

Cuando disponemos de dos clips en el momento en que salta de un clip al otro suele ser brusco. En Blender disponemos de algunos filtros para que la transición sea un poco más suave.

Primero debemos seleccionar los dos clips y en la barra de herramientas de la ventana seleccionamos la opción **Add> Effect Strip** y selección cualquier opción del menú que se despliega. También puedes acceder a las opciones pulsando **SHIFT+A**.

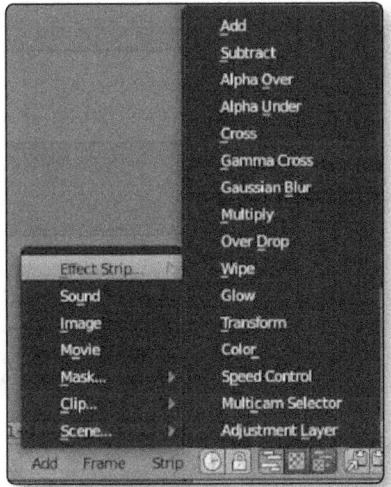

Figura 10.44. Añadir una transición

Es importante que los dos clips de video tengan una cierta distancia entre ellos para poder ver la transición. En el panel derecho de la ventana puedes cambiar algún parámetro.

Figura 10.45. La transición toma un color rosado

Los clips también podemos cortarlos y utilizar el resto en otro momento de la película. Para realizar un corte en un clip selecciona el clip de video y accede al menú **Strip> Cut (hard)** at frame o el acceso de teclas **SHIFT+K**. El clip de video se cortará y tendremos dos partes distintas del clip.

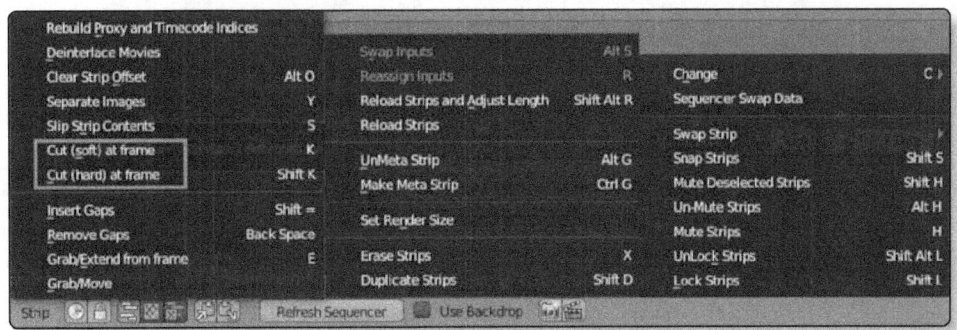

Figura 10.46. La transición toma un color rosado

10.5.1.3 AÑADIR UNA PISTA DE AUDIO

También podemos añadir música a nuestra película accediendo a la opción **Add > Sound** y en el explorador de archivos seleccionar una pista de audio de nuestro disco duro.

Las pistas de audio se representan con un color verde.

Figura 10.47. Pista de audio

Para que la pista de audio funcione en el momento de renderizar el video es recomendable pulsar la opción ***Unpack*** en el apartado ***Sound*** del panel derecho de las propiedades de la ventana de edición. En este apartado también podemos cambiar algunos parámetros del audio.

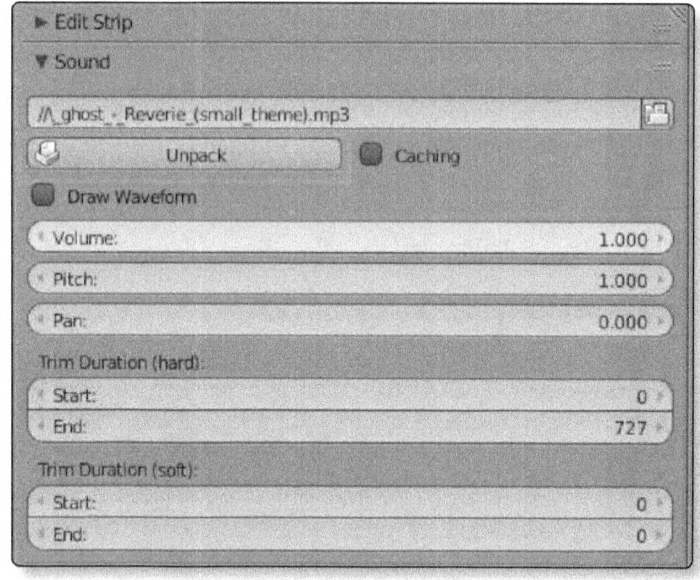

Figura 10.48. Pista de audio

PROYECTO PRÁCTICO

10.6 PROYECTO RENDER

10.6.1 Edición de un video

En este último capítulo utilizaremos dos clips de película de un móvil antiguo para montar un pequeño video promocional. En este proyecto se dan los renders hechos de modo que se pueda entrar en materia directamente.

Cada proyecto tiene la finalidad de que puedas practicar lo que te enseña la teoría. Solo si practicas conseguirás mejorar los aspectos básicos y pasar al siguiente nivel.

> 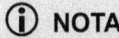 **NOTA**
> Recuerde que este libro está dirigido no solo a las personas que quieran iniciarse a Blender si no también a las personas que quieran aprender 3D desde cero.

10.6.1.1 VISIÓN GENERAL

Cuando afrontamos un pequeño proyecto pasamos por varias fases:

El primer paso es planificar lo que se quiere hacer, por ejemplo la creación de un móvil para vender.

Una vez tenemos claro los aspectos del proyecto empezamos a buscar referencias o dibujamos nuestra propia idea.

Figura 10.49.

El siguiente paso es modelar los objetos del proyecto, darle color, textura, iluminación y animar.

Cuando tenemos la animación preparada realizamos un render que simplemente es un conjunto de imágenes del objeto en una posición distinta y puestas en secuencia.

Figura 10.50.

10.6.1.2 EDICIÓN DE LA IMAGEN

En la secuencia de imágenes es posible que no nos acabe de gustar como queda el color o como se ve la iluminación. Este aspecto se resuelve con el editor de nodos. Dispones de dos secuencias de render en formato *tiff* para que hagas pruebas en el editor de nodos.

10.6.1.3 EDICIÓN DE VIDEO

Las secuencias que se han nombrado anteriormente, también disponen de un clip de video en donde empezaremos a editar el video final.

Para empezar abre el proyecto Pro_10_Start.blend, que acompaña el DVD.

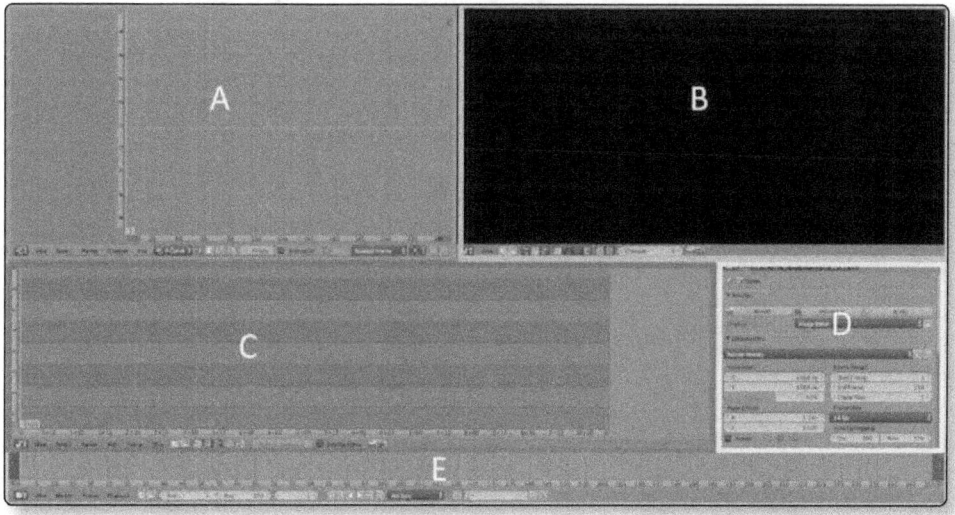

Figura 10.51.

La interfaz que encontrarás está compuesta por: A - El editor de curvas de animación, B - El visor de video, C - El editor de video, D- Las propiedades de render y E -La línea de tiempo.

Pulsa con el cursor dentro de la ventana edición de video **SHIFT+A** y pulsa la opción *Movie* y selecciona el archivo **Rot mobil.avi** que se encuentra en la carpeta cámara 1.

A continuación añadimos de la misma forma el archivo **Zoom Mob.avi** que se encuentra en la carpeta cámara 2.

Para el primer clip de video configuraremos sus propiedades en el panel derecho teniendo en cuenta que el *Channel* tenga el valor 1 y empiece en el frame 28, como muestra la siguiente imagen.

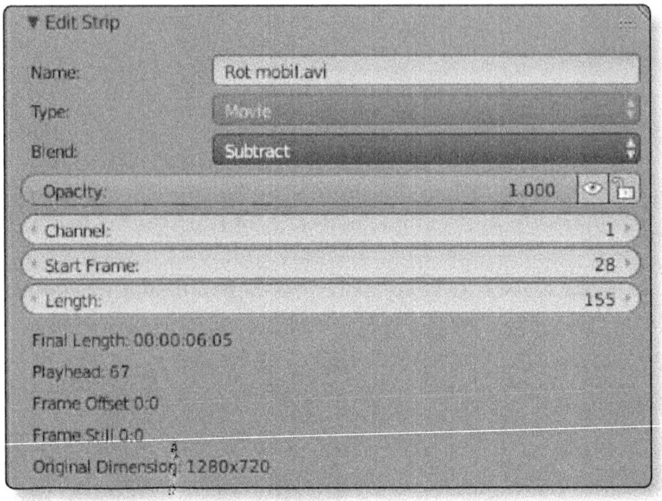

Figura 10.52.

Para el segundo clip de video configuraremos sus propiedades en *Channel* valor 1 y empieza en el frame 185.

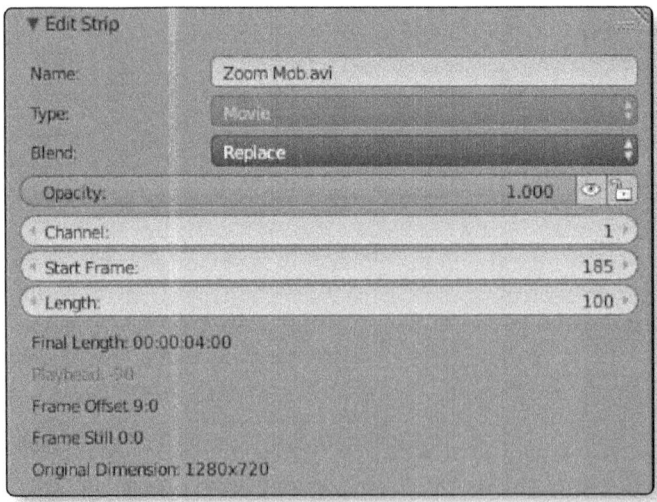

Figura 10.53.

Los siguientes elementos a añadir son imágenes estáticas una para el inicio y la otra imagen para el final. Para añadir imágenes pulsa **SHIFT+A** y selecciona la opción *image,* dispones de una imagen llamada **título** para el principio y otra llamada **Móvil colores** para el final.

La imagen **Titulo** está posicionada en el Channel con valor 3 y empieza en el frame 0

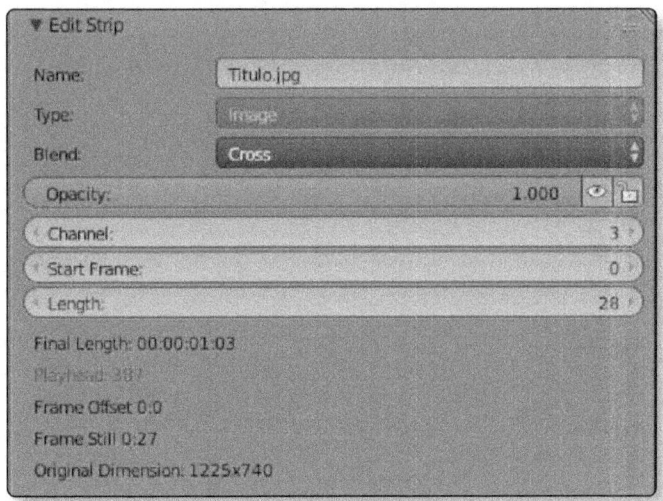

Figura 10.54.

La imagen *Móvil colores* la posicionaremos en el *Channel* 3 y la imagen empieza en el frame 300

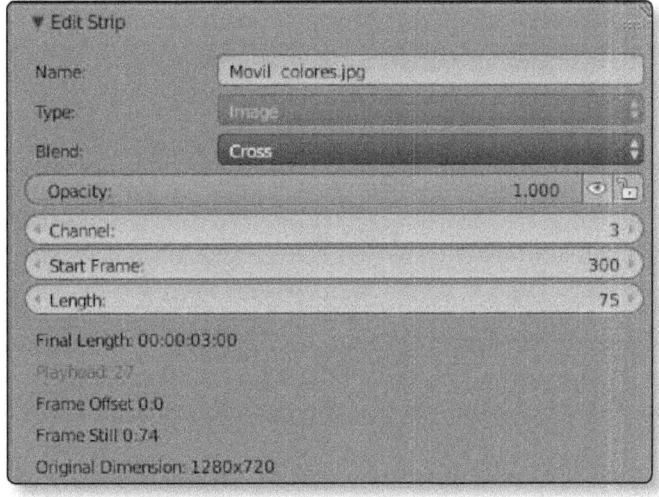

Figura 10.55.

Añadimos el sonido pulsando **SHIFT+A** y seleccionando la opción *Sound* en el explorador de archivos busca la única pista de audio que tiene el proyecto.

El canal donde debemos posicionarlo es el 4 (Channel) y empieza en el frame 1

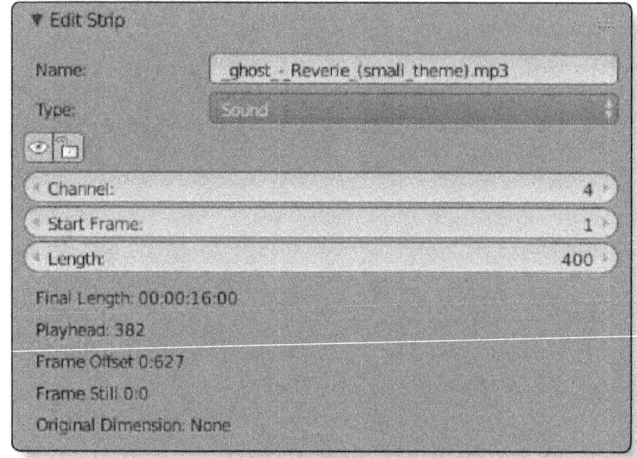

Figura 10.56.

Para que la música se pueda escuchar cuando hagamos el render es recomendable empaquetar el audio, para ello debemos pulsar el botón *Pack* en la sección *Sound* que encontrarás debajo de los parámetros que hemos visto arriba.

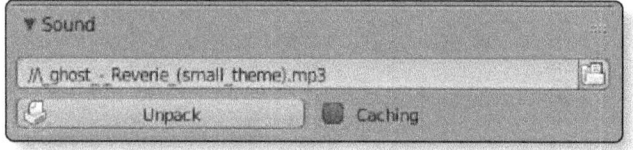

Figura 10.57.

Tenemos los videos, las imágenes y la música; ahora solo faltan las transiciones. Para crear la transición entre los dos videos, seleccionamos el primer video y luego el segundo y pulsando **SHIFT+A** seleccionamos la opción **Effect Strip > Wipe.** Esta transición creará una cortina descendente entre un video y el otro.

El editor de video debe quedar como se muestra en la imagen siguiente:

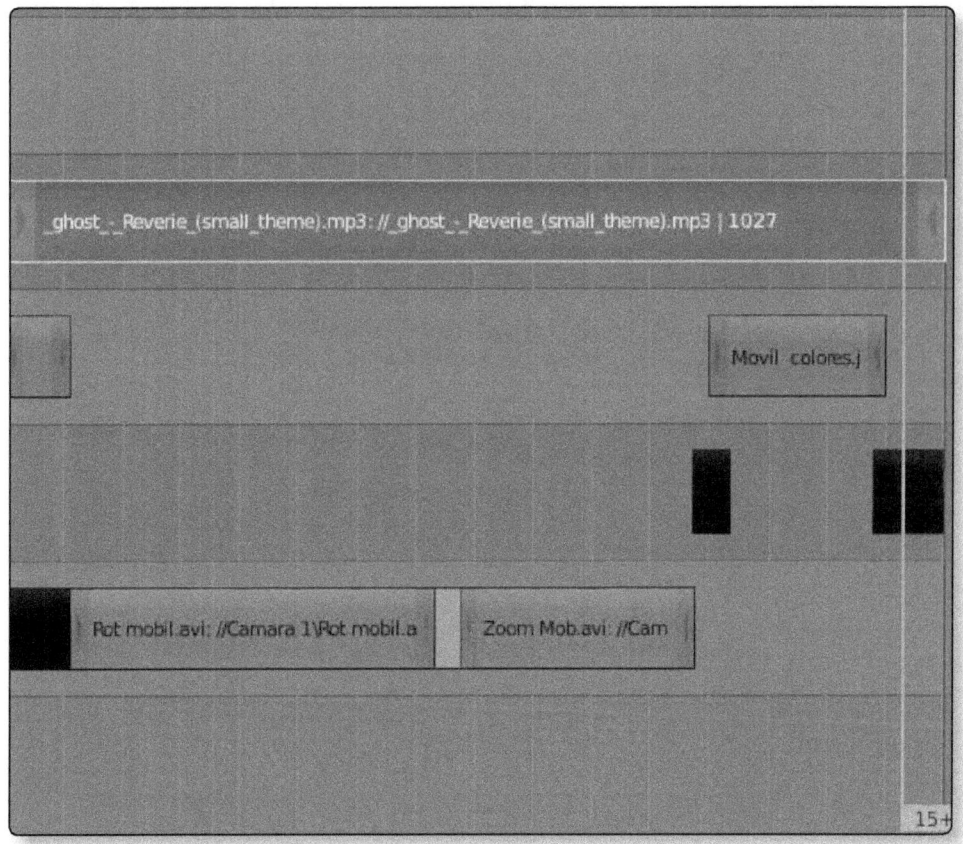

Figura 10.58.

Los cuadros negros son otro tipo de transición llamados Color, que en este caso se suele utilizar para fundir las imágenes en un fondo negro.

Para fundir una imagen con el fondo negro selecciona la imagen por ejemplo la del título y en las propiedades que hemos visto anteriormente antes de *Channel* tenemos un parámetro llamado opacidad en el que podemos grabar **keyframes** pulsando con el BDR encima de la barra y seleccionando la opción ***insertkeyframe.***

10.6.1.4 RENDERIZAR TODO

En la ventana de propiedades en el apartado de render tenemos que configurar las opciones que necesitemos como es la salida de video, en qué frame empieza y en cuál termina, a cuantos frames por segundo se va a renderizar.

Estos son los parámetros que he utilizado para el video:

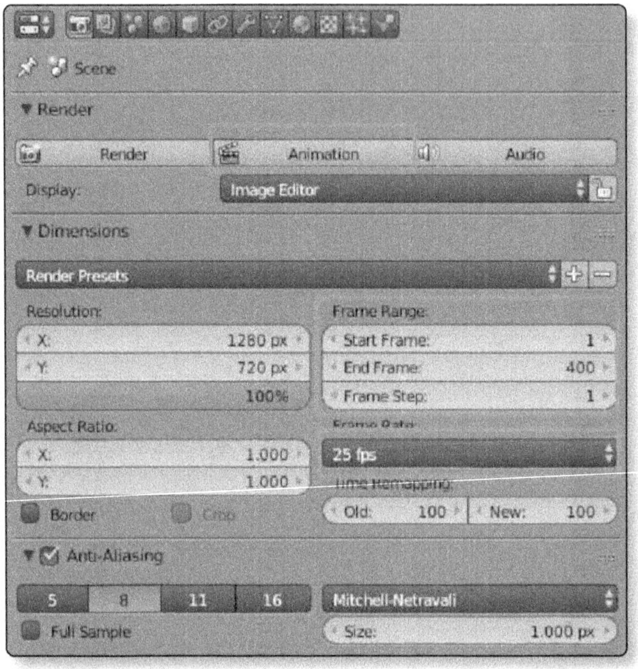

Figura 10.59.

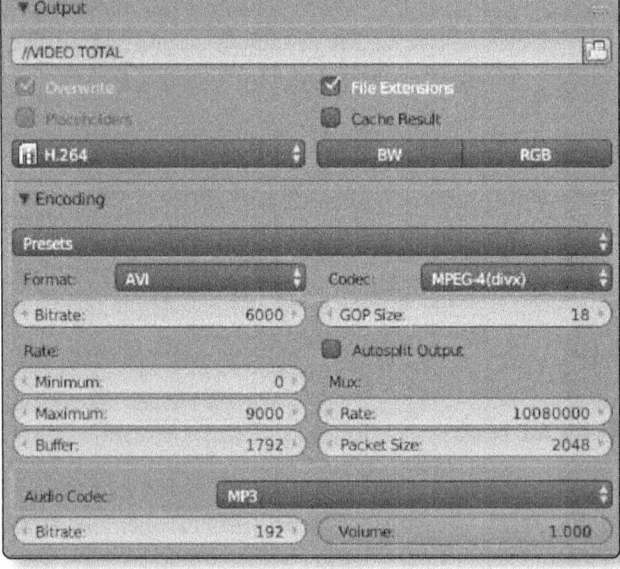

Figura 10.60.

Una vez tengas la configuración hecha pulsa el botón de *Animation* para realizar el render. Si está todo correcto tendría que crearse un archivo de video con todo lo que has editado. Encontrarás un video de muestra en el proyecto.

Figura 10.61.

MATERIAL ADICIONAL

El material adicional de este libro puede descargarlo en nuestro portal web: *http://www.ra-ma.es*.

Debe dirigirse a la ficha correspondiente a esta obra, dentro de la ficha encontrará el enlace para poder realizar la descarga. Dicha descarga consiste en un fichero ZIP con una contraseña de este tipo: XXX-XX-XXXX-XXX-X la cual se corresponde con el ISBN de este libro.

Podrá localizar el número de ISBN en la página IV (página de créditos). Para su correcta descompresión deberá introducir los dígitos y los guiones.

Cuando descomprima el fichero obtendrá los archivos que complementan al libro para que pueda continuar con su aprendizaje.

INFORMACIÓN ADICIONAL Y GARANTÍA

- RA-MA EDITORIAL garantiza que estos contenidos han sido sometidos a un riguroso control de calidad.

- Los archivos están libres de virus, para comprobarlo se han utilizado las últimas versiones de los antivirus líderes en el mercado.

- RA-MA EDITORIAL no se hace responsable de cualquier pérdida, daño o costes provocados por el uso incorrecto del contenido descargable.

- Este material es gratuito y se distribuye como contenido complementario al libro que ha adquirido, por lo que queda terminantemente prohibida su venta o distribución.

ÍNDICE ALFABÉTICO

A
Add-ons, 45
Active, 111
Angle, 207
Ambient Occlusion, 271
Animation, 34, 142
Anti-Aliasing, 451
Area, 256, 264
Armature, 51, 418
Array, 203

B
Background, 35
Bake, 455
Bevel, 108, 141, 206
Bezier, 138
Bisect, 105
Boolean, 208
Border select, 55
Bounces, 272
Buffer, 262
Bump, 362, 382

C
Camera, 51
Circle select, 55

Clipping, 210
Clamp, 212
Closest, 111
Constant, 197
Constraints, 419
Coordinates, 358
Crease, 212
Create, 34
Cursor 3D, 35, 67
Curve, 50, 88, 137

D
Deep, 263, 300
Deform, 99
Delete, 106
Depth, 207, 275, 446
Difference, 208
Diffuse, 259, 288, 361
Displacement, 383
Display, 35, 115
Dope sheet, 411
Duplicate, 70, 103

E
Edge, 91, 109, 111
Edge Crease, 194

Edit mode, 90
Emit, 296;
Empty, 51
Extrude, 101

F
F-curve, 417
Face, 91, 109, 111
Falloff, 197, 258, 276
Field, 446
File, 46
Fill, 140, 141
Flip, 211
Flip normal, 98
Fonts, 165
Forces field, 51
Frame 404
Freestyle, 456
Fresnel, 301

G
Gather, 273
Geometry, 361
Gimbal, 65
GNU, 13, 16
GPL, 13, 16
Global, 65
Gloss, 300, 302
Grease Pencil, 34, 35, 409

H
Halo, 264
Hemi, 256
History, 72

I
Inset, 108
Interface, 18, 45
Interpolation, 356

Intersect, 208
IOR, 299
Items, 35

J
Join, 70
Join Area, 26

K
Knife, 104, 105
Key, 403

L
Lamp, 51, 254
Lattice, 214
Layer, 32, 73
Lens, 446
Lighting, 272
Limit selection, 96
Linear, 197
Local, 65
Loop, 93, 102

M
Make, 109
Mapping, 358
Mask, 298
Merge, 107, 210
Mesh, 50, 88
Metaball, 51, 89
MIP map, 356
Mirror, 209, 301
Mist, 275, 447
Motion Tracking, 35

N
Node, 465, 466
Noise, 100, 350
Normal, 65, 97,

Normal map, 382
NTSC, 402
Nurbs, 138

O

Offset, 207, 212
Open GL, 17
Origin, 66
Orthographic, 40, 42
Outliner, 30, 51
Output, 455

P

PAL, 402
Path, 140
Perspective, 40, 42
Physics, 34
Pivot Point, 68
Plain Axes, 115
Point, 254
Profile, 207
Projection, 359, 366

R

Ramp, 293
Random, 197
Ray, 262
Raytrace, 274, 299
Recalculate, 98
Redo, 72
Reflectivity, 301
Relations, 34
Remove, 106, 107
Render, 44, 448
Renderizar, 32
Repeat, 72
Rigger, 418
Root, 198

Rotate, 57
Rotoscopia, 114

S

Samples, 263, 300
Scale, 57
Screw, 104, 210
Select, 92
Shading, 35, 74, 288, 361, 453
Shadow, 260
Shape, 139, 264, 424
Sharp, 197
Slide, 99
Smooth, 197
Smooth Vertex, 100
Snap, 110, 112
Solidify, 211
Specular, 288, 361
Spin, 103, 142
Split Area, 26
Splitting, 460
Spot, 255
Square, 264
Stamp, 454
Strand, 304
Stroke, 460
Subdivide, 102
Subsurface Scattering, 303
Sun, 255
Surface, 50
System, 46

T

Taper, 141
Text, 163
Textures, 210, 335, 381
Thickness, 462
Time Line, 33, 404

Toggle Full Screen, 27
Tools, 34, 57
Transform, 35
Translate, 57
Transparency, 298
Twisting, 140

U

Undo, 72
Union, 208
Unwrap, 365
UV, 363

V

View, 33, 35, 65
Vertex, 91, 111, 210
Volume, 111

W

Weight, 207
Width, 207
Wireframe, 95, 213
World, 32

Z

Zoom, 39

www.ingramcontent.com/pod-product-compliance
Lightning Source LLC
Chambersburg PA
CBHW060503300426
44112CB00017B/2530